# 독자의 1초를 아껴주는 정성!

세상이 아무리 바쁘게 돌아가더라도
책까지 아무렇게나 빨리 만들 수는 없습니다.
인스턴트 식품 같은 책보다는
오래 익힌 술이나 장맛이 밴 책을 만들고 싶습니다.

길벗이지톡은 독자여러분이
우리를 믿는다고 할 때 가장 행복합니다.
나를 아껴주는 어학도서,
길벗이지톡의 책을 만나보십시오.

독자의 1초를 아껴주는
정성을 만나보십시오.

미리 책을 읽고 따라해본 2만 베타테스터 여러분과
무따기 체험단, 길벗스쿨 엄마 2% 기획단,
시나공 평가단, 토익 배틀, 대학생 기자단까지!
믿을 수 있는 책을 함께 만들어주신 독자 여러분께 감사드립니다.

---

홈페이지의 '독자마당'에 오시면
책을 함께 만들 수 있습니다.

(주)도서출판 길벗 www.gilbut.co.kr
길벗 이지톡 www.eztok.co.kr
길벗 스쿨 www.gilbutschool.co.kr

# 영어 리딩

# 핵심패턴

# 233

# 영어 리딩 핵심패턴 233

233 Essential English Patterns for Reading

**초판 1쇄 발행** · 2014년 1월 5일
**초판 2쇄 발행** · 2017년 10월 20일

**지은이** · 이선욱
**발행인** · 김경숙
**발행처** · 이지톡
**출판사 등록일** · 2000년 4월 14일
**주소** · 서울시 마포구 월드컵로 10길 56(서교동)
**대표 전화** · 02)332-0931 | **팩스** · 02)322-3895
**홈페이지** · www.eztok.co.kr | **이메일** · eztok@gilbut.co.kr
**기획 및 책임 편집** · 신혜원(madonna@gilbut.co.kr) | **디자인** · 신세진 | **제작** · 이준호, 손일순
**영업마케팅** · 박성용, 한준희 | **웹마케팅** · 이승현, 고은애 | **영업관리** · 심선숙
**독자지원** · 송혜란
**편집진행** · 이정선 | **전산편집** · 연디자인
**CTP 출력** · 이펙 | **인쇄** · 이펙 | **제본** · 경문제책



ISBN 978-89-6047-803-9 03740
(길벗도서번호 000634)

정가 15,800원

233개 패턴으로 빠르고 정확하게 읽는다!

# 영어 리딩 핵심패턴 233

이선욱 지음

저자의 말

# 233개 패턴이 리딩으로 리드한다!

## 영어를 술술 읽을 수 있는 패턴의 힘!

우리는 책을 읽을 때 눈으로 글을 읽으면서 머리로 의미를 이해하는 두 가지 과정을 동시에 거치게 됩니다. 그런데 영어로 된 글을 읽을 때는 머리로 이해하는 속도가 눈으로 글을 읽는 속도를 따라가지 못합니다. 그래서 글을 다 읽고 나서도 글의 흐름과 주제, 세부사항을 제대로 이해하지 못하는 것이죠. 나아가 영어 시험에서도 정답을 맞히기 어렵고요. 그럼 어떻게 해야 영어로 된 글을 술술 읽으며 동시에 의미 파악까지 할 수 있을까요?

바로 글에 자주 쓰이는 패턴에 익숙해지는 것입니다. 단어 하나하나보다는 구문을 많이 알수록 독해가 쉬워집니다. 구문을 통째로 이해하니 독해하는 속도도 훨씬 빨라지고요. 이 책은 다양한 글에서 뽑은 리딩 패턴 233개를 담았습니다. 연설문, 신문 기사, 미디어, 소설, 시험에서 뽑은 리딩 패턴으로 저마다 다른 글의 특성과 글투에 익숙해질 수 있죠. 또한 사전적 뜻이 아닌 어떤 뉘앙스가 있는지를 알려 주고, 비슷한 의미의 패턴도 함께 수록하여 더욱 깊이 있는 독해를 할 수 있습니다. 233개 패턴을 학습하다 보면 어떤 지문이든 술술 이해할 수 있을 것입니다.

## 233개 패턴 이렇게 학습하세요!

이 책의 233개 패턴은 어떻게 공부하는 것이 좋을까요? 우선, 절대 패턴을 외우려고 해선 안 됩니다. 패턴은 글을 읽기 위한 수단이지, 목적이 아니라는 것을 명심하세요. 글의 진정한 의미를 파악하는 것이 목적입니다. 먼저 패턴에 대한 간략한 설명을 읽은 후, STEP 1의 예문을 읽고 스스로 해석해 보세요. 이 단계가 가장 중요합니다. 한 문장에 대한 이해 없이는 여러 문장을 이해할 수 없습니다. 그렇게 예문으로 패턴을 자연스럽게 익힌 후에 STEP 2로 넘어갑니다. 패턴이 쓰인 문장을 포함한 한 단락 정도의 지문을 담은 STEP 2에서는 패턴이 실제로 어떻게 쓰이는지 확인할 수 있습니다. 지문을 모두 이해하려고 하지 말고, 어떤 맥락에서 패턴이 사용되었는지를 중점적으로 보세요. 소설의 경우는 중간중간을 발췌

했으므로 전체 의미를 파악하기는 어려울 수도 있습니다. 그러므로 특정 패턴이 실제로 이렇게 쓰인다는 것을 확인하는 수준으로 접근하는 것이 좋습니다.

독자 여러분! 처음부터 영어를 잘하는 사람은 없답니다. 처음에는 영어 때문에 힘들어하던 학생들도 1~2년간 매일 열심히 노력을 하면 결국 영어 실력이 성장합니다. 저는 그 모습을 직접 눈으로 봐 왔기 때문에 여러분도 그 중 한 사람이 될 것임을 믿어 의심치 않습니다. 그러니 우리 모두 힘내서 매일 노력해 봅시다. 사랑합니다. 독자 여러분!

이선욱

*Special thanks to*
책 쓰느라 바쁜 저를 이해해 주는 남편, 찬혁, 찬준, 영어책을 만들며 감히 최고라 부르고 싶은 이정선 편집자님, 많은 보조 작업을 도와주는 방수정 씨, 길벗 출판사에서 처음 인연을 맺은 박민혜 부장님, 이규선 과장님, 센스 있는 조언을 아끼지 않는 신혜원 대리님에게 특별한 감사를 전합니다.

이 책은 다양한 장르의 글을 담고 있습니다. 차례대로 공부하지 않고 관심 있는 파트를 먼저 공부해도 좋습니다. 글의 난이도와 특징을 확인하고 자신의 영어 수준과 취향, 목적에 맞게 학습 순서를 정해 보세요.

## Part 1 연설문

난이도 ★★☆☆☆ | 재미 ★★★☆☆

Part 1의 연설문은 스티브 잡스, 오프라 윈프리, 오바마 대통령 등 명연설가들의 연설문을 담고 있습니다. 연설은 누구나 듣고 쉽게 이해할 수 있어야 하기 때문에 난이도가 높지 않은 편입니다. 전문가가 세련된 언어로 다듬은 '글'이기 때문에 체계적으로 구조화되어 있고 품격 있는 문장이 많죠. 청중의 마음을 뒤흔드는 감동적인 문장에 관심 있다면 연설문부터 공략하세요.

## Part 2 신문 기사

난이도 ★★★☆☆ | 재미 ★★☆☆☆

신문 기사는 독해 실력은 물론 지식까지 덤으로 얻어갈 수 있는 흥미로운 파트입니다. 사회면, 스포츠면, 경제면, 연예면 등 다양한 분야를 수록해서 관심 있는 분야를 학습할 수 있습니다. 분야별 전문 용어만 미리 숙지한다면 난이도는 크게 어렵지 않습니다. 평소 시사 상식에 관심이 많다면 먼저 도전해 보세요.

나의 학습 플랜

일 완성

Part

시작일 월 일

Part

시작일 월 일

## Part 3 미디어

난이도 ★★★☆☆ | 재미 ★★★★★

Part 3에서는 각종 매체에 나오는 글을 수록했습니다. 잡지, 광고문과 대표적인 SNS 매체인 페이스북(Facebook)에서 발췌한 글로 구성되어 있습니다. 다른 글에 비해 격식을 차리지 않은 글이라 구어체에 가까운 느낌을 받을 수도 있습니다. 흥미로운 소재와 적절한 난이도로 가볍게 리딩을 시작하고 싶다면 이 파트를 먼저 읽어 보세요.

## Part 4 소설

난이도 ★★★★☆ | 재미 ★★★★☆

Part 4는 유명 소설을 수록했습니다. 보통 소설 원서 읽기를 쉽게 생각하고 도전했다가 의외로 난이도가 높아서 포기하는 경우가 많습니다. 그만큼 소설은 문장이 까다롭지만, 다른 글에 비해 감성적이기 때문에 아름다운 문장을 많이 만날 수 있죠. 한 번 빠지면 헤어나올 수 없기도 한 것이 소설의 매력이기도 하고요.

## Part 5 시험

난이도 ★★★★☆ | 재미 ★☆☆☆☆

어떤 영어 시험이든 리딩 파트는 아주 큰 비중을 차지합니다. 시간이 제한되어 있다는 시험의 특성상 글을 빠르게 읽으면서도 정확하게 이해하는 능력이 필요합니다. 그래서 시험 지문을 먼저 접하고 실전 능력을 키우는 것이 중요합니다. 시험을 대비하는 수험생이라면 이 파트를 먼저 공략한 후 다른 파트로 꾸준히 연습하세요.

Part ______
시작일 ___ 월 ___ 일

Part ______
시작일 ___ 월 ___ 일

Part ______
시작일 ___ 월 ___ 일

# 이 책의 구성

이 책은 다양한 글에서 찾은 리딩 패턴 233개를 담았습니다. Step 1의 예문으로 패턴을 익히고 Step 2의 지문을 해석하며 독해 실력을 쌓아 보세요.

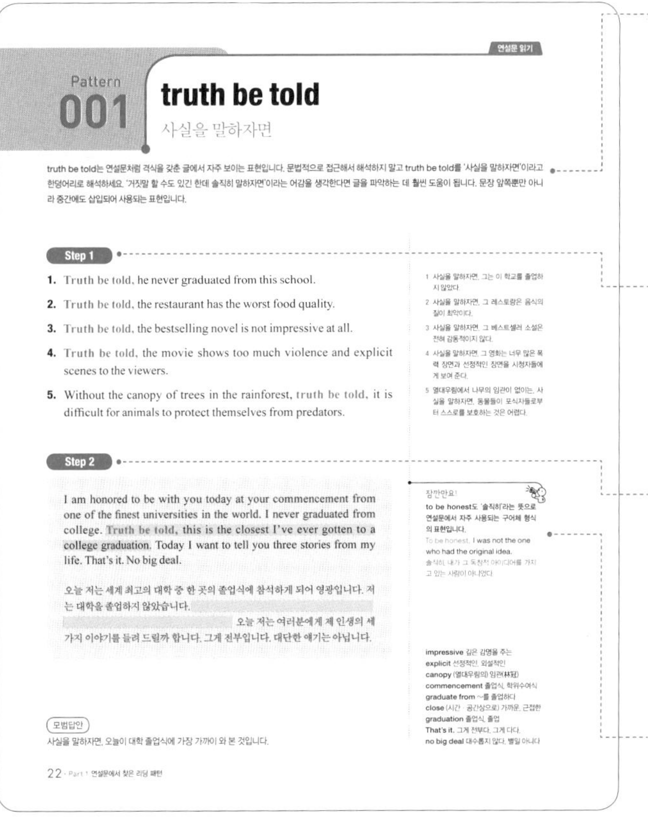

연설문 읽기

Pattern 001 **truth be told**

사실을 말하자면

truth be told는 연설문처럼 격식을 갖춘 글에서 자주 보이는 표현입니다. 문법적으로 접근해서 해석하지 말고 truth be told를 '사실을 말하자면'이라고 한덩어리로 해석하세요. '거짓말 할 수도 있긴 한데 솔직히 말하자면'이라는 어감을 생각한다면 글을 파악하는 데 훨씬 도움이 됩니다. 문장 앞쪽뿐만 아니라 중간에도 삽입되어 사용되는 표현입니다.

**Step 1**

1. Truth be told, he never graduated from this school.
2. Truth be told, the restaurant has the worst food quality.
3. Truth be told, the bestselling novel is not impressive at all.
4. Truth be told, the movie shows too much violence and explicit scenes to the viewers.
5. Without the canopy of trees in the rainforest, truth be told, it is difficult for animals to protect themselves from predators.

1 사실을 말하자면, 그는 이 학교를 졸업하지 않았다.
2 사실을 말하자면, 그 레스토랑은 음식의 질이 최악이다.
3 사실을 말하자면, 그 베스트셀러 소설은 전혀 감동적이지 않다.
4 사실을 말하자면, 그 영화는 너무 많은 폭력 장면과 선정적인 장면을 시청자들에게 보여 준다.
5 열대우림에서 나무의 임관이 없이는, 사실을 말하자면, 동물들이 포식자들로부터 스스로를 보호하는 것은 어렵다.

**Step 2**

I am honored to be with you today at your commencement from one of the finest universities in the world. I never graduated from college. Truth be told, this is the closest I've ever gotten to a college graduation. Today I want to tell you three stories from my life. That's it. No big deal.

오늘 저는 세계 최고의 대학 중 한 곳의 졸업식에 참석하게 되어 영광입니다. 저는 대학을 졸업하지 않았습니다. 오늘 저는 여러분에게 제 인생의 세 가지 이야기를 들려 드릴까 합니다. 그게 전부입니다. 대단한 얘기는 아닙니다.

잠깐만요!
to be honest도 '솔직히'라는 뜻으로 연설문에서 자주 사용되는 구어체 형식의 표현입니다.
To be honest, I was not the one who had the original idea.
솔직히 내가 그 독창적 아이디어를 가지고 있는 사람이 아니었다.

impressive 깊은 감명을 주는
explicit 선정적인, 외설적인
canopy (열대우림의) 임관(林冠)
commencement 졸업식, 학위수여식
graduate from ~를 졸업하다
close (시간·공간상으로) 가까운, 근접한
graduation 졸업식, 졸업
That's it. 그게 전부다. 그게 다다.
no big deal 대수롭지 않다. 별일 아니다

모범답안
사실을 말하자면, 오늘이 대학 졸업식에 가장 가까이 와 본 것입니다.

22 · Part 1 연설문에서 찾은 리딩 패턴

### 패턴 익히기

핵심 패턴을 소개하는 코너입니다. 단순히 패턴의 표면적 뜻이나 문법을 알려 주기보다는 어떤 상황에서 쓰이는지, 어떤 어감이 있는지 등 독해에 초점을 맞춰 설명합니다. 학습을 시작하기 전에 꼭 읽어 보세요.

### Step 1

패턴이 적용된 단문을 익힙니다. 우리말 해석을 가리고 영문만 보고 직접 해석하는 연습을 해 보세요. 더 효과적으로 패턴을 익힐 수 있습니다.

### Step 2

다양한 리딩 소스에서 발췌한 글을 직접 독해하는 코너입니다. 앞에서 배운 패턴을 적용하여 주어진 문장을 직접 해석한 후, 페이지 하단의 모범답안과 비교해 보세요.

### 잠깐만요!

패턴과 관련된 다양한 표현을 설명했습니다.

### 훈련용 소책자

어디서나 들고 다니며 학습할 수 있는 훈련용 소책자를 별책으로 구성했습니다. 소책자는 각 패턴의 Step 1 문장들을 직접 독해할 수 있게 구성했습니다. 영어 문장을 해석해 보며 233개 리딩 패턴을 머리에 확실히 집어넣으세요.

DAY 01

Pattern 001 **truth be told** 사실을 말하자면

1 Truth be told, he never graduated from this school. ▸
2 Truth be told, the restaurant has the worst food quality. ▸
3 Truth be told, the bestselling novel is not impressive at all. ▸
4 Truth be told, the movie shows too much violence and explicit scenes to the viewers. ▸
5 Without the canopy of trees in the rainforest, truth be told, it is difficult for animals to protect themselves from predators. ▸

Pattern 002 **the minute (that) 주어 + 동사 ~** ~하자마자

1 The minute that I heard the news, I flew to Hawaii. ▸
2 The minute you tell me the truth, I will give this to you. ▸
3 The man yelled at me the minute I picked the flower. ▸
4 A free meal coupon was sent to me the moment I clicked the banner on the screen. ▸
5 Many planets in the solar system will disappear the moment that our Sun dies. ▸

Pattern 003 **stumble into ~** 우연히 ~하게 되다

1 I stumbled into this situation while traveling in India. ▸
2 Women stumble into depression after giving a birth. ▸
3 The man stumbled into acting while he was looking for a job. ▸
4 The vice president stumbled into counseling after he retired from his job. ▸
5 The publicist stumbled into the fashion design business because of her passion for clothes. ▸

02

## Part 1 : 연설문에서 찾은 리딩 패턴

### Unit 01 | 스티브 잡스(Steve Jobs) 연설문



### Unit 02 | 오프라 윈프리(Oprah Winfrey) 연설문



### Unit 03 | 반기문(Ban Ki-moon) 연설문

Unit 14 | 페이스북 (Facebook)



**Part 4 : 재미있는 소설에서 찾은 리딩 패턴**

Unit 15 | 오만과 편견 (Pride and Prejudice)

## Unit 21 | 토플 (TOEFL)

## Unit 22 | 텝스 (TEPS)

# PART 1

## : 연설문에서 찾은 리딩 패턴 :

연설문은 비록 말로 전해지지만 전문가가 세련된 언어로 다듬은 '글'을 기반으로 합니다. 체계적으로 구조화되어 있고 품격 있는 문장이 많아서 독해 연습을 하기에 아주 좋은 소스이죠. 이번 파트에서는 스티브 잡스, 오프라 윈프리, 반기문 유엔 사무총장, 오바마 대통령 등 둘째가라면 서러운 명연설가들의 연설문에서 찾은 리딩 패턴을 알아보겠습니다.

Unit 01 스티브 잡스(Steve Jobs) 연설문

Unit 02 오프라 윈프리(Oprah Winfrey) 연설문

Unit 03 반기문(Ban Ki-moon) 연설문

Unit 04 달라이 라마(Dalai Lama) 연설문

Unit 05 버락 오바마(Barack Obama) 연설문

# UNIT 01
# 스티브 잡스 연설문 (Steve Jobs)

지금은 고인이 됐지만 시대의 아이콘으로 자리매김한 스티브 잡스.
스티브 잡스는 특유의 재치 있는 입담으로 청중의 마음을 사로잡은 명연설로도 유명했습니다.
Unit 01의 리딩 패턴은 "Stay hungry, stay foolish."(계속 갈망하라, 우직하게.)라는 유명한 말을 남긴 2005년 스탠포드 대학 졸업 연설문에서 찾았습니다. 그가 스탠포드 대학생들에게 보내는 꿈의 메시지를 함께 읽어 볼까요?

Pattern 001 **truth be told** 사실을 말하자면
Pattern 002 **the minute (that) 주어 + 동사 ~** ~하자마자
Pattern 003 **stumble into ~** 우연히 ~하게 되다
Pattern 004 **none of ~** ~중 아무것[아무]도 아니다
Pattern 005 **If 주어 + had p.p. ~, 주어 + would have p.p. …** ~했더라면, …했을 텐데
Pattern 006 **as A as B** B만큼 A한
Pattern 007 **as if 주어 + 동사 ~** 마치 ~인 것처럼
Pattern 008 **be about to ~** 막 ~하려고 하다
Pattern 009 **the best way I know** 내가 아는 가장 좋은 방법
Pattern 010 **as ~ as possible** 가능한 ~하게

# Pattern 001 truth be told

## 사실을 말하자면

truth be told는 연설문처럼 격식을 갖춘 글에서 자주 보이는 표현입니다. 문법적으로 접근해서 해석하지 말고 truth be told를 '사실을 말하자면'이라고 한덩어리로 해석하세요. '거짓말 할 수도 있긴 한데 솔직히 말하자면'이라는 어감을 생각한다면 글을 파악하는 데 훨씬 도움이 됩니다. 문장 앞쪽뿐만 아니라 중간에도 삽입되어 사용되는 표현입니다.

### Step 1

1. **Truth be told,** he never graduated from this school.
2. **Truth be told,** the restaurant has the worst food quality.
3. **Truth be told,** the bestselling novel is not impressive at all.
4. **Truth be told,** the movie shows too much violence and explicit scenes to the viewers.
5. Without the canopy of trees in the rainforest, **truth be told,** it is difficult for animals to protect themselves from predators.

1 사실을 말하자면, 그는 이 학교를 졸업하지 않았다.
2 사실을 말하자면, 그 레스토랑은 음식의 질이 최악이다.
3 사실을 말하자면, 그 베스트셀러 소설은 전혀 감동적이지 않다.
4 사실을 말하자면, 그 영화는 너무 많은 폭력 장면과 선정적인 장면을 시청자들에게 보여 준다.
5 열대우림에서 나무의 임관이 없이는, 사실을 말하자면, 동물들이 포식자들로부터 스스로를 보호하는 것은 어렵다.

### Step 2

I am honored to be with you today at your commencement from one of the finest universities in the world. I never graduated from college. **Truth be told, this is the closest I've ever gotten to a college graduation.** Today I want to tell you three stories from my life. That's it. No big deal.

오늘 저는 세계 최고의 대학 중 한 곳의 졸업식에 참석하게 되어 영광입니다. 저는 대학을 졸업하지 않았습니다. ________________ 오늘 저는 여러분에게 제 인생의 세 가지 이야기를 들려 드릴까 합니다. 그게 전부입니다. 대단한 얘기는 아닙니다.

**잠깐만요!**
to be honest도 '솔직히'라는 뜻으로 연설문에서 자주 사용되는 구어체 형식의 표현입니다.
To be honest, I was not the one who had the original idea.
솔직히, 내가 그 독창적 아이디어를 가지고 있는 사람이 아니었다.

**impressive** 깊은 감명을 주는
**explicit** 선정적인, 외설적인
**canopy** (열대우림의) 임관(林冠)
**commencement** 졸업식, 학위수여식
**graduate from** ~를 졸업하다
**close** (시간 · 공간상으로) 가까운, 근접한
**graduation** 졸업식, 졸업
**That's it.** 그게 전부다, 그게 다다.
**no big deal** 대수롭지 않다, 별일 아니다

**모범답안**
사실을 말하자면, 오늘이 대학 졸업식에 가장 가까이 와 본 것입니다.

# the minute (that) 주어 + 동사 ~

## ~하자마자

Pattern 002

minute은 시간의 '분'이라는 뜻으로 알고 있죠. minute에는 '순간'이라는 뜻도 있어 the minute (that) 패턴 다음에 주어와 동사가 나오면 '…가 ~하자마자'라고 해석하면 됩니다. 주절 앞에 나오든 뒤에 나오든 뜻은 같습니다. minute 대신에 moment가 쓰이는 〈the moment (that) 주어 + 동사 ~〉(~하는 순간)의 패턴도 자주 쓰이니까 함께 알아 두세요.

### Step 1

1. **The minute that** I heard the news, I flew to Hawaii.
2. **The minute** you tell me the truth, I will give this to you.
3. The man yelled at me **the minute** I picked the flower.
4. A free meal coupon was sent to me **the moment** I clicked the banner on the screen.
5. Many planets in the solar system will disappear **the moment that** our Sun dies.

1 나는 그 소식을 듣자마자 하와이로 날라갔다.
2 네가 내게 사실을 말하자마자 나는 너에게 이것을 줄 것이다.
3 내가 꽃을 꺾자마자 그 남자가 내게 소리를 질렀다.
4 내가 화면 속의 배너 광고를 클릭하는 순간 무료 식사쿠폰이 내게 날라왔다.
5 태양이 사라지는 순간 태양계의 많은 행성들이 사라질 것이다.

### Step 2

So I decided to drop out and trust that it would all work out OK. It was pretty scary at the time, but looking back, it was one of the best decisions I ever made. **The minute** I dropped out, I could stop taking the required classes that didn't interest me, and begin dropping in on the ones that looked interesting.

그래서 저는 학교를 그만두기로 했고 모두 괜찮을 거라 믿었습니다. 당시엔 좀 무서웠지만, 되돌아보면 그것은 제가 내렸던 가장 잘한 결정 가운데 하나였습니다.

**잠깐만요!**
우리가 잘 알고 있는 as soon as도 같은 뜻으로, 많이 사용됩니다.
As soon as I saw the car accident, I called the police.
나는 교통사고를 보자마자 경찰에 전화했다.

**모범답안**
학교를 중퇴하자마자 흥미 없었던 필수 과목 수강을 그만둘 수 있었고, 재미있어 보이는 과목들을 청강하기 시작할 수 있었습니다.

planet 행성
drop out (학교를) 중퇴하다, 그만두다
work out ~를 이끌어내다
scary 무서운, 겁나는
stop ~ing ~하는 것을 멈추다
required class 필수과목
drop in (수업을) 청강하다

# Pattern 003 stumble into ~

## 우연히 ~하게 되다

연설문은 보통 딱딱하게 뻔한 말을 하는 경우도 있지만 청중에게 감동을 주기 위해 연설자 자신의 경험담을 말하면서 감동을 이끌어내기도 합니다. stumble은 원래 '발이 걸려 넘어지다'라는 뜻이지만, 뒤에 into가 붙은 stumble into는 '우연히 ~하게 되다'라는 뜻입니다. '자기도 모르게 어떤 일에 연관이 되다'라는 정도의 맥락으로 글을 이해하며 해석하세요.

### Step 1

1. I **stumbled into** this situation while traveling in India.
2. Women **stumble into** depression after giving a birth.
3. The man **stumbled into** acting while he was looking for a job.
4. The vice president **stumbled into** counseling after he retired from his job.
5. The publicist **stumbled into** the fashion design business because of her passion for clothes.

1 인도를 여행하면서 나는 우연히 이 상황에 빠지게 되었다.
2 여성들은 출산 후에 우울증에 빠진다.
3 그 남자는 직업을 찾는 동안에 우연히 연기의 길로 들어섰다.
4 그 부사장은 은퇴 후에 우연히 상담가의 길로 들어섰다.
5 그 홍보담당자는 옷에 대한 열정 때문에 우연히 패션 디자인 일에 들어섰다.

### Step 2

I didn't have a dorm room, so I slept on the floor, I returned coke bottles for the 5¢ deposits to buy food with, and I would walk the 7 miles across town every Sunday night to get one good meal a week at the Hare Krishna Temple. I loved it. And much of what I **stumbled into** by following my curiosity and intuition turned out to be priceless later on.

저는 기숙사 방이 없어서 바닥에서 잤고, 5센트의 보증금을 위해 빈 콜라 병을 반납하여 그 돈으로 음식을 사 먹었으며, 헤어 크리샤 사원에서 일주일에 한 번 좋은 식사를 얻어 먹기 위해 매주 일요일 밤 마을을 가로질러 7마일(11킬로미터)이나 걸어가곤 했습니다. 저는 그것이 좋았습니다.

**잠깐만요!**
be involved in도 또한 '~에 연관되다'라는 의미의 표현으로 자주 쓰입니다. 하지만 stumble into가 '좀더 우연히 부지불식간에' 연관된다는 뉘앙스가 강합니다.
The suspect is involved in this complicated case.
용의자는 이 복잡한 사건과 연관되어 있다.

depression 우울증
publicist 홍보담당자, 정치부 기자
dorm room 기숙사 방
return 반납하다
deposit 보증금
temple 사원, 사찰
intuition 직관
priceless 값을 매길 수 없는, 대단히 귀중한

모범답안
그리고 저의 호기심과 직관을 따라가다 우연히 접한 많은 부분은 나중에 값을 매길 수 없을 만큼 귀중한 것이 됐습니다.

# none of ~

## ~ 중 아무것[아무]도 아니다

Pattern 004

none은 어떻게 해석할지 난감한 단어 중 하나입니다. 간단하게 사물과 사람 모두 지칭할 수 있으므로 '아무것도 아닌 것' 혹은 '아무도'라고 해석하면 된다는 것과 부정어라는 점을 염두에 두세요. 따라서 none of ~는 '~중 아무것도 아니다'라고 동사를 부정적으로 해석하는 것이 자연스럽습니다.

### Step 1

1. **None of** my friends called me on my birthday.
2. Sadly, I have visited **none of** the countries on the list.
3. **None of** the interviewees got a good mark in the interview.
4. Because of the financial difficulties, **none of** the departments in university were supported financially.
5. Because the market was volatile, investing was **none of** the options.

1 내 친구들 중 아무도 내 생일에 내게 전화하지 않았다.
2 애석하게도 나는 목록에 있는 나라 중 어디도 가 본 적이 없다.
3 면접 받는 사람들 중 아무도 인터뷰에서 좋은 점수를 받지 못했다.
4 재정상 어려움 때문에 대학의 학부 중 아무데도 재정적 지원을 받지 못했다.
5 시장이 불안정했기 때문에, 투자는 아무런 선택권이 되지 않았다.

### Step 2

**None of** this had even a hope of any practical application in my life. But ten years later, when we were designing the first Macintosh computer, it all came back to me. And we designed it all into the Mac. It was the first computer with beautiful typography.

그러나 10년 후, 우리가 첫 매킨토시 컴퓨터를 설계하고 있었을 때, 그 모든 기억이 되살아났습니다. 그래서 우리는 맥 안에 그 모든 것을 디자인해 넣었습니다. 그것은 아름다운 글자체를 가진 최초의 컴퓨터가 됐습니다.

잠깐만요!

**not all of ~와 none of ~는 엄연히 다른 뜻입니다. not all of ~는 '~ 중에 다 그런 것은 아니다,' 즉 '몇몇은 그랬고 몇몇은 안 그랬다'라는 뜻으로, 부분 부정의 의미로 해석해야 합니다.**

Not all of my friends liked me.
내 친구들이 모두 다 나를 좋아한 것은 아니었다. (즉, 몇몇은 나를 좋아했고 다른 몇몇은 나를 좋아하지 않았다.)

모범답안

이 중 아무것도 내 삶에서 실제로 응용될 것이란 희망조차 없었습니다.

**financial** 재정상의
**volatile** 불안정한, 변덕스러운
**have a hope of** ~의 희망을 가지다
**practical** 실제의
**application** 적용, 응용
**come back** (기억이) 되살아나다
**typography** 서체, 식자

# Pattern 005 If 주어 + had p.p. ~, 주어 + would have p.p. … ~했더라면, …했을 텐데

이미 일어난 일에 대한 아쉬움을 표현하고자 할 때는 〈If 주어 + had p.p. ~, 주어 + would have p.p. … 〉의 가정법 구문을 자주 사용합니다. 따라서, 이 구문을 보면, 예전 일을 후회하듯이 '~했더라면, …했을 텐데'로 해석하세요. 또한 과거의 상황을 가정하면서 그 결과가 현재에 미칠 때는 혼합 가정법을 쓰는데, 〈If 주어 + had p.p. ~, 주어 + would + 동사원형 …〉의 형태를 띱니다.

## Step 1

1. **If** you **had seen** this movie, you **would have cried** a lot.
2. **If** he **had learned** how to swim, he **would have lived.**
3. **If** my English teacher **had had** a sense of humor, I **would have liked** English more.
4. **If** the Harvard Negotiating Project **had** not **been** successful, it **would be** still in process of researching.
5. **If** I **had known** when and where to invest my money, I **would be** rich like Warren Buffet.

1 만일 네가 그 영화를 봤더라면, 너는 많이 울었을 텐데.
2 만일 그가 수영을 배웠더라면, 그는 살았을 텐데.
3 만일 내 영어 선생님이 유머 감각이 있었더라면, 나는 영어를 좀더 좋아했을 텐데.
4 만일 하버드 협상 프로젝트가 성공하지 못했더라면, 그것은 아직도 연구 중에 있을 것이다.
5 만일 내가 언제, 어디에 내 돈을 투자해야 하는지를 알았더라면, 나는 워렌 버핏처럼 부자가 될 텐데.

## Step 2

**If** I **had** never **dropped** out, I **would have** never **dropped** in on this calligraphy class, and personal computers might not have the wonderful typography that they do. Of course it was impossible to connect the dots looking forward when I was in college.

물론 제가 대학에 있을 때는, 앞을 내다보며 어떤 결론을 내리는 것은 불가능했습니다.

**잠깐만요!**

혼합가정법이 쓰인 문장의 경우 if절에서는 〈If 주어 + had p.p. ~〉를 쓰지만 주절에서는 〈주어 + would + 동사원형 … now〉와 같이 자주 현재를 나타내는 부사가 함께 사용되는 것을 볼 수 있습니다.

If I had read this book before, my English would be much better now.

만일 예전에 내가 이 책을 읽었더라면, 내 영어가 지금은 훨씬 나은 상태일 것이다.

**모범답안**

만일 제가 학교를 그만두지 않았더라면, 저는 서예 과목을 청강하지도 않았을 것이고, 개인용 컴퓨터도 지금의 놀라운 서체를 갖지 못했을 것입니다.

**negotiate** 협상하다
**drop out** (학교를) 자퇴하다, 그만두다
**drop in** (수업을) 청강하다
**calligraphy** 서예
**typography** 서체
**connect the dots** 단편적 사실에서 어떤 결론을 도출하다
**look forward** 앞날을 생각하다

# as A as B
## B만큼 A한

Pattern 006

as A as B의 표현은 두 가지를 동등 비교하는 패턴으로 'B만큼 A한'이라는 의미를 나타냅니다. 의미를 파악할 때는 앞부분인 as A를 먼저 해석한 다음, 뒤의 as B를 'B만큼'이라고 해석하여 덧붙이는 것이 쉽습니다. B 자리에는 〈주어 + 동사 ~〉가 나오거나 혹은 주어, 동사가 생략되고 필요한 부분만 남아 명사만 올 수도 있답니다.

**Step 1**

1. Hong Kong is **as** exciting **as** Korea.
2. Staying in Las Vegas will be **as** fun **as** staying in Hawaii.
3. Being successful in life is **as** difficult **as** I thought.
4. Effective complaining in workplace is not **as** easy **as** you say.
5. Talking about your previous achievement to get an additional bonus is not **as** difficult **as** you think.

1 홍콩은 한국만큼 흥미진진하다.
2 라스베이거스에 머무는 것은 하와이에 머무는 것만큼 재미있을 것이다.
3 인생에서 성공하는 것은 내가 생각했던 것만큼 힘들다.
4 직장에서 효과적인 불평은 당신이 말하는 것만큼 쉽지 않다.
5 추가 보너스를 받기 위해서 이전 성과에 대해서 이야기하는 것은 네가 생각하는 것만큼 어렵지 않다.

**Step 2**

Sometimes life hits you in the head with a brick. Don't lose faith. I'm convinced that the only thing that kept me going was that I loved what I did. You've got to find what you love. And that is **as** true for your work **as** it is for your lovers.

인생이란 때로 당신의 뒤통수를 벽돌로 때리기도 합니다. 신념을 잃지 마세요. 저는 저를 이끌어 간 유일한 것이 제가 하는 일을 사랑했던 것이라고 확신합니다. 여러분들도 여러분이 사랑하는 것을 찾아야 합니다. ____________

**잠깐만요!**

**두 가지를 비교하여 말할 때 'B가 더 A하다'라는 직접적인 비교 표현을 쓰기보다는 〈주어 is not as A as B〉로 표현할 때도 많습니다. 'B만큼 A하지 않다'라는 뜻으로 결국 속뜻은 'B가 더 A하다'라는 것을 염두에 두면 독해에 도움이 된답니다.**

North Korea is not as rich as South Korea.
북한은 남한만큼 부유하지 않는다.
(즉, 남한이 더 부유하다.)

**effective** 효과적인
**achievement** 성과, 업적
**additional** 추가의
**brick** 벽돌
**faith** 믿음, 신념
**convinced** 확신하는
**keep ~ going** ~가 견디게 하다
**true** (~에 대해) 적용하는, 해당하는

모범답안
그리고 그것은 사랑하는 사람을 찾는 것만큼 여러분의 일에도 해당됩니다.

# Pattern 007 as if 주어 + 동사 ~

## 마치 ~인 것처럼

〈as if 주어 + 동사 ~〉의 구문에서 as if는 '마치 ~인 것처럼'이라고 해석되어 글에 좀더 생동감을 불어넣어 주는 역할을 합니다. 두 개의 문장을 연결하는 as if는 뒤에 과거형 동사가 오면 주절의 시제와 같은 상황을 묘사하며, 실제 사실과는 다름을 의미합니다. as if 이하의 절에 과거완료 시제가 쓰였다면 주절의 시점보다 시제가 앞선 때를 묘사하는 것이며 당시에 실제 그런 일이 생긴 것이 아니라는 의미가 담겨 있습니다. 따라서 가정법 식으로 해석하면 됩니다.

### Step 1

1. The man looks excited **as if** he were going to win the award.
2. The actor acted well **as if** he saw a real ghost.
3. The song sounds very gloomy **as if** somebody had just died.
4. The sky looks red **as if** the universe had exploded a few minutes ago.
5. The data shown was fantastic **as if** the business idea were actually feasible within present market conditions.

1 그 남자는 마치 상을 받을 것처럼 흥분되어 보인다.
2 그 연기자는 마치 진짜 귀신을 본 것처럼 연기를 잘 했다.
3 마치 누군가가 막 돌아가신 것처럼 그 노래는 매우 우울하게 들린다.
4 마치 우주가 몇 분 전에 폭발했던 것처럼 하늘이 붉게 보인다.
5 마치 그 사업 아이디어가 현 시장 상황에서 실제로 실현 가능할 것처럼, 드러난 데이터는 환상적이었다.

### Step 2

When I was 17, I read a quote that went something like: "If you live each day **as if** it was your last, someday you'll most certainly be right." It made an impression on me, and since then, for the past 33 years, I have looked in the mirror every morning.

제가 열일곱 살이었을 때, 저는 다음과 같은 내용의 인용문을 읽었습니다. "________________" 그것은 제게 깊은 인상을 주었고, 그로부터 지난 33년간 저는 매일 아침 거울을 들여다봤습니다.

**잠깐만요!**
as if가 단순히 조건절의 의미로 현실성이 강한 뜻을 나타낼 때도 있습니다.
I feel as if it is going to rain.
난 비가 올 것처럼 느껴진다.

**모범답안**
만일 당신이 하루하루를 마치 마지막 날인 것처럼 산다면, 언젠가 당신이 옳은 날이 분명 올 것이다.

**gloomy** 우울한
**explod** 폭발하다
**feasible** 실현 가능한
**quote** 인용문(= quotation)
**most certainly** 분명히, 확실히
**make an impression** 인상을 주다
**look in** ~를 들여다보다

# be about to ~

## 막 ~하려고 하다

Pattern 008

about은 보통 전치사 혹은 부사로서 '~에 관하여'나 '약'이라는 의미로 자주 쓰입니다. 그러나 〈be about to + 동사원형〉은 한덩어리를 이루어 '막 ~하려고 하다'라는 뜻으로 해석되므로 잘 기억해 두세요. 과거형 be동사와 함께 쓰여 '막 ~하려고 했다'로도 많이 쓰인답니다.

**Step 1**

1. She **is about to reveal** the truth to people.
2. The artist **is about to sell** his work of art in the exhibition.
3. The house **was about to collapse** because of the flood.
4. The archeologist **was about to decode** the inscription in the Rosetta Stone when the press came.
5. Sadly, all the birds in the area **were about to die** because of the spilt oil.

1 그녀는 사람들에게 막 진실을 폭로하려고 하던 참이다.
2 그 예술가는 전시회에서 그의 예술 작품을 막 팔려던 참이다.
3 홍수 때문에 그 집이 막 무너지려 했다.
4 기자단이 왔을 때 그 고고학자는 로제타석의 명문을 막 해독하려던 참이었다.
5 안타깝게도 기름 유출 때문에 그 지역의 모든 새들이 죽을 지경이 되었다.

**Step 2**

I have asked myself: "If today were the last day of my life, would I want to do what I **am about to do** today?" And whenever the answer has been "No" for too many days in a row, I know I need to change something.

저는 제 자신에게 물었습니다: "______________________ ______________" 그리고 너무 여러 날 그 대답이 "아니오"라고 계속될 때마다, 저는 어떤 것을 바꿔야 한다는 것을 알았습니다.

**모범답안**

만일 오늘이 내 생애의 마지막 날이라면, 나는 내가 오늘 막 하려는 것을 하고 싶을까?

잠깐만요!

be on the point[brink, verge] of ~ing도 '금방 ~할 것 같다,' '~의 찰나에 있다'의 의미로 해석된답니다.

The baby was on the verge of tears.
아기는 금방이라도 울 것 같았다.

exhibition 전시회, 전람회
collapse 붕괴하다, 무너지다
archeologist 고고학자
inscription 명문
whenever ~할 때마다
in a row 연달아, 연이어

# Pattern 009 the best way I know

## 내가 아는 가장 좋은 방법

the best way 뒤에 바로 〈주어 + 동사〉가 오면 한덩어리로 보아 해석하는 것이 수월합니다. 보통 연설문에서 자신의 경험을 토대로 주장하는 글들이 많으므로 I know 혹은 I can think of 같은 표현이 뒤에 따라올 때가 많답니다.

### Step 1

1. Looking up a dictionary is **the best way I know**.
2. Giving a speech to his students was **the best way he knew**.
3. Buying a good musical instrument is **the best way I know**.
4. **The best way I can think of** is to let him know how I found the fossil.
5. **The best way I can think of** is to make it possible for a man to achieve his dream.

1 사전을 찾는 것이 내가 아는 가장 좋은 방법이다.
2 자신의 학생들에게 연설을 하는 것이 그가 아는 가장 좋은 방법이었다.
3 좋은 악기를 구입하는 것이 내가 아는 가장 좋은 방법이다.
4 내가 생각할 수 있는 가장 좋은 방법은 내가 어떻게 그 화석을 발견했는지를 그에게 알려 주는 것이다.
5 내가 생각할 수 있는 가장 좋은 방법은 사람이 자신의 꿈을 이루는 것이 가능하도록 하는 것이다.

### Step 2

Because almost everything — all external expectations, all pride, all fear of embarrassment or failure — these things just fall away in the face of death, leaving only what is truly important. Remembering that you are going to die **is the best way I know** to avoid the trap of thinking you have something to lose.

거의 모든 것 — 모든 외부의 기대들, 모든 자부심, 모든 곤란한 상황이나 실패에 대한 두려움 — 이런 것들은 정말로 중요한 것만 남기면서 죽음에 직면해서는 그저 사라질 뿐입니다. ____________

**잠깐만요!**

**the only way I can think of는 '내가 생각할 수 있는 유일한 방법'이라는 의미로, 이 표현도 독해 지문에 자주 등장합니다.**

The only way I can think of is to ask for a help.
내가 생각할 수 있는 유일한 방법은 도움을 청하는 것이다.

**모범답안**

당신은 죽을 것이라는 것을 기억하는 것이, 당신이 잃을 뭔가가 있다는 생각의 함정을 피하기 위한 제가 아는 가장 좋은 방법입니다.

**musical instrument** 악기
**external** 외부의
**expectation** 기대
**embarrassment** 곤란한 상황, 곤혹, 낭패
**fall away** 사라지다
**in the face of** ~에 직면해서
**trap** 덫, 함정

# as ~ as possible

## 가능한 ~하게

Pattern 010

as ~ as possible의 패턴에서 ~ 자리에는 형용사나 부사가 오며, '가능한 ~한[하게]'라는 의미로 해석합니다. 〈as + 형용사/부사 + as possible〉은 앞부분 〈as + 형용사/부사〉를 핵심으로 해석하고 뒤에 as possible을 '가능한'이라는 의미로 덧붙여 해석하면 수월합니다. 뒷부분에 as possible 대신에 〈as + 주어 + can〉도 독해 지문에서 많이 보일 때가 있는데 해석은 똑같이 하면 된답니다.

### Step 1

1. You need to pay for the credit card bill **as** soon **as possible**.
2. She tries to keep her past memories **as** precious **as possible**.
3. The student tried to calculate the equation **as** fast **as possible**.
4. The interviewees should give the answer **as** accurately **as they can**.
5. We should get an online access to information **as** fast **as we can**.

1 너는 가능한 빨리 신용카드 청구서를 지불해야 한다.
2 그녀는 자신의 지난 기억들을 가능한 소중히 지키려고 노력한다.
3 그 학생은 가능한 빨리 방정식을 풀려고 노력했다.
4 면접 받는 사람들은 가능한 정확하게 대답해야 한다.
5 우리는 가능한 빨리 인터넷으로 정보에 접근해야 한다.

### Step 2

It means to try to tell your kids everything you thought you'd have the next 10 years to tell them in just a few months. It means to make sure everything is buttoned up so that it will be **as** easy **as possible** for your family. It means to say your goodbyes.

그것은 여러분의 아이들에게 여러분이 앞으로 10년간 말해 주겠다고 생각한 모든 것을 몇 달 만에 다 말해 주어야 한다는 것을 의미합니다. ____________________ 곧 여러분의 작별 인사를 하라는 것을 뜻하는 것입니다.

잠깐만요!

as soon as possible은 '가능한 빨리'라는 뜻으로, 약자로 ASAP로도 흔히 쓰입니다.

Please reply to me ASAP.
가능한 빨리 답해 주세요.

모범답안

가족들이 (임종을 받아들이기) 가능한 쉬워지도록 매사를 잘 정리해야 한다는 의미입니다.

**calculate** 계산하다
**equation** 방정식
**accurately** 정확히
**make sure** 확실히 하다
**button up** 정리를 잘하다, 단추를 잘 채우다

# UNIT 02
# 오프라 윈프리 연설문 (Oprah Winfrey)

미국 '토크쇼의 여왕' 오프라 윈프리를 모르는 사람은 아마 드물 것입니다. 불우한 가정에서 사생아로 태어나 가난과 인종 차별을 이겨내고 타임지가 선정한 '20세기 가장 영향력 있는 100인'에 선정되는 기적을 일구어낸 인물이죠. 자신의 경험을 바탕으로 얻은 교훈을 전하는 그녀의 연설은 늘 청중의 심금을 울립니다. 이제, 2008년 스탠포드 대학교 졸업 축사에서 또 한 번 감동을 느껴 볼까요?

Pattern 011 **this is the first time I've ~** 이것이 내가 ~한 처음이다
Pattern 012 **on one's own terms** 자기 생각대로, 자기 방식대로
Pattern 013 **every time 주어 + 동사 ~** ~할 때마다
Pattern 014 **unless 주어 + 동사 ~** ~하지 않는 한, ~가 아닌 한
Pattern 015 **the 비교급 ~, the 비교급 …** ~하면 할수록 더 …하다
Pattern 016 **a year after 주어 + 동사 ~** ~한 지 일년 만에
Pattern 017 **come up with ~** ~라는 생각[방법]이 떠오르다
Pattern 018 **be supposed to ~** ~하기로 되어 있다, ~해야 하다
Pattern 019 **as soon as 주어 + 동사 ~** ~하자마자
Pattern 020 **spend + 시간 + ~ing** ~하는 데 시간을 쓰다[보내다]

# this is the first time I've ~

## 이것이 내가 ~한 처음이다

Pattern 011

연설문은 어느 정도 격식을 갖춘 구어체일 때가 많으므로 전형적인 독해 문장보다는 어느 정도 구어체의 성격을 띤 문체가 자주 등장합니다. this is the first time I've ~의 패턴은 '이것이 제가 ~한 처음입니다'로 해석하되, 처음을 강조하는 표현으로 이해하면 됩니다. the first time 뒤의 주어 다음에 이어지는 동사는 현재완료 시제뿐 아니라 단순 과거 시제가 되기도 합니다.

### Step 1

1. **This is the first time I've** ever spoken in English.
2. **This is the first time I've** eaten at a fancy restaurant.
3. **This is the first time he's** ever discovered dinosaur fossils.
4. **This is the first time the vice president has** ever accepted my proposal.
5. **This is the first time the famous archeologist showed** his own way to find the dinosaur fossils.

1 이것이 제가 영어로 연설한 처음입니다.
2 이번이 내가 고급 식당에서 식사해 본 처음이다.
3 이번이 그가 공룡 화석을 발견한 처음이다.
4 이것이 부사장님이 나의 제안을 수락한 처음이다.
5 이번이 그 유명한 고고학자가 공룡화석을 발견한 자신만의 방법을 보여 준 처음이다.

### Step 2

I need to begin by letting everyone in on a little secret. The secret is that Kirby Bumpus, Stanford Class of '08, is my goddaughter. So, I was thrilled when President Hennessy asked me to be your Commencement speaker, because **this is the first time I've** been allowed on campus since Kirby's been here.

저는 모두에게 작은 비밀 하나를 알려 드리면서 시작하려고 합니다. 그 비밀은 08년도 스탠퍼드 졸업생인 커비 범퍼스가 저의 대녀라는 것입니다.

**잠깐만요!**

⟨that was the last time I + 과거동사 ~⟩는 '그것이 내가 ~한 마지막이었다'는 라는 의미로, 뒤에 동사의 과거형이 오게 됩니다.

That was the last time I saw **him**.
그것이 내가 그를 본 마지막이었다.

**모범답안**

그래서 커비가 여기 다닌 이후로 제가 처음으로 학교에 올 수 있게 되었기 때문에, 헤네시 총장님이 제게 졸업식 연사가 되어 달라고 부탁하셨을 때 저는 정말 기뻤습니다.

**dinosaur** 공룡
**fossil** 화석
**proposal** 제안
**let ~ in on a secret** ~에게 비밀을 밝히다
**goddaughter** 대녀
**thrilled** 아주 신이 난, 매우 흥분한
**commencement** 졸업식, 학위 수여식

# Pattern 012 on one's own terms

## 자기 생각대로, 자기 방식대로

terms는 보통 '조건'이라는 뜻으로도 해석되지만 '말하는[생각하는] 방식'으로 해석될 수도 있죠. 그래서 on one's own terms는 '자기 생각대로' 혹은 '자기 방식대로'로 해석하는 것이 자연스럽답니다. in one's own way도 비슷한 표현으로 '~의 방식대로'라는 의미이니 알아 두세요.

### Step 1

1. He took the job **on his own terms**.
2. My teacher took my gesture **on her own terms**.
3. Our president will proceed with the project **on his own terms**.
4. The fact that you take foreigners' response **in your own way** may lead to misunderstanding.
5. People should not judge things only **in their own way** because effective communication is a top priority.

1 그는 자기 생각대로 그 일을 받아들였다.
2 우리 선생님은 내 제스처를 자신의 방식대로 이해하셨다.
3 우리 사장님은 그의 방식대로 그 프로젝트를 추진할 것이다.
4 당신이 외국인들의 반응을 당신 생각대로 받아들인다는 사실이 오해를 불러일으킬 수도 있다.
5 효과적인 의사소통이 최우선이기 때문에 사람들은 자신의 생각대로만 상황을 판단해서는 안 된다.

### Step 2

You see, Kirby's a very smart girl. She wants people to get to know her **on her own terms**, she says. Not in terms of who she knows. So, she never wants anyone who's first meeting her to know that I know her and she knows me.

여러분도 알다시피, 커비는 매우 똑똑한 소녀입니다. ______________ 그녀가 아는 누군가의 방식이 아니라. 그래서, 그녀는 그녀를 처음으로 만나는 누구든지 내가 그녀를 알고 있고 그녀가 나를 알고 있다는 것을 알기를 절대로 원하지 않습니다.

**잠깐만요!**
**on one's own은 '자기 혼자 힘으로'라는 뜻이므로 알아 두세요.**
He prefers to be on his own.
그는 자기 혼자 있는 것을 선호한다.

**모범답안**
그녀는 자신의 생각대로 사람들이 그녀를 알게 되기를 바란다고 그녀는 말합니다.

**lead to** ~에 이르다
**top priority** 최우선 사항
**get to know** 알게 되다
**in terms of** ~의 식으로

# every time 주어 + 동사 ~

## ~할 때마다

Pattern 013

every time이 단독으로 나오면 '매번'이라는 의미이지만, 뒤에 주어, 동사가 이어져 〈every time 주어 + 동사 ~〉의 구문으로 쓰이면 두 문장을 연결해 주는 역할을 하므로 '~할 때마다'라고 해석하면 됩니다. 시간 부사절에 쓰이는 접속사 whenever가 every time과 비슷하게 사용되므로 같이 알아 두세요.

### Step 1

1. **Every time** she is late, she has to pay money.
2. **Every time** I received a good grade, my mom was happy.
3. **Every time** a war broke out, many artworks were destroyed.
4. **Whenever** a UFO is observed by people, scientists say it is just an illusion.
5. **Whenever** the man-made disaster happens, the government cannot find a solution quickly.

1 그녀는 지각을 할 때마다, 벌금을 내야 한다.
2 내가 좋은 성적을 받을 때마다, 우리 엄마는 행복해하셨다.
3 전쟁이 발발할 때마다, 많은 예술품이 파괴되었다.
4 UFO가 사람들에게 발견될 때마다, 과학자들은 그냥 환영이라고 말한다.
5 인재가 발생할 때마다, 정부는 해결책을 신속히 찾지 못한다.

### Step 2

And so proud of her mother and father, who helped her get through this time, and her brother, Will. I really had nothing to do with her graduating from Stanford, but **every time** anybody asked me in the past couple of weeks what I was doing, I would say, "I'm getting ready to go to Stanford."

그리고 그녀(커비)의 부모님이 참으로 자랑스럽습니다. 이분들은 그녀가 이 시간을 잘 헤쳐나갈 수 있도록 도와주셨고, 그리고 그녀의 오빠 윌도요. 그녀가 스탠퍼드를 졸업하는 데 제가 한 일은 없습니다. 하지만 ________________

잠깐만요!

**at any time이라는 표현도 '언제라도'로 해석됩니다. 단, 부사구이기 때문에 주로 문장 끝에 옵니다.**

You can contact me at any time.
너는 언제라도 내게 연락할 수 있다.

**break out** 일어나다, 발생하다
**illusion** 환영, 환상
**disaster** 재난, 재앙
**proud** 자랑스러운
**have nothing to do with** ~와 아무런 관련이 없다
**get ready to** ~할 준비를 하다

모범답안

지난 몇 주 동안 누군가 제게 무얼 하고 있느냐고 물어올 때마다 저는 "스탠퍼드에 갈 준비를 하고 있어요."라고 말하곤 했습니다.

# Pattern 014 unless 주어 + 동사 ~

## ~하지 않는 한, ~가 아닌 한

unless는 '~하지 않는다면'이라는 의미이기 때문에, 〈unless 주어 + 동사 ~〉는 '~하지 않는 한,' '~가 아닌 한'처럼 반드시 부정문으로 해석해야 한다는 점을 기억하세요. unless로 시작하는 절은 부사절이므로 주절 앞에 올 수도 있고 주절 뒤에 위치할 수도 있답니다.

### Step 1

1. **Unless** you show me your ID card, you cannot get inside.
2. **Unless** you read Russian, it is hard to travel alone in Russia.
3. **Unless** you have any witness in a case, he can hardly trust you.
4. Life is a colorless, shapeless, and confusing fog **unless** we keep our eyes open.
5. People could not carry large quantities of goods **unless** they used a ship.

1 제게 신분증을 보여 주지 않으면, 당신은 안으로 들어갈 수 없습니다.
2 러시아어를 읽지 못하면, 러시아를 혼자 여행하는 것은 어렵다.
3 당신에게 사건의 목격자가 없으면, 그는 당신을 거의 믿지 못한다.
4 우리가 눈을 계속 뜨고 있지 않는 한, 삶은 무색의 형체가 없는 혼돈의 안개이다.
5 배를 이용하지 않으면, 사람들은 대량의 상품을 운반할 수 없었다.

### Step 2

I'd made a movie, had been nominated for an Oscar and founded my company, Harpo. But I told them, I cannot come and give a speech **unless** I can earn one more credit, because my dad's still saying I'm not going to get anywhere without that degree.

전 영화를 만들어 오스카 상의 후보에 올랐고, 제 회사 하포를 설립했습니다. 하지만 ______________________________, 왜냐하면 저의 아버지가 아직도 저에게 그 학위 없이는 제가 잘해 나가지 못할 거라고 말씀하시기 때문입니다.

**잠깐만요!**

**unless를 이용한 특이한 표현 중에 unless otherwise agreed가 있습니다. '별도 합의된 사항이 없으면'이라고 해석하며, 한덩어리 표현으로 익혀 두세요.**

Unless otherwise agreed, the new singer will follow this contract.
별도 합의된 사항이 없으면, 그 신인가수는 이 계약을 따르게 될 것이다.

**모범답안**

저는 그들에게 제가 한 학점을 더 이수하지 못하면, 와서 연설할 수 없다고 말했습니다

**witness** 증인, 목격자
**be nominated** 후보로 지명되다
**found** 설립하다
**give a speech** 연설하다
**credit** 학점
**get anywhere** 잘 되다, 성과를 거두다
**degree** 학위

# the 비교급 ~, the 비교급 …

~하면 할수록 더 …하다

Pattern 015

비교급 앞에 the를 쓰되 뒤에는 완벽한 문장이나 간단한 구가 오는 특수 구문인 〈the 비교급 ~, the 비교급 …〉 패턴은 해석 시 '~하면 할수록 더 …하다'라고 하면 됩니다. 이 구문은 접속사 없이도 중간에 콤마만 넣어 줌으로써 두 개의 문장을 연결할 수 있는 특이한 구조를 가지고 있습니다.

## Step 1

1. **The more**, **the better.**
2. **The higher** your position, **the higher** your salary.
3. **The more** shocking news I hear, **the more** I remember.
4. **The better** you speak English, **the more** job opportunities you will have.
5. **The bigger** hurricanes arrive, **the more** devastating results we will get.

1 많으면 많을수록 더 좋다.
2 당신의 직책이 높으면 높을수록 급료는 더 높다.
3 나는 더 충격적인 소식을 들으면 들을수록 더 잘 기억한다.
4 당신이 영어를 더 잘 구사할수록, 더 많은 취업 기회가 생기게 될 것이다.
5 더 큰 허리케인이 다가올수록, 우리는 더 황폐한 상황에 이르게 될 것이다.

## Step 2

And I believe that there's a lesson in almost everything that you do and every experience, and getting the lesson is how you move forward. It's how you enrich your spirit. And, trust me, I know that inner wisdom is more precious than wealth. **The more** you spend it, **the more** you gain.

그리고 저는 여러분이 하는 거의 모든 일과 경험하는 것 모두에 교훈이 있다고 생각하며, 교훈을 얻는 것이 바로 여러분이 전진하는 과정입니다. 그것이 여러분의 영혼을 풍요롭게 하는 과정입니다. 그리고, 저를 믿으십시오. 저는 내면의 지혜가 부보다 더 값지다는 것을 알고 있습니다. ________________

**잠깐만요!**
접속사 as에 '~하면서' 혹은 '~할수록'의 뜻이 있습니다. 주로 〈as 주어 + 동사 ~, 주어 + 동사 …〉의 구문으로 쓰이는데, 두 절에 비교급이 올 경우 〈the 비교급 ~, the 비교급 …〉과 뜻이 비슷합니다.
As we get older, we are more satisfied with what we have.
우리는 나이가 들수록, 우리가 현재 가지고 있는 것에 더 만족하게 된다.

devastating 파괴적인, 황폐시키는
lesson 교훈
move forward 전진하다
enrich 풍요롭게 하다, 질을 높이다
wisdom 지혜
precious 귀중한

모범답안
여러분이 지혜를 쓰면 쓸수록, 여러분은 더 많은 것을 얻게 됩니다.

# Pattern 016 a year after 주어 + 동사 ~

## ~한 지 일년 만에

after 앞에 시간을 나타내는 단어가 와서 더 세세한 의미를 전달하는 경우가 많이 있답니다. 보통 after만 쓰이면 '~ 후에'라는 의미이지만, 앞에 짧은 단위로는 one minute부터 긴 단위인 10 years나 100 years까지 어떤 시간 단위든 after 앞에 붙을 수 있는데, 이때 '~한 지 (시간) 만에'로 해석하면 됩니다. 따라서 〈a year after 주어 + 동사 ~〉의 패턴은 '~한 지 일년 만에'라고 해석하세요.

### Step 1

1. **A year after** I came to Korea, I started to eat kimchi.
2. **A year after** he moved to Canada, he called me to say hello.
3. I found this photo **a year after** I developed it.
4. **One minute after** the earthquake happened in this area, the volcano started to erupt actively.
5. **Two hundred years after** the sun finishes its life, all the planets in the solar system will disappear.

1 나는 한국에 온 지 일년 만에 김치를 먹기 시작했다.
2 그는 캐나다로 이주한 지 일년 만에 내게 안부 전화를 했다.
3 나는 이 사진을 인화한 지 일년 만에 찾았다.
4 이 지역에서 지진이 일어난 지 일분 만에 화산이 활발하게 분출하기 시작했다.
5 태양이 수명을 다하면 그 이백 년 후에 태양계의 모든 행성들이 사라질 것이다.

### Step 2

**A year after** I left college, I was given the opportunity to co-anchor the 6 o'clock news in Baltimore, because the whole goal in the media at the time I was coming up was to try to move to larger markets. And Baltimore was a much larger market than Nashville.

______________________________, 왜냐하면 제가 출연할 그 당시 방송계에서의 궁극적인 목표는 더 큰 시장으로 진출하려는 것이었기 때문입니다. 그리고 볼티모어는 내슈빌보다 훨씬 더 큰 시장이었습니다.

**잠깐만요!**

after 대신 before가 쓰인 〈a year before 주어 + 동사 ~〉의 패턴은 '~하기 일년 전에'로 해석하세요.

A year before a smartphone was invented, we had used this phone.
스마트폰이 발명되기 일년 전에 우리는 이 전화기를 사용했었다.

**develop** (필름을) 현상하다
**volcano** 화산
**erupt** 분출하다
**be given the opportunity** 기회를 얻다
**co-anchor** 공동 뉴스 앵커를 하다

**모범답안**
제가 대학을 떠난 지 일년 만에 볼티모어에서 6시 뉴스 공동 앵커를 할 기회를 얻었습니다

# come up with ~

## ~라는 생각[방법]이 떠오르다

Pattern 017

연설문에서는 연설자의 인생 경험과 노하우가 자주 인용됩니다. 그래서 때로 어떤 힘든 상황에서 생각난 idea나 solution이 소개될 때 '~라는 생각이나 방법이 떠오르다'라는 의미의 표현 come up with ~가 연설문에서 특히 자주 쓰인답니다. 하지만 이 표현 뒤에 money와 같은 물건이 나올 때는 '~를 마련하다'로 해석하세요.

### Step 1

1. The scientist **came up with** this new idea.
2. He will **come up with** a great solution sooner or later.
3. She **came up with** a brilliant idea for attracting audiences.
4. The designer **came up with** this splendid idea to add pink ribbons all over the skirt.
5. The representative of this Korean lender has to **come up with** the money not to follow in the footsteps of European lenders.

1 그 과학자는 이 새로운 아이디어가 떠올랐다.
2 그는 조만간 좋은 해결책을 내놓을 것이다.
3 그녀는 청중을 사로잡기 위한 멋진 생각이 떠올랐다.
4 그 디자이너는 치마 전체에 분홍색 리본을 추가하는 이 멋진 방법을 생각해냈다.
5 이 한국 대부업체 대표는 유럽 대부업체들의 전철을 밟지 않기 위해서 그 돈을 마련해야 한다.

### Step 2

The first sign, as President Hennessy was saying, was when they tried to change my name. The news director said to me at the time, "Nobody's going to remember Oprah. So, we want to change your name. We've **come up with** a name we think that people will remember and people will like. It's a friendly name: Suzie."

헤네시 총장님께서 말씀하셨듯이 첫 번째 징후는 그들이 제 이름을 바꾸려고 할 때였습니다. 그 당시 뉴스 제작 책임자가 제게 말했습니다. "아무도 오프라를 기억하지 못할 겁니다. 그래서 우리는 당신의 이름을 바꿨으면 합니다. ________________ 그것은 친근한 이름인 수지예요."

**잠깐만요!**

come to one's mind는 '머리에 떠오르다'라는 의미의 표현입니다. 이 패턴은 생각이나 실수 등 머리에 떠오르는 것이 주어 자리에 옵니다.

My worst mistake came to my mind.
내 최악의 실수가 머리에 떠올랐다.

**brilliant** 뛰어난, 멋진
**splendid** 멋진, 훌륭한
**lender** 대출 기관, 빌려주는 사람
**follow in the footsteps of** ~의 뒤를 따르다
**sign** 징후, 징조
**director** 감독, 제작 책임자
**friendly** 친근한, 상냥한

모범답안
우리는 사람들이 기억하고 좋아할 만한 이름 하나를 생각해냈어요.

# Pattern 018 be supposed to ~

## ~하기로 되어 있다, ~해야 하다

연설문에서 자신의 과거 상황을 서술할 때 원래 '~하기로 했었는데 안 그랬다'라는 상황을 묘사할 때가 있습니다. 혹은 현재 '지금 ~하기로 한' 상황을 서술하는 경우에도 〈be supposed to + 동사원형〉의 패턴이 자주 사용됩니다. 〈be not supposed to + 동사원형〉은 '~해서는 안 되다'라는 뜻으로 should not보다는 약한 의미로 해석하세요.

### Step 1

1. A travel agent **was supposed to give** a call to me.
2. They **are supposed to hold** an art exhibition.
3. People **are supposed to take** care of the handicapped.
4. Doctors **are not supposed to drink** alcohol before they perform an emergency operation.
5. The financial manager **is not supposed to sell** any of my stocks unless a bullish market continues.

1 여행사 직원이 내게 전화를 주기로 되어 있었다.
2 그들은 미술 전시회를 개최하기로 되어 있다.
3 사람들은 장애인들을 돌봐 주어야 한다.
4 의사들은 응급 수술을 하기 전에 음주를 해서는 안 된다.
5 재무 관리자는 상승세가 계속되지 않는다면 내 주식을 팔면 안 된다.

### Step 2

What I know now is that feelings are really your GPS system for life. When you'**re supposed to do** something or not **supposed to do** something, your emotional guidance system lets you know. The trick is to learn to check your ego and start checking your guts.

지금 제가 알고 있는 것은 직감이 진정으로 여러분들의 삶에 위치 추적 장치가 된다는 것입니다. ________________ 그 비결은 여러분의 자아를 확인하고 여러분의 직감 확인을 시작하는 것을 배우는 것입니다.

handicapped 신체[정신]적인 장애가 있는
emergency operation 응급 수술
stock 주식, 증권
bullish (시세가) 상승세의, 강세의
guidance 안내
trick 비결, 요령
ego 자아
guts 직감, 배짱

모범답안
여러분이 무언가를 하기로 되어 있거나 하지 말아야 할 때, 여러분의 감정 안내 시스템이 여러분에게 알려 줍니다.

# as soon as 주어 + 동사 ~

## ~하자마자

Pattern **019**

soon이 '곧'이라는 뜻이므로, as soon as는 부사절 접속사로서 주어, 동사와 함께 세부적인 정보를 주는 정도로 해석하면 됩니다. 따라서 〈as soon as 주어 + 동사 ~〉의 구문은 '~하자마자'라고 해석하세요. 비슷한 표현으로 no sooner ~ than …이 있는데, '~하자마자 …하게 되다'로 해석하세요. 문장 맨 앞에 부정어가 오게 되므로 주어와 동사의 도치가 일어납니다.

### Step 1

1. **As soon as** I picked up the phone, I heard the good news.
2. Audiences stood up **as soon as** he started to play the piano.
3. **As soon as** the spaceship was launched, people took a picture.
4. **No sooner** had I finished my weekly report **than** the representative of my company called me.
5. **No sooner** had the newly proposed rule come into effect in Korea **than** foreigners started to buy stocks.

1 나는 전화기를 들자마자 좋은 소식을 들었다.
2 그가 피아노 연주를 시작하자마자 청중들이 일어섰다.
3 우주선이 발사되자마자 사람들은 사진을 찍었다.
4 내가 주간 보고서를 끝내자마자 회사 대표가 내게 전화했다.
5 한국에서 새로 제안된 규정이 시행되자마자 외국인들이 주식을 사기 시작했다.

### Step 2

I say, what is this here to teach me? And **as soon as** you get the lesson, you get to move on. If you really get the lesson, you pass and you don't have to repeat the class. If you don't get the lesson, it shows up to give you some remedial work.

저는 '여기서 이것은 내게 무엇을 가르쳐 주려고 왔을까?'라고 말합니다. 그리고 ________________

만약 진정한 교훈을 얻는다면, 여러분은 (그 고난을) 이수했으며 그 수업을 다시 반복할 필요가 없습니다. 만약 여러분이 교훈을 얻지 못하면, 여러분에게 보충 학습을 해 주기 위해 (다른 곳에서) 나타납니다.

**launch** 발사하다
**come into effect** 발효하다, 실시되다
**lesson** 교훈, 수업
**move on** 발전하다, 넘어가다
**remedial** 보충적인, 개선의, 교정의

모범답안
여러분은 교훈을 얻자마자 발전하게 됩니다.

Pattern
# 020 spend + 시간 + ~ing

## ~하는 데 시간을 쓰다[보내다]

독해를 잘하기 위해서는 동사 하나의 뜻만 보는 눈이 아니라 특정 동사가 수반하는 패턴도 기억하고 있어야 합니다. 〈spend + 시간 + ~ing〉의 표현이 보일 때는 항상 '~하는 데 시간을 쓰다'로 해석하면 된답니다. 목적어 자리에는 시간 이외에도 '돈'이나 '에너지' 등 여러 가지가 올 수 있습니다.

### Step 1

1. I will **spend much time studying** English.
2. He has **spent his entire life teaching** how to make *hanji*.
3. The professor **spent his time calculating** math equations.
4. The doctor has **spent his whole life curing** patients with a pancreatic cancer.
5. The artisan **spent a lot of time training** his apprentices at home in order to pass down a good tradition.

1 나는 영어를 공부하는 데 많은 시간을 들일 것이다.
2 그는 한지를 만드는 법을 가르치는 데 그의 일생을 바쳤다.
3 그 교수는 수학 방정식을 계산하는 데 시간을 보냈다.
4 그 의사는 췌장암에 걸린 환자들을 치료하는 데 그의 일생을 바쳤다.
5 그 장인은 좋은 전통을 물려 주기 위해 집에서 견습생들을 훈련시키면서 많은 시간을 보냈다.

### Step 2

Many of you know that, as President Hennessy said, I started this school in Africa. And I founded the school, where I'm trying to give South African girls a shot at a future like yours — Stanford. And I **spent five years making** sure that school would be as beautiful as the students.

헤네시 총장님께서 말씀하셨던 것처럼, 여러분 중의 대다수는 제가 아프리카에서 이 학교를 시작했다는 것을 알고 계실 겁니다. 그리고 저는 학교를 설립하여, 남아공 소녀들에게 여러분의 스탠퍼드와 같은 미래에 대한 기회를 주려고 노력하고 있습니다. 그리고 ______________________

equation 방정식
pancreatic cancer 췌장암
artisan 장인, 기능공
apprentice 견습생, 도제
found 설립하다
give ~ a shot ~에게 기회를 주다
make sure 확실히 하다

**모범답안**
저는 그 학교가 그 학생들만큼 아름다워지도록 하는 데 5년의 시간을 보냈습니다.

# UNIT 03
# 반기문 연설문 (Ban Ki-moon)

반기문은 한국인 최초로 유엔 사무총장을 역임하며 많은 사람들에게 자부심을 안겨준 인물입니다. 초등학교부터 간직한 외교관의 꿈을 향해 한결같이 달려온 성장기가 알려지며 많은 청소년들의 롤모델로 꼽히고 있죠. 그의 연설은 비록 수려한 발음은 아니지만, 설득력 있는 문장과 정확한 메시지 전달로 높게 평가 받고 있습니다 '긍정'과 '희망'의 메시지로 가득찬 유엔 사무총장 취임 연설을 한 번 들여다볼까요?

Pattern 021 **accept the appointment as ~** ~로서의 직책[임명]을 수락하다
Pattern 022 **look forward to ~** ~를 고대하다
Pattern 023 **get things done** 일을 처리하다[완수하다]
Pattern 024 **keep A from B** A가 B하는 것을 막다[방지하다]
Pattern 025 **be determined to ~** ~할 각오[결심]이다
Pattern 026 **be in the position to ~** ~할 위치에 있다
Pattern 027 **be eager to ~** ~하기를 갈망하다, 매우 ~하고 싶다
Pattern 028 **be far from ~** ~와는 거리가 멀다, ~할 사람이 아니다

# Pattern 021 accept the appointment as ~

## ~로서의 직책[임명]을 수락하다

appointment가 '약속'의 의미로 자주 쓰이므로 accept the appointment as ~는 자칫 잘못 해석할 수 있는 표현입니다. 전치사 as가 뒤에 같이 쓰일 때는 '~로서'라는 의미가 붙기 때문에 appointment를 '약속'이 아닌 '직책,' '임명'으로 해석해서 '~로서의 직책[임명]을 수락하다'라고 해석해야 하므로 유의하세요. 반대 표현으로 refuse the appointment of … as ~가 있는데, '…를 ~로서 임명하는 것을 거절하다'라는 의미이니 같이 알아 두세요.

**Step 1**

1. I **accepted the appointment as** mayor of Gotham City.
2. He **accepted the appointment as** Chairman of the U.S Navy.
3. She finally **accepted the appointment as** diplomat of Iran.
4. Designer Jacque will **refuse the appointment of** Kelly **as** top manager in his department.
5. Most members in the board **refused the appointment of** Charles **as** the next chairman in the following fiscal year.

1 나는 고담 시의 시장으로서의 직책을 수락했다.
2 그는 미 해군의 합참의장으로서의 직책을 받아들였다.
3 그녀는 이란의 외교관직을 마침내 수락했다.
4 자크 디자이너는 켈리를 그의 부서의 부서장으로 임명하는 것을 거부할 것이다.
5 이사회의 대다수 위원은 찰스를 다음 회계년도 차기 회장으로 임명하는 것을 거부했다.

**Step 2**

With boundless gratitude for the confidence placed in me by the Member States, and with an unswerving resolve to honor that trust, I humbly **accept the appointment as** the 8th Secretary-General of this great Organization, our United Nations. I wish to extend my deepest respect and appreciation to all the leaders and peoples of the Member States for their strong support.

회원국들이 제게 보내 주신 신뢰에 대한 무한한 감사를 드리며, 그러한 신뢰를 존중하겠다는 확고한 결의와 더불어, ________________ 각 회원국의 모든 지도자들과 국민들께 저를 강력히 지지해 주신 데 대해 깊은 존경과 감사를 드립니다.

**잠깐만요!**
**have an appointment for ~는 '~를 위한 약속을 잡다'의 의미로 해석해야 되니 잘 알아 두세요.**
I had an appointment for the job interview.
나는 취업 면접을 위한 약속을 잡았다.

**mayor** 시장
**board** 이사회
**boundless** 무한한
**gratitude** 감사
**the Member State** 회원국
**unswerving** 변함없는, 확고한
**resolve** 의지, 결의
**honor** 존중하다, 뜻을 받들다
**humbly** 겸허하게
**extend** 주다, 베풀다

**모범답안**
저는 이 훌륭한 기구, 우리 유엔의 제 8대 사무총장 직을 겸허히 수락합니다.

# look forward to ~

~를 고대하다

Pattern 022

look forward를 직역하면 앞쪽으로 보고 있다는 의미죠. 따라서 〈look forward to + (동)명사〉를 의역하면 '~를 고대하다'라는 의미가 됩니다. 연설문의 끝 부분으로 갈수록 이런 표현이 많이 나오는데 미래에 대한 기대를 안고 희망적인 메시지를 간접적으로 표현할 때 자주 등장합니다. 보통 강조를 위해 very나 greatly 같은 어휘가 함께 많이 사용되곤 합니다. 참고로, to 다음에 동사가 오면 꼭 동명사가 된다는 점, 잊지 마세요.

## Step 1

1. My sister **looked forward to Halloween**.
2. He **looks forward to hearing** from her as soon as possible.
3. The defendant **looked forward to meeting** his family.
4. The geologist was **very looking forward to going** on an expedition to the limestone cave.
5. Many tourists are **greatly looking forward to seeing** the moai of Rapa Nui in the remote island of the southern Pacific Ocean.

1 내 여동생은 핼러윈을 고대했다.
2 그는 가능한 빨리 그녀의 소식을 듣기를 고대한다.
3 피고인은 그의 가족을 만나기를 고대했다.
4 그 지질학자는 석회암 동굴 탐사를 매우 고대하고 있었다.
5 많은 여행객들은 남태평양의 외딴섬 라파누이의 모아이를 보는 것을 매우 고대하고 있다.

## Step 2

Thank you, Madam President, for graciously preparing and guiding this meeting today. I greatly **look forward to supporting** you and working closely with you, as you wisely steer the Assembly toward a very successful session. Madam President, distinguished delegates, I follow in a line of remarkable leaders.

오늘 이 회의를 친히 준비하고 주재해 주신 의장님께 감사 드립니다. 의장님이 유엔 총회를 매우 성공적인 회의로 이끌기 때문에, ______________________________. 의장님, 그리고 고귀한 대표자 여러분, 저는 뛰어나신 역대 총장님들의 뒤를 따르겠습니다.

**잠깐만요!**

〈be eager to + 동사원형〉은 '~하기를 열망하다'라는 의미로, 바라는 것을 좀 더 강하게 표현할 때 쓰이므로 같이 알아 두세요.

He was eager to win the gold medal in the contest.
그는 콘테스트에서 금메달을 따기를 열망했다.

**defendant** 피고(인)
**geologist** 지질학자
**expedition** 탐험, 탐사
**graciously** 친절하게, 정중히
**support** 지원하다, 지지하다
**work closely with** ~와 긴밀히 협력하다
**steer** 이끌다, 조종하다
**assembly** 회의, 회합, 국회
**session** 회의
**distinguished** 기품 있는, 유명한
**delegate** 대표(자)
**follow in** ~를 따르다

모범답안

저는 의장님을 지원하여 의장님과 긴밀히 함께 일할 날을 매우 고대합니다

# Pattern 023 get things done

## 일을 처리하다[완수하다]

get things done은 '일을 처리하다[완수하다]'라는 의미, 즉 finish(끝내다)의 의미가 담긴 표현입니다. things 대신 the work, the procedure와 같이 '일'이나 '절차' 같은 다양한 목적어를 취할 수 있으며 뒤에 부사를 붙여 강조할 때가 많습니다.

### Step 1

1. Can you **get things done** by this week?
2. In our mission, it is important to **get things done** safely.
3. I think that leadership is a capability to **get things done**.
4. The archeologist found it hard to **get his work done** when he had to dig a perfectly preserved Neolithic corpse in the ice.
5. The scriptwriter **got her work done** quickly once she decided to describe the subtle emotion of people in her fiction.

1 당신은 이번 주까지 일을 끝낼 수 있나요?
2 우리의 임무에서 일을 안전하게 마치는 것이 중요하다.
3 리더십은 일을 처리하는 능력이라고 나는 생각한다.
4 그 고고학자는 거의 완벽히 보존된 신석기 시대의 시체를 얼음에서 파내야 했을 때 작업을 완수하는 것이 힘들다는 것을 알았다.
5 그 시나리오 작가는 일단 그녀의 픽션에 사람들의 미묘한 감정을 묘사하기로 마음먹은 뒤 작업을 빠르게 해나갔다.

### Step 2

Asia is also a region where modesty is a virtue. But the modesty is about demeanor, not about vision and goals. It does not mean the lack of commitment or leadership. Rather, it is quiet determination in action to **get things done** without so much fanfare. This may be the key to Asia's success, and to the UN's future.

아시아는 또한 겸손이 미덕인 지역입니다. 하지만 그 겸손은 행실에 관한 것이지, 통찰력과 목표에 관한 것이 아닙니다. 그것은 약속 또는 지도력의 결여를 의미하지 않습니다. 오히려, __________ 이것이 아시아의 성공과 유엔의 미래에 핵심이 될 수 있습니다.

archeologist 고고학자
neolithic 신석기 시대의
corpse 시체, 송장
scriptwriter 시나리오 작가
subtle 미묘한, 예민한
modesty 겸손, 중용
virtue 미덕, 덕목
demeanor 행실, 태도
commitment 약속, 헌신
determination in action to ~하는 행동의 결단력

**모범답안**
그것은 요란한 팡파르 없이 일을 처리하는 행동에 있어서의 조용한 결단력입니다.

# keep A from B

## A가 B하는 것을 막다[방지하다]

Pattern **024**

'뭔가를 못하게 하다'라는 의미를 나타낼 경우에는 거의 항상 keep A from B의 패턴이 나옵니다. 이때 'A가 B 하는 것을 막는다'는 의미에 초점을 맞춰서 해석하도록 하세요. 그리고 주어 자리에 사람이 아닌 어떤 이유나 배경이 되는 것이 올 때는, '(주어) 때문에[로 인해] A가 B하지 못하다'라고 좀더 자연스럽게 의역할 수 있답니다. keep 대신 prevent, bar, prohibit, stop도 자주 쓰이므로 알아 두세요.

### Step 1

1. The police lines **keep** me **from** crossing the street.
2. The sudden noise **kept** my baby **from** sleeping last night.
3. This special substance will **keep** engine oil **from** freezing.
4. The bill will **prevent** online sellers **from** copying others' design illegally without paying anything.
5. Most members in the parliament wanted to **prohibit** China **from** exporting products to U.K.

1 경찰 저지선이 내가 길을 건너는 것을 막고 있다. [경찰 저지선 때문에 나는 길을 건널 수가 없다.]

2 어젯밤 갑작스런 소음이 우리 아기가 잠드는 것을 막았다. [어젯밤 갑작스런 소음 때문에 우리 아기는 잠을 자지 못했다.]

3 이 특별한 물질이 엔진 오일이 어는 것을 방지할 것이다.

4 그 법안은 온라인 판매상들이 돈을 내지 않은 채 불법적으로 다른 사람들의 디자인을 복제하는 것을 막을 것이다.

5 의회 대다수 의원들은 중국이 영국에 물품을 수출하는 것을 금지하기를 원했다.

### Step 2

The UN is needed now more than ever before. The UN's core mission in the previous century was to **keep** countries **from** fighting each other. In the new century, the defining mandate is to strengthen the inter-state system so that humanity may be better served amidst new challenges.

과거 그 어느 때보다도 지금 더욱 유엔이 필요합니다. ________________ 새로운 세기에, 유엔의 기본 임무는 국가 간의 체계를 강화함으로써 새로운 도전 속에 인간성을 증진시키는 일입니다.

**잠깐만요!**

**keep의 기본 뜻은 '유지하다'로, ⟨keep + 목적어 + 형용사⟩의 표현이 오면, '~를 …한 상태로 유지하다' 라는 전혀 다른 의미가 됩니다.**

The soap will keep your skin clean and clear.

그 비누는 당신의 피부를 깨끗하고 투명하게 유지시켜 줄 것이다.

**모범답안**

지난 세기에 유엔의 핵심 임무는 국가 간의 분쟁을 막는 것이었습니다.

**illegally** 불법적으로
**parliament** 의회
**more than ever before** (과거) 어느 때보다도 더욱
**core mission** 핵심 임무[사명]
**defining** 기틀이 되는
**mandate** 권한
**strengthen** 강화하다
**so that** 그 결과, 그래서
**humanity** 인류, 인간성
**amidst** ~의 복판에 (= amid)

Pattern 025

# be determined to ~

~할 각오[결심]이다

연설문에서는 강한 어조로 자신의 결심을 말하는 문장이 빈번히 나옵니다. 이때 접할 수 있는 것이 바로 '결심하다'라는 뜻의 동사 determine으로, decide(결정하다)와는 다르게 강한 의지를 보여 주는 동사입니다. 따라서 〈be determined to + 동사원형〉의 패턴은 '~할 각오이다,' '굳게 마음먹다' 정도로 해석하면 된답니다.

## Step 1

1. I **am determined to keep** the promise with her.
2. I **was** firmly **determined to achieve** my goal at all costs.
3. Contenders **are determined to finish** the mission on time.
4. Great figures in history **were** always **determined to spend** their whole life developing their skills to get the masterpiece.
5. Mozart **was determined to write** his best piece at the age of 21 by engaging in deliberate practice.

1 나는 그녀와의 약속을 지킬 각오이다.
2 나는 어떤 희생을 치르더라도 나의 목표를 이루겠다고 굳게 마음먹었다.
3 도전자들은 제시간에 미션을 마칠 각오이다.
4 역사상 위인들은 걸작품을 만들기 위해 전 생애를 기술을 연마하는 데 보내기로 항상 굳게 마음먹었다.
5 모차르트는 신중하게 연습을 함으로써 21세의 나이에 그의 걸작품을 쓰기로 결심했다.

## Step 2

Madam President, Excellencies, Ladies and Gentlemen, as Secretary-General, I **am determined to lead** the Secretariat in an open and responsible manner. I shall endeavor to create a consensus built on the free exchange of ideas and criticism.

의장님, 각국 대사님, 신사숙녀 여러분, ________________ 저는 자유로운 의사와 비판의 교환을 기반으로 합의를 이끌어내기 위해 노력할 것입니다.

**잠깐만요!**

**fully가 들어간 be fully determined라는 표현은 조금 다르게 해석된답니다. '완전히 결정나다'라고 해석해야 하며 보통 부정어와 같이 쓰입니다.**

More details **are not** fully **determined** yet.

좀더 자세한 것은 아직 완전히 결정나지 않았다.

**figure** 인물, 사람
**deliberate** 신중한, 계획적인
**excellencies** 각하(장관, 대사의 존칭)
**secretariat** 사무국
**in an open and responsible manner** 개방적이고 책임 있는 방식으로
**endeavor** 노력하다
**consensus** 합의, 의견 일치 여론
**built on** ~에 근거한
**exchange** 교환
**criticism** 비판, 비난

모범답안

저는 사무총장으로서 사무국을 개방적이고 책임 있는 방식으로 이끌어갈 결심입니다.

# be in the position to ~

~할 위치에 있다

Pattern 026

〈be in a[the] position to + 동사원형〉은 연설자 스스로가 해야 할 직분, 위치에 대해 설명할 때 자주 등장하는 표현으로 '~할 위치에 있다'라고 해석합니다. position 앞에 꾸며 주는 말로 good, bad, strong 등의 다양한 형용사가 붙으면 '~할 좋은[나쁜, 강한] 위치에 서 있다'처럼 해석된답니다.

## Step 1

1. She **is** not **in a position to handle** this work.
2. The biologist in the lab **is in a position to hand** out samples.
3. Senators **were** not **in the position to withdraw** a bill.
4. The president **is in the strong position to have** an authority to stop the war.
5. The manager in the home office **is in the good position to choose** construction supplies such as lumber and pipes.

1 그녀는 이 일을 처리할 위치에 있지 않다.
2 연구실의 그 생물학자는 견본을 배포하는 위치에 있다.
3 상원의원들은 법안을 철회할 위치에 있지 않았다.
4 대통령은 전쟁을 중단하는 권한이 있는 강력한 위치에 있다.
5 본사의 그 매니저는 목재와 파이프 같은 건설자재를 선정하는 유리한 위치에 있다.

## Step 2

It is only through great sincerity and an open discussion of ideas and proposals that we will **be in the position to identify** the way in which we can serve peoples throughout the world. I shall try actively to make myself available to all parties. In particular, in order to bring the UN closer to all humankind.

저는 스스로가 모든 당사자들이 만나기 쉬운 사람이 되려고 적극적으로 노력할 것입니다. 특히, 유엔이 전 인류에게 더욱 가까이 다가갈 수 있도록 말입니다.

**모범답안**

오직 높은 성실성과 아이디어 및 제안에 대한 공개 토론을 통해서만이 우리가 전 세계 국민들에게 도움이 될 수 있는 방법을 찾아낼 위치에 우리는 서게 될 것입니다.

**잠깐만요!**

**be out of position to ~는 '~하기에 부적당한 위치에 처해 있다'라는 의미의 표현이니 알아 두세요.**

The man under surveillance is out of position to start his own business.
감시를 받고 있는 그 남자는 자신의 사업을 시작하기에는 부적당한 위치에 있다.

**biologist** 생물학자
**hand out** ~를 배포하다
**senator** 상원의원
**lumber** 목재
**sincerity** 성실성
**open discussion** 공개 토론
**identify** 찾아내다, 식별하다
**make oneself available to** ~가 만나기 쉬운 사람이 되다
**party** 당사자, 회원국
**humankind** 인류, 인간

# Pattern 027 be eager to ~

## ~하기를 갈망하다, 매우 ~하고 싶다

〈be eager to + 동사원형〉은 강렬한 소망을 표현하고자 하는 맥락에서 자주 보이는 패턴이므로, 해석할 때 다소 강하게 '~하기를 갈망하다,' '매우 ~하고 싶다'라고 하면 됩니다. 이 외에 be eager for ~라는 표현도 '~를 열망하다'라는 같은 의미를 나타내는데, 이때 for 뒤에는 명사 상당어구가 옵니다.

### Step 1

1. I **am eager to meet** and talk to the monk.
2. Gorillas in the zoo **were eager to escape** from the cage.
3. Managers **are eager to improve** their customer service quality.
4. The chairman of the fashion company **was eager for** a fresh blood to bring the lively atmosphere into his company.
5. The governor of this state will **be eager for** obtaining more votes in the next election from residents.

1 나는 그 스님을 만나서 정말 이야기해 보고 싶다.
2 동물원에 있는 고릴라는 우리에서 탈출하기를 갈망했다.
3 매니저들은 고객 서비스 질을 몹시 향상시키고 싶어 한다.
4 그 패션 회사 회장은 그의 회사에 새로운 인물이 활기찬 분위기를 가져오기를 갈망했다.
5 이 주의 주지사는 주민들로부터 다음 선거에서 더 많은 표를 받기를 갈망할 것이다.

### Step 2

Madam President, **I am eager to join** the ranks of the world's premier secretariat. I have deep respect and admiration for the able, dedicated, and courageous men and women who serve this Organization day in and day out, often in the face of danger and personal sacrifice. To them, I pledge my utmost support, dedication and solidarity.

의장님, ______________________________
______ 쉬지 않고 항상, 그리고 종종 위험과 개인적 희생에 직면하여 이 기관에서 봉사하는 유능하고, 헌신적이며 용기 있는 사람들에게 깊은 존경과 찬사를 보냅니다. 그분들께, 저는 최대의 지원과 헌신, 그리고 결속을 약속 드립니다.

**잠깐만요!**
**eager의 부사형 eagerly가 다음과 같은 표현에 자주 쓰입니다. 즉 seek knowledge eagerly는 '열심히 지식을 탐구하다,' listen eagerly는 '열심히 듣다'의 의미로, 뭔가를 열심히 할 때 자주 나온답니다.**
The professor always seeks knowledge eagerly.
그 교수는 항상 지식을 열심히 탐구한다.

**fresh blood** 신인, 신입직원
**ranks** 직원들, 회원들
**premier** 제일의, 최고의
**able** 유능한
**dedicated** 헌신적인
**day in and day out** 쉬지 않고, 항상
**sacrifice** 희생
**pledge** 약속하다
**utmost** 최대의, 최고의
**dedication** 헌신
**solidarity** 결속, 연대, 유대, 단결

모범답안
저는 세계 제일의 사무국 직원들과 어서 함께 일하고 싶습니다.

# be far from ~

## ~와는 거리가 멀다, ~할 사람이 아니다

Pattern 028

far는 기본적으로 '물리적인 거리가 멀다'는 의미가 있기 때문에 be far from ~이라고 하면 '~할 사람이 아니다,' '결코 ~ 아니다'라고 해석합니다. 이와 비슷한 표현으로 be the last person who ~가 있는데, 직역해 보면 '~할 마지막 사람이다,' 즉 '~할 사람이 아니다'라는 의미를 나타냅니다. be far from ~과 함께 기억해 두세요.

**Step 1**

1. I **am far from** being a specialist in science.
2. His song **is far from** being impressive and lyrical.
3. Most parents **are far from** being angry about children's failure.
4. The man in the picture **is the last person who** committed such terrible terrors against civilians.
5. I am sure that the professor **is the last person who** is ignorant about how Korean vowels and consonants sound.

1 나는 과학 분야의 전문가가 될 사람이 아니다.
2 그의 노래는 감동적이거나 서정적인 것과는 거리가 멀다.
3 대부분의 부모들은 결코 자녀의 실패에 화를 내지 않는다.
4 사진 속의 그 남자는 민간인에게 그런 끔찍한 테러를 행할 사람이 아니다.
5 확신컨대 그 교수님은 한국어의 모음과 자음이 어떻게 소리 나는지를 모를 분이 아니다.

**Step 2**

These will be my guide, as I rally the Secretariat staff for our very best performance in serving the Organization. As your Secretary-General, **I am far from** being perfect, and I will need the unsparing support, cooperation and trust from all of the representatives present here.

유엔을 위해 일하면서 최고의 성과를 이룩하도록 제가 사무국 직원들을 자극하면서, 이것들은 저의 지침이 될 것입니다. 여러분의 사무총장으로서, ______________, 그리고 저는 이 자리에 참석하신 대표 여러분 모두의 아낌없는 지지와 협력, 신뢰를 필요로 할 것입니다.

**잠깐만요!**

far가 들어가는 표현 중에 be a far cry from ~이 있는데, '~와 큰 차이가 있다'로 해석하면 됩니다.

His current life as CEO is a far cry from his childhood at an orphanage.

CEO로서 그의 현재 삶은 고아원에서의 그의 유년시절과 큰 차이가 있다.

**lyrical** 서정적인
**civilian** 민간인
**vowel** 모음
**consonant** 자음
**rally** 자극하다, 활력을 찾아 주다
**performance** 성과, 업적
**unsparing** 아낌없는, 인색하지 않은
**cooperation** 협력

모범답안

저는 완벽과는 거리가 멉니다

# UNIT 04
# 달라이 라마 연설문 (Dalai Lama)

달라이 라마는 중국으로부터 티베트의 독립을 이끌어내는 데 평생을 헌신한 티베트의 정신적, 신앙적 지도자입니다. 티베트에 망명 정부를 세우고 학교와 공장을 건립하며 국가 정체성을 수호하는 데 크게 공헌하기도 했죠. 또한 비폭력 노선을 견지하며 세계 평화를 위해 끊임없이 노력하여 비단 종교를 떠나 전세계적으로 존경 받는 지도자 중 한 명으로 꼽히고 있습니다. 이번에는 달라이 라마의 노벨 평화상 수락 연설문으로 영어 실력을 쌓아 볼까요?

# no matter what ~

## 무엇이 ~일지라도

Pattern **029**

no matter what ~의 표현을 봤을 때 no만 보고 부정문으로 해석해 버리면 안 되므로 주의하세요. what 뒤에 이어지는 말과 함께 '무엇이 ~일지라도,' '무엇을 ~할지라도[하든]'로 해석하면 된답니다. what 대신에 다른 의문사가 들어가 no matter which[how, who, when, where] 등으로도 자주 나오는데, 이때 '어느 것이든 간에,' '어떻든 간에,' '누구이든,' '언제든지 간에,' '어디든지 간에'와 같이 해석하면 됩니다.

### Step 1

1. **No matter what** you wear, you look gorgeous.
2. **No matter what** she does, she doesn't attract our attention.
3. **No matter what** you propose to him, he will reject your offer.
4. **No matter who** runs this entertainment business, making a profit this year will be extremely difficult.
5. There will be nothing in this area **no matter how** hard people try to find dinosaur fossils.

1 네가 무엇을 입든, 너는 멋져 보인다.
2 그녀가 무엇을 하든 간에, 그녀는 우리의 주의를 끌지 못한다.
3 네가 그에게 무엇을 제안하더라도, 그는 너의 제안을 거절할 것이다.
4 이 엔터테인먼트 사업을 누가 운영하든, 올해에 수익을 내는 것은 극히 어려울 것이다.
5 아무리 열심히 사람들이 공룡 화석을 찾으려고 애를 써도, 이 지역에는 아무것도 없을 것이다.

### Step 2

**No matter what** part of the world we come from, we are all basically the same human beings. We all seek happiness and try to avoid suffering. We have the same basic human needs and concerns. All of us human beings want freedom and the right to determine our own destiny as individuals as peoples.

우리 모두는 행복을 추구하고, 고통을 피하려고 노력합니다. 우리는 변함없는 인간의 기본적인 욕구와 관심사가 있습니다. 인간인 우리 모두는 자유를 원하고, 국민들만큼 개인으로서 우리 각자의 운명을 결정할 권리를 원합니다.

**잠깐만요!**
no matter what 대신에 whatever가 자주 쓰이므로 같은 뜻으로 해석하세요.
Whatever you buy in a tax-free shop, you don't need to pay tax.
면세점에서 당신이 무엇을 사든지 간에, 세금을 낼 필요가 없다.

**모범답안**
우리가 비록 출신은 다르더라도, 우리 모두는 기본적으로 똑같은 인간입니다.

**gorgeous** 아주 멋진
**dinosaur** 공룡
**fossil** 화석
**seek** 추구하다, 구하다
**suffering** 고통
**freedom** 자유
**determine** 결정하다
**destiny** 운명
**peoples** 국민들

# Pattern 030 be convinced that 주어 + 동사 ~

## ~를 확신하다

〈be convinced that 주어 + 동사 ~〉는 '~를 확신하다'라는 의미로, 연설문과 같이 확신에 찬 어조의 내용에 자주 나오는 패턴입니다. 뒤에 나오는 〈that 주어 + 동사 ~〉를 먼저 해석하고 그 다음 be convinced의 순서로 해석하면 수월합니다. 비슷한 뜻으로 해석되는 〈be confident to say that 주어 + 동사 ~〉는 직역하면 '자신 있게 ~라고 말하다'라는 의미입니다.

### Step 1

1. I **am convinced that** we can surely do it.
2. Billy **is convinced that** the accused is innocent.
3. She **was** not completely **convinced that** the movie was violent.
4. I **am confident to say that** the modern technology will bring a negative effect on our ecosystem.
5. He **is confident to say that** the gross national product in Korea will fluctuate according to the world market economy.

1 나는 우리가 반드시 그것을 할 수 있을 거라고 확신한다. .
2 빌리는 그 피의자가 무죄라고 확신한다.
3 그녀는 그 영화가 폭력적이었다는 것을 완전히 확신하지는 못했다.
4 나는 현대 기술이 우리 생태계에 부정적인 영향을 가져올 것이라고 확신한다.
5 그는 한국의 국민총생산이 세계 시장 경제에 따라 변동이 심할 것이라고 확신한다.

### Step 2

Although I have found my own Buddhist religion helpful in generating love and compassion, even for those we consider our enemies, **I am convinced that** everyone can develop a good heart and a sense of universal responsibility with or without religion.

비록 저는 제 자신의 불교가 사랑과 심지어 우리가 우리의 적이라고 여기는 사람들에 대한 동정심을 갖게 하는 데 도움이 된다는 것을 알고 있지만,

**잠깐만요!**
convinced 대신 sure를 쓰는 〈be sure that 주어 + 동사 ~〉 또한 자주 보이는 패턴이므로 알아 두세요.
I am sure that the price of vegetable will rise dramatically.
나는 야채 가격이 엄청나게 오를 것이라고 확신한다.

**the accused** 피의자
**innocent** 무죄인, 결백한
**fluctuate** 등락을 거듭하다
**generate** 발생시키다, 만들어 내다
**compassion** 동정심, 연민
**consider** 여기다
**a sense of responsibility** 책임감
**religion** 종교

모범답안
저는 모든 사람은 종교가 있건 없건 간에 상냥한 마음과 보편적인 책임감을 키울 수 있다고 확신합니다.

# make it possible for … to ~

Pattern 031

…가 ~하는 것을 가능하게 하다

〈make it possible for … to + 동사원형〉의 패턴은 직역하면 우리말로는 자연스럽지 않습니다. 주로 사물 주어가 오며, 해석할 때 '(주어)는 …가 ~하는 것을 가능하게 하다'라고 해석하거나 혹은 '(주어) 덕분에 …가 ~하는 것이 가능하다'라고 자연스럽게 의역해도 좋습니다. 이 외에도 〈help + 목적어 + (to) 동사원형〉이 독해 지문에 자주 나오는데, '(주어)가 …를 ~하도록 해 주다[도와주다]'로 해석하세요.

## Step 1

1. What should I do to **make it possible for** me **to get** a loan?
2. These rhythms **made it possible for** her **to dance** naturally.
3. Technology **made it possible for** the old **to prolong** their life.
4. In fact, SNS such as Facebook and Twitter has **helped people to socialize** online more efficiently.
5. This newly developed therapy will **help psychiatrists find** the main cause of this mental illness.

1 제가 대출 받는 것이 가능하도록 하기 위해서 무엇을 해야 할까요? [무엇을 해야 제가 대출 받는 게 가능할까요?]

2 이 리듬 덕분에 그녀는 자연스럽게 춤추는 것이 가능했다.

3 기술은 노인들이 삶을 연장하는 것을 가능하게 했다. [기술 덕분에 노인들은 삶을 연장할 수 있게 되었다.]

4 사실, 페이스북과 트위터 같은 SNS(소셜 네트워크 서비스)는 사람들이 좀더 효과적으로 온라인상에서 어울리도록 해 주었다. [사실, 페이스북과 트위터 같은 SNS 덕분에 사람들은 좀더 효과적으로 온라인상에서 어울리게 되었다.]

5 새로 개발된 이 요법은 정신과 의사들이 이 정신병의 주 요인을 발견하게 해 줄 것이다.

## Step 2

Maybe we have different clothes, our skin is of a different color, or we speak different languages. That is on the surface. But basically, we are the same human beings. That is what binds us to each other. That is what **makes it possible for us to understand** each other and to develop friendship and closeness.

아마도 우리는 다른 옷을 입고, 우리의 피부색이 다르거나 또는 다른 언어로 말을 합니다. 그것은 외견상으로 그렇게 보일 뿐입니다. 그러나 기본적으로, 우리는 똑같은 인간입니다. 그것이 바로 우리를 서로 결속시키는 것입니다.

잠깐만요!
〈enable + 목적어 + to 동사원형〉도 역시 '…가 ~하도록 해 주다'의 의미로 해석하세요.
This book will enable me to improve my English.
이 책으로 나는 영어를 향상시킬 수 있을 것이다.

모범답안
그것이 바로 우리가 서로를 이해하는 것을 가능하게 하고, 우정과 친밀감을 쌓게 하는 것을 가능하게 하는 것입니다.

**prolong** 연장하다
**socialize** 사귀다, 어울리다
**psychiatrist** 정신과 의사
**on the surface** 외견상으로, 표면적으로
**bind** 결속시키다, 묶다
**friendship** 우정
**closeness** 친밀감

# Pattern 032 not A but B

## A가 아니라 B

강조하기 위해서 일부러 대조를 이루는 말을 붙여 표현할 때가 있습니다. 바로 이럴 때 not A but B가 자주 등장합니다. 해석할 때는 B에 초점을 두어 'A가 아니라 B'라고 하면 됩니다. 강조하고자 하는 것을 먼저 내세워 B, not A로 표현하기도 하는데, 의미는 같습니다.

### Step 1

1. What she wanted was **not** more time **but** more money.
2. My major is **not** genetic engineering **but** biology.
3. Fuel efficiency of this car is **not** good **but** overestimated.
4. The most significant factor is how much time you can devote yourself to this job, **not** how hard you can work.
5. Our environment has been damaged so much because of humans, **not** by the natural disasters.

1 그녀가 원했던 것은 더 많은 시간이 아니라 더 많은 돈이었다.
2 나의 전공은 유전공학이 아니라 생물학이다.
3 이 차의 연비는 좋은 것이 아니라 과대평가된 것이다.
4 가장 중요한 요인은 얼마나 열심히 일할 수 있느냐가 아니라, 이 일에 당신이 얼마나 많은 시간을 바칠 수 있느냐이다.
5 자연재해 때문이 아니라 인간 때문에 우리 환경은 많이 손상되어 왔다.

### Step 2

Thinking over what I might say today, I decided to share with you some of my thoughts concerning the common problems all of us face as members of the human family. Because we all share this small planet earth, we have to learn to live in harmony and peace with each other and with nature. That is **not** just a dream, **but** a necessity.

오늘 말하고자 하는 것을 곰곰이 생각하면서, 저는 우리 모두가 인간이라는 가족의 구성원으로서 직면한 공통된 문제점들에 관한 제 생각의 일부를 여러분과 함께 공유하기로 결정했습니다. 우리 모두는 이 작은 행성 지구를 공유하고 있기 때문에, 우리는 서로 함께 자연과 더불어 조화와 평화 속에서 더불어 사는 법을 배워야 합니다. ______________

잠깐만요!

**not A but B와 자주 헷갈리는 패턴으로 not only A but also B가 있는데, 이것은 'A뿐 아니라 B도'라는 뜻으로 전혀 다르게 해석되니 주의하세요.**

What people want is not only fame but also money.
사람들이 원하는 것은 명성뿐만 아니라 돈도 원한다.

모범답안

그것은 단지 몽상이 아니라 꼭 필요한 일입니다.

genetic engineering 유전공학
fuel efficiency 연료 효율
overestimate 과대평가하다
think over ~를 곰곰이 생각하다
share 나누다, 공유하다
concerning ~에 관한
face 직면하다
dream 망상, 꿈
necessity 불가결한 일

# have no other choice than to ~

## ~하는 것 외에는 선택의 여지가 없다

Pattern 033

'유일한 방법'을 the only way와 같이 직접적으로 표현하기보다는 우회적으로 표현할 때 오히려 의미를 극대화할 수 있기 때문에 have no other choice than to ~는 연설문에서 자주 보이는 패턴입니다. '~ 하는 것 외에는 선택의 여지가 없다'라고 해석하세요. to 다음에는 동사원형이 옵니다. 비슷한 표현으로 there is no choice but to ~가 있는데, '~하는 것 이외에는 선택권이 없다,' 혹은 '~하는 것이 유일한 방법이다'로 의역하면 됩니다.

### Step 1

1. I **have no other choice than to study** all day long.
2. Soldiers **had no other choice than to leave** their fort.
3. She **had no other choice than to accept** inordinate demands.
4. In order to save the earth, **there is no choice but to cut** down on the amount of carbon dioxide that is emitted.
5. **There is no choice but to invest** money to build a reliable system of toxic waste disposal.

1 나는 종일 공부하는 것 외에는 선택의 여지가 없다.
2 군인들은 그들의 요새를 떠나는 것 외에는 선택의 여지가 없었다.
3 그녀는 지나친 요구를 받아들이는 것 외에는 선택의 여지가 없었다.
4 지구를 살리기 위해서는, 방출되는 이산화탄소의 양을 줄이는 것이 유일한 방법이다.
5 믿을 만한 유독성 폐기물 처리 장치를 짓기 위해서는 돈을 투자하는 것만이 유일한 방법이다.

### Step 2

We know that to wage a nuclear war today, for example, would be a form of suicide; or that by polluting the air or the oceans, in order to achieve some short-term benefit, we are destroying the very basis for our survival. As interdependent, therefore, we **have no other choice than to develop** what I call a sense of universal responsibility.

예를 들어, 오늘날 핵 전쟁을 벌이는 것은 자살 행위나 다름없다는 것, 또는 어떤 단기적 이득을 성취하기 위해 대기 또는 해양을 오염시키면서, 우리의 생존을 위한 바로 그 토대를 파괴하고 있다는 것을 우리는 알고 있습니다.

모범답안

따라서 상호의존적인 관계로서, 우리는 보편적 책임감이라 부르는 것을 기르는 것 외에는 선택의 여지가 없습니다.

잠깐만요!

〈the only way to + 동사원형〉은 보다 직접적인 표현으로 '~하는 유일한 방법'으로 해석하면 됩니다.

Taking a test is not the only way to improve English.
시험을 치는 것만이 영어를 향상시키는 유일한 방법은 아니다.

**fort** 요새
**inordinate** 지나친, 과도한
**cut down on** ~를 줄이다
**toxic waste** 유독성 폐기물
**disposal** 처리
**wage** (전투 등을) 벌이다, 계속하다
**nuclear war** 핵 전쟁
**suicide** 자살행위, 자살
**pollute** 오염시키다
**achieve** 성취하다, 달성하다
**benefit** 이득, 혜택
**interdependent** 상호의존의, 서로 의존하는
**universal** 보편적인

# Pattern 034 be of importance

## 중요하다

be of importance의 표현은 important와 비슷하게 해석하면 됩니다. 즉 '중요하다'는 의미이며, 비슷한 뜻의 표현으로 be of significance(중요하다)도 있으니 같이 알아 두세요. 만약 be of no significance라고 되어 있을 때는 '중요하지 않다'라고 해석하면 됩니다.

### Step 1

1. It **is of importance** to do an exercise regularly.
2. It **was of** great **importance** to find an appropriate example.
3. This complicated experiment proved to **be of importance**.
4. The fact that most cathedrals in Spain were built in the medieval age **is of significance**.
5. The fact that North Korea has been deeply involved with this matter **is of no significance**.

1 규칙적으로 운동하는 것이 중요하다.
2 적절한 예를 찾는 것이 매우 중요했다.
3 이 복잡한 실험이 중요하다는 것이 입증되었다.
4 스페인의 대부분의 성당이 중세 시대에 지어졌다는 사실이 중요하다.
5 북한이 이 문제에 깊이 연관되어 있다는 사실은 전혀 중요하지 않다.

### Step 2

Clearly, it **is of** great **importance**, therefore, to understand the interrelationship among these and other phenomena, and to approach and attempt to solve problems in a balanced way that takes these different aspects into consideration. Of course it is not easy.

물론, 이것이 쉽지는 않습니다.

잠깐만요!
**importance를 활용한 표현으로 a matter of importance라는 표현이 있는데, '중대한 문제'로 해석하세요.**
This environmental issue is a matter of importance.
이 환경 이슈는 중대한 문제이다.

**experiment** 실험
**cathedral** 성당
**medieval age** 중세 시대
**clearly** 분명히
**interrelationship** 연관성
**phenomenon** 현상
**approach** 접근하다
**attempt** 시도하다
**balanced** 균형 잡힌, 안정된
**takes into consideration** 고려하다

모범답안
따라서 분명히 이것들과 다른 현상 사이의 연관성을 이해하는 것과, 이러한 다양한 측면들을 고려하는 균형 잡힌 방식으로 문제를 해결하기 위해서 접근하고 시도하는 것이 중요합니다.

# not only A but also B

## A뿐만 아니라 B도

Pattern 035

not only A but also B는 부정어 not으로 인해서 자칫 부정문으로 잘못 해석하는 경우가 생기므로 주의를 요하는 패턴입니다. B에 조금 더 강조를 두면서 A와 B 둘 다 포함하여 'A뿐만 아니라 B도'라고 해석하면 정확합니다. 비슷한 의미의 표현으로 B as well as A가 있는데, 'A뿐만 아니라 B도'로 해석하세요.

### Step 1

1. His sisters were **not only** beautiful **but also** witty.
2. This parrot can **not only** say hello **but also** sing a song.
3. The policy is vital **not only** to the environment **but also** to us.
4. If you register this course, you can learn more about ecosystem **as well as** the evolution theory.
5. In order to develop a city, governments should invest money on building infrastructure **as well as** housing.

1 그의 여동생들은 아름다울 뿐만 아니라 재치도 있었다.
2 이 앵무새는 '안녕'이라고 말할 뿐만 아니라 노래도 부른다.
3 그 정책은 환경뿐만 아니라 우리에게도 꼭 필요하다.
4 이 코스에 등록하면 여러분은 진화론뿐만 아니라 생태계에 대해서도 더 배울 수 있습니다.
5 도시를 발달시키기 위해서, 정부는 주택뿐만 아니라 기간 시설을 만드는 데도 돈을 투자해야 한다.

### Step 2

But it is of little benefit to try to solve one problem if doing so creates an equally serious new one. So really we have no alternative. We must develop a sense of universal responsibility **not only** in the geographic sense, **but also** in respect to the different issues that confront our planet.

그러나 만일 그렇게 하는 것이 마찬가지로 심각한 새로운 문제를 만든다면, 하나의 문제를 해결하려고 노력하는 것은 별로 이로울 것이 없습니다. 그래서 우리는 정말 달리 다른 대안이 없습니다.

**모범답안**

우리는 지리적인 의미에서뿐만 아니라 우리 지구가 직면한 다양한 문제들에 관해서도 보편적 책임감을 길러야 합니다.

**잠깐만요!**

both A and B라는 패턴도 'A와 B 둘 다'로 해석하되, A와 B에 똑같은 강조를 둔다는 점에서 not only A but also B와 차이가 있습니다.

Humans need both air and water to survive.
사람은 생존하기 위해 공기와 물 둘 다 필요하다.

**vital** 중요한, 필수적인
**evolution** 진화
**infrastructure** 기반시설
**benefit** 이득, 혜택
**alternative** 대안
**geographic** 지리적인
**in respect to** ~에 관하여
**confront** 닥치다, 직면하다

# Pattern 036 admire the fact that 주어 + 동사 ~

## ~라는 사실에 감탄하다

〈admire the fact that 주어 + 동사 ~〉의 구문에서 〈the fact that 주어 + 동사 ~〉는 한덩어리로 항상 쓰이는 표현이므로 잘 알아 두세요. 이 패턴은 '~라는 사실에 감탄하다' 또는 '~라는 사실이 훌륭하다고 생각하다'라고 해석하면 됩니다. admire 대신 ignore가 쓰인 〈ignore the fact that 주어 + 동사 ~〉는 반대로 '~라는 사실을 무시하다'라고 해석하세요.

### Step 1

1. I **admired the fact that** she donated money for the poor.
2. We **admire the fact that** he sacrificed everything for us.
3. I particularly **admire the fact that** they renounce the privilege.
4. People often **ignore the fact that** every organism requires a certain amount of affection, attention, and devotion.
5. We should not **ignore the fact that** living things always need a symbiotic relationship with others.

1 나는 그녀가 불쌍한 사람들을 위해 돈을 기부했다는 사실에 감탄했다.
2 우리는 그가 우리를 위해서 모든 것을 희생했다는 사실이 훌륭하다고 생각한다.
3 나는 그들이 특권을 포기한다는 사실이 특히 감탄스럽다.
4 사람들은 모든 유기체가 어느 정도의 애정과 관심, 그리고 헌신을 필요로 한다는 사실을 종종 무시하곤 한다.
5 우리는 생물이 항상 다른 것들과 공생 관계를 필요로 한다는 사실을 무시해서는 안 된다.

### Step 2

The military might has not extinguished the desire for freedom and the determination of the Chinese people to achieve it. I particularly **admire the fact that** these young people who have been taught that "power grows from the barrel of the gun," chose, instead, to use nonviolence as their weapon.

군사력은 자유에 대한 갈망과 그것을 성취하겠다는 중국사람들의 결의를 없애지 못했습니다.

잠깐만요!
〈The fact that 주어 + 동사 ~ is surprising.〉은 '~라는 사실은 놀랍다'라는 의미로, 이처럼 〈the fact 주어 + 동사 ~〉의 덩어리가 맨 앞으로 나와 주어로 사용될 때도 많습니다.
The fact that he is an alien in this movie is surprising.
그가 이 영화에서 외계인이라는 사실은 놀랍다.

sacrifice 희생하다
renounce 포기하다
privilege 특권
symbiotic 공생의
military might 군사력
extinguish (정열 따위를) 잃게 하다, 없애다
determination 확신, 결정
the barrel of the gun 총열
nonviolence 비폭력
weapon 무기

모범답안
저는 "힘은 총열에서 성장한다"라고 배워 온 이 젊은이들이 대신에 비폭력을 자신들의 무기로 사용하기로 선택했다는 사실이 특히 훌륭하다고 생각합니다.

# UNIT 05
# 버락 오바마 연설문 (Barack Obama)

미국 최초의 아프리카계 미국인 대통령 버락 오바마. 그가 다민족 국가에서 인종적 편견을 뛰어넘고 높은 지지율을 얻을 수 있었던 큰 이유 중 하나는 아마 청중을 사로잡는 명연설 때문이 아니었을까요? 그가 던진 '통합'과 '희망'의 메시지가 미국인들의 마음을 흔들었던 것이죠. '대중 연설의 연금술사'로 불릴 만큼 대중을 압도하는 힘이 있는 그의 연설은 유명한 문장이 많기로도 유명합니다. 자, 그럼 오바마 대통령의 취임 2기 연설에서 뽑은 리딩 패턴을 살펴보도록 할까요?

# Pattern 037 each time 주어 + 동사 ~

## ~할 때마다

〈each time 주어 + 동사 ~〉에서 each를 '각각의'로 해석하기보다는 each time을 한덩어리로 묶어 whenever와 같은 의미인 '~할 때마다'로 해석하면 문맥이 쉽게 파악된답니다. 비슷한 의미의 패턴으로 〈every time 주어 + 동사 ~〉가 자주 쓰이므로 기억해 두세요.

### Step 1

1. **Each time** she drives, she gets a ticket for speeding.
2. **Each time** he hits homeruns, the opponent wins the game.
3. **Each time** I tell the story, it gets more and more exaggerated.
4. The artist got a great inspiration **every time** he visited a website where he could explore the virtual universe.
5. Scuba divers could take a picture of strange-looking sea organisms **every time** they went down to the sea.

1 그녀는 운전을 할 때마다, 과속딱지를 뗀다.
2 그가 홈런을 칠 때마다, 상대편이 게임에서 이긴다.
3 내가 그 이야기를 말할 때마다, 그것은 점점 더 과장된다.
4 가상 우주를 탐험할 수 있는 웹사이트를 방문할 때마다 그 예술가는 대단한 영감을 얻었다.
5 스쿠버다이버들은 바다에 들어갈 때마다 이상하게 생긴 바다 유기체들의 사진을 찍을 수 있었다.

### Step 2

**Each time** we gather to inaugurate a president, we bear witness to the enduring strength of our Constitution. We affirm the promise of our democracy. We recall that what binds this nation together is not the colors of our skin or the tenets of our faith or the origins of our names.

우리는 미국 민주주의의 맹세를 확인합니다. 우리는 이 나라를 하나로 묶는 것이 우리의 피부색이나 신념 또는 가문의 이름이 아니라는 것을 알고 있습니다.

**잠깐만요!**
〈whenever 주어 + 동사 ~〉의 패턴도 '~할 때마다'로 해석하면 된답니다.
Whenever I read, I fall asleep.
나는 책을 읽을 때마다, 잠들어버린다.

speeding 속도 위반
exaggerate 과장하다
inspiration 영감, 자극
inaugurate a president 대통령 취임식을 거행하다
bear witness to ~를 입증하다[증언하다], ~를 깨닫다
constitution 헌법
affirm 확인하다, 단언하다
democracy 민주주의
recall 기억하다, 상기하다
tenet of faith 신념

모범답안
대통령 취임식을 거행하기 위해 모일 때마다 우리는 미국 헌법의 영속적인 힘을 깨닫습니다.

# replace A with B

## Pattern 038

### A를 B로 대체하다[바꾸다]

replace A with B의 표현은 A와 B를 바꾸어 해석하면 정반대의 의미가 되므로 주의를 요하는 표현입니다. 'A를 B로 대체하다[바꾸다]'라는 의미로 결국은 B로 선택하게 된다는 것이 초점임을 기억하세요. 수동태 표현 A is replaced by B로도 많이 쓰이니 같은 의미로 해석하세요.

**Step 1**

1. He is **replacing** an old battery **with** a new one.
2. I think that people will **replace** paper books **with** e-books.
3. We need a wise leader who can **replace** despair **with** hopes.
4. Many gadgets will **be replaced by** small buttons on a phone thanks to the rapid development of technology.
5. The old policy should **be replaced by** a new, innovative policy in order to have a more promising future.

1 그가 낡은 배터리를 새것으로 교체하고 있다.
2 나는 사람들이 종이책을 전자책으로 대체할 것이라고 생각한다.
3 우리는 절망을 희망으로 바꿀 수 있는 현명한 지도자가 필요하다.
4 기술의 빠른 발달 덕분에 많은 기기들이 전화기 위의 작은 버튼들로 대체될 것이다.
5 더 밝은 미래를 갖기 위해서는 낡은 정책이 새롭고, 혁신적인 정책으로 대체되어야 한다.

**Step 2**

The patriots of 1776 did not fight to **replace** the tyranny of a king **with** the privileges of a few or the rule of a mob. They gave to us a Republic, a government of, and by, and for the people, entrusting each generation to keep safe our founding creed.

________________________________________ 그들은 우리에게 모든 세대들이 우리의 기본 신념을 안전하게 지켜나갈 수 있도록 하는 국민의, 국민에 의한, 국민을 위한 정부, 즉 공화국을 물려주었습니다.

**잠깐만요!**
비슷한 표현 substitute A with B도 'A를 B로 대체시키다'라는 의미로 해석합니다.
You can substitute butter with margarine.
버터 대신 마가린으로 대체해도 된다.

**모범답안**
1776년 애국자들은 왕의 전제 정치를 소수의 특권 또는 군중의 지배로 대체하기 위해 투쟁하지 않았습니다.

**gadget** 기기, 장치
**innovative** 혁신적인
**patriot** 애국자, 열사
**tyranny** 전제(정치), 폭정
**privilege** 특권
**mob** 군중, 무리
**entrust** 지키다, 맡기다
**creed** 신념

# Pattern 039 so long as 주어 + 동사 ~

## ~하는 한

long이 '긴'이라는 뜻의 형용사이지만 so long as의 long에는 '긴'이라는 의미는 없습니다. so long as는 한덩어리 표현으로서 '~하는 한'으로 해석하면 됩니다. 비슷한 표현인 〈as long as 주어 + 동사 ~〉의 패턴도 '~하는 한'으로 해석하세요.

### Step 1

1. **So long as** we are alive, they can't marry each other.
2. **So long as** the game is exciting, it will intrigue the gamers.
3. You must pay high-interests **so long as** you borrow money.
4. **As long as** this machine changes solar energy into reliable energy, we can sell it in an international market.
5. People will support him **as long as** he shows his strong will to preserve our nature in his own way.

1 우리가 살아 있는 한, 그들은 서로 결혼할 수 없다.
2 그 게임이 재미있기만 하면, 게이머들의 호기심을 불러일으킬 것이다.
3 당신은 돈을 빌리는 한, 높은 이자를 지불해야 한다.
4 이 기계가 태양 에너지를 믿을 만한 에너지로 전환시키는 한, 우리는 국제 시장에서 이것을 팔 수 있다.
5 그가 그만의 방식으로 우리 자연을 보존하고자 하는 강한 의지를 보이는 한, 사람들은 그를 지지할 것이다.

### Step 2

America's possibilities are limitless, for we possess all the qualities that this world without boundaries demands: youth and drive; diversity and openness; an endless capacity for risk and a gift for reinvention. My fellow Americans, we are made for this moment, and we will seize it — **so long as** we seize it together.

미국의 가능성은 무한합니다, 왜냐하면 미국은 젊음과 추진력, 다양성과 개방성, 위험을 무한히 감당할 수 있는 능력과 재창조를 위한 능력 등 국경 없는 이 세계가 필요로 하는 모든 자질을 갖추고 있기 때문입니다.

**모범답안**

국민 여러분, 우리는 이 순간을 위해 만들어진 것이므로, 우리 모두가 함께 이 순간을 잡으려 하기만 하면 우리는 그것을 잡을 것입니다.

**잠깐만요!**

as long as는 '~만큼 오래'라는 다른 뜻도 가지고 있답니다.
You can stay here as long as you want.
당신이 원하는 만큼 오래 여기에 머물러도 됩니다.

**intrigue** 호기심을 돋우다
**reliable** 신뢰할 만한
**preserve** 보존하다
**possibility** 가능성
**limitless** 무한한
**possess** 갖추고 있다, 지니다
**quality** 자질, 소질
**demand** 요구
**drive** 추진력, 투지
**capacity** 수용력, 능력
**seize** 잡다, 포착하다

# the same A as B

## B와 같은 A

Pattern 040

the same A as B는 비유를 통해 연설문의 내용을 잘 전달하기 위해 자주 쓰이는 패턴으로 as 이하에 있는 것을 한덩어리로 '~ 같은'으로 해석합니다. 따라서 'B와 같은 A'의 뜻입니다. 또한 중간에 A를 생략하고 그냥 (almost) the same as B와 같이 부사가 붙는 표현이 자주 나오는데, '(거의) B와 똑같이'로 해석하세요.

### Step 1

1. There is **the same** book **as** yours in this library.
2. Sean wanted to get off **the same** bus stop **as** her.
3. That temple is on **the same** latitude **as** Machu Picchu.
4. Manipulating people is not **the same as** controlling them because manipulation needs more sophisticated skills.
5. Acquiring many languages is **almost the same as** mastering how to fix different types of cars at a body shop.

1 이 도서관에는 네 것과 같은 책이 있다.
2 숀은 그녀와 같은 버스 정류장에서 내리기를 원했다.
3 저 사원은 마추 픽추와 같은 고도에 있다.
4 조종은 좀 더 세련된 기술을 요하기 때문에 사람을 조종하는 것은 그들을 지배하는 것과는 다르다.
5 많은 언어를 습득하는 것은 차체 공장에서 다양한 종류의 차를 고치는 법을 통달하는 것과 거의 같다.

### Step 2

We are true to our creed. There is a little girl born into the bleakest poverty, and she knows that she has **the same** chance to succeed **as** anybody else. It is because she is an American, she is free, and she is equal, not only in the eyes of God but also in our own.

우리는 믿음이 있습니다. ________ 그것은 신이 보는 바로도, 그리고 우리가 보아도, 그녀는 미국인이고, 자유롭고, 평등하기 때문입니다.

**잠깐만요!**
**A is similar to B는 'A는 B와 비슷하다'로 해석하면 됩니다.**
Saying "No" to me is similar to saying "I don't like you."
나에게 '아니다'라고 말하는 것은 '난 네가 싫다'라고 말하는 것과 비슷하다.

**모범답안**
가장 절망적인 빈곤 속에서 태어난 한 어린 소녀가 있는데, 그녀는 다른 누구와 마찬가지로 성공할 수 있는 똑같은 기회가 있다는 것을 알고 있습니다.

**latitude** 고도
**manipulate** 조종하다, 조작하다
**sophisticated** 세련된, 정교한
**be true to** 믿음이 있다, 신의가 있다
**creed** 믿음, 신조
**bleak** 절망적인, 암울한
**poverty** 빈곤, 가난
**succeed** 성공하다
**equal** 평등한

# Pattern 041 not A until B

## B하고 나서야 비로소 A하다

not A until B는 영어에만 있는 표현이므로 잘 이해해야 합니다. 직역을 하면 'B할 때까지는 A하지 않는다'로, 이것을 의역하면 'B하고 나서야 비로소 A하다'가 됩니다. 비슷한 표현으로 〈Not until B, 조동사 + 주어 + 본동사 A〉가 있는데, 'B가 되어서야 비로소 A하다'로 해석하세요.

### Step 1

1. I did **not** see that equation **until** I solved the math problem.
2. Bread is **not** complete **until** dough is plump in the oven.
3. The grand cathedral will **not** complete **until** the strike ends.
4. **Not until** the Neolithic age did humans start to use tools in order to make their life better.
5. **Not until** the 19th century did scientists start to use optical instrument systems for spaceships.

1 나는 그 수학문제를 풀고 나서야 비로소 그 공식을 이해했다.
2 빵은 오븐에서 반죽이 부풀어 올라야 비로소 완성된다.
3 대성당은 파업이 끝나야 완성될 것이다.
4 신석기 시대가 되어서야 사람들은 삶을 향상시키기 위해 비로소 도구를 이용하기 시작했다.
5 19세기가 되어서야 비로소 과학자들은 우주선을 위해 광학 계기를 사용하기 시작했다.

### Step 2

Our journey is **not** complete **until** our wives, our mothers, and daughters can earn a living equal to their efforts. Our journey is not complete until our gay brothers and sisters are treated like anyone else under the law for if we are truly created equal, then surely the love we commit to one another must be equal as well.

우리가 진정으로 동등하게 창조된 것이라면, 우리가 서로에게 헌신하는 사랑 또한 동등해야 하므로, 우리의 모든 동성애자들이 법에 따라 다른 사람들과 똑같은 대우를 받을 때 비로소 우리의 여정은 끝날 것입니다.

dough 반죽
plump 불룩한, 통통한
optical 광학의, 시각적인
journey 여정, 여행
complete 완료한
earn a living 생계를 꾸리다
treat 대우하다, 대하다
commit 헌신하다, 전념하다
as well 또한, 역시

모범답안

우리의 여정은 우리의 아내들과 어머니들, 딸들이 그들의 노력에 상응하는 생계를 꾸릴 수 있어야 비로소 끝나게 됩니다.

# be up to ~

## ~에 달려 있다

Pattern 042

보통 be up to 뒤에는 사람이 들어가며, '그 사람이 어떻게 하는지 혹은 생각에 달려 있다'라는 의미로 이해하면 됩니다. 그 뒤에 to부정사가 나올 때는 진주어이므로 먼저 해석하세요. 또한 〈whether 주어 + 동사 ~ is up to 명사〉 패턴도 자주 쓰이는데, '~할지 말지는 (명사)에 달려 있다'로 해석하세요.

### Step 1

1. It **is up to** us to keep the world peace.
2. It **is up to** him to protect endangered animals.
3. It **is up to** a cook to cut down on the amount of sugar.
4. **Whether** you make a fortune or not in your life **is up to** you because everybody has only one chance.
5. **Whether** he can get a degree from a prestigious university **is up to** him because he needs good grades.

1 세계의 평화를 지키는 것은 우리에게 달려 있다.
2 멸종 위기에 처한 동물을 보호하는 것은 그에게 달려 있다.
3 설탕의 양을 줄이는 것은 요리사에게 달려 있다.
4 모든 사람은 단지 한 번의 기회만 가지므로 당신 생애에 큰 돈을 벌지 말지는 당신에게 달려 있다.
5 그는 좋은 성적이 필요하므로 그가 명문 대학에서 학위를 받을 수 있을지 아닐지는 그에게 달려 있다.

### Step 2

We must know that today's victories will be only partial. And also we must know that it will **be up to** those who stand here in four years, and forty years, and four hundred years hence to advance the timeless spirit once conferred to us in a spare Philadelphia hall.

우리는 오늘날의 승리가 불완전하다는 것을 알아야 합니다.

**모범답안**

그리고 또한, 남는 필라델피아 홀에서 한때 우리에게 부여되었던, 세월이 흘러도 변치 않는 그 정신을 이어나가는 것이 4년 뒤, 40년 뒤, 400년 뒤에 그런 이유로 또다시 이곳에 서는 사람들에 달려 있게 될 것이라는 것을 우리는 알아야 합니다.

**endangered** 멸종 위기에 처한
**make a fortune** 재산을 모으다
**prestigious** 명망 높은
**partial** 불완전한, 부분적인
**hence** 그런 이유로
**timeless** 세월이 흘러도 변치 않는
**spirit** 정신
**confer** 부여[수여]하다

# Pattern 043 the words I spoke today

## 내가 오늘 말한 것은

the words I spoke today는 한덩어리로 외워 두면 좋은 패턴이며 연설문에 자주 등장합니다. '내가 오늘 말한 것은'이라고 해석할 수 있습니다. 비슷한 표현인 what I told you today 역시 '오늘 여러분에게 말한 것은'으로 해석하면 됩니다.

### Step 1

1. **The words I spoke today** will be easier to understand.
2. Please remember and act **the words I spoke today** to you.
3. Do you feel **the words I spoke today** are complicated?
4. **What I told you today** is that we should not ignore the fact that humans live together with animals in the ecosystem.
5. **What I told you today** is about how much money the federal government should spend to have a control.

1 내가 오늘 말한 것은 이해하기 더 쉬울 것이다.
2 부디 제가 오늘 여러분에게 말한 것을 잊지 말고 행하십시오.
3 당신은 제가 오늘 말한 것이 복잡하다고 느끼십니까?
4 내가 오늘 여러분에게 말한 것은 인간들은 생태계에서 동물들과 같이 산다는 사실을 무시해서는 안 된다는 것이다.
5 내가 오늘 여러분에게 말한 것은 연방 정부가 주도권을 가지기 위해 얼마나 많은 돈을 써야 하는지에 관한 것이다.

### Step 2

But **the words I spoke today** are not so different from the oath that is taken each time a soldier signs up for duty, or an immigrant realizes her dream. My oath is not so different from the pledge we all make to the flag that waves above and that fills our hearts with pride.

그러나 ______________________________ 저의 선서 역시 머리 위에서 펄럭이며 우리의 가슴을 자부심으로 채우는 국기에 대해 우리 모두가 하는 맹세와도 크게 다르지 않습니다.

**잠깐만요!**
what is discussed today라는 표현은 '오늘 논의되는 것'으로 해석하면 됩니다.
What is discussed today is about how to make a better world.
오늘 논의되는 것은 어떻게 더 나은 세계를 만드느냐이다.

**complicated** 복잡한
**ecosystem** 생태계
**oath** 선서, 맹세
**sign up for** ~에 신청[가입, 지원]하다
**immigrant** (다른 나라로 온) 이민자
**realize** 실현하다, 달성하다
**pledge** 맹세, 서약
**pride** 자부심, 긍지

**모범답안**
제가 오늘 말한 것은 미국의 군인들이 입대할 때 혹은 이민자가 자신의 꿈을 실현할 때 하는 선서와 크게 다르지 않습니다.

# let + 목적어 + 동사원형

Pattern 044

## ~가 …하게 하다

우리말에는 높임말이 있지만 영어에서는 간접적으로 표현하여 어투를 부드럽게 하는 〈let + 목적어 + 동사원형〉 패턴을 통해 비슷한 효과를 냅니다. '~가 하게 두다[허락하다]'로 해석하며, 목적어 자리에 me나 us가 오면 간단히 '~가 …할게'로 해석하세요. 그리고 let me[us] know는 '내게[우리에게] 알려 주다'라고 해석합니다. '~가 …하는 것을 허락하지 않겠다[그대로 두지 않겠다]'로 해석되는 〈won't let + 목적어 + 동사원형〉도 알아 두세요.

**Step 1**

1. **Let me know** if he is ready or not.
2. It is crucial to **let people know** the king's health condition.
3. Please **let him know** that I need him in this chaotic situation.
4. I **won't let my child stay** alone when he needs support financially, mentally, and physically.
5. She **won't let me reveal** this truth because this will bring a negative effect on the sales of this product.

1 그가 준비가 됐는지 아닌지 제게 알려 주십시오.
2 사람들에게 왕의 건강 상태를 알려 주는 것이 중요하다.
3 이런 혼돈스런 상황에서 내게 그가 필요하다고 그에게 좀 알려 주세요.
4 나는 내 아이가 재정적으로, 정신적으로, 신체적으로 도움이 필요한 상황에서 혼자 있게 두지 않을 것이다.
5 이것이 이 상품의 판매에 부정적인 영향을 가져오게 될 것이기 때문에 그녀는 내가 이 사실을 알리는 것을 허락하지 않을 것이다.

**Step 2**

**Let each of us** now **embrace,** with solemn duty and awesome joy, what is our lasting birthright. With common effort and common purpose, with passion and dedication, let us answer the call of history, and carry into an uncertain future that precious light of freedom.

공통의 노력과 공통의 목표를 통해, 열정과 헌신을 통해, 우리는 역사의 소명에 답하고, 불확실한 미래에 소중한 자유의 빛을 밝힐 수 있도록 합시다.

**잠깐만요!**

〈make + 목적어 + 동사원형〉은 동사 let에 비해 시키는 의미가 훨씬 강합니다. 따라서 '~가 …하도록 만들다[시키다]'로 해석하세요.

He can't make you give up your life.

그는 네가 네 인생을 포기하도록 만들 수는 없다.

**모범답안**

엄숙한 의무와 더불어 큰 기쁨으로 우리 개개인은 우리의 영속적인 천부인권을 받아들이도록 합시다.

**chaotic** 혼돈된, 대혼란의
**financially** 재정상
**mentally** 정신적으로
**embrace** 받아들이다, 수용하다
**solemn** 근엄한, 엄숙한
**lasting** 영속적인
**birthright** 천부인권, 생득권
**call** 소명, 소명감

# PART 2

## : 신문 기사에서 찾은 리딩 패턴 :

중고급 수준의 어휘가 많아서 어려워 보이지만 도전해 볼 만한 가치가 있는 것이 바로 영자 신문입니다. 인터넷에 무료로 소스를 제공하는 곳이 많아 쉽게 구할 수 있으며, 현대 영어를 가장 빠르게 접할 수 있기 때문이죠. 독해 실력은 물론 시사 상식까지 덤으로 얻어갈 수 있는 영자 신문에서 찾은 리딩 패턴을 알아볼까요?

# UNIT 06
# 사회면
# (The Society Section)

사회면은 말 그대로 사회에서 일어나는 일을 다룬 지면입니다. 사회적 이슈, 범죄, 자연 재해 등 우리 주변에서 일어나는 친숙한 주제를 다루므로 비교적 난이도가 높지 않아 영자 신문을 시작하기 좋은 파트이죠. 사회면의 흥미로운 기사에서 찾은 리딩 패턴을 살펴봅시다.

# Pattern 045 admit that 주어 + 동사 ~

## (잘못한 행동에 대해 스스로) 인정하다

대개 '승인하다,' '인정하다,' '허가하다'의 뜻으로 알고 있는 admit은 영자 신문에서는 보통 '잘못된 행동이나 상황을 인정[시인]하다'는 뜻으로 쓰입니다. 특히, 잘못된 행동을 한 장본인이 '스스로' 잘못을 인정한다는 어감이 있다는 것을 알아 두세요. 주로 〈주어 + admit that 주어 + 동사 ~〉의 패턴으로 많이 쓰이는데 이 때 that은 생략되기도 합니다.

### Step 1

1. They have to **admit that** our students are very brilliant.
2. The man **admitted that** he was defeated intentionally.
3. We **admitted that** internet disturbs students' studies.
4. The politician **admitted** he should have made the decision more deliberately and objectively.
5. The official **admitted** the government was unprepared for the disasters.

1 그들은 우리 학생들이 매우 똑똑하다는 사실을 인정해야 한다.
2 그 남자는 고의적으로 패배했음을 인정했다.
3 우리는 인터넷이 학생들의 공부를 방해한다는 것을 인정했다.
4 그 정치가는 결정을 조금 더 신중하고 객관적으로 내렸어야 했다고 시인했다.
5 그 공무원은 정부가 재난에 대한 준비가 되어 있지 않았음을 시인했다.

### Step 2

In hopes of reducing trash dumping in the streets of Los Angeles, city officials have initiated $1 million cleanup project focusing on the downtown areas where many immigrants reside. Residents are **admitting that** it isn't a pleasant sight: soiled mattresses, unusable dirty dressers.

로스엔젤레스 길거리에 버려지는 쓰레기의 양을 줄일 수 있을 것으로 기대하며, 시 공무원들은 많은 이민자들이 거주하는 시내 중심가를 중심으로 백만 달러 규모의 청소 프로젝트를 시작했다. ______

잠깐만요!
**confess 역시 admit과 비슷한 의미로 '인정하다,' '시인하다'라는 의미입니다. 하지만 admit에 비해 좀 더 격식을 차린 표현이죠. 또한 admit보다 조금 더 수치스러운 일에 대해 인정할 때 쓰이는 표현입니다.**
It was hard for him to confess his mistakes.
그가 자신의 실수를 시인하는 것은 매우 힘든 일이었다.

**intentionally** 고의로, 의도적으로
**deliberately** 신중히; 고의로
**objectively** 객관적으로
**in hopes of** ~를 희망[기대]하여
**dumping** 투기, 버림
**initiate** 시작하다
**immigrant** 이민자
**reside** 거주하다
**soil** 더럽히다

모범답안
주민들은 더러운 매트리스나, 사용할 수 없는 더러운 옷장과 같은 쓰레기들이 결코 기분 좋은 볼거리는 아니라는 사실을 인정하고 있다.

# happen to ~

Pattern 046

## 공교롭게 ~가 일어나다, 우연히 ~가 일어나다

보통 happen을 '발생하다'라고 해석하기 쉽지만, to부정사와 함께 쓰여 〈happen to + 동사원형〉의 형태로 나올 때는 '어떤 일이 (공교롭게) 일어나다' 혹은 '(우연히) 일어나다'로 해석하면 됩니다. 비슷한 의미인 come across도 자주 나오는 패턴이니 함께 알아 두면 좋습니다. come across는 '(우연히) 만나다,' '(어떤 상황에) 직면하다'라는 뜻입니다.

### Step 1

1. On my way home, I **happened to see** my teacher.
2. If you **happen to meet** her, don't tell her about the accident.
3. The music director **happened to hear** her song on the radio.
4. She **came across** a situation where she felt something creepy while watching the horror film.
5. I **came across** a person who believed that self-confidence was an important factor of success.

1 집에 가는 길에, 나는 우연히 선생님을 만났다.
2 만약에 공교롭게도 그녀를 만나게 되면, 그녀에게는 그 사건에 대해 말하지 마.
3 그 음악 감독은 우연히 그녀의 노래를 라디오에서 듣게 되었다.
4 그녀는 공포 영화를 보는 동안, 뭔가 섬뜩한 느낌이 드는 상황에 직면하게 되었다.
5 나는 자신감이 성공의 중요한 요소라고 믿는 사람을 우연히 만났다.

### Step 2

This neighborhood usually **happens to be** low-income area where trash dumping is more common. These apartments are usually over maximum capacity and tenants frequently move in and out leaving trash behind. Trash sometimes can get as high as 10 feet in the alleys and sidewalks making it difficult to keep it clean.

_______________

_______ 이런 아파트들은 보통 쓰레기통의 최대 용량을 넘기기가 일쑤이고, 세입자들은 번번이 쓰레기를 버려두고 이사를 나가고 들어온다. 쓰레기들은 때때로 골목과 인도에 10피트까지 높게 쌓여 치우기조차 어려운 상황이 된다.

**잠깐만요!**

**happen to 다음에 동사가 아닌 명사가 오면 '누구에게 어떤 일이 일어나다'라는 의미입니다. '우연히 어떤 일이 일어나다'라는 어감이 있는 〈happen to + 동사원형〉과 약간 의미가 다르죠.**

If something happens to you, please call your mother or teacher.

만약에 어떤 일이 너에게 일어나면, 엄마나 선생님께 꼭 전화해라.

**creepy** 섬뜩한, 소름끼치는
**self-confidence** 자신감
**factor** 요소, 요인
**neighborhood** 이웃, 동네
**trash dumping** 쓰레기 (불법)투기
**tenant** 세입자
**alley** 골목
**sidewalk** 인도, 보도

모범답안

이런 동네는 공교롭게도 보통, 쓰레기를 (무단으로) 버리는 일이 더 잦은 저소득층 지역일 때가 많다.

# Pattern 047 know better than to ~

## ~하지 말아야 한다는 것쯤은 알다

단어만 보고 해석했다가는 전혀 다른 의미로 오역할 수 있는 까다로운 패턴입니다. know better than to ~는 '~하는 것보다 더 나은 게 있다는 것을 알아야 한다'는 의미가 담겨 있습니다. 의역하면 '~하지 말아야 한다는 것쯤은 알다' 또는 '~할 정도로 어리석지는 않다'는 뜻이죠. 헷갈릴 수 있으니 패턴을 통으로 알아 두세요. to 다음에는 동사원형이 따라옵니다.

### Step 1

1. You should **know better than to tell** a lie.
2. I **know better than to copy** the whole sentence from it.
3. They should **know better than to discriminate** against people.
4. You ought to **know better than to depend** on his opinion completely.
5. She should **know better than to get** involved with such a sensitive issue.

1 당신은 거짓말을 하지 말아야 한다는 것쯤은 알고 있어야 한다.
2 나는 거기서 전체 문장을 베끼지 말아야 한다는 것쯤은 알고 있다.
3 그들은 사람을 차별해선 안 된다는 것쯤은 알아야 한다.
4 당신은 그의 의견에 전적으로 의지해서는 안 된다는 것쯤은 알아야 한다.
5 그녀는 그런 민감한 일에 관여해서는 안 된다는 것쯤은 알아야 한다.

### Step 2

In efforts to change the culture of this neighborhood, city officials implemented multiple ways to keep the streets clean. Garbage is collected 5 times a week rather than once a week and unwanted furniture can be picked up from the resident's home instead of leaving them on the curbside. They hope that people will **know better than to trash** garbage in the streets.

이 동네의 문화를 바꾸기 위한 노력의 일환으로, 시 공무원들은 거리를 깨끗하게 유지하기 위한 여러 가지 방법을 시행했다. 쓰레기는 일주일에 한 번보다는 주 5회 수거하고, 쓸모 없는 가구는 길가에 버려 두는 대신 주민의 집에서 바로 수거될 수 있도록 하고 있다.

**잠깐만요!**

rather than에 than이 있어 언뜻 보면 뜻이 헷갈릴 수 있는데 전혀 다른 뜻으로, '~라기보다'라는 의미이죠.

The problem is a matter of economy rather than of political issue.

그 문제는 정치적 이슈라기보다 경제 문제이다.

discriminate 차별하다
get involved with ~에 관여하다
sensitive 민감한
implement 시행하다
garbage 쓰레기
unwanted 쓸모 없는, 원치 않는, 반갑지 않은
furniture 가구
curbside 길가, 보도

**모범답안**

그들은 사람들이 길에다 쓰레기를 버려서는 안 된다는 것쯤은 알기를 바라고 있다.

# have good reason to ~

## ~하는 것이 당연하다

Pattern 048

have good reason to ~의 표현을 그대로 해석하면 '~를 하는 데 타당한 이유가 있다'는 뜻입니다. 하지만 이렇게 해석하기보다는 '~하는 것은 당연하다'라고 해석하는 것이 훨씬 자연스럽죠. good reason 앞에 관사가 붙어 have a good reason to ~ 형태로 쓰이거나 have good reasons to ~로 reason이 복수형이 되는 등 다양한 형태로 쓰이지만 의미는 모두 같습니다. 예문을 보며 reason 다음에 to부정사가 이어지는 것을 익혀 두세요.

### Step 1

1. I **have good reason to be** very upset at the lazy boy.
2. Children **have good reason to regard** pets as good friends.
3. Students **have good reason to feel** nervous on the test day.
4. She **had a good reason to appreciate** her teacher who wrote a glowing letter of recommendation.
5. The administration **has a good reason to refuse** to make an alliance with the country.

1 내가 그 게으른 소년을 매우 언짢아하는 것은 당연하다.
2 아이들이 애완동물을 좋은 친구로 생각하는 것은 당연하다.
3 학생들이 시험 날 긴장하는 것은 당연하다.
4 그녀가 멋진 추천서를 써 준 선생님께 감사하는 것은 당연한 일이었다.
5 행정부가 그 나라와의 동맹을 맺는 것을 거부하는 것은 당연한 일이다.

### Step 2

The Sanitation department **has good reason to keep** up their hard work cleaning the streets of downtown L.A. Most alleys now do not have unwanted furniture or garbage on the floor. Neighborhood residents are thrilled to see the streets clean but also worried that city officials may have challenge keeping it clean.

이제는 대부분의 골목길에 쓸모 없는 가구나 쓰레기가 바닥에 없다. 동네 사람들은 길이 깨끗한 것을 보며 기뻐하면서도, 시 공무원들이 계속 길을 깨끗하게 유지하는 데 어려움이 있지 않을까 걱정하고 있다.

모범답안

위생시설 관리과가 LA 중심가의 거리를 청소하는 데 힘든 노력을 계속 기울이는 것은 당연하다.

잠깐만요!

〈it is natural that 주어 + 동사 ~〉 역시 비슷한 의미로 '~하는 것은 당연하다'라고 해석합니다.

It is natural that the number of crime is increasing.
범죄 건수가 점점 늘어나고 있는 것은 당연하다.

**recommendation** 추천, 권고
**alliance** 동맹, 연합
**the Sanitation department** 위생시설 관리과
**keep up** ~를 계속하다
**alley** 골목
**thrilled** 매우 기쁜

# Pattern 049 be used to ~ing

~에 익숙하다

이 패턴 역시 단어 그대로 해석하면 완전히 다른 뜻이 될 수 있는 표현입니다. 원래 use는 '사용하다'라는 의미지만, 이 패턴에서는 원래 뜻과는 전혀 무관하게 쓰이기 때문이죠. use가 to ~ing 앞에 붙어 be used to ~ing의 형태로 쓰일 때는 '~에 익숙하다' 내지는 '~에 이골이 나다'라는 뜻으로 해석해야 합니다. 같은 의미로 신문 기사에 자주 나오는 be accustomed to ~ing 패턴도 꼭 함께 알아 두세요.

## Step 1

1. They **are used to getting** up early in the morning.
2. Most people **are used to working** 5 days a week.
3. They will **be used to solving** problems without calculators.
4. People **were** so **accustomed to hearing** about global warming that they did not feel its seriousness.
5. People **are accustomed to seeing** the same figures from the bibles in the mediaeval pictures.

1 그들은 아침 일찍 일어나는 데 익숙하다.
2 대부분의 사람들은 주 5일제 근무에 익숙하다.
3 그들은 계산기 없이 문제를 푸는 데 익숙할 것이다.
4 사람들은 지구 온난화에 대해 듣는 것에 너무 익숙해져서 그 심각성을 느끼지 못했다.
5 사람들은 중세 시대 그림에서 성경에 나오는 인물들을 보는 것에 익숙하다.

## Step 2

She has lived in the area for more than 30 years and **is used to seeing** many council members put effort to clean up the streets. Despite their dedication to educate the people, once those people move away from the area, the problem still remains the same.

사람들을 교육하려는 그들의 노력에도 불구하고, 일단 그 사람들이 그 지역에서 이사 나가고 나면, 그 문제는 여전히 똑같은 상태로 남아 있게 되었다.

잠깐만요!
〈be used to + 동사원형〉인 경우는 '~하기 위해 사용되다'로 해석하세요.
This remedy is used to treat this illness.
이 치료법은 이 질환을 치료하기 위해 사용된다.

모범답안
그녀는 그 지역에서 30년 이상 살았으며, 많은 의원들이 그 거리를 치우려 노력하는 모습을 보는 데는 이골이 나 있다.

calculator 계산기
global warming 지구 온난화
seriousness 심각성, 진지함
mediaeval 중세의
council member 의원
put effort to ~하려고 노력하다[애쓰다]
dedication 헌신, 전념
move away 이사 가다, 떠나다

# with a view to ~ing

Pattern 050

## ~하기 위해, ~할 목적으로

with a view to ~ing 패턴은 '~하기 위해,' '~할 목적으로'라는 뜻으로, 목적을 말하는 격식 있는 표현입니다. 눈에 익지 않은 표현이지만 기사문에 자주 나오는 패턴이니 꼭 알아 두세요. 비슷한 표현으로 for the purpose of ~ing가 있으며 같은 의미로 해석하면 됩니다.

### Step 1

1. She went to America **with a view to studying** English.
2. The lands were purchased **with a view to building** houses.
3. He made the regulation **with a view to reducing** tardiness.
4. They set the strict regulations **for the purpose of establishing** a stronger basement.
5. The city council held the workshop **for the purpose of promoting** the city's historical sites.

1 그녀는 영어를 공부할 목적으로 미국에 갔다.
2 그 땅들은 집을 짓기 위해 구입되었다.
3 그는 지각을 줄일 목적으로 그 규정을 만들었다.
4 그들은 더욱 튼튼한 하부 구조를 만들 목적으로 엄격한 규정을 만들었다.
5 시의회에서는 그 도시의 유적지를 홍보할 목적으로 워크샵을 개최했다.

### Step 2

City Council's new approach will be launched in a few weeks **with a view to educating** not only residents and property owners but also children at local schools. Neighborhood meetings will be held and advertisements on fliers and billboards will promote keeping the neighborhood clean.

________________________________
____________________ 지역 모임이 개최될 것이고, 전단지와 게시판 광고들은 지역의 청결 유지를 장려할 것이다.

**잠깐만요!**
**비슷한 표현으로 〈in order to + 동사원형〉 패턴도 알아 두면 좋습니다. 이 표현 역시 '~하기 위해서'로 해석하세요.**
I have to study hard in order to pass the exam.
나는 시험에 합격하기 위해 열심히 공부해야 한다.

**모범답안**
시의회의 새로운 시도가 주민과 집주인뿐만 아니라, 지역 학교의 어린이들을 교육하기 위해 몇 주 후에 시작될 것이다.

**regulation** 규정, 규칙, 규제
**tardiness** 지각, 느림
**basement** (건축물의) 하부 구조, 지하실
**city council** 시의회
**approach** 접근법, 접근
**property owner** 집주인
**advertisement** 광고
**flier** 전단지
**billboard** 게시판

# Pattern 051 even though 주어 + 동사 ~

## 비록 ~이지만, ~에도 불구하고

〈even though 주어 + 동사 ~〉 구문은 '~에도 불구하고'라는 뜻으로, 주절에서 의외의 내용이나 반대되는 내용이 나오는 경우가 많습니다. 해석은 '비록 ~ 이지만' 또는 '~에도 불구하고'로 하면 됩니다. 이 패턴과 같은 의미인 〈although 주어 + 동사 ~〉 패턴도 기사문에 단골로 나오니까 꼭 함께 알아 두세요.

### Step 1

1. **Even though** he looks humble, he is very rich.
2. He can do anything he wants **even though** he is deaf.
3. **Even though** I was injured, I tried to rescue the people.
4. Fortunately, she was totally fine **although** the car overturned.
5. His mother denied the medical treatment **although** her condition was very serious.

1 그는 초라해 보여도 매우 부유하다.
2 그는 비록 청각장애가 있지만, 그가 원하는 어떤 것이든 할 수 있다.
3 나는 다쳤음에도 불구하고, 사람들을 구조하려고 노력했다.
4 자동차가 완전히 전복되었음에도 불구하고 운좋게도 그녀는 전혀 다치지 않았다.
5 그의 어머니는 상태가 매우 심각한데도 불구하고 치료를 거부했다.

### Step 2

According to a longtime resident who cleaned her apartment complex, it will be a challenge to influence people to change their way of life. **Even though** she repeatedly asked to put garbage in the trash bins, people did not listen. She continuously found bulky items in the sidewalks and driveways.

자신의 아파트 단지를 청소하는 장기 입주민에 따르면, 사람들에게 그들의 생활 방식을 바꾸게 할 정도로 영향을 미치는 것은 하나의 도전일 것이다.

그녀는 계속해서 부피가 큰 물건들을 인도나 차도에서 발견했다.

rescue 구조하다, 구출하다
overturn 전복되다, 뒤집히다
deny 거부하다, 부인하다
longtime 장기간의
apartment complex 아파트 단지
challenge 도전, 시험대
trash bin 쓰레기통
bulky 부피가 큰

모범답안

그녀가 쓰레기를 쓰레기통에 넣으라고 거듭 요청했음에도 불구하고, 사람들은 듣지 않았다.

# it is reported that 주어 + 동사 ~

Pattern 052

## ~라고 보도되다, ~라고 전해지다

it is reported that ~은 기사문에 가장 자주 나오는 표현 중 하나로, 어떤 자료나 객관적인 사실에 근거한 사실임을 밝힐 때 자주 등장하는 구문입니다. 따라서 이 패턴 뒤에는 개인의 의견이나 생각보다는 객관적인 사실이 나오게 됩니다. 비슷한 표현으로 it is said that ~이 있으며 '~라고 한다'로 해석합니다. 두 패턴 모두 어디서 근거한 사실인지, 누가 그 말을 한 것인지 출처를 밝힐 수 없을 때나 굳이 밝히지 않을 때 쓰이는 표현입니다.

### Step 1

1. **It is reported that** their deficit amounts to one million dollars.
2. **It is reported that** the actor committed suicide.
3. **It is reported that** garlic is used as preventative for cancer.
4. **It is said that** North Korea is interested in inviting an American basketball player in culture exchange.
5. **It is said that** since the discovery of oil in 1965, the country has had the ongoing conflict.

1 그들의 적자는 백만 달러에 달한다고 보도되었다.
2 그 배우가 자살을 했다는 보도가 있다.
3 마늘이 암의 예방제로 사용된다는 보도가 있다.
4 북한은 문화교류 차원에서 미국의 농구 선수를 초청하는 데 관심이 있다고 한다.
5 1965년 석유의 발견 이후, 그 나라는 계속되는 분쟁을 겪고 있다고 한다.

### Step 2

**It is reported that** fire was set on abandoned furniture and the flames grew closer to a nearby apartment. Trash dumping is not only a cleanliness issue but also a fire hazard. Business owners in the area regularly clean the sidewalks to keep their street clean and safe.

쓰레기 불법 투기는 청결 문제뿐만 아니라 화재 위험 요소이다. 이 지역의 사업주들은 거리를 청결하고 안전하게 유지하기 위해 보도를 정기적으로 청소한다.

잠깐만요!
비슷한 의미의 표현으로 be quoted as saying ~이라는 패턴이 있습니다. 보통 주어 자리에 그 말을 한 사람 또는 단체명이 오고 뒤에는 말한 내용이 나옵니다.
He was quoted as saying, "I will do my best to win the prize."
그가 "저는 그 상을 타기 위해 최선을 다할 것입니다."라고 말한 것으로 전해졌다.

**deficit** 적자
**amount to** (금액) ~에 달하다
**preventative** 예방법, 방지책
**conflict** 분쟁, 다툼
**abandoned** 버려진, 유기된
**flame** 불길, 불꽃
**hazard** 위험
**cleanliness** 청결
**regularly** 정기적으로, 규칙적으로

모범답안
화재는 버려진 가구에서 시작되었고, 불꽃이 인근 아파트로 점점 더 번져갔다고 한다.

# UNIT 07
# 스포츠면
# (The Sports Section)

영자 신문을 읽을 때는 선택과 집중이 중요합니다. 관심 있는 분야를 선택해서 중점적으로 읽는 것이 좋죠. 만약 스포츠를 좋아한다면 스포츠면으로 영자 신문 읽기를 시작하면 좋을 것입니다. 스포츠면은 필수 용어를 알면 훨씬 읽기 쉽습니다. 만약 야구를 좋아한다면 '안타'나 '타율' 등 야구에서 자주 나오는 용어를 영어로 기본적으로 알아 두는 것이 좋겠죠?

# suppose 주어 + 동사 ~

## 만약 ~라면

Pattern 053

suppose는 '가정하다,' '생각하다'라는 뜻입니다. suppose가 문장 맨 앞에 나와 뒤에 주어, 동사가 이어지면 '만약 ~라면'이라고 해석하면 되죠. 일어나지 않은 상황을 가정할 때 주로 쓰입니다. 형태는 다르지만 비슷한 표현인 〈supposing that 주어 + 동사 ~〉도 함께 알아 두세요.

### Step 1

1. **Suppose** it rains, what happens to the concert?
2. **Suppose** you were in my place, which one would you choose?
3. **Suppose** he lost his job, he would be very disappointed.
4. **Supposing that** my country were attacked by enemies, what would I do?
5. **Supposing that** they are under the same standard in terms of age and gender, women under 20 have the lowest chance.

1 만약 비가 온다면, 콘서트는 어떻게 되지?
2 당신이 내 입장이라면, 어떤 것을 고르겠어요?
3 그가 직업을 잃게 된다면, 그는 매우 실망할 것이다.
4 만약 우리 나라가 적의 침략을 받게 된다면, 나는 무엇을 해야 하는가?
5 그들이 나이와 성별이 같다는 기준 이라면, 20세 미만의 여성들에게 가장 적은 기회가 있다.

### Step 2

**Suppose** a high school baseball championship coach joins a new school, he will most likely expect his new team to make championship. At Harvard-Westlake, new baseball coach Matt LaCour enforced more time spent on baseball.

하버드 웨스트레이크에서, 새로운 야구 코치 맷 라쿠어는 야구에 더 많은 시간을 투자할 것을 강요했다.

잠깐만요!
**providing that ~도 '만약 ~라면'이라는 뜻의 패턴입니다. 뒤에 that은 생략되기도 합니다.**
Providing that you were in his place, could you imagine how he was sad?
만일 당신이 그의 입장이라면, 그가 얼마나 슬플지 상상할 수 있습니까?

모범답안
만약 고교 야구 우승팀의 코치가 새 학교에 합류한다면, 그는 아마도 자신의 새 팀이 우승할 것이라고 기대할 가능성이 아주 높다.

**attack** 공격하다
**gender** 성(sex), 성별
**championship** 우승, 선수권 대회
**most likely** 아마도
**enforce** 강요하다, 시행하다

# Pattern 054 contribute to ~

## ~에 기여하다, ~에 공헌하다, ~의 원인이 되다

기사문에서 어떤 일에 대한 원인과 결과를 말할 때 자주 볼 수 있는 표현입니다. 〈contribute to + 명사〉 패턴은 무언가가 긍정적으로든, 부정적으로든 '~에 기여하다' 혹은 '~의 원인이 되다'라고 말할 때 쓰는 표현입니다. to 다음에는 무엇에 기여했는지를 나타내는 대상이 나옵니다. 긍정적으로 해석할 수도 있고 부정적으로 해석될 수도 있으니 앞뒤 문맥을 잘 파악해야 합니다.

### Step 1

1. This has **contributed** to my success.
2. A large number of people have **contributed** to this work.
3. I am happy that I can **contribute to** your success in this field.
4. The fact that many famous artists have **contributed to** this project is meaningful.
5. Some studies reveal that taking too much medicine will be likely to **contribute to** early menopause.

1 이것은 나의 성공에 기여해 왔다.
2 많은 사람들이 이 작업에 기여해 왔다.
3 이 분야에서의 당신의 성공에 내가 기여할 수 있다는 것이 기쁘다.
4 많은 유명한 예술가들이 이 프로젝트에 기여했다는 사실 자체가 의미깊다.
5 몇몇 연구가 약을 과다 복용하는 것이 조기 폐경의 원인이 될 가능성이 있다는 사실을 밝히고 있다.

### Step 2

Coach LaCour's approach may have **contributed to** their championship in Southern Section Division 1 and recognition as best team in the nation on *Baseball America* magazine. However, new coach's achievement did not leave good impression as much as he had expected. Some parents believed that he was too aggressive on the students.

________________________ 그러나, 신임 코치의 성과는 그가 기대했던 것만큼 좋은 인상을 남기지는 못했다. 몇몇 부모들은 그가 학생들에게 너무 공격적이라고 생각했다.

meaningful 의의가 있는, 의미심장한
menopause 폐경기, 갱년기
recognition 인정, 승인
achievement 성과
impression 인상
aggressive 공격적인

**모범답안**

라쿠어 코치의 접근법이 남부 1지역에서의 우승과, '베이스볼 어메리카' 잡지에서 전국 최고의 팀으로 인정받는 데 기여했을지도 모른다.

# given that 주어 + 동사 ~

## ~임을 고려하면, ~를 감안하면

Pattern 055

〈given that 주어 + 동사 ~〉 구문은 어떤 사실이나 상황을 판단의 근거로 알려 줄 때 사용하는 패턴으로 '~임을 고려하면' 혹은 '~를 감안하면'으로 해석합니다. 보통 문장의 앞에 나오며 문장 뒤에 덧붙일 수도 있습니다.

### Step 1

1. **Given that** he speaks no Korean, he did not grow up here.
2. **Given that** the man has such a luxurious car, he must be rich.
3. **Given that** he is new to this job, he is pretty good at it.
4. We should listen to him **given that** he has a special gift to predict our future.
5. The president will not be re-elected next year **given that** many people objected to the war.

1 그가 한국말을 못 한다는 점을 고려해 볼 때, 그는 여기서 성장하지 않았다.
2 그 남자가 그런 고급 차를 가지고 있다는 것을 고려하면, 그는 부자임에 틀림없다.
3 그가 이 일에 처음이라는 것을 감안하면, 그는 꽤 잘하는 편이다.
4 그에게 우리 미래를 예측하는 특별한 능력이 있다는 점을 고려하면, 우리는 그의 말에 귀를 기울어야 한다.
5 많은 사람들이 그 전쟁에 반대했던 점을 고려하면, 그 대통령은 내년에 재선되지 않을 것이다.

### Step 2

**Given that** Harvard-Westlake is one of the nation's most recognizable private schools, school officials realize that sometimes having too much can create subsequent problems. Maintaining a good balance between academics and extracurricular activities is a constant challenge.

________________ 학업과 특별활동 사이에서 적절한 균형을 유지하는 것이 끊임없는 도전과제 이다.

잠깐만요!
이와 같은 의미인 〈considering that 주어 + 동사〉 패턴도 함께 알아 두세요.
Considering that he is only 5 years old, we cannot trust his story.
그가 겨우 5세인 것을 고려하면, 우리는 그의 이야기를 믿을 수 없다.

predict 예측하다, 전망하다
object to ~에 반대하다
recognizable 잘 알려진
official 임원, 관리인
subsequent 그 다음의, 차후의
academics 학업
extracurricular activity 특별활동
constant 끊임없는

모범답안
하버드 웨스트레이크가 국내에서 가장 잘 알려진 사립학교 중의 하나인 것을 고려하면, 학교 관계자들은 때때로 너무 많은 것을 갖고 있는 것이 차후의 문제를 일으킬 수 있다는 것을 알고 있다.

# Pattern 056 have + (사람 · 사물) + 동사원형

## ~를 …하게 시키다[만들다]

have는 '가지다,' '먹다'라는 뜻의 기본 동사지만, 다양한 구문으로 변신하며 새로운 의미를 가질 때가 있습니다. 그 중 하나가 〈have + (사람 / 사물) + 동사원형〉 패턴입니다. 이 구문에서 have는 '시키다'라는 뜻으로 해석해야 합니다. '(사람 · 사물)에게 (동사)하게 시키다,' 즉 '(사람 · 사물)이 (동사)하도록 하다'로 해석하면 되죠. 이와 비슷하게 '시키다'라는 의미를 가지는 동사로 get이 있습니다. 〈get + (사람 · 사물) + to 동사원형〉 패턴도 함께 알아 두세요.

### Step 1

**1.** My mother **had me clean** my room.

**2.** I **had my assistant check** my e-mail instead of me.

**3.** This sophisticated system will **have you record** every detail.

**4.** The renowned analyst **got me to invest** in pharmaceutical stocks to have a higher rate of return.

**5.** This simulation program released yesterday will **get people to have** deeper knowledge about a human body.

1 어머니는 내게 내 방을 청소하도록 시켰다.

2 나는 조교가 내 대신 내 이메일을 확인하게 했다.

3 이 정교한 시스템은 당신이 모든 세부 사항을 기록하도록 할 것입니다.

4 그 저명한 분석가는 더 높은 수익률을 올리기 위해 내가 제약회사 관련 주식에 투자하게 했다.

5 어제 출시된 이 시뮬레이션 프로그램은 사람들이 인체에 대해서 더 깊은 지식을 갖게 해 줄 것이다.

### Step 2

When you **have students and families believe** that anything other than an Ivy League school is not good enough, it will subsequently cause stressful environment. Fourteen students have dropped out in the past couple of years due to depression.

우울증 때문에 14명의 학생들이 지난 2년 동안 학교를 중퇴했다.

**잠깐만요!**

**〈have + (사람 · 사물) + 과거분사〉로도 자주 쓰입니다. 단 보통 이때는 명사(사람 · 사물)와 과거분사의 관계가 수동태가 되므로 '~가 …되게 시키다'로 해석하세요.**

I had my document prepared.
나는 내 서류가 준비되도록 시켰다.

**sophisticated** 정교한, 세련된
**renowned** 유명한, 명성 있는
**pharmaceutical** 약학의, 제약의
**return** 수익, 이익
**subsequently** 나중에, 그 뒤에
**drop out** 중퇴하다, 도중하차하다
**depression** 우울증

**모범답안**

여러분이 학생들과 학부모들로 하여금 아이비 리그 이외의 학교들은 탐탁지 않다고 생각하게 만든다면, 나중에 이것이 스트레스를 주는 환경을 만들게 될 것이다.

# as far as ~ be concerned

~에 관한 한

Pattern 057

기사문에서는 일상 회화에서 쓰는 말보다는 격식을 갖춘 말을 주로 사용합니다. as far as ~ be concerned는 '~에 관한 한'이라는 뜻으로, 어떤 주제를 격식 있게 소개하는 패턴입니다. ~ 자리에는 사람이나 사물이 모두 나올 수 있으며, 동명사구처럼 긴 구문도 들어갈 수 있으니 해석할 때 유의하세요.

## Step 1

1. **As far as** weather **is concerned**, you don't have to worry.
2. **As far as** I **am concerned**, this plan will work for me.
3. **As far as** he **is concerned**, he can think he is a romantic guy.
4. **As far as** playing chess games **is concerned**, the man in the second booth is the best in the world.
5. **As far as** learning English **is concerned**, people need to increase the amount of time exposed to English.

1 날씨에 관한 한, 너는 걱정할 필요 없다.
2 나에 관한 한 (내 생각으로는), 이 계획은 나한테 적합할 것이다.
3 그에 관한 한, 그는 스스로를 로맨틱한 남자라고 생각할 수 있다.
4 체스 게임에 관한 한, 두 번째 부스에 있는 남자가 세계 최고이다.
5 영어 학습에 관한 한, 사람들은 영어에 노출되는 시간을 늘릴 필요가 있다.

## Step 2

Harvard-Westlake is also reported to be "one of the best places to work in Southland" that **as far as** staff **is concerned** they couldn't be happier working at the school. The school President Rick Common's goal is not only to maintain excellence in academics but also to make sure students are not overwhelmed by high expectations.

________ 릭 커몬 학교장의 목표는 학업에서 우수한 성적을 유지하는 것뿐 아니라 또한 학생들이 높은 기대로 인해 주눅들지 않게 하는 것이다.

모범답안

하버드 웨스트레이크는 직원들에 관한 한, 이 학교에서 근무하면서 이보다 더 행복할 수는 없다는 점에서 "남부지역에서 일하기에 가장 좋은 곳 중 하나"로도 알려져 있다.

**잠깐만요!**

**when it comes to ~도 비슷한 의미를 나타내는 표현으로 '~로 말할 것 같으면'으로 해석합니다.**

When it comes to money, it should not be everything we pursue in life.
돈으로 말할 것 같으면, 그것이 우리가 삶에서 추구하는 전부가 되어서는 안 된다.

**exposed to** ~에 드러난[노출된]
**staff** 직원
**maintain** 유지하다, 지키다
**academics** 학업
**overwhelm** 압도하다, 제압하다
**expectation** 기대, 예상

# Pattern 058 most of the + 명사

## ~ 중 대부분

⟨most of the + 명사⟩ 패턴은 '~ 중 대부분'이라는 뜻으로 비슷한 형태의 ⟨most + 명사⟩와 헷갈리지 않도록 유의해야 합니다. ⟨most + 명사⟩는 '대부분의 ~'라는 뜻이지만 ⟨most of the + 명사⟩는 '~ 중의 대부분'이라는 뜻이므로 엄연히 다른 의미이죠. 즉, 10명이 있으면 8명 정도라는 의미로 이해하면 쉽습니다. 이때 the 대신에 my, your, his 등의 소유격이 있어도 같은 뜻으로 해석하세요.

### Step 1

1. **Most of the people** in the class did not know the answer.
2. **Most of the students** in the lab were surprised at the news.
3. **Most of the residents** in this town will move to a different city.
4. **Most of my friends** graduated from prestigious universities and they are very successful now.
5. I know that **most of our views** can be prejudiced when we have a narrow viewpoint in our life.

1 반에 있는 사람들 중 대부분은 답을 몰랐다.
2 실험실에 있는 학생들 중 대부분은 그 소식에 놀랐다.
3 이 도시의 주민들 중 대부분은 다른 도시로 이사를 갈 것이다.
4 내 친구들 중 대부분은 명문대를 졸업했고 현재 그들은 매우 성공했다.
5 나는 우리가 인생에서 좁은 시야를 가질 때, 우리의 생각 중 대부분이 한쪽으로 치우칠 수 있다는 것을 알고 있다.

### Step 2

Harvard-Westlake students are used to taking tests and good at it. They have strict admission regulations and **most of the students** here have scored higher end of the school admission exams. Successful schools have enforced such process to keep their high ranked standard.

하버드 웨스트레이크의 학생들은 시험을 치르는 데 익숙하고 시험을 잘 치르기도 한다. ________ 성공적인 학교들은 그들의 상위 수준을 유지하기 위해서 그러한 과정을 실시하고 있다.

**모범답안**
그들은 엄격한 입학 규정이 있으며, 이곳의 학생들 중 대부분은 학교 입학 시험 끝에 최고의 성적을 거두고 있다.

prestigious 일류의, 명성 있는
prejudice 편견을 갖게 하다
viewpoint 관점, 시각
be used to ~ing ~하는 데 익숙하다
be good at ~에 능숙하다
strict 엄격한
admission 입학, 가입
regulation 규정, 규제
enforce 실시하다, 실행하다
process 과정, 절차
high ranked 상위의
standard 기준

# UNIT 08
# 경제면
# (The Business Section)

아마 영자 신문 중 난이도가 가장 높은 지면이 경제면일 것입니다. 경제에 관심이 전혀 없다면 특히 어려운 파트입니다. 문맥으로도 뜻을 유추하기 힘든 단어와 이론이 많이 나오기 때문이죠. 그러므로 경제 관련 용어들과 배경지식을 미리 숙지하고 보는 것이 훨씬 도움이 됩니다. 처음에는 조금 힘들어도, 나날이 경제 지식을 쌓다 보면 나중에는 어려운 주제의 기사문도 수월하게 읽을 수 있을 것입니다.

# Pattern 059 according to ~

~에 따르면

according to ~는 '~에 따르면'이라는 뜻으로 다른 정보를 인용하기 위해 쓰이는 표현입니다. 이 패턴은 기사문에 자주 나오는 단골 표현이기도 합니다. according to 뒤에는 사람, 잡지, 책, 미디어 등 정보의 출처가 들어갑니다.

## Step 1

1. **According to** *Forbes* magazine, she earned over 20 million dollars.
2. **According to** analysts, Canada is headed for a recession.
3. **According to** the report, coffee market is not profitable any more.
4. **According to** a financial spreadsheet, the company will be suffering heavily within the next couple of years.
5. **According to** some research, more students have taken private tutoring to improve their SAT score.

1 '포브스' 잡지에 따르면, 그녀는 2천만 달러 넘게 벌었다.
2 분석가들에 따르면, 캐나다는 불경기로 들어가고 있다.
3 그 보고서에 따르면, 커피 시장은 더 이상 수익성이 없다.
4 경제 스프레드시트에 따르면, 그 회사는 향후 몇 년 이내에 심각한 상황이 될 것이다.
5 몇몇 조사에 따르면, 더 많은 학생들이 SAT 점수를 향상시키기 위해 과외를 받아 왔다.

## Step 2

Main products with incorrect prices were electronics **according to** the spokesman. Wal-Mart launched their online shopping a month earlier than their original plan, which may have contributed to some of these unforeseen system glitches.

월마트는 원래 계획보다 한 달 더 일찍 온라인 쇼핑 사업을 시작했는데, 이것이 예기치 않은 작은 시스템 결함 중 일부를 유발했을 수도 있다.

모범답안

대변인에 따르면, 틀린 가격이 붙은 주요 상품은 전자 제품이었다.

**head for** ~로 향하다
**recession** 불경기, 경기 후퇴
**profitable** 수익성이 있는
**electronics** 전자제품
**spokesman** 대변인
**launch** 시작하다, 착수하다
**contribute to** ~에 기여하다, ~의 원인이 되다
**unforeseen** 예측하지 못한, 뜻밖의
**glitch** 작은 결함

# claim that 주어 + 동사 ~

## ~를 (사실이라고) 주장하다

Pattern 060

불만을 말할 때 '클레임을 걸다'라고 말하기 때문에 claim을 '불만을 말하다'라는 뜻으로 알고 있는 경우가 많습니다. 그러나 〈claim that 주어 + 동사 ~〉 패턴에서는 '~를 (사실이라고) 주장하다'의 뜻으로 해석해야 합니다. 같은 의미인 〈assert that 주어 + 동사 ~〉도 자주 나오는 패턴이니 함께 알아 두세요.

### Step 1

1. She continued to **claim that** she was innocent.
2. Some people **claimed that** the movie shouldn't be released.
3. The man **claimed that** he was never involved in the case.
4. The principal at the local elementary school **asserted that** all kindergarteners start classes at 8 a.m. next semester.
5. Police officers **asserted that** the victims in the hit and run accident should have been transferred to a local hospital.

1 그녀는 계속해서 자신이 무죄라고 주장했다.
2 몇몇 사람들은 그 영화가 개봉되어서는 안 된다고 주장했다.
3 그 남자는 그 사건에 결코 관련되어 있지 않다고 주장했다.
4 그 지역 초등학교의 교장은 다음 학기에는 모든 유치원들이 오전 8시에 시작한다고 주장했다.
5 경찰관들은 그 뺑소니 사건의 희생자들이 즉시 지역 병원으로 후송되었어야 했다고 주장했다.

### Step 2

Currently, the Wal-Mart spokesman **claimed that** the problem was getting fixed but still not sure the exact number of sales made during the system glitch. Apparently, not all items on the website were affected by this error.

_____________________________________________
_____________________________________ 보기에,
웹사이트상의 모든 제품들이 이번 오류의 영향을 받은 것은 아닌 것 같았다.

모범답안

현재, 월마트의 대변인은 그 문제는 바로잡고 있지만 시스템 결함 중에 발생한 정확한 매출은 확실히 알 수 없다고 주장했다.

release 개봉하다, 출간하다
kindergartener 유치원생
hit and run accident 뺑소니 교통사고
currently 현재, 지금
fix 바로잡다, 고치다
apparently 보아하니, 듣자 하니
error 오류, 실수

# Pattern 061 a fraction of ~

~의 일부

fraction은 '부분,' '일부'라는 뜻의 명사이므로 a fraction of ~는 '~의 일부'라는 의미로 해석합니다. 이 표현과 같은 뜻인 a part of ~도 함께 알아 두세요.

## Step 1

1. He has done only **a fraction of** his work.
2. **A fraction of** the system was destroyed by the virus.
3. Only **a fraction of** total internet users make malicious posting.
4. Out of thousands of applicants only **a part of** them received a response from the human resource department.
5. According to the final count, **a part of** office supplies were missing from their warehouse.

1 그는 겨우 그 일의 일부만 끝냈다.
2 그 시스템의 일부가 바이러스에 의해 파괴되었다.
3 전체 인터넷 사용자들의 일부만이 악의적인 글을 올린다.
4 수천 명의 지원자 중 일부만이 인사과에서 회신을 받았다.
5 최종 집계 결과에 따르면, 사무용품의 일부가 그들의 창고에서 사라졌다.

## Step 2

On Wednesday morning, for those who were browsing Wal-Mart website scored big. There was a system error which indicated listing price to **a fraction of** the normal retail price. Examples were LCD computer monitors listed at $9 and normally a few-hundred-dollar treadmills priced at $33.16.

수요일 아침, 월마트 웹사이트를 둘러보던 사람들은 횡재했다. ______ 예를 들어 LCD 컴퓨터 모니터가 9달러에 나와 있었고, 보통 때 수백 달러인 러닝 머신은 33달러 16센트로 가격이 표시되어 있었다.

**잠깐만요!**
in a fraction of a second는 '순식간에'라는 의미입니다.
The Batman disappeared in a fraction of a second.
배트맨이 순식간에 사라졌다.

malicious 악의적인
applicant 지원자, 신청자
office supplies 사무용품
warehouse 창고, 도매상
browse 구경하다, 둘러보다
score big 횡재하다
indicate 표시하다, 나타내다
listing price 표시 가격
normal 정상적인, 보통의
retail price 소매 가격
treadmill 러닝 머신
priced 값이 붙은

**모범답안**
정상 소매 가격의 일부로 표시 가격이 나타나는 시스템 오류가 있었다.

# UNIT 09
# 교육 · 가족면
# (The Education & Family Section)

신문에 딱딱한 기사만 있는 것이 아닙니다. 교육에 대한 정보를 알려 주거나, 가정에서 흔히 일어나는 공감 가는 이야기가 나올 때도 많죠. 교육 · 가족면은 다른 지면에 비해 어렵지 않게 내용을 이해할 수 있으니 편안한 마음으로 읽어 보세요.

# Pattern 062 any + 명사

## 어떤 ~도

'몇몇,' '약간의'라는 뜻의 any가 문장 맨 앞에 쓰이면 해석에 유의해야 합니다. '어떤 ~도'라고 해석해야 하기 때문입니다. 이렇게 주어로 〈any + 명사〉가 쓰이면 '어떤 ~도'로 해석하는 반면, 〈some + 명사〉가 주어로 쓰일 때는 '몇몇의,' '어떤'으로 해석합니다. any에는 대개 부정적인 어감이 있는 반면 some에는 긍정적인 어감이 있다는 것도 해석에 참고하세요.

### Step 1

1. **Any students** in the class can solve the problems.
2. **Any electronics** cannot be allowed in the room.
3. **Any kind** of donations are welcome at our facility.
4. **Some people** say that the government's reliance on lie detection tools can be dangerous.
5. **Some scientists** say that the fossil found in this area is from the Neolithic period.

1 반의 어떤 학생들이라도 그 문제들을 풀 수 있다.

2 어떤 전기제품도 이 방 안에서는 허락되지 않는다.

3 우리 시설에 대한 어떤 종류의 기부도 환영합니다.

4 몇몇 사람들은 정부가 거짓말 탐지기에 의존하는 것이 위험할 수 있다고 말한다.

5 몇몇 과학자들은 이 지역에서 발견된 화석이 신석기 시대의 것이라고 말한다.

### Step 2

**Any mother** would give a meaningful name to her child. That's exactly what Cristy thought she was doing when she gave birth to her daughter Keisha. However, after long brutal years of bullying for her name, Keisha legally changed her name to "Kylie."

그것이 바로 크리스티가 그녀의 딸 케이샤를 낳았을 때 한다고 생각했던 것이다. 그러나 이름 때문에 케이샤가 괴롭힘을 당한 긴긴 잔혹한 시간이 지난 후에, 케이샤는 그녀의 이름을 합법적으로 '키리에'로 변경했다.

잠깐만요!
보통 부정문, 의문문, 그리고 if나 whether가 나올 때 흔히 any를 함께 사용합니다.
If you have any questions, please call us.
만약에 질문이 있다면, 우리에게 전화하세요.

electronics 전자기기
donation 기부, 기증
facility 시설, 설비
reliance 의존, 신뢰
lie detection tool 거짓말 탐지기
neolithic period 신석기 시대
meaningful 의미 있는
give birth to 아이를 낳다
brutal 잔혹한, 잔인한
bully 괴롭히다, 왕따시키다
legally 합법적으로, 법률상으로

모범답안
어떤 엄마라도 자식에게 의미 있는 이름을 지어 줄 것이다.

# coincidentally

Pattern 063

## 공교롭게도, (우연히)일치하여, 하필이면

기사문에는 내용에 생동감을 부여하기 위해 다양한 부사를 사용합니다. 그 중 하나가 coincidentally입니다. '공교롭게도' 혹은 '(우연히) 일치하여'로 해석하면 됩니다. 의미는 비슷하지만 약간 다른 어감을 가진 부사로 accidentally도 함께 알아 두세요. accidentally는 '잘못하여,' '사고로'처럼 부정적 의미로 사용됩니다.

### Step 1

1. **Coincidentally**, he ran into her twice this month.
2. **Coincidentally**, the melodies of two songs are very similar.
3. Most of the wars in the history took place **coincidentally**.
4. The nurse **accidentally** gave the wrong chart to the Oncology Department.
5. According to the report, around 5 percent of the students were **accidentally** eliminated despite their high scores.

1 공교롭게도, 그는 이번 달에 두 번이나 그녀를 우연히 마주쳤다.
2 우연히도, 두 노래의 멜로디가 매우 비슷하다.
3 역사 속 전쟁의 대부분은 우연히 일어났다.
4 그 간호사가 종양학 부서에 잘못해서 다른 차트를 주었다.
5 보고서의 의하면, 약 5퍼센트의 학생이 높은 점수에도 불구하고 실수로 탈락 처리되었다.

### Step 2

Kylie is biracial — her mother is white and her father is African American. Growing up in a small town, she was always a target to get teased by her peers because of her name and looks. **Coincidentally**, there are multiple songs titled "Keisha" and most of these songs express negatively about a girl named Keisha.

키리에는 혼혈이다 — 그녀의 어머니는 백인이고 그녀의 아버지는 아프리카계 미국인이다. 작은 마을에서 자라면서, 그녀는 그녀의 이름과 외모 때문에 항상 또래 친구들에게 놀림을 당하는 대상이었다. ______

잠깐만요!
'우연히'라는 뜻으로 자주 사용되는 by chance도 함께 알아 두세요.
This just happened by chance.
이것은 우연히 그냥 발생했다.

run into ~를 우연히 만나다
Oncology Department 종양학부
eliminate 탈락시키다, 실격시키다
despite ~에도 불구하고
biracial 혼혈의, 두 인종의
get teased 놀림을 당하다
peer 또래
multiple 다양한
express 표현하다, 나타내다
negatively 부정적으로

모범답안
공교롭게도, '케이샤'라는 제목의 다양한 곡들이 있고, 그러한 곡들의 대부분은 '케이샤'라는 이름의 소녀에 대해서 부정적으로 표현하고 있다.

# Pattern 064 affect + 명사

## ~에 영향을 주다

〈affect + 명사〉 패턴은 간단하지만 해석할 때 헷갈릴 수 있습니다. '~에 영향을 주다'로 해석합니다. 비슷한 표현으로 have a (great, tremendous) influence on ~ 패턴도 있습니다.

### Step 1

1. Economic problems in the US **affect** the global economy.
2. The first ladies are **affecting** the fashion in the world.
3. Yellow dust **affects** many countries in Asia every year.
4. Teachers' first impression **has a great influence on** how the students will behave in the class.
5. Mothers **have a tremendous influence on** their child during the first three years.

1 미국의 경제 문제들이 세계 경제에 영향을 미친다.
2 영부인들은 세계의 패션에 영향을 주고 있다.
3 황사는 매년 아시아의 많은 국가에 영향을 준다.
4 선생님들의 첫인상이 교실에서 학생들이 어떻게 행동할 것인가에 큰 영향을 준다.
5 엄마들은 생후 첫 3년 동안 아이에게 엄청난 영향을 준다.

### Step 2

There was a research done about "white-sounding names vs. black-sounding names" and how these two **affect** getting a job. More applicants who had "white-sounding names" received phone calls while "black-sounding names" applicants less phone calls back.

______________________________ '흑인 이름처럼 들리는 이름'을 가진 지원자들이 더 적은 회신 전화들을 받은 반면에, '백인 이름처럼 들리는 이름'을 가진 지원자들은 회신 전화들을 더 많이 받았다.

잠깐만요!
**effect는 명사로서 '효력,' '효과,' '결과'의 의미로 쓰입니다. 철자가 affect와 비슷하지만 전혀 다르게 쓰이므로 주의하세요.**
The medicine has many side effects.
그 약은 많은 부작용이 있다.

모범답안
'백인 이름처럼 들리는 이름 대 흑인 이름처럼 들리는 이름'에 관한 조사와 이 두 종류의 이름들이 직업을 얻는 데 어떤 영향을 주는지에 관한 조사가 있었다.

**first lady** 영부인
**yellow dust** 황사
**impression** 인상
**research** 조사
**applicant** 지원자
**receive** 받다

# be likely to ~

Pattern 065

~하기 쉽다, ~할 것 같다, ~할 가능성이 있다

자주 보는 구문인데도 불구하고, like가 '좋아하다'라는 뜻이기 때문에 likely도 '~하고 싶어 하는'으로 잘못 해석하는 경우가 많습니다. 〈be likely to + 동사원형〉의 패턴은 '~하기 쉽다' 혹은 '~할 것 같다'는 의미입니다. '아마도'라는 뜻의 부사 probably와 비슷한 어감이죠.

**Step 1**

1. The antique tables **are likely to be** sold at the auction.
2. Because of the weather, we would **be likely to delay** field trips.
3. Environmentalists would **be likely to oppose** using fossil fuel.
4. People **probably** will be faced with water shortages in the near future.
5. The management **probably** will pass on hiring more employees this year due to budget cut.

1 골동품 식탁은 경매에서 팔리기 쉽다.
2 날씨 때문에 우리는 현장학습을 연기할 것 같다.
3 환경운동가들은 화석 연료 사용에 반대할 것 같다.
4 가까운 미래의 사람들은 아마도 물 부족 사태에 직면할 것이다.
5 아마도 경영진은 예산 삭감 때문에 올해는 직원을 더 채용하지 않고 넘길 것이다.

**Step 2**

"Black-sounding names" **are** more **likely to portray** a person who has criminal records. These findings add to Kylie's determination to change her name even with a $175 fee. It was a bit difficult to accept in the beginning for Cristy, because she felt that the gift she gave her daughter was returned back to her.

이러한 조사 결과들이 무려175달러의 수수료가 들어도 자신의 이름을 바꾸려는 키리에의 의지에 더해지게 된다. 처음에 크리스티가 그것을 받아들이기는 약간 힘들었다. 왜냐하면 자신의 딸에게 준 선물이 그녀 자신에게 되돌아왔다고 느꼈기 때문이었다.

**잠깐만요!**

like가 들어간 또 다른 표현인 would like to는 '~하고 싶다'로 해석하세요.
I would like to visit my parents.
나는 부모님을 방문하고 싶다.

**모범답안**

'흑인 이름처럼 들리는 이름들'은 전과 기록이 있는 사람으로 보이기가 더 쉽다.

**antique** 골동품의, 고대의
**auction** 경매
**environmentalist** 환경 운동가
**fossil fuel** 화석 연료
**shortage** 부족, 결핍
**portray** 나타내다, 보여 주다, 묘사하다
**criminal record** 전과 기록
**finding** (조사) 결과, 결론
**determination** 의지, 투지, 결정
**fee** 수수료
**accept** 받아들이다
**in the beginning** 처음에

Pattern
066

# before 주어 + 동사 ~

~하기 전에

〈before 주어 + 동사 ~〉는 '~하기 전에'라는 의미의 부사절입니다. 쉬운 구문 같지만 전후 관계가 헷갈리는 경우가 많으니 유의해서 해석해야 하는 패턴입니다. 〈right before 주어 + 동사 ~〉로 before 앞에 right이 나온다면, '바로 ~하기 직전에'라고 해석해야 합니다. 두 패턴 모두 주절 앞에 나올 수도 있고 주절 뒤에 나오기도 합니다.

## Step 1

1. **Before** it is too late, we should protect our environment.
2. You should make sure everything is ready **before** you leave.
3. My mother reads a book every day **before** I go to bed.
4. **Right before** we make the final decision, we should go through all the details.
5. We need to make a trip to the grocery store **right before** the big storm hits this weekend.

1 너무 늦기 전에 우리는 환경을 보호해야 한다.
2 당신은 떠나기 전에 모든 것이 준비되었는지 반드시 확인해야 한다.
3 내가 잠자리에 들기 전에 어머니는 매일 책을 읽어 주신다.
4 우리가 마지막 결정을 내리기 바로 전에 모든 세부사항을 훑어봐야만 한다.
5 이번 주말 큰 폭풍이 몰아치기 바로 직전에 우리는 식료품을 구입하러 가야 한다.

## Step 2

Cristy, however, came around and gave her permission to change her name. Ultimately, a mother wants her child to be happy and that's what she wanted for Kylie. It wasn't an overnight decision for Kylie, either. She thought for a long time **before** she made the decision to change it.

그러나, 크리스티는 생각을 바꿨고 그녀(키리에)의 이름을 바꾸는 것을 허락했다. 궁극적으로, 어머니는 자식이 행복하길 원하고, 그것이 키리에를 위해 그녀가 원했던 것이다. 그것은 키에리로서도 하룻밤 새 내린 결정이 아니었다.

go through ~를 자세히 검토하다
grocery 식료품
come around (생각, 의견을) 바꾸다
give a permission 허락하다
ultimately 궁극적으로, 결국
an overnight decision 하룻밤 새 내린 결정
make a decision 결정을 내리다

모범답안

그녀는 그것을 바꾸기로 결정을 내리기 전 오랜 시간 동안 생각했다.

# UNIT 10
# 오락 · 연예면 (The Entertainment Section)

우리나라 신문과 마찬가지로 오락 · 연예면은 영자 신문 중 가장 부담없이 읽을 수 있는 파트입니다. 내용이 흥미롭고 문장이 어렵지 않아서 누구나 접근하기 쉽기 때문이죠. 할리우드 연예계 소식에 관심이 있다면 먼저 도전해 보는 것은 어떨까요?

# Pattern 067 those who ~

## ~하는 사람들

those는 that의 복수 형태로 '그것들,' '그들'처럼 사물과 사람의 복수형입니다. 기사문에서는 특히 '사람들'의 의미로 많이 쓰입니다. those 뒤에 관계대명사 who와 동사 등이 이어지면 '~하는 사람들'이라는 의미가 됩니다. 문법 구조는 이해하지 않아도 좋으니 those who ~ 패턴이 나오면 볼 것도 없이 '~하는 사람들'로 해석하세요.

### Step 1

1. **Those who** graduated from the university have some benefits.
2. **Those who** attended the workshop were very inspired.
3. **Those who** hate cooking often go out to eat at a restaurant.
4. **Those who** are interested in pursuing a career in fashion should attend as many fashion shows as possible.
5. **Those who** are invited to a wedding ceremony should be dressed appropriately.

1 그 대학교를 졸업한 사람들은 몇 가지 혜택을 받는다.
2 워크숍에 참석한 사람들은 매우 고무되었다.
3 요리하는 것을 싫어하는 사람들은 레스토랑에서 외식을 자주 한다.
4 패션 분야에서 경력을 쌓는 데 관심 있는 사람들은 가능한 많은 패션쇼에 참석해야 한다.
5 결혼식에 초대된 사람들은 격식에 맞게 차려 입어야 한다.

### Step 2

Awards are typically given to **those who** have accomplished something big and important. And an award show is followed to celebrate and show recognition to the winner. These types of events are often organized by a big production company.

________________

그리고 수상자를 축하하고 수상자의 공로 인정을 보여 주기 위한 시상식이 따른다. 이러한 종류의 행사들은 종종 대형 제작사에 의해 준비된다.

**잠깐만요!**
유명한 영어 속담 중에도 those who ~ 패턴이 사용된 속담이 있습니다.
Heaven helps those who help themselves.
'하늘은 스스로 돕는 자를 돕는다'라는 의미라는 것이 이제 보이죠?

**inspired** 고무받은, 영감을 받은
**appropriately** 적절히, (상황에) 어울리게
**award** 상
**accomplish** 성취하다, 해내다
**celebrate** 축하하다, 기념하다
**recognition** (공로에 대한) 인정, 표창
**organize** 준비하다, 조직하다
**big production company** 대형 제작사

**모범답안**
전형적으로 상은 큰 일이나 중요한 일을 성취한 사람들에게 주어진다.

# without so much as ~ing

Pattern 068

~조차 없이, ~조차 하지 않고

해석이 까다로워 보이는 이 패턴은 두 덩어리로 나눠 생각하면 해석이 쉬워집니다. 우선 전치사 without은 '~ 없이'라는 의미이고, so much as ~ing는 '~조차도'라는 의미입니다. 이 둘을 합친 without so much as ~ing는 '~조차 없이,' '~조차 하지 않고'라는 의미가 되죠. 같은 뜻인 〈cannot so much as + 동사원형〉의 패턴도 함께 알아 두세요.

## Step 1

1. She took the gift **without so much as saying** thank you.
2. He left **without so much as giving** any apology.
3. She was rescued **without so much as having** any scratch.
4. The wolf child found in the wild **cannot so much as communicate** with humans because he grew up with wolves.
5. It is unfortunate that the boy's biological father **cannot so much as give** a goodbye hug to him.

1 그녀는 고맙다는 말조차 없이 선물을 받았다.
2 그는 어떤 사과조차 하지 않고 떠났다.
3 그녀는 상처 하나 입지 않고 구조되었다.
4 야생에서 발견된 늑대 소년은 늑대들과 성장했기 때문에 인간과는 의사소통조차 하지 못한다.
5 소년의 생물학적 아버지가 소년을 마지막으로 안아 주는 것조차 할 수 없다는 것은 불행한 일이다.

## Step 2

YouTube Music Awards held on Sunday evening was far from the traditional award show we know. It was held **without so much as dressing** formally. It was a show about giving people an equal opportunity to get their creation out in the market.

일요일 저녁에 열린 유튜브 음악 시상식은 우리가 아는 전통적인 시상식과는 거리가 멀었다. ______________________
그것은 사람들에게 시장에서 그들의 창의력을 발산할 동등한 기회를 주는 시상식이었다.

apology 사과
scratch 긁힌 상처, 생채기
biological 생물학적인
music award 음악 시상식
dress formally 예복을 입다
equal 동등한
creation 창작, 창작품

모범답안

그것은 정장조차 차려 입지 않고 개최되었다.

# Pattern 069 so far as ~

## ~에 관한 한, ~하는 한, ~에 있어서

so far as ~ 패턴은 직역하면 '~만큼 멀리' 혹은 '~까지'라는 뜻입니다. 여기서 의미가 확장되어 '~에 관한 한' 또는 '~하는 한'의 의미가 되었습니다. 비슷한 의미의 표현으로 as far as ~가 있으며 같은 뜻으로 해석하세요.

### Step 1

1. It is such a tragic story **so far as** we are concerned.
2. **So far as** I know, there is no such an event in the history.
3. **So far as** I understand, he did not have any different opinions.
4. **As far as** the young pianist is concerned, the judges have only positive comments.
5. **As far as** the street signs are concerned, the volunteers can post them before the marathon starts.

1 우리가 생각하는 한 그것은 매우 비극적인 이야기이다.
2 내가 아는 한, 역사에 그러한 사건은 없다.
3 내가 이해하는 한, 그는 다른 어떤 의견도 갖고 있지 않았다.
4 그 젊은 피아니스트에 관한 한, 심사위원들은 오직 긍정적인 의견만을 갖고 있다.
5 거리 표지판들에 관한 한, 자원봉사자들은 마라톤이 시작하기 전에 그것들을 세워 놓을 수 있다.

### Step 2

This hour and a half show consisted of "live music videos," unscripted hosting by comedian-musicians and award presentations. **So far as** most of the people are concerned, this show was definitely unusual. The untidy show, however, was interesting enough to watch.

이 한 시간 반짜리 쇼는 코미디언이자 가수들에 의해 대본없이 진행되는 '생방송 뮤직 비디오'와 시상식으로 구성되었다. ________________ 그러나 그 어수선한 쇼는 충분히 볼 만한 재미가 있었다.

post 게시하다, 붙이다, 세우다
consist of ~로 구성되다
unscripted 즉흥의, 대본이 없는
hosting 진행
award presentation 시상식
definitely 분명히, 틀림없이
untidy 어수선한

모범답안
대부분의 사람들에게 있어서, 이 쇼는 분명히 독특한 것이었다.

# were it not for ~

## 만약 ~가 없다면

Pattern 070

이 구문은 만약의 상황을 가정하는 가정법 구문으로 원래 형태는 if it were not for ~입니다. 강조를 위해서 if가 생략되면서 were가 앞으로 도치된 형태죠. 하지만 문법은 몰라도 전혀 상관 없습니다. were it not for ~ 구문을 패턴으로 익혀서 이 패턴이 나오면 무조건 '만약 ~가 없다면'으로 해석하세요.

### Step 1

1. **Were it not for** trees, what would happen?
2. **Were it not for** his help, we could not finish it on time.
3. It could not work well, **were it not for** his efforts.
4. **If it were not for** my sisters to watch the kids, we could not make it to the parent teacher conference.
5. **If it were not for** his annual visit to the primary doctor, the lump could be unnoticed.

1 만약 나무들이 없다면, 어떤 일이 일어날까?
2 만약 그의 도움이 없다면, 우리는 제 시간에 그것을 끝낼 수 없다.
3 만약 그의 노력이 없다면, 그것은 잘 작동할 수 없다.
4 만약 내 여동생들이 아이들을 돌보지 않는다면, 우리는 학부모 모임에 제 시간에 갈 수 없다.
5 만약 1차 진료 의사에게 매년 진료를 받지 않는다면, 종양은 발견되지 않을 수 있다.

### Step 2

Because YouTube is accessible anywhere, virtually anyone who creates and posts videos can become famous as long as there's someone viewing them. This makes it possible for hidden talents to get recognition. **Were it not for** YouTube, would it be possible for Psy to be a world star?

유튜브는 어디서나 접속 가능하기 때문에, 유튜브에 올려진 비디오를 보는 누군가가 있는 한, 비디오를 만들고 올리는 사람이라면 사실 누구나 유명해질 수 있다. 이것은 숨겨진 재능이 있는 사람들이 인정받게 되는 것을 가능하게 한다.

**잠깐만요!**
과거 상황에 대한 가정은 Had it not been for ~로 쓰며 '~가 없었더라면'으로 해석하세요.
Had it not been for your help, I would have failed my exam.
당신의 도움이 없었더라면, 나는 시험에 떨어졌을 것이다.

**모범답안**
유튜브가 없다면, 싸이가 세계적인 스타가 되는 것이 가능할까?

**primary doctor** 1차 진료의사
**lump** 덩어리, 혹
**accessible** 이용이 가능한, 접근 가능한
**virtually** 사실상, 거의
**post** 올리다, 게시하다
**view** 보다
**talent** 재능 있는 사람
**get recognition** 인정받다

# Pattern 071 although 주어 + 동사 ~

## ~임에도 불구하고, 비록 ~지만

부사절로 쓰이는 〈although 주어 + 동사 ~〉 패턴은 '~에도 불구하고'로 해석합니다. 이 때 주절에 나오는 내용이 더 중요하다는 것을 기억하면서 해석하면 문맥을 파악하는 데 더 도움이 됩니다. 비슷한 기능을 하는 접속사로 though가 있는데, although보다는 격식을 덜 갖춘 표현입니다.

### Step 1

1. **Although** she is very beautiful, she lacks self-confidence.
2. He never feels satisfied **although** he was successful in his work.
3. **Although** the plant was tiny, I was amazed by its fragrance.
4. **Though** the weather was muggy, the tourists' positive attitude made the trip much better.
5. My grandmother did not answer any of the calls **though** the phone was ringing off the hook.

1 그녀는 매우 아름다운데도 불구하고, 자신감이 부족하다.
2 그는 자신의 일에서 성공했음에도 불구하고, 절대로 만족하지 않는다.
3 비록 그 식물은 매우 작았음에도 불구하고, 나는 그 향기에 놀랐다.
4 비록 날씨가 후텁지근함에도 불구하고, 관광객들의 긍정적인 태도는 여행을 훨씬 더 재미있게 만들었다.
5 비록 전화기가 쉴새 없이 울렸음에도 불구하고, 우리 할머니는 한 통의 전화도 받지 않았다.

### Step 2

**Although** videos were made by amateurs, its easy access drew people's attention to watch the show. The creative director believed that even visible stagehands may have been appealing to viewers.

그 크리에이티브 디렉터는 무대 담당자가 보이는 것조차도 시청자들의 관심을 끌었을지도 모른다고 믿었다.

lack 부족하다, 없다
fragrance 향, 향기
muggy 후텁지근한
attitude 태도
ring off the hook 쉴새없이 울리다
access 접근
draw an attention 관심을 끌다
director 감독
visible 눈에 보이는, 알아볼 수 있는
stagehand 무대 담당자
appeal 관심을 끌다, 흥미를 끌다
viewer 시청자

모범답안

비디오들이 아마추어들에 의해 제작되었음에도 불구하고, 그것(유튜브)의 접근 용이성은 그 쇼를 보게끔 사람들의 관심을 끌었다.

# there is[are] ~

~가 있다

Pattern 072

정말 기본적인 표현이지만 자칫하면 틀리게 해석할 수 있는 표현입니다. there를 '거기'로 해석하면 전혀 다른 뜻이 되기 때문이죠. there is[are] ~ 패턴은 '~가 있다'라는 뜻으로 해석합니다. 뒤에 나오는 명사가 단수이면 is를 쓰고 복수이면 are를 쓰는 문법적 차이는 있지만 의미는 같습니다. 비슷한 형태의 패턴으로 there remains ~도 있습니다. 이 패턴 역시 '거기에 남아 있다'가 아닌 '~가 남아 있다'로 해석해야 합니다.

## Step 1

1. **There is** something special about her.
2. **There is** nothing to be afraid of doing the work.
3. **There are** some new faces in the marketing department.
4. **There remained** an awkward silence during a blind date that my mother set me up.
5. **There remains** a positive upbeat energy after a loud cheer from a crowd of fans.

1 그녀에게는 뭔가 특별한 것이 있다.
2 그 일을 하는 데 두려워할 것은 아무것도 없다.
3 마케팅 부서에 몇몇 새로운 얼굴들이 있다.
4 어머니가 시켜 준 소개팅을 하는 동안 어색한 침묵만이 있었다
5 많은 팬들에게서 나온 큰 환호 뒤에는 긍정적이고 낙관적인 에너지가 남는다.

## Step 2

The main complaint throughout the live stream show was system glitches. It often froze frustrating many viewers. To make matters worse, every time system was rebooted, **there was** a 30-second commercial.

실시간으로 전송되는 쇼 내내 주요 불평거리는 시스템상의 작은 문제들이었다. 그것은 종종 화면이 정지하면서 많은 시청자들을 짜증나게 했다.

잠깐만요!

**there is[are] ~ 구문의 부정형은 there is[are] no ~입니다. '~가 없다'로 해석하면 되죠.**

There are no friends to talk with in this situation.

이 상황에 함께 이야기할 친구들이 없다.

**awkward** 어색한, 서투른
**blind date** 소개팅
**upbeat** 낙관적인, 긍정적인
**complaint** 불평, 항의
**live stream** 실시간 전송
**glitch** 작은 문제, 결함
**freeze** 화면 정지하다
**frustrate** 짜증나게 하다, 좌절감을 주다
**to make matters worse** 설상가상으로
**reboot** 재부팅하다
**commercial** 방송광고

모범답안

설상가상으로, 시스템이 재부팅될 때마다 30초짜리 광고가 있었다.

# UNIT 11
# 과학 · 기술면 (The Science & Technology Section)

이름만 들어서는 어려울 것 같지만 의외로 흥미로운 기사가 많은 파트입니다. 과학 · 기술면에서는 새로운 기술이나 발명품이 소개되거나, 놀라운 연구 결과가 게재됩니다. 가끔 영화에서나 나올 법한 기술이 소개되어 눈길을 끌기도 하죠. 시대의 변화에 발빠르게 순응하려면 꼭 눈여겨봐야 하는 파트입니다.

# few[little]~
## ~가 거의 없는

Pattern 073

few와 a few는 관사 하나 차이로 전혀 다르게 해석할 수 있기 때문에 주의해야 하는 표현입니다. a few ~는 '약간 있는'이라는 긍정적인 의미로 쓰이는 반면 few는 정반대로 '거의 ~없는'으로 해석하기 때문이죠. 전체 내용을 정 반대로 오역할 수 있으므로 꼭 주의하세요. 셀 수 있는 명사에는 few를 붙이고 셀 수 없는 명사에는 little을 붙인다는 것도 함께 알아 두세요.

### Step 1

1. Very **few spiders** are poisonous.
2. He is so mean that he has **few friends**.
3. **Few people** knew much about his work while he was alive.
4. When **little time** is left, people get easily anxious about whether they can win or lose.
5. You need **little money** to start an online business because you do not have to pay rent.

1 독이 있는 거미들은 거의 없다.
2 그는 너무 비열해서 친구들이 거의 없다.
3 그가 살아 있던 시기에, 그의 작품에 대해 많이 아는 사람은 거의 없었다.
4 시간이 거의 남지 않으면, 사람들은 그들이 이길 수 있을지 또는 지는지에 관해 쉽게 초조해하게 된다.
5 집세를 낼 필요가 없기 때문에 당신이 온라인 사업을 하는 데는 거의 돈이 필요없다.

### Step 2

Wireless technology has become of a huge part of our daily lives. People use applications on their smartphones to do multiple tasks such as listening to music, reading the latest news, and even tracking calorie intake. There are **few people** who don't depend on this amazing technology.

무선통신기술은 우리 일상 생활에서 큰 부분을 차지하게 되었다. 사람들은 음악을 듣고, 최신 뉴스를 읽고, 심지어 칼로리 섭취량을 계산하는 것과 같은 여러 가지 일을 하기 위해서 스마트폰에 있는 애플리케이션을 사용한다.

poisonous 독성이 있는, 유독한
mean 비열한, 인색한
anxious 초조한, 불안해하는
wireless technology 무선통신기술
latest 최근의, 최신의
track 추적하다
intake 섭취
depend on ~에 의지하다[기대다]

모범답안

이 놀라운 기술에 의지하지 않는 사람이 거의 없다.

Pattern 074

# feel free to ~

## 편하게[부담없이] ~하다

free는 '자유로운,' '공짜의,' '~가 없는' 등 여러 가지 의미가 있는 단어입니다. 하지만 feel free to ~ 패턴에서는 원래의 뜻은 잊고, '편하게[부담없이] ~하다' 혹은 '편하게 ~하다'라고 해석하세요. 비슷한 의미의 패턴인 feel comfortable to ~도 자주 사용되는 표현이니 함께 알아 두세요. 두 표현 모두 to 뒤에 동사원형이 이어집니다.

### Step 1

1. Please **feel free to drink** this coffee.
2. Should you have any problems, **feel free to call** this number.
3. **Feel free to enjoy** an exhibit and ask questions if you have any.
4. Please **feel comfortable to interrupt** the speaker if you have any similar stories to share.
5. You should **feel comfortable to explore** this area because it is interesting and very safe.

1 부담없이 이 커피를 드세요.
2 문제가 생기면, 부담없이 이 번호로 전화하세요.
3 편하게 전시회를 즐기시고, 질문이 있으시면 문의하세요.
4 함께 공유하고 싶은 비슷한 이야기가 있으면 부담없이 연설자를 중단시켜도 됩니다.
5 흥미롭고 매우 안전한 지역이기 때문에 때문에 편하게 이 지역을 탐험하셔도 됩니다.

### Step 2

Recently, a new technology is introduced allowing athletes to monitor food intake, calories burned and heart rate. Athletes can now **feel free to read** their status anytime, anywhere and it is easy and fun to use the technology.

최근, 운동선수들의 음식물 섭취, 소비한 칼로리 그리고 심장박동 수를 모니터할 수 있는 새로운 기술이 소개되었다.

잠깐만요!
tax free shop에서 free는 '~가 없는'이라는 뜻입니다. '세금이 없는 가게,' 즉 '면세점'이죠.
There are many tax free shops in this road.
이 길에는 많은 면세점이 있다.

모범답안
이제 운동선수들은 언제, 어디서나 편하게 그들의 상태를 확인할 수 있으며 그 기술을 사용하는 것은 쉽고 재미있다.

interrupt 중단시키다, 방해하다
explore 탐험하다
recently 최근에
athlete 운동선수
monitor 감시하다
burn (칼로리 등을) 소모하다, 소비하다
heart rate 심장박동 수
read 확인하다, 검침하다
status 상황, 상태

# come in different forms

## ~가 다양한 형태로 존재하다

Pattern 075

come은 말 그대로 '오다'이지만 꼭 물리적으로 왔다갔다 하는 상황에서만 쓰이는 것은 아닙니다. come in different forms 패턴으로 쓰일 때는 come을 '~가 (다양한 형태로) 존재하다'로 해석합니다. 이 패턴은 different 대신 비슷한 의미인 various를 써서 come in various forms 패턴으로도 사용하기도 합니다.

### Step 1

1. Korean traditional songs **come in different forms**.
2. The problems of the system **come in** many **different forms**.
3. The workshop **comes in different forms** and timescales.
4. Kimchi **comes in various forms**, depending on its ingredients and areas.
5. The security cameras **come in various forms** enabling you to easily install anywhere in the house.

1 한국 전통 노래는 다양한 형태로 존재한다.
2 그 체제의 문제점들이 많은 다양한 형태로 존재한다.
3 워크숍이 다양한 형태와 기간으로 있습니다.
4 김치는 재료 그리고 지역에 따라 다양한 종류가 있다.
5 보안 카메라는 당신이 집안 어디든 쉽게 설치하도록 다양한 형태로 나옵니다.

### Step 2

These monitoring systems can **come in** many **different forms**. An example would be an armband that gathers more than 5,000 bits of data and evaluates body temperature, body activity, perspiration and heat loss.

한 가지 예로는 5천 비트 이상의 정보를 모으고, 체온, 신체 활동, 땀과 열 손실을 측정하는 완장을 들 수 있다.

**잠깐만요!**

form이 명사로 쓰일 때는 '형태'라고 해석하지만, 동사로 쓰일 때는 '형성하다'로 해석합니다.

This experience formed his personality.

이 경험이 그의 성격을 형성했다.

**모범답안**

이러한 모니터 장치들은 많은 다양한 형태로 존재할 수 있다.

**timescale** 기간
**ingredient** 재료, 구성요소
**install** 설치하다
**armband** 완장
**evaluate** 측정하다, 평가하다
**body temperature** 체온
**perspiration** 땀
**heat loss** 열 손실

Pattern
# 076 figure out
~를 알아내다[이해하다]

figure는 명사로서는 '모습,' '모양,' '인물,' '숫자' 등의 의미로 쓰이지만, 동사로는 figure out의 패턴으로서 흔히 '~를 알아내다'라는 뜻으로 해석되는데, '한참을 생각한 후에 ~를 알아내다[이해하다]'라는 뉘앙스가 담겨 있습니다. 하지만 figure out 뒤에 '양이나 비용'이 나오면 '~를 계산하다[산출하다]'의 의미로 해석하세요.

## Step 1

1. Let's **figure out** the best way now.
2. Scientists have tried to **figure out** how DNA works.
3. Nobody could **figure out** how the terrorist hid the bomb.
4. I had to do much research in order to **figure out** how much this project would cost.
5. Tom was too impulsive because he decided to go to the Maldives without **figuring out** how much the trip would cost.

1 지금 최선의 방법을 생각해내 보자.
2 과학자들은 어떻게 DNA가 작용하는지를 알아내고자 노력해 왔다.
3 아무도 어떻게 테러리스트가 폭탄을 숨겼는지를 알 수 없었다.
4 나는 이 프로젝트가 비용이 얼마나 들지 계산하기 위해 많은 조사를 해야 했다.
5 탐은 몰디브 여행 경비가 얼마나 들지 계산하지도 않고 여행 가기로 결정했기에 너무 충동적이었다.

## Step 2

Another monitoring device is a patch that is far more economical than the armband. This patch gathers data and allows users to upload information using USB port. Doctors, coaches, and trainers can **figure out** health and fitness goals.

또 다른 감시 장치는 완장보다 훨씬 더 경제적인 패치이다. 이 패치는 정보를 모으는 것과 사용자들이 USB 접속단자를 이용해서 정보를 업로드하는 것을 가능하게 한다.

bomb 폭탄
impulsive 충동적인
economical 경제적인, 알뜰한, 실속 있는
port (컴퓨터) 접속 단자

모범답안
의사, 코치, 그리고 트레이너들은 건강 및 운동 목표를 알아낼 수 있다.

# allowing A to + 동사원형

Pattern 077

A를 ~하게 하면서

allow는 '허락하다'의 의미로 문장 끝에서 〈allowing A to + 동사원형〉의 패턴으로 나오는 경우에는 'A가 ~하게 하면서'로 해석하세요. 단순히 '허락하다'라는 뜻 보다는 조금 더 적극적인 의미인 '~하게 만들면서[해 주며]'라는 어감이 담겨 있습니다.

## Step 1

1. SNS is great **allowing us to get** to know each other.
2. The machine is efficient **allowing people to see** their scores.
3. This is helpful **allowing us to choose** the right answer quickly.
4. Internet makes our lives more comfortable, **allowing us to send** e-mails from a desk.
5. The librarian extended lead time, **allowing students to keep** borrowed books longer.

1 SNS는 우리가 서로를 더 잘 알 수 있게 하면서 좋다.
2 그 기계는 사람들이 그들의 점수를 볼 수 있게 하면서 효율적이다.
3 이것은 우리가 정답을 빨리 고르게 해 주며 도움을 준다.
4 인터넷은 우리가 책상에서 바로 이메일을 보낼 수 있게 하면서 우리의 생활을 더욱 편하게 만든다.
5 그 사서는 학생들이 빌린 책들을 더 오래 갖고 있도록 해 주며 대출 기간을 연장했다.

## Step 2

There is an app that reads your heart rate putting your fingertips onto your phone. This helps people with heart problems to keep record of heart rhythms. You can also show your heart rate on a picture **allowing friends and family to see** how happy or sad you are.

전화기 위에 손가락 끝을 대면 당신의 심장 박동 수를 읽는 앱이 있다. 이것은 심장 문제가 있는 사람들이 심장 박동을 기록하는 데 도움을 준다.

efficient 효율적인
extend 연장하다
lead time 리드 타임(어떤 상황의 시작부터 결과에 이르기까지의 시간)
fingertip 손가락 끝
keep record 기록하다
heart rhythm 심장 박동

모범답안

또한 친구들과 가족들에게 당신이 얼마나 행복한지 또는 슬픈지를 보게 하며, 그림으로 당신의 심장 박동 수를 보여 줄 수 있다.

Pattern
# 078 assuming that 주어 + 동사 ~

~라고 추정할 때, ~로 추정하며

assume은 '(사실일 것으로) 추정하다'라는 뜻이므로 〈assuming that 주어 + 동사 ~〉 패턴이 문장 앞에 나오면 '~라고 추정할 때'로 해석하세요. assume은 말 그대로 '추정'하는 것이기 때문에 정확한 근거가 없다는 것, 사실 여부와는 관계가 없다는 것을 염두에 두어야 합니다. 기사문에서는 매 시각 판결이 확실히 나지 않은 사건이나 상황을 묘사해야 하므로 이 표현이 자주 쓰입니다.

## Step 1

1. **Assuming that** the dinner is ready, you can set the table.
2. **Assuming that** the bus arrives at 8, you should get ready.
3. **Assuming that** it rains later, you can bring an umbrella.
4. **Assuming that** the property is sold by the end of today, we can start loan process within the next couple of days.
5. **Assuming that** this expedition will take more than 10 days, we should save our food.

1 저녁 식사 준비가 다 됐다고 추정한다면, 너는 식탁을 차려도 된다.
2 버스가 8시에 도착한다고 추정할 때, 당신은 준비가 되어 있어야 한다.
3 나중에 비가 온다고 추정하면, 우산을 가져와도 좋다.
4 이 건물이 오늘 안으로 팔린다고 추정할 때, 우리는 며칠 내에 대출 절차를 밟기 시작할 수 있다.
5 이 탐사가 10일 이상 걸릴 것이라고 추정할 때, 우리는 식량을 아껴야만 한다.

## Step 2

**Assuming that** a head injury during sports games can damage players severely, Reebok invented a sensory device which can be attached inside athletes' helmet. This sensor will flash different color lights if there is direct impact on athletes' head.

만약에 선수의 머리에 직접적인 충격이 있으면 이 감지기는 다양한 색깔의 빛을 번쩍일 것이다.

잠깐만요!
presume도 assume과 마찬가지로 '(근거는 없지만) 사실이라고 추정하다'의 의미로 자주 쓰입니다.
I presumed him to be a criminal.
나는 그가 범죄자일 거라고 추정했다.

모범답안
스포츠 경기를 하는 동안 머리 부상이 선수들에게 심각하게 해를 입힐 수 있다고 추정하며, 리복은 선수들의 헬멧 안쪽에 부착할 수 있는 감지 장치를 발명했다.

property 부동산, 소유물
expedition 탐험, 원정, 조사
injury 부상
severely 심하게
sensory 감각(상)의, 지각의
impact 영향, 충격

# be based on ~

## ~를 바탕으로

Pattern 079

기사문에서 출처를 밝힐 때 자주 볼 수 있는 표현입니다. be based on ~ 패턴은 '~를 바탕으로 하다'라고 간단히 해석합니다. be동사 없이 based on ~의 형태로 완벽한 문장의 앞이나 뒤에 붙는 경우가 있는데, 앞뒤 문장에 대해 더 자세한 정보를 주는 경우입니다. 이 때 '~를 바탕으로 볼 때' 혹은 '~를 토대로 볼 때'라는 어감을 파악하는 것이 중요합니다.

### Step 1

1. Surprisingly, the book **was based on** a true story.
2. Some movies **are based on** novels that were bestsellers.
3. This ballet you saw tonight **was based on** Tchaikovsky's works.
4. **Based on** my experiences, I can tell you that men generally are happy with their looks.
5. Most children's behavior can change **based on** their surroundings.

1 놀랍게도, 그 책은 실화을 바탕으로 했다.
2 어떤 영화들은 베스트셀러였던 소설을 바탕으로 하고 있다.
3 당신이 오늘밤에 본 이 발레는 차이콥스키의 작품들을 바탕으로 한 것이다.
4 제 경험을 토대로 볼 때, 남자들은 일반적으로 자신들의 외모에 만족한다고 여러분에게 말할 수 있습니다.
5 대부분의 아이들의 행동은 그들의 환경을 바탕으로 변화할 수 있다.

### Step 2

SportVu captures players' each move using cameras in arena rafters. This program videotapes every pass, dribble and shot so that it helps coaches to evaluate players in detail. Coaches believe that this program will help to train players differently **based on** their individual needs.

'스포츠뷰'는 경기장 서까래에 매달린 (공중 촬영용) 카메라들을 이용해서 선수들의 각각의 움직임을 담아낸다. 이 프로그램은 모든 패스, 드리블 그리고 슛을 녹화해서 코치들이 선수들을 상세히 평가하는 것을 돕는다.

surrounding 환경
capture 정확히 담아내다, 캡처하다
arena 공연장, 원형경기장
rafter 서까래
videotape 녹화하다
evaluate 평가하다
in detail 상세히

모범답안

코치들은, 이 프로그램이 선수 개개인의 요구를 바탕으로 선수들을 다양한 방식으로 훈련시키는 것을 도울 것이라고 생각한다.

Pattern 080

# be full of ~

~로 가득하다

full은 '가득한'이라는 뜻입니다. 따라서 be full of ~의 표현은 '~로 가득하다'로 해석합니다. 같은 뜻으로 형태만 조금 다른 패턴으로 be filled with ~도 자주 나오니 함께 알아 두세요.

## Step 1

1. The classrooms **are full of** students who are eager to learn.
2. The main stadium **is full of** children and their parents.
3. The story **is full of** amazing adventures and exploration.
4. When I came back to school after a long vacation, I **was filled with** excitement to learn again.
5. At the band's first concert, they all wished that the concert hall **was filled with** audience.

1 교실은 배우기를 열망하는 학생들로 가득하다.
2 주 경기장은 아이들과 그들의 부모들로 가득하다.
3 그 이야기는 놀라운 모험과 탐험으로 가득하다.
4 긴 방학 후 학교로 돌아왔을 때, 나는 다시 배울 수 있다는 흥분으로 가득했다.
5 그 밴드의 첫 번째 콘서트에서, 그들 모두는 공연장이 관중들로 가득하기를 소망했다.

## Step 2

YouTube videos **are full of** useful information to help better your health. There are countless clips that show you how to make simple, delicious, and healthy food. Some videos focus on foods that are good for diabetes.

간단하고, 맛있으며 건강에 좋은 음식을 만드는 법을 당신에게 알려 주는 무수한 클립들이 있다. 어떤 비디오들은 당뇨병에 좋은 음식들에 중점을 둔다.

모범답안

유튜브 비디오는 건강 증진을 돕는 유용한 정보들로 가득하다.

**exploration** 탐험, 탐사
**excitement** 흥분, 즐거움
**audience** 관중, 청중
**countless** 셀 수 없이 많은, 무수한
**clip** (영화) 클립 (필름 중 일부만 떼어서 따로 보여 주는 부분)
**healthy** 건강에 좋은
**focus on** ~에 중점을 두다, ~에 초점을 맞추다
**diabetes** 당뇨병

# PART 3

## : 미디어에서 찾은 리딩 패턴 :

잡지나 광고, SNS 등 각종 매체에서도 재미있는 읽을거리가 아주 많습니다.
특히 SNS에는 다른 글에 비해 격식을 차리지 않은 글이 많기 때문에 캐주얼한 표현이나 관용구도 많이 볼 수 있죠. 이번 파트에서는 각종 잡지, 광고문, 페이스북 등 다양한 매체에서 찾은 리딩 패턴을 알아봅니다.

Unit 12 잡지 (Magazine)
Unit 13 광고 (Advertisement)
Unit 14 페이스북 (Facebook)

# UNIT 12
# 잡지 (Magazine)

잡지는 신문과 비슷한 영역이지만, 신문보다 조금 더 세세한 내용을 다룬다는 특징이 있습니다. 경제 관련 잡지는 경제 관련 정보를 아주 심층적으로 알려 주고, 스포츠 잡지라면 조금 더 사적인 내용까지 알려 줍니다. 정보와 흥미 두 가지를 모두 제공한다는 점에서 리딩 소스로 아주 좋은 매체입니다.

# Pattern 081 make + 사람 + feel + 형용사

~를 …하게 느끼게 만들다

이 패턴은 '누군가의 기분이나 상태를 ~하게 만들다'라는 의미입니다. 보통 목적어 자리에 사람이 나오고 feel 다음에 형용사의 형태로 그 사람의 기분이나 상태를 나타내는 표현이 나옵니다. 따라서 해석할 때는 '누구의 기분을 기쁘게 만든다'라든지 '슬프게 만든다'라고 하면 되죠. 더 나아가 '~하면 기분이 어떠하게 된다'고 해석하면 우리말이 더 자연스러우므로 맥락 파악이 더 쉬워집니다.

## Step 1

1. Crying loudly **makes you feel better** when you are angry.
2. Watching comedy **makes you feel happy** when you are sad.
3. A bowl of chicken soup **makes you feel much better**.
4. After many sleepless nights of researching, handing in final report will **make you feel liberated**.
5. Making a conscious effort to eat healthy **makes you** not only **feel good** about yourself, but also live a long life.

1 화가 날 때 큰 소리로 울면 기분이 나아진다.
2 슬플 때 코미디를 보면 즐겁게 느껴진다.
3 닭고기 수프 한 그릇은 당신의 기분을 훨씬 나아지게 만든다.
4 많은 날 밤샘 조사를 한 후, 기말 리포트를 제출하는 것은 해방감을 느끼게 할 것이다.
5 건강에 좋은 음식을 먹으려고 의식적인 노력을 하는 것은 자신의 기분을 좋게 할 뿐 아니라 장수하게 한다.

## Step 2

Your mother probably nagged at you for sleeping too late. Most people are used to saying "Sleep early, wake up early, and it'll make you healthier and **make you feel better** in the morning." Well, this isn't entirely true according to a recent study.

아마 당신의 어머니는 당신이 너무 늦게 자는 것에 대해서 잔소리를 했을 것이다. ________________ 그런데, 최근의 연구에 따르면 이것이 전적으로 사실만은 아니다.

**잠깐만요!**

**feel good과 feel well은 비슷해 보이지만 완전히 다른 뜻입니다. feel good은 '기분이 좋다'는 의미이고 feel well은 '건강이 좋아졌다'는 의미랍니다.**

You don't seem to be feeling well. What's wrong with you?
너 몸이 좋아 보이지 않아. 무슨 일 있어?

**모범답안**

대부분의 사람들은 "일찍 자고 일찍 일어나면 당신을 더 건강하게 하고 아침에 기분도 더 좋게 할 것이다"라고 말하는 데 익숙하다.

**hand in** ~를 제출하다
**conscious** 의식적인
**nag at** ~에게 잔소리를 하다
**be used to ~ing** ~에 익숙하다
**recent** 최근에
**study** 연구

# quite a few

## 상당히 많은, 상당수의, 다수의

Pattern 082

quite a few는 그대로 해석하면 '상당한 양이 있는,' 즉 '매우 많은'이란 뜻입니다. few만 보고 원래의 의미와는 정반대인 '상당히 적은'으로 오역하지 않도록 주의하세요. 비슷한 의미로 not a few 역시 '꽤 많은'이란 의미입니다. 두 표현 모두 해석할 때 주의해야 한답니다.

### Step 1

1. I have **quite a few** years of experience in the publishing field.
2. There are **quite a few** vegetarian options on the menu.
3. **Quite a few** houses were burned in a serious conflagration.
4. But **not a few** people will be happy to see the band perform in that stadium.
5. There are **not a few** generals who dedicated their lives to protect our nation.

1 나는 출판업계에서 다년간의 경험이 있다.
2 메뉴에 채식주의자가 선택할 수 있는 것들이 상당히 많이 있다.
3 심각한 대형화재로 상당히 많은 집이 타 버렸다.
4 하지만 꽤 많은 사람들이 저 경기장에서 밴드 공연을 보면 행복할 것이다.
5 우리나라를 지키는 데 목숨을 바친 꽤 많은 장군들이 있다.

### Step 2

**Quite a few** famous people are known to be the late nighters. Winston Churchill regularly worked until 3 a.m., writer Gustave Flaubert, and even current President Obama are famous as being night owls.

윈스턴 처칠은 규칙적으로 새벽 3시까지 일했고, 작가 귀스타브 플로베르와 심지어 현 오바마 대통령도 올빼미(늦게까지 일하는 사람)로 유명하다.

**잠깐만요!**

〈quite a + 명사〉를 쓰면 '상당히 ~한'이란 의미로 쓰이죠.

The station is quite a distance.
그 역은 상당히 먼 거리에 있어요.

**모범답안**

상당수의 유명한 사람들이 저녁형 인간이라고 알려져 있다.

**publishing** 출판
**vegetarian** 채식주의자(의)
**conflagration** 큰 화재
**dedicate** 헌신하다, 바치다
**late nighter** 저녁형 인간
**current** 지금의, 현재의
**be famous as** ~로 유명하다

# Pattern 083 be under fire

## 비난을 받다

be under fire는 두 가지 의미가 있습니다. '적에게 공격을 받다'라는 의미와 여기에서 유래한 '비난을 받다'라는 의미죠. fire에는 '포격,' '대포를 쏘다'라는 의미가 있기 때문에 비난의 포격을 받는다고 생각하면 쉽죠. 같은 의미의 표현으로 be blamed for ~가 있으며 for 뒤에는 비난 받는 이유가 나오므로 '~ 때문에 비난받다'로 해석하세요.

### Step 1

1. The president **was under fire** at home and abroad.
2. Security guards **are under fire** for letting children out.
3. The manufacturer overseas **is under fire** for damaged goods.
4. School officials **are blamed for** distributing expired snacks during the event.
5. An event planner **was blamed for** missing tables and chairs at the charity function.

1 그 대통령은 국내외에서 비난을 받았다.
2 보안요원들은 아이들을 내보낸 것에 대해서 비난을 받고 있다.
3 그 해외 제조사는 결함 있는 상품에 대해서 비난을 받고 있다.
4 학교 관계자들은 행사 기간에 유통 기한이 지난 과자를 나눠 준 것 때문에 비난을 받고 있다.
5 한 이벤트 기획자는 자선행사에서 없어진 식탁과 의자 때문에 비난을 받았다.

### Step 2

A famous yoga gear retailer **is under fire** after the CEO's insensitive comment about women's body. When asked about customers' complaint that the pants are too sheer, Mr. Wilson answered that this product is not meant for big women.

요가 바지가 속이 다 비칠 정도로 너무 얇다는 소비자들의 불평을 들었을 때, 윌슨은 이 제품이 덩치가 큰 여성들을 위한 것이 아니라고 대답했다.

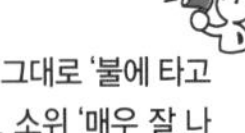

잠깐만요!
be on fire는 물론 말 그대로 '불에 타고 있다'란 의미도 있지만, 소위 '매우 잘 나가다,' '승승장구하다'라는 의미로도 쓰인답니다.
The baseball player is on fire.
그 야구 선수는 승승장구하고 있다.

**security** 보안, 안보
**overseas** 해외에 있는, 외국의
**distribute** 유통하다, 배포하다
**expire** 기한이 끝나다
**function** 행사, 식전, 의식
**gear** 복장
**retailer** 소매상, 소매업자
**insensitive** 몰지각한, 무감각한, 무심한
**comment** 언급, 논평
**complaint** 불평
**sheer** 속이 다 비칠 정도로 얇은

모범답안
한 유명 요가복 판매사는 최고 경영자가 여성의 몸매에 대한 몰지각한 발언을 한 후에 비난을 받고 있다.

# rise tremendously[dramatically, sharply] 엄청나게[상당히, 급격히] 상승하다

Pattern 084

tremendously, dramatically, sharply는 '엄청나게,' '상당히,' '급격히'라는 뜻의 부사입니다. 보통 rise(상승하다)나 decrease(하강하다)와 같은 동사가 이 부사들과 함께 자주 쓰이므로 패턴으로 외워 두면 해석할 때 훨씬 도움이 됩니다. rise의 동사 변화가 rise-rose-risen이라는 것도 함께 알아 두세요.

## Step 1

1. The house prices have **risen tremendously** in Seoul.
2. Respiratory ailments **rose dramatically** last winter.
3. The number of participating students **rose tremendously**.
4. Wireless internet usage **increases dramatically** in the shopping mall area.
5. People expect gas prices to **increase sharply** when there is a huge global change.

1 서울의 주택 가격이 엄청나게 상승했다.
2 지난 겨울에 호흡기 질환이 상당히 증가했다.
3 참가 학생 수가 엄청나게 증가했다.
4 쇼핑 센터에서 무선 인터넷 사용이 상당히 증가하고 있다.
5 거대한 세계적인 변화가 있을 때 사람들은 석유 가격이 급격히 상승할 것으로 예상한다.

## Step 2

Today, Twitter stock **rose tremendously** and closed at $44.91 which was above $26 offering price. Ever since Twitter went public, it's been on a great rise while the overall market fell. Analysts haven't figured out why there is this phenomenon yet.

전반적인 (주식) 시장이 하락세인 반면에 트위터 주식이 상장된 이후로 그것은 계속 크게 상승하고 있다. 분석가들은 왜 이런 현상이 있는지 아직 파악하지 못했다.

잠깐만요!
반대로 gradually, steadily는 '천천히,' 차근차근'이라는 의미입니다. '천천히 상승한다'고 할 때 이 부사들이 쓰이죠.
The population of the city is gradually increasing.
그 도시의 인구는 점차 증가하고 있다.

모범답안
오늘, 트위터 주식이 엄청나게 상승했고 공모가격 26달러를 넘어선 44달러 91센트에 장을 마감했다.

respiratory ailment 호흡기 질환
usage 이용, 사용
offering price 주식 공모가격
go public 주식을 공개하다
analyst 분석가
phenomenon 현상

Pattern 085

# keep (oneself) in shape

## 건강을 유지하다

keep (oneself) in shape은 직역하면 '좋은 형태를 유지하다'입니다. 이것은 곧 '좋은 몸매를 유지하다'라는 의미이고 '건강을 유지하다' 또는 '체력을 유지하다'라는 의미로 확장됩니다. keep 대신에 stay를 쓴 stay in shape의 패턴도 같은 뜻으로 독해 지문에 자주 나오는 표현이니 함께 알아 두세요.

### Step 1

1. **Keep yourself in shape** and you will feel happier.
2. I eat more vegetables than meat to **keep myself in** good **shape**.
3. He walks to his office to **keep himself in shape**.
4. I want to **stay in shape** and eat healthier but it is hard to find the time to work out when you have young children.
5. The boxer must **stay in shape** constantly to maintain his physical strength.

1 몸매를 유지하세요. 그러면 더 행복할 것입니다.
2 나는 좋은 몸매를 유지하기 위해 육류보다는 채소를 더 먹는다.
3 그는 건강을 유지하기 위해 사무실까지 걸어다닌다.
4 나는 건강을 유지하고 싶고 건강에 더 좋은 것을 먹고 싶지만 어린아이들을 키울 때는 운동할 시간을 내는 것이 어렵다.
5 그 권투선수는 체력을 유지하기 위해 계속해서 건강을 유지해야 한다.

### Step 2

Kobe Bryant has been diligent in **keeping himself in shape** and has set schedules to practice. After Achilles tendon surgery, it's still uncertain when he can return to court, but he is doing everything to get back into what he has left behind.

________________________________

아킬레스건 수술 후에 그가 언제 농구 코트로 돌아올 수 있을지는 아직 불확실하지만, 그는 그가 떠난 곳으로 복귀하기 위해 무엇이든 하고 있다.

잠깐만요!
**out of shape은 말 그대로 '형태[몸매]가 영 아닌'이라는 뜻입니다.**
I'm out of shape because I haven't been working out.
나는 운동을 하고 있지 않기 때문에 몸 상태가 영 아니다.

**constantly** 끊임없이, 계속해서
**physical strength** 체력
**diligent** 근면한, 성실한
**set schedules** 일정을 짜다, 시간표를 짜다
**Achilles tendon** 아킬레스건
**surgery** 수술
**get back into** ~에 복귀하다

모범답안
코비 브라이언트는 건강을 유지하는 것에 열성적이었고 쭉 연습 일정을 짜 왔다.

Pattern 086

# allegedly

## 전해진 바에 의하면

allegedly는 '전해지는 바에 의하면'이란 뜻으로, 어떤 사실에 대한 옳고 그름에 대한 정확한 증거가 없는 상태에서 그것을 전달할 때 쓰이는 표현입니다. 따라서 잡지에서 어떤 사건의 진위 여부를 보증하지 못한 상태에서 기사를 써야 할 때 이런 표현을 쓰게 된답니다. 또는 '어떤 혐의를 받고 있다'는 의미로 be alleged to ~의 패턴도 많이 쓰입니다.

### Step 1

1. **Allegedly**, some passengers were injured by the accident.
2. **Allegedly**, some private tutors charged a lot of money.
3. The movie star **allegedly** borrowed over $20,000 for gambling.
4. Unfortunately, the famous actress **is alleged to** be responsible for the missing vintage watch at the flea market.
5. The janitor **is alleged to** have stolen some players' belongings while cleaning out the locker room.

1 전해진 바에 의하면, 몇몇 승객들이 사고에 의해 부상을 입었다.
2 전해진 바에 의하면, 어떤 개인 과외 교사는 많은 돈을 요구했다.
3 전해진 바에 의하면, 그 영화 배우는 도박을 위해 2만 달러가 넘는 돈을 빌렸다.
4 안타깝게도, 그 유명한 여배우는 벼룩시장에서 분실된 명품시계에 대한 책임이 있다는 혐의를 받고 있다.
5 그 관리인은 탈의실을 청소하는 동안 몇몇 선수들의 소지품을 훔친 것으로 알려져 있다.

### Step 2

The man is **allegedly** charged for trafficking women to overseas. One woman who escaped testified that she was forced for work 16 hours a day, seven days a week and received only $220 as compensation.

탈출한 한 여성은 일주일 내내 하루 16시간 노동을 강요받았으며, 보수로 겨우 220달러를 받았다고 진술했다.

**잠깐만요!**
**the alleged murderer는 '살인 용의자'란 의미로 정확한 증거는 아직 없으나 살인 혐의를 받고 있는 사람을 말합니다.**
The alleged murderer was finally arrested.
그 살인 용의자가 마침내 검거되었다.

**모범답안**
전해진 바에 의하면, 그 남자는 해외로 여성들을 인신매매한 혐의로 기소되었다고 한다.

**charge** (금액을) 청구하다
**be responsible for** ~에 대한 책임이 있다
**belongings** 소지품, 소유물
**be charged for** ~로 기소되다
**trafficking** 밀매
**escape** 탈출하다, 달아나다
**testify** 증언하다, 진술하다
**compensation** 보수, 급여

# Pattern 087 to give an example

## 예를 들면

to give an example은 '예를 주기 위해서'로 직역되지만, 간단히 '예를 들어'라고 해석하면 됩니다. 이 패턴은 보통 문장 맨 앞에 나오죠. 평소에 자주 쓰는 표현인 for example이나 for instance 또한 '예를 들면'이라는 뜻이죠.

### Step 1

1. **To give an example**, broccoli is a natural anti-cancer medicine.
2. **To give an example**, walking is a way to lose your weight.
3. **To give an example**, eating breakfast is good for your health.
4. **For example**, highlighted statements listed above can be used as source for the report.
5. **For example**, all the paperback books displayed in this shelf are available to check out.

1 예를 들면, 브로콜리는 천연 항암제이다.
2 예를 들면, 걷는 것은 체중을 줄이는 한 가지 방법이다.
3 예를 들면, 아침 식사를 하는 것은 건강에 좋다.
4 예를 들면, 위에 적힌 강조 표시된 진술들은 보고서를 위한 자료로 사용될 수 있다.
5 예를 들면, 이 책꽂이에 진열된 모든 종이 표지 책들은 대출이 가능하다.

### Step 2

According to *Forbes* magazine, there are various factors taken in when determining the world's most powerful people. First, how many people do they have power over? **To give an example,** 1.2 billion Catholics follow their spiritual leader Pope Francis who is ranked at number two.

'포브스' 잡지에 따르면, 세계에서 가장 영향력 있는 사람들을 선정할 때 고려되는 다양한 요인들이 있다. 첫째, 그들이 얼마나 많은 사람들에게 영향력을 행사하고 있는가?

**잠깐만요!**
비슷한 형태인 make an example을 해석할 때는 주의해야 합니다. 이 표현은 '예를 든다'는 의미가 아니라 '본보기로 벌을 주다'라는 의미입니다.
The judge decided to make an example of him.
그 판사는 본보기로 그에게 형벌을 내리기로 결심했다.

**anti-cancer** 항암의
**statement** 진술
**check out** 대출하다
**catholic** 천주교신자
**spiritual leader** 종교 지도자
**pope** 교황
**rank** 순위를 차지하다

**모범답안**
예를 들면, 12억 천주교신자들은 2위를 차지한 종교 지도자 프란치스코 교황을 추종하고 있다.

# p.p.(분사구문) ~, 주어 + 동사

~된 (주어),

Pattern 088

분사구문 p.p. ~가 문장 맨 앞에 나오면 어떻게 해석해야 할지 난감합니다. 보통 문장 맨 앞에 p.p.(과거분사)로 시작되는 구가 콤마(,)로 연결되고 뒤에 주절이 나오면, 앞서 나온 과거분사는 주절의 주어를 수식한다고 생각하면 됩니다. 해석은 '~된 (주어)'로 하면 되죠. 해석이 까다로우니 예문을 보며 충분히 해석 연습을 하세요.

## Step 1

1. **Written** in English, the book sells in Korea very well.
2. **Exhausted** by the work, Jennifer went to bed early.
3. **Wounded** in his legs, the soldier could not walk.
4. **Confused** by the professor's lecture, she went to the teacher's assistant to ask additional questions.
5. **Tempted** to buy the limited edition SUV, he took out more money from his savings account.

1 영어로 쓰여진 그 책은 한국에서 매우 잘 팔린다.
2 일로 지친 제니퍼는 일찍 잠자리에 들었다.
3 다리에 부상을 당한 그 군인은 걸을 수 없었다.
4 교수의 강의 내용에 아리송해진 그녀는 추가 질문을 하기 위해서 교수의 조교에게 갔다.
5 한정판 SUV를 구입하고 싶어진 그는 저축 계좌에서 돈을 더 인출했다.

## Step 2

Second, they look at the candidate's net worth and other valuable resources. **Ranked** at number 8 this year, Saudi King Abdullah bin Abdulaziz al Saud provides 20% of oil resources worldwide.

둘째로, 그들은 후보자의 순자산과 다른 귀중한 재원을 살핀다.

**잠깐만요!**

**〈~ing, 주어 + 동사〉 역시 마찬가지로 분사구문으로, '~하고 있는 (주어) 또는 '~하면서'로 해석하면 된답니다.**

Seeing the birds, the dog barked loudly.
새들을 보면서 그 개는 크게 짖었다.

**모범답안**

올해 8위에 오른 사우디아라비아의 왕 압둘라 빈 압둘아지즈 알 사우드는 전세계 석유 자원량의 20퍼센트를 공급하고 있다.

**exhausted** 기진맥진한
**wounded** 부상을 당한
**tempt** 유혹하다, 부추기다
**savings account** 저축예금(계좌)
**net worth** 순자산
**oil resources** 석유 자원

# Pattern 089 end up ~ing

## 결국에는 ~하게 되다

end up ~ing는 '결국~하는 걸로 끝나다' 또는 '결국에는 ~하게 되다'라는 의미의 표현입니다. 전부터 계획했거나 준비한 결과가 아니라, '예상치 못한 또는 의도하지 않은 결과나 장소에 이른다'는 어감이 있죠. 비슷한 표현인 wind up ~ing의 패턴 역시 '결국 ~하게 되다'로 해석하세요. wind의 동사변화는 wind-wound-wound라는 것도 함께 알아 두세요.

### Step 1

1. We were afraid we would **end up missing** the train.
2. Those small efforts **end up succeeding** in his business.
3. If you are not careful, you may **end up getting** hurt.
4. If you procrastinate writing your final paper, you will **wind up missing** deadline.
5. Even though he studied music, he **wound up working** in marketing.

1 우리는 결국 그 열차를 놓치게 될까봐 두려웠다.
2 그러한 작은 노력들이 결국에는 그의 사업에서의 성공으로 이어진다.
3 만일 조심하지 않으면, 당신은 결국 다칠 수도 있다.
4 만일 당신이 기말 리포트 작성을 미루면, 결국 마감일을 놓치게 될 것이다.
5 비록 그가 음악을 공부했을지라도, 결국 그는 마케팅 부서에서 일하게 되었다.

### Step 2

Saroo Munshi Khan was only 5 years old when he was found lost in a city nearly 900 miles away from his home. Saroo who fell asleep on a train **ended up being** adopted by Australian couple shortly after. After 25 long years, he was able to find his long lost family with help of Google Earth.

사루 문쉬 칸이 그의 집에서 약 900마일 떨어진 도시에서 길을 잃은 채 발견되었을 때 그는 겨우 5살이었다. ______________________ ______________ 25년이란 긴 세월 후에, 그는 구글 어스(세계 최초의 위성영상지도 서비스)의 도움으로 오랫동안 잃어버렸던 가족을 찾을 수 있었다.

**procrastinate** 미루다, 질질 끌다
**be adopted** 입양되다
**shortly after** 금세, 곧
**Google Earth** 인터넷 웹사이트 구글(Google)이 제공하는 위성사진 프로그램으로, 세계의 여러 지역들을 볼 수 있는 세계 최초의 위성영상지도 서비스

모범답안
기차에서 잠들었던 사루는 결국 호주인 부부에게 그 이후 입양되었다.

# What a + 형용사 + 명사 (+ 주어 + 동사)!

Pattern 090

얼마나 ~한가!

이 구문은 '얼마나 ~한가!'하는 감탄의 표현입니다. 명사를 강조하는 패턴이기 때문에 보통 형용사가 명사 바로 앞에 와서 강조할 점을 알려 주죠. 뒤에 나오는 〈주어 + 동사〉는 생략되는 경우도 많습니다. 비슷한 표현인 〈How 형용사/부사 (+ 주어 + 동사)!〉 역시 '얼마나 ~한지!'라는 뜻으로 강조하거나 감탄을 나타내는 구문입니다. how 뒤에는 반드시 형용사나 부사가 나옵니다.

## Step 1

1. It only weighs about 300 grams. **What a small dog it is!**
2. She was so happy with the letters. **What a great idea!**
3. He can figure out all the problems. **What a smart boy he is!**
4. We will have everyone participate in the charity event all year long. **How amazing!**
5. Hopefully, the scientists will be able to reinvent dinosaurs using DNA samples. **How wonderful!**

1 그것은 무게가 겨우 300그램 정도이다. 얼마나 작은 개인가!
2 그녀는 그 편지들로 인해 정말 행복했다. 얼마나 좋은 생각인가!
3 그는 모든 문제들을 풀 수 있다. 얼마나 똑똑한 소년인가!
4 우리는 일년 내내 모든 사람들이 자선 행사에 참여하게 할 것이다. 얼마나 멋진가!
5 DNA 샘플을 사용해서 과학자들이 공룡을 재탄생시킬 수 있기를 바란다. 얼마나 경이로운 일인가!

## Step 2

**What an amazing tool Internet can be!** When a picture from the Children's Hospital was posted on a local website, people responded. The message simply said "Send Pizza to Room 4112" which was written by a little girl battling cancer. She received so much pizza that hospital staff had to reject some of them.

어린이 병원에서 온 사진 한 장이 지역 웹사이트에 게시되었을 때, 사람들이 반응을 보였다. 암 투병 중인 한 어린 소녀가 쓴 그 메시지는 간단히 "4112호로 피자를 보내 주세요"라고 쓰여 있었다. 그녀는 너무 많은 피자를 받아서 병원 직원들이 일부를 거절해야 했다.

잠깐만요!

**〈how + 형용사 + would it be to + 동사원형 ~!〉 패턴은 가주어 it 뒤의 to 부정사가 의미를 좀 더 명확히 해 주는 표현으로, '~하는 것이 얼마나 (형용사) 할지!'로 해석하세요.**

How great would it be to walk on the water!

물 위를 걷는 것은 얼마나 대단할지!

모범답안

인터넷이라는 게 얼마나 놀라운 수단이 될 수 있단 말인가!

**figure out** ~를 계산하다[이해하다]
**participate** 참가하다
**reinvent** 재발명하다, 처음부터 다시 만들다
**post** 게시하다, 공고하다
**respond** 반응을 보이다
**say** ~라고 쓰여 있다
**battle** 싸우다
**reject** 거절하다

# Pattern 091 one of the + 복수명사

## 여러 명[여러 개] 중 하나

수에 민감한 영어에 비해, 우리말은 수에 대한 개념을 중요하게 생각하지 않기 때문에 〈one of the + 복수명사〉는 독해할 때 헷갈리기 쉬운 패턴입니다. '~ 중 하나'로 해석하기 때문에 one보다는 of 뒤에 나오는 복수명사에 초점을 맞춰야 합니다. of 다음에 길게 형용사로 수식한 명사가 나오는 경우에는 맨 끝에 나오는 복수명사를 찾아내서 바르게 해석해야 합니다.

### Step 1

1. Dogs are **one of the smartest animals**.
2. Justin Bieber is **one of the most famous musicians**.
3. He is **one of the most famous and respected directors**.
4. This restaurant has **one of the best foie gras** in the city which is prepared solely by the master chef.
5. **One of the memorable experiences** I had was traveling to Spain with my grandmother before she passed away.

1 개는 가장 영리한 동물들 중 하나이다.
2 저스틴 비버는 가장 유명한 가수들 중 한 명이다.
3 그는 가장 유명하고 존경 받는 감독들 중 한 명이다.
4 이 도시에서 숙련된 요리사가 단독으로 준비하는 최고의 푸아그라 요리 중 하나가 이 식당에 있다.
5 나의 기억에 남는 경험들 중 하나는 할머니가 돌아가시기 전에 함께한 스페인 여행이었다.

### Step 2

Marvel is **one of the most successful film companies** in Hollywood. They have countless films that have been a huge hit globally. *The Avengers*, *Iron Man*, and *Thor: The Dark World* all have earned multi-millions in the box office.

그들은 전세계적으로 엄청난 히트를 기록한 무수히 많은 영화들을 보유하고 있다. '어벤져스,' '아이언 맨,' 그리고 '토르: 어둠의 세상' 모두 영화 흥행 수입에서 수백만 달러를 벌어들였다.

**잠깐만요!**

one of these days는 someday와 같은 뜻으로 '머지않아,' '머지않아 어느 날'이라는 뜻입니다.
She will come back one of these days.
머지않아 그녀는 돌아올 것이다.

**foie gras** 푸아그라 (집오리의 간 요리)
**pass away** 죽다, 사망하다
**countless** 무수히 많은, 셀 수 없이 많은
**globally** 전세계적으로
**earn** 돈을 벌다
**the box office** 영화 흥행

모범답안
마블은 할리우드에서 가장 성공한 영화사들 중 하나이다.

# touch people's lives

## 사람들의 삶에 영향을 주다

Pattern 092

touch는 '만지다'라는 뜻이 있지만 '감동을 주다'라는 의미로도 쓰입니다. I'm touched.라고 하면 '나 감동했어'라는 뜻이죠. touch people's lives는 '사람들의 삶을 감동시키다,' 즉 '사람들의 삶에 영향을 주다'라고 의역할 수 있겠죠?

**Step 1**

1. She has **touched ordinary people's lives** through her books.
2. He always tries to make music that **touches people's lives.**
3. We should know that we are capable of **touching other people's lives.**
4. There are many stories that **touch people's lives** with their heroic actions.
5. Many great figures in history have **touched people's lives** by showing their devotion to one specific field.

1 그녀는 자신의 책을 통해 평범한 사람들의 삶에 영향을 주었다.
2 그는 사람들의 삶에 영향을 주는 음악을 작곡하려고 항상 노력한다.
3 우리는 우리가 다른 사람들의 삶에 영향을 줄 수 있다는 것을 알아야 한다.
4 영웅적인 행동으로 사람들의 삶에 영향을 주는 많은 이야기들이 있다.
5 역사상 많은 위대한 인물들은 한 특정 분야에 헌신을 보여 줌으로써 사람들의 삶에 영향을 주었다.

**Step 2**

Pope Francis has **touched so many of people's lives.** Not only the Catholics but even the atheists have great respect for what he's done. An image of Pope Francis embracing a disfigured man was all over the social media grabbing people's attention.

천주교신자들뿐만 아니라 심지어 무신론자들도 그가 해 온 일에 대해 깊은 존경심을 가지고 있다. 외모가 심각하게 훼손된 사람을 감싸 안는 프란치스코 교황의 사진이 모든 소셜 미디어에 오르면서 사람들의 이목을 끌었다.

모범답안

프란치스코 교황은 사람들의 삶에 많은 영향을 주어 왔다.

잠깐만요!

**touch가 쓰인 독특한 표현 중 하나로 with the common touch도 있습니다. '(정치인이나 유명인이) 인기 있는'이라는 의미입니다.**

She is a politician with the common touch.
그녀는 인기 있는 정치가이다.

**devotion** 헌신, 공헌
**atheist** 무신론자
**embrace** 포옹하다, 수용하다
**disfigure** 외관을 손상시키다
**grab** 움켜잡다
**attention** 관심, 주의, 주목

Pattern
# 093 be considered to ~
~로 간주되다[여겨지다]

be considered to ~는 '~로 간주되다[여겨지다]'라는 뜻으로 영문 잡지뿐 아니라 신문에도 매우 자주 등장하는 표현입니다. 비슷한 표현으로 be regarded to ~ 또한 '~로 간주되다'로 해석하세요. to 다음에는 동사원형이 따라옵니다.

**Step 1**

1. Roses **are considered to be** the most popular flowers.
2. He could **be considered to be** the untrustworthy character.
3. She **is considered to be** one of the most successful people.
4. Those features **are regarded to be** useless in the system since they have no significant function.
5. Those fences **are regarded to be** taken down by end of next year to expand the play area.

1 장미는 가장 인기 있는 꽃으로 여겨진다.
2 그는 신뢰할 수 없는 성격으로 여겨질 수도 있다.
3 그녀는 가장 성공한 사람들 중 한 명으로 여겨진다.
4 그것들이 중요한 기능을 갖고 있지 않기 때문에 그 특징들은 시스템에서 쓸모 없는 것으로 간주된다.
5 경기장 부지를 확장하기 위해서 내년 말까지 그 울타리들이 철거될 것으로 여겨진다.

**Step 2**

Many in the central Philippines were forced to evacuate the area due to a monstrous typhoon hit on Friday morning. Typhoon Haiyan **is considered to be** one of the strongest cyclones known holding up winds and gusts as strong as 195-235 mph.

필리핀 중심부에 사는 많은 사람들은 금요일 아침에 온 거대한 태풍 때문에, 그 지역에서 대피해야 했다.

잠깐만요!
**비슷한 표현인 be widely thought of as ~는 '널리 ~로 여겨지다[생각되다]'라는 의미로 쓰이죠.**
Four leaved clover **is widely thought of as** good luck.
네잎 클로버는 행운의 의미로 널리 여겨진다.

모범답안
시간당 195에서 235마일로 강한 바람과 돌풍을 동반하는 태풍 하이옌은 (많은 사람들에게) 알려진 가장 강한 태풍들 중 하나로 여겨진다.

**untrustworthy** 신뢰할 수 없는
**feature** 특징, 기능
**significant** 중요한, 상당한
**take down** ~를 헐어버리다[해체하다]
**evacuate** 대피하다, 피난하다
**monstrous** 가공할 만한, 거대한
**typhoon** 태풍
**cyclone** 태풍 (열대성 폭풍)
**gust** 돌풍

# however
그러나

Pattern
094

however는 여러 가지 뜻으로 쓰이는 단어로 문장에서 어떻게 쓰였는지에 따라 알맞게 해석해야 합니다. 문장 맨 앞이나 주어와 동사 사이에서 부사로 쓰일 때 해석은 '그러나'라고 해야 합니다. 참고로, however는 문장 앞, 문장 중간에 모두 위치할 수 있는 데 반해, 같은 뜻의 접속사 but은 문장과 문장 사이에만 들어갈 수 있다는 점에서 차이가 있습니다.

## Step 1

1. He is young. **However**, he can take part in the seminar.
2. **However**, there are still some mistakes in his report.
3. Interestingly, **however**, the movie failed at the box office.
4. The flight to Las Vegas was only an hour long. **However**, the long time wasted to get our luggage was unacceptable.
5. The mechanics at local shops had much better skills. **However**, it took 4 weeks to complete the job.

1 그는 젊다. 그러나 그는 그 세미나에 참석할 수 있다.
2 그러나 그의 보고서에는 여전히 몇 개의 실수가 있다.
3 그러나 흥미롭게도 그 영화는 흥행에 실패했다.
4 라스베이거스까지 비행기로 가는 데는 겨우 한 시간 걸렸다. 그러나 짐을 찾기 위해 낭비된 긴 시간은 용납이 안 되었다.
5 현지 가게에 있는 정비공들이 훨씬 더 나은 기술을 갖고 있었다. 그러나 그 일을 끝마치는 데 4주일이 걸렸다.

## Step 2

Belly button piercing, tattoos, and plastic surgery almost have become a norm in our society. **However**, some people have taken this phenomenon to another level which described as "body modification." Those who believed to be suffering a psychiatric condition have literally modified their body to look like something else.

배꼽 피어싱, 문신, 그리고 성형 수술은 우리 사회에서 거의 일반적인 것이 되었다. ______________________ 정신질환을 겪고 있다고 생각되는 사람들은 색달라 보이기 위해 말 그대로 자신들의 몸을 바꿔 왔다.

take part in ~에 참가하다
box office 흥행성적, 매표소
unacceptable 용인할 수 없는
mechanic 정비사
belly button 배꼽
tattoo 문신
plastic surgery 성형 수술
norm 일반적인 것
phenomenon 현상
level 관점, 입장
describe as ~로 기술하다[묘사하다]
body modification 신체 변형
suffer 겪다, 당하다
psychiatric condition 정신 질환
literally 말 그대로
modify 바꾸다, 수정하다

모범답안

그러나, 몇몇 사람들은 "신체 변형"이라고 일컫는 다른 관점으로 이 현상을 받아들이고 있다.

# UNIT 13
# 광고 (Advertisement)

상품은 물론, 여행지부터 사람까지. 세상의 모든 것을 광고하는 시대입니다. 광고의 목적이 홍보에 있다 보니 상품을 어필하기 위해 과장하는 경우가 다반사이죠. 그래서 광고 문구에는 미사여구를 붙이는 경우가 많습니다. 이를 감안하고 광고에 나오는 패턴을 익혀 보세요.

Pattern 095

# acclaim[acclaimed]

칭찬하다, 칭송하다[칭찬을 받은, 칭송 받은]

acclaim이라는 동사는 '칭찬하다'라는 뜻으로, '매우 열정적이고 강하게 칭찬을 한다'는 뉘앙스가 있습니다. 굳이 우리나라 말로 표현하자면, 칭찬보다는 한 수 위인 '칭송 또는 찬사를 보내다'로 해석하세요. 수동의 형태로 be acclaimed가 나오면 '찬사를 받는'으로 해석하면 되죠. 그리고 acclaimed가 형용사로서 명사를 꾸며 주고 있다면 '모든 사람에게 찬사를 받은'으로 해석하면 됩니다.

## Step 1

1. He is an **acclaimed** scientist.
2. She was an **acclaimed** pianist in Asia.
3. They were **acclaimed** to be the top neurosurgeons.
4. She was **acclaimed** to be the first actress to do all stunts herself in the movie.
5. People **acclaimed** that he was the first child to have performed in this hall.

1 그는 모든 사람에게 찬사를 받는 과학자이다.
2 그녀는 아시아에서 찬사를 받은 피아니스트였다.
3 그들은 최고의 신경외과의사라는 칭송을 받았다.
4 그녀는 그 영화에서 모든 고난도 연기(스턴트)를 직접 해낸 최초의 여배우라는 찬사를 받았다.
5 사람들은 그가 이 연주회장에서 연주한 최초의 어린이라고 칭찬했다.

## Step 2

Completing our 19-month program is essentially the same as earning a degree as our **acclaimed** full time MBA program. This program will teach you the skills and creativity that is required to lead your company or team to a greater level.

________________________________________

____________________ 이 프로그램은 여러분에게 회사 또는 팀을 한 차원 더 높은 단계로 이끄는 데 필요한 기술과 창의성을 가르쳐 줄 것이다.

잠깐만요!

**'칭찬하다'라는 뜻의 동사인 praise는 acclaim보다 조금 더 넓은 의미를 담고 있습니다. 일상적이고 사소한 일에 대한 칭찬부터 매우 중요한 일에 대한 찬사까지 두루두루 쓸 수 있죠.**

Her husband praised her cooking.
그녀의 남편은 그녀의 요리를 칭찬했다.

모범답안

우리 학교의 19개월짜리 프로그램을 수료하는 것은, 호평을 받는 정규 MBA 프로그램에서 학위를 받는 것과 근본적으로 동등하다.

**neurosurgeon** 신경외과의사
**complete** 수료하다, 완료하다, 끝마치다
**essentially** 근본적으로, 기본적으로
**earn a degree** 학위를 받다
**creativity** 창의성, 창조성
**require** 필요로 하다, 요구하다

# Pattern 096 one of a kind

## 유일한, 독특한

kind는 '종류,' '친절한'이라는 뜻으로 보통 알고 있지만 one of a kind의 표현과는 크게 관련이 없습니다. one of a kind는 '유일한,' '특별한'이라는 의미로, 이 패턴을 통째로 외우지 않으면 독해할 때 실수를 할 수도 있겠죠? 이 표현은 사람이나 사물을 모두 수식할 수 있으며 매우 긍정적인 의미로 쓰입니다.

### Step 1

1. My boss is **one of a kind**.
2. We want to be that **one of a kind** person to another.
3. She can make **one of a kind** soup to soothe brutal cold.
4. I want to be **one of a kind** song writer and touch people's lives.
5. He is **one of a kind** to have dedicated his life to take care of his dying sister.

1 사장님은 특별한 사람이다.
2 우리는 다른 사람에게 특별한 사람이 되기를 원한다.
3 그녀는 지독한 감기를 낫게 하는 특별한 수프를 요리할 수 있다.
4 나는 특별한 작곡가가 되어서 사람들의 삶에 감동을 주고 싶다.
5 그는 임종을 앞둔 여동생을 돌보는 데 자신의 인생을 헌신한 특별한 사람이다.

### Step 2

Building a **one of a kind** art figure is what Dyanne Williams is good at. She is a teacher who shows her students how to freely express themselves using art and creating pieces that is from the ground up.

그녀는 제자들에게 처음부터 끝까지 미술을 활용하고 작품들을 창작하면서 자유롭게 자신을 표현하는 법을 가르쳐 주는 선생님이다.

**잠깐만요!**
one of a kind와 비슷한 의미의 단어인 special에는 조금 더 감정이 실려 있습니다. 다시 말해, 좋아하거나 사랑한다는 감정을 포함한 것으로 해석하세요.
He is special to me.
그는 나에게 특별한 사람이다.

**모범답안**
특별한 예술 조각상을 만드는 것은 다이앤 윌리엄스가 잘하는 것이다.

**soothe** 가라앉히다, 누그러뜨리다
**figure** 조각상
**be good at** ~를 잘하다, ~에 능숙하다
**show** 가르쳐 주다, 보여 주다
**from the ground up** 밑바닥에서부터 끝까지, 처음부터 다시 시작하여

Pattern 097

# fit the bill

## 모든 조건을 만족시키다, 꼭 들어맞다

fit은 '~에 딱 맞다'라는 의미의 동사입니다. fit the bill은 '모든 조건에 꼭 들어맞다'라는 뜻으로 '바로 딱이야!'라는 어감이 있습니다. 사람에게 이 표현을 쓴다면 어떤 분야의 '적임자'라고 할 수 있겠죠. 같은 의미의 표현인 fill the bill도 함께 알아 두세요.

### Step 1

1. They were looking for a bilingual, which I **fit the bill**.
2. She **fits the bill** perfectly as a flight attendant.
3. The intern **fits the bill** to complete the job.
4. He **fills the bill** very well as a person who will be responsible for various tasks in the IT Department.
5. If we can find a way to increase our sales, we can **fill the bill** to make the best retail shop of the year.

1 그들은 2개 국어를 하는 사람을 찾고 있었는데, 내가 바로 적임자였다.
2 그녀는 승무원으로서 더할 나위 없이 모든 조건을 충족시킨다.
3 그 인턴 사원은 그 일을 완수하는 데 적임자이다.
4 그는 IT부서에서 다양한 업무에 책임질 만한 적임자이다.
5 만일 우리가 매출 증가를 위한 방법을 찾아낸다면, 올해 최고의 소매점이 되는 모든 조건을 만족시킬 수 있다.

### Step 2

There are not too many places where it **fits the bill** perfectly. But in Santa Catalina Island, you will see bison herd during the daytime and a bunch of flying fish at nighttime. This interesting place is only twenty miles south of Los Angeles.

그러나 산타카탈리나 섬에서는, 낮에는 들소 떼를, 밤에는 날치 떼를 볼 수 있을 것이다. 이 흥미로운 장소는 로스앤젤레스에서 남쪽으로 겨우 20마일 떨어져 있다.

**잠깐만요!**
형태가 비슷해서 헷갈리기 쉬운 foot the bill은 '비용을 부담하다'는 의미의 표현입니다. 모양은 비슷한데 완전히 다른 의미이죠. 보통 뒤에 전치사 for와 함께 쓰여 무엇을 위해 돈을 쓰는지에 대한 내용이 나온답니다.
His parents footed the bill for his tuition.
그의 부모가 그의 학비를 내 주었다.

**모범답안**
모든 조건을 완벽하게 만족시키는 장소들은 많지 않다.

**flight attendant** 승무원
**bison** 들소
**herd** (동물의) 떼, 무리
**a bunch of** 한 무리의, 다수의
**flying fish** 날치

# Pattern 098 it is no surprise that 주어 + 동사 ~

## ~하는 것은 놀라운 일이 아니다

〈it is no surprise that 주어 + 동사 ~〉 패턴은 '~하는 것은 놀라운 일이 아니다'라는 뜻으로 기대에 못 미친 결과에 대해 말할 때, 또는 이미 예측했던 뻔한 결과가 나왔을 때 쓰는 표현입니다. it comes as no surprise to … that ~도 '…에게 ~는 놀라운 일이 아니다'라는 같은 의미의 패턴이니 함께 알아 두면 좋습니다.

### Step 1

1. **It is no surprise that** the smart boy passed the exam.
2. **It is no surprise that** the mean boss declined the offer.
3. **It is no surprise that** my friend contacted his professor.
4. **It came as no surprise** to me **that** the babysitter quit because the kids were so hard to manage.
5. **It came as no surprise** to me **that** she did not want to go to school because she was being bullied.

1 그 똑똑한 소년이 시험에 합격했다는 것은 놀라운 일이 아니다.
2 못된 보스가 그 제안을 거절했다는 것은 놀라운 일이 아니다.
3 내 친구가 그의 교수님과 연락했다는 것은 놀라운 일이 아니다.
4 그 아이들은 다루기 너무 힘들었기 때문에 보모가 일을 그만둔 것은 나에게 놀라운 일이 아니었다.
5 그녀는 왕따를 당했기 때문에 그녀가 학교에 가고 싶어 하지 않은 것은 나에게 놀라운 일이 아니었다.

### Step 2

**It is no surprise that** the food is prepared meticulously. This kitchen is managed by New York's *Michelin* star chef Ralph Johnson who is the winner of the show called *The Spotted Pig*. It gets so much attention not only because of their fancy atmosphere but also because of the food here.

이 주방은 '스팟 피그'라고 불리는 프로의 우승자인, 뉴욕의 '미슐랭' 최고 요리사 랄프 존슨에 의해 운영된다. 그곳은 화려한 분위기뿐 아니라 음식 때문에도 정말 많은 관심을 받는다.

모범답안

음식이 꼼꼼하게 준비되는 것은 놀라운 일이 아니다.

잠깐만요!

반대로 어떤 사실이 정말 놀라운 상황에서는 no 없이 come as total [complete] surprise to ~ 패턴으로 나오기도 합니다. '…는 ~에게 정말 놀라운 일이다'로 해석하면 되겠죠?

The news came as a total surprise to everyone.
그 뉴스는 정말이지 모든 사람에게 놀라운 일이었다.

**decline** 거절하다
**quit** 그만두다
**bully** 괴롭히다, 왕따시키다
**meticulously** 꼼꼼하게
**winner** 우승자
**get attention** 관심을 받다
**fancy** 화려한, 장식이 많은
**atmosphere** 분위기, 대기

# be serious about ~

## ~에 대해 심각하게 생각하다[고민하다]

Pattern 099

상대방이 심각하게 생각하고 한 말인지 물을 때 Are you serious?(너 진짜야?)라고 하죠. 글을 읽다가 be serious about ~ 패턴을 만나게 되면 Are you serious?를 떠올리세요. 이 표현은 어떤 문제에 대해 그냥 한 번 생각하고 마는 것이 아니라 진심으로 생각하고 고민한다는 의미입니다. about은 전치사이므로 뒤에 명사 상당어구가 이어집니다.

### Step 1

1. If he **is serious about** quitting, let him.
2. **Are** you **serious about** changing the plan?
3. We **are serious about** making some changes in this project.
4. If they **are serious about** taking the lead on global warming, start educating people.
5. I **was serious about** going abroad to further my education until I got sick.

1 만일 그가 회사를 그만두는 것에 대해 심각하게 고민 중이라면, 그렇게 하게 내버려둬.

2 너는 그 계획을 수정하는 것에 대해서 심각하게 고민 중이니?

3 우리들은 이 프로젝트에 있어서 몇 가지를 변경시키는 것을 심각하게 생각 중이다.

4 만일 그들이 지구 온난화 문제 해결에 앞장서는 것을 심각하게 고민한다면, 사람들을 교육하는 것부터 시작해라.

5 내가 아프기 전까지는 공부를 더 하기 위해 유학을 떠나는 것에 대해 나는 심각하게 고민했다.

### Step 2

This talented and well-known yoga instructor Caroline Lee has put in much of her time completing this training program. If anyone **is serious about** yoga, he should consider taking this class.

이 재능 있고 유명한 요가 강사 캐롤린 리는 대부분의 시간을 이 강습 프로그램에 쏟아 왔다. ______________________

**잠깐만요!**

I am considering ~ing는 '~를 해볼까 생각 중이다' 정도의 어감이 있습니다.

I am considering buying a new cell phone.
나는 새로운 핸드폰을 하나 살까 생각 중이다.

**take the lead** 주도하다, 솔선수범하다
**talented** 재능 있는
**well-known** 잘 알려진, 유명한
**instructor** 강사
**take a class** 수강하다

모범답안

만일 누군가가 요가에 대해 진지하게 생각한다면, 이 수업을 수강하는 것을 고려해 봐야 한다.

# Pattern 100 be willing to ~

## 기꺼이 ~하다, 흔쾌히 ~하다

will이 명사로 쓰일 때는 '의지'라는 뜻입니다. be willing to ~의 패턴은 마음에서 진심으로 우러나와 '무언가 기꺼이[흔쾌히] 해 보겠다'는 의지를 나타내는 의미로 이해하면 됩니다. 비슷한 의미로 be pleased to ~도 자주 나오는 표현인데, '~해서 기쁘다'라고 해석하기도 합니다. 두 표현 모두 to 뒤에는 동사원형이 옵니다.

### Step 1

1. She **was willing to take** the bus.
2. Some people **are willing to volunteer** in a cold weather.
3. Not many people **are willing to donate** their money.
4. He **was pleased to find** out that his grandchildren saved money to buy him a new walking cane.
5. We **were** so **pleased to be** part of the cancer foundation for the children.

1 그녀는 기꺼이 버스를 탔다.
2 어떤 사람들은 추운 날씨에도 흔쾌히 자원봉사를 한다.
3 많은 사람들이 흔쾌히 돈을 기부하려고 하지는 않는다.
4 그는 손자들이 그에게 새로운 지팡이를 사 주기 위해 돈을 모았다는 것을 알고 기뻤다.
5 우리는 아주 흔쾌히 어린이 암 재단의 회원이 되었다.

### Step 2

Anyone who is traveling would most likely fly out from the nearest airport. Not too many people **are willing to travel** further out from their area even if a chauffeur service is provided. Because these services often make stops to pick up other passengers.

여행을 하는 사람 누구나 아마 가장 가까이에 있는 공항에서 출발하려 할 것이다. ______ 왜냐하면 이러한 서비스는 종종 다른 승객들을 태우기 위해서 여러 곳을 경유하기 때문이다.

**잠깐만요!**
be willing to ~보다 조금 더 적극적인 표현으로 be ready and willing to ~ 또는 be willing and eager to ~가 있습니다. 이 표현들은 '진짜 무언가 해 보겠다!'는 대단한 의지의 어감을 담고 있습니다.
She is ready and willing to attend the meeting.
그녀는 회의에 기꺼이 참여할 준비가 되어 있다.

**모범답안**
운전 기사 서비스가 제공된다고 해도, 자신의 지역에서 멀리 떨어진 곳으로 기꺼이 여행을 떠나려 하는 사람들은 그리 많지 않다.

**cane** 지팡이
**foundation** 재단, 협회
**chauffeur service** 대리 운전
**make stops** 여러 곳을 들르다
**passenger** 승객

# A or B
A 또는 B

Pattern **101**

간단해 보이지만 독해를 할 때 주의를 요하는 패턴입니다. 두 개나 혹은 여러 개 중 하나를 선택할 때 자주 나오는 표현인 or는 'A이거나 또는 B'라고 해석합니다. 이때 A와 B는 같은 문법 구조를 띱니다. 다시 말해, A가 동사원형이면 B도 동사원형, A가 to부정사면 B도 to부정사가 나옵니다. 따라서, 해석을 할 때도 A와 B 덩어리를 잘 파악해야 정확하게 해석할 수 있습니다.

## Step 1

1. Please fill out application here **or** do it online.
2. He can work out at the gym **or** run around the park.
3. You can carve a pumpkin at school **or** buy a plastic pumpkin.
4. They can make dinner at home **or** eat out at a local restaurant.
5. She can take the exams in the fall **or** reconsider taking it the following year in the spring.

1 여기 있는 신청서를 작성하시거나 또는 온라인에서 하세요.
2 그는 체육관에서 운동을 할 수도 있고 또는 공원 주변을 달릴 수도 있다.
3 너는 학교에서 호박에 조각을 할 수도 있고 또는 플라스틱 호박통을 살 수도 있다.
4 그들은 집에서 저녁을 만들 수도 있고 또는 지역 식당에서 외식을 할 수도 있다.
5 그녀는 가을 학기에 시험을 칠 수도 있고 또는 내년 봄학기에 수강하는 것을 재고할 수도 있다.

## Step 2

Everyone is welcome at our fishing site. You can bring all the necessary items — valid license, rod and bait **or** you can rent anything that you need to catch fish. You can also picnic in the site with food of your choice.

우리 낚시터에서는 누구나 환영합니다. ________________

또한 직접 선택한 음식을 가져와 현장에서 야외 식사를 해도 됩니다.

**잠깐만요!**

nor는 무엇일까요? nor는 보통 앞 문장에 no, not, never 등의 부정어를 포함하고 있고, 뒷 문장에서도 계속 부정적인 이야기를 할 때 쓰입니다. '~도 …하지 않다'라고 해석할 수 있죠. 이때 nor 뒤에 나오는 주어와 동사의 자리가 바뀐다는 점도 기억하세요.

I cannot eat, nor do I want to.
나는 먹을 수도 없지만, 먹고 싶지도 않다.

**모범답안**

유효한 허가증, 낚싯대와 미끼 같은 모든 필수품을 가져와도 되고 낚시를 하는 데 필요한 어떤 것이든 대여를 하실 수도 있습니다.

**fill out** ~를 작성하다
**carve** 새기다, 조각하다
**fishing site** 낚시터
**necessary item** 필수품
**valid** 유효한
**rod** 낚싯대
**bait** 미끼
**picnic** 야외 식사를 하다

# Pattern 102 whatever 주어 + 동사 ~

## ~하는 것이 무엇이든 간에

보통 주절의 앞에 자주 나오는 〈whatever 주어 + 동사 ~〉 패턴은 '~하는 것이 무엇이든 간에'라는 의미로 해석하세요. 비슷한 표현으로 〈no matter what (주어) + 동사 ~〉가 있으며 역시 '~하는 것이 무엇이든 간에' 또는 '아무리 ~해도'로 해석하세요.

### Step 1

1. **Whatever** it is, don't eat it.
2. **Whatever** it costs, it is not worth buying.
3. **Whatever** the time is, you need to wake up now.
4. **No matter what** it is, you have to drink water in order to keep your body hydrated.
5. **No matter what** happens, please come to the theater by five o'clock to watch him perform.

1 그것이 무엇이든 간에, 그것을 먹지 마라.
2 그것이 얼마든 간에, 구입할 가치가 없다.
3 몇 시든 간에, 너는 지금 당장 일어나야 한다.
4 그것이 무엇이든 간에, 당신은 수분을 유지하기 위해서 물을 마셔야만 한다.
5 무슨 일이 있어도, 그가 공연하는 것을 보려면 5시까지 꼭 극장에 오세요.

### Step 2

The Chinese New Year is a huge deal in Asia. Many have different themes or even names for this celebration. **Whatever** you call it, one thing is certain. Festivities get bigger each year. More people are celebrating it on wider scale.

설(구정)은 아시아에서 굉장히 큰 명절이다. 많은 나라들은 이 날을 기념하기 위한 다양한 테마나 이름이 있다. ________________ 축제 행사는 매년 점점 더 성대해진다. 더 많은 사람들이 더 큰 규모로 설을 기념하고 있다.

잠깐만요!

〈whichever 주어 + 동사 ~〉 패턴 또한 '~하는 것이 무엇이든 간에'라는 뜻으로 우리말 해석은 똑같지만 〈whatever 주어 + 동사 ~〉 패턴과 뉘앙스가 조금 다릅니다. 〈whichever 주어 + 동사 ~〉 패턴은 몇 개의 주어진 선택 사항이 있을 때 쓰는 표현입니다.

Buy whichever you need in this list.
이 목록에서 네가 필요한 것은 무엇이든 사라.

**hydrate** 수분을 유지하다
**deal** 일, 사건
**theme** 테마, 주제
**celebration** 기념, 축하
**festivities** 축제 행사
**celebrate** 기념하다, 축하하다
**scale** 규모, 범위

모범답안
여러분이 그것을 뭐라고 부르든 간에, 한 가지는 확실하다.

# alike
## 똑같이, 비슷하게

Pattern 103

alike는 아주 간단해 보이고 쉬워 보여도 막상 해석하려면 어떻게 해야 할까 고민하게 되는 단어 중에 하나죠. 해석은 '똑같이,' '비슷하게'라고 하면 됩니다. 형용사로 쓰일 때는 보어로 보통 서술어로서 쓰이며 부사로도 비슷한 뜻으로 쓰입니다.

### Step 1

1. My sister and I are **alike** in so many ways.
2. The father and son are **alike** when it comes to eating.
3. My sister and I eat and talk **alike**.
4. Identical twin boys who turned three this month look **alike** so that people cannot distinguish them.
5. Those people who have a warm heart took care of orphans and treat them **alike**.

1 나의 여동생과 나는 매우 많은 면에서 똑같다.
2 먹는 것으로 말할 것 같으면 그 아버지와 아들은 똑같다.
3 나의 여동생과 나는 똑같이 먹고 말한다.
4 이달에 세 살이 된 일란성 쌍둥이 남아가 똑같이 생겨서 사람들은 그들을 구분하지 못한다.
5 따뜻한 마음을 가진 그 사람들은 고아들을 보살폈고 그들을 똑같이 대해 주었다.

### Step 2

Whether you are a vegetarian or a carnivore, we generally are **alike** when it comes to eating good food. Ethiopian cuisines tend to have a variety of interesting ingredients and flavors that anyone can eat. At this LA eatery, they can capture both worlds of vegetarians and carnivores.

______________________________ 에티오피아 요리는 누구나 먹을 수 있는 다양한 흥미로운 재료와 향을 가지는 경향이 있다. 이 곳 LA 음식점에서, 그것들은 전 세계 채식주의자와 육식주의자들을 모두 사로잡을 수 있다.

**잠깐만요!**

**alike는 반드시 명사 뒤에서만 수식하거나 be동사 뒤에서 쓰이지만, similar는 '비슷한'이란 의미로, 명사 앞에서 수식하거나 be동사 뒤에서 쓰일 수도 있답니다.**

They have similar experience.
그들은 비슷한 경험을 가지고 있다.

**identical twin** 일란성 쌍생아
**distinguish** 구분하다
**orphan** 고아
**vegetarian** 채식주의자
**carnivore** 육식주의자, 육식동물
**generally** 일반적으로, 대개
**cuisine** 요리, 요리법
**tend to** ~하는 경향이 있다
**ingredient** 재료
**flavor** 향, 풍미
**eatery** 음식점, 식당
**capture** 사로잡다

**모범답안**

당신이 채식주의자이든 또는 육식주의자이든, 좋은 음식을 먹는 것으로 말할 것 같으면 우리는 일반적으로 똑같다.

Pattern 104

# help + 목적어 + (to) 동사원형

~가 …하도록 도와주다

동사 help는 여러 가지 구문으로 확장되어 쓰일 수 있습니다. 〈help + 목적어 + (to) 동사원형〉 패턴은 '~가 …하도록 도와주다[하다]' 정도로 해석하면 되며, 매우 자주 쓰이는 표현입니다. 비슷하면서 조금 더 강조된 뜻을 나타내는 〈encourage + 목적어 + to + 동사원형〉도 역시 '~가 …하도록 권장하다[북돋아 주다]' 혹은 '~가 …하도록 하다' 정도로 해석하세요.

## Step 1

1. I can **help you finish** the homework.
2. He **helps me clean** the front and back yard.
3. The native speaker will **help you understand** this line.
4. The police **encourage drivers to install** infant car seats after carefully reading all instructions.
5. The teacher **encourages students to finish** the final research paper before they start next project.

1 나는 네가 숙제를 끝내도록 도와줄 수 있다.

2 그는 내가 앞마당과 뒷마당을 청소하는 것을 돕는다.

3 그 원어민은 당신이 이 줄을 이해하도록 도와줄 것이다.

4 경찰은 운전자들이 모든 지시사항을 세심히 읽고 난 후에 영아용 카시트를 설치하라고 권한다.

5 그 선생님은 학생들이 다음 과제를 시작하기 전에 기말 연구 리포트를 끝내도록 권장한다.

## Step 2

This company will come to your home or office anytime and do all the replacing and installing at the site. They **help drivers stay** safe with the brand new product — Cascade Auto Glass windshield. It also is supported by Original Equipment Manufacturer(OEM) and has lifetime warranty.

이 회사는 언제든지 당신의 집이나 사무실을 방문하여 바로 그 자리에서 모든 교체와 설치작업을 할 것이다. __________ 그것은 또한 OEM 방식으로 유지되고 있으며 평생 품질 보장을 하고 있다.

**잠깐만요!**

**aid는 '도움을 주다,' '원조하다'의 뜻으로 보통 물질적인 도움을 줄 때 많이 쓰인답니다.**

They aided the homeless victims of the fire.

그들은 화재로 인해 집을 잃은 피해자들을 도와주었다.

**infant** 유아, 젖먹이
**instructions** 설명서, 안내서
**windshield** 자동차 앞 유리 창
**lifetime warranty** 평생 품질 보장
**Original Equipment Manufacturer (OEM)** 주문자 상표 부착 생산자

모범답안

그들은 신제품인 캐스케이드 오토 글래스 앞 유리창의 설치로 운전자의 안전 유지를 돕는다.

Pattern 105

# embark on ~

~를 출범하다[시작하다, 착수하다]

embark는 '배나 비행기에 탑승하다'는 뜻으로, 뒤에 〈on + 명사〉가 오면 오랜 여행을 가거나 또는 장기적인 일을 시작한다는 의미를 나타냅니다. 따라서 새로운 직업이나 사업을 시작하거나, 사장이나 대통령이 새로운 기간의 업무를 시작할 때 '~를 출범하다,' '~를 착수하다,' '~를 시작하다'라고 해석하세요. 비슷한 의미의 표현 〈be set out to + 동사원형〉은 해석을 '~하기 위해 나서다[하기 시작하다]'로 하면 됩니다.

## Step 1

1. She will **embark on** a brand new chapter in her life.
2. He will **embark on** a project he has never done before.
3. I plan to **embark on** a spiritual journey to India.
4. The young women **are set out to create** and promote this meaningful organization to save homeless children.
5. We **are set out to do** something special in this department to help save the earth.

1 그녀는 그녀의 인생에서 새로운 장으로 들어갈 것이다.
2 그는 전에 전혀 해 본 적이 없는 프로젝트에 착수할 것이다.
3 나는 인도로 영적 여행을 떠날 계획이다.
4 젊은 여성들이 집 없는 아이들을 구하기 위해 이 의미 있는 단체를 창설하고 홍보하기 위해 나선다.
5 우리는 지구를 지키는 것을 돕기 위해 이 부서에서 특별한 일을 하기 시작했다.

## Step 2

Are you ready to **embark on** a three-hour photographic journey? Joined by 20-25 other amateur photographers, you will learn about all aspects of basic photography including point-and-shoot, aperture, and depth of field.

20~25명의 다른 아마추어 사진사들과 함께 하면서, 당신은 초점을 맞춰 셔터만 누르는 카메라, 카메라 조리개와 피사계 심도를 포함한 기본적인 사진 촬영 기법의 모든 면에 관해 배우게 될 것입니다.

잠깐만요!

**launch는 '착수하다,' '시작하다'라는 의미로, 원래는 '로켓 등을 발사한다'는 의미에서 시작되었지만 일반적으로 어떤 일을 시작하거나 착수할 때 더 많이 쓰인답니다.**

They are trying to launch a new project.
그들은 새로운 프로젝트를 시작하려고 한다.

**spiritual** 영적인, 종교의
**photographic** 사진의
**photography** 사진 촬영 기법, 촬영술
**point-and-shoot** 초점을 맞춰 셔터만 누르는 카메라, 보고 찍기만 하면 되는 카메라
**aperture** 카메라 조리개
**depth of field** 피사계 심도(카메라가 선명한 상을 찍을 수 있는 가장 가까운 피사체와 가장 먼 피사체 사이의 거리)

모범답안

당신은 세 시간짜리 사진 여행을 시작할 준비가 됐나요?

# UNIT 14
# 페이스북 (Facebook)

SNS는 누구나 자유롭게 자신의 생각을 표현할 수 있는 공간입니다. 그 중에서도 페이스북은 비교적 장문으로 글을 쓸 수 있는 곳입니다. 자신만의 공간이다보니 격식을 차리지 않고 구어체를 섞어 가며 글을 쓰는 것이 다반사죠. 페이스북 글 중에서도 문법이 정확하고, 자신의 생각을 분명하게 표현한 글을 골랐습니다.

Pattern 106 **go with ~** ~와 어울리다, ~와 조화되다
Pattern 107 **truthfully** 진실을 말하자면, 진심으로
Pattern 108 **follow in one's footsteps** ~의 뜻을 이어가다, ~를 그대로 따라하다
Pattern 109 **seem + 형용사** ~처럼 보이다, ~인 것 같다
Pattern 110 **as a result of ~** ~의 결과로, ~로 인해
Pattern 111 **make a profit** 이익을 내다
Pattern 112 **the 최상급 ~ that I have ever p.p.** 지금껏 …한 것 중 최고로 ~한
Pattern 113 **take exception to ~** ~에 이의를 제기하다
Pattern 114 **go out of business** 파산하다
Pattern 115 **be prone to ~** ~하기 쉽다, ~하는 경향이 있다

# go with ~

## ~와 어울리다, ~와 조화되다

Pattern 106

go with ~의 표현은 기본 의미인 '~에 포함되다,' '~에 딸려 나오다'에서 확장되어 '~와 어울리다' 또는 '~와 조화를 이루다'라는 의미도 있습니다. 부사 well과 함께 go well with ~로 쓰이면 '~와 잘 어울리다'라는 뜻이 되죠. 그대로 직역하면 '~와 함께 가다'라고 해석하기도 하기 때문에 전체 문맥에 맞게 해석해야 합니다.

### Step 1

1. A brand new car **goes with** the job.
2. White wine usually **goes with** white fish or white meat.
3. The patterns of the wallpaper can **go with** decoration.
4. This white jacket **goes well with** the overall feel of this black see-through dress.
5. The herbs used in this sauce **go well with** the meat in this entrée.

1 그 직위에는 신차가 딸려 나온다.
2 화이트 와인은 보통 흰살 생선 또는 흰살 육류와 같이 나온다.
3 그 벽지의 패턴은 장식과 같이 있어도 어울린다.
4 이 흰색 재킷은 이 시스루 검정 드레스의 전체적 느낌과 잘 어울린다.
5 이 소스에 사용된 약초들은 주 요리의 고기와 잘 어울린다.

### Step 2

During the holidays, it's important to remember the less fortunate and give them back. It can be a little as making a card to **go with** some freshly homemade cookies or buying a simple gift card. I'm glad that my family and I are able to do this for the past several years.

휴가 동안, 행복하지 못한 사람들을 생각하고 그들에게 되돌려주는 것이 중요하죠. ____________________ 우리 가족과 제가 지난 몇 년 동안 이 일을 할 수 있어서 기쁘네요.

**잠깐만요!**
반대 의미를 나타내는 out of harmony는 '어울리지 않는'이라는 뜻으로, 조화롭지 않고 어색한 무언가를 표현할 때 자주 쓰입니다.
The wallpaper is out of harmony with the room.
벽지가 방과 어울리지 않는다.

모범답안
그것은 집에서 갓 구운 과자와 함께 줄 카드를 만들거나 또는 간소한 기프트 카드를 구입하는 것 같은 사소한 것일 수 있죠.

overall 전체의, 종합적인
entrée 주 요리
holiday 휴가
the fortunate 운이 좋은 사람들
freshly 갓 ~한
homemade 손으로 만든, 집에서 만든

# Pattern 107 truthfully

## 진실을 말하자면, 진심으로

truth는 '진실'이라는 뜻이며 부사형 truthfully는 '진실을 말하자면' 혹은 '진심으로'라는 뜻입니다. 솔직하게 자신의 생각을 쓰는 SNS에서 자주 보이는 표현이죠. 이와 비슷한 표현으로 문장 맨 앞에서 자주 쓰이는 to be truthful 역시 '진심을 말하면' 혹은 '솔직히 말해'로 해석하세요.

### Step 1

1. He can **truthfully** say that he loved her.
2. Do you think he spoke **truthfully**?
3. She **truthfully** wrote down her feelings about her peers.
4. **To be truthful**, it is difficult to reserve all five rooms during our peak season.
5. **To be truthful**, we cannot guarantee that those prices will be fixed for the next month.

1 그는 그녀를 사랑했다고 진실하게 말할 수 있다.
2 당신은 그가 정직하게 말했다고 생각하세요?
3 그녀는 또래친구에 대한 감정을 진실하게 적었다.
4 솔직히 말해, 성수기에 5개 방 모두를 예약하는 것은 힘들다.
5 솔직히 말해, 우리는 다음 달에도 그러한 가격이 확정될 거라고 보장할 수 없다.

### Step 2

I **truthfully** believe that the numbers of commercials the ad agencies produce do not play a big role if you see the big picture. We all know the fact that there have not been creative companies in the industry to make real changes.

____________________________________

____________ 우리 모두 진정한 변화를 만들 만한 창의적인 기업들이 이 업계에 없었다는 사실을 알지요.

**잠깐만요!**
비슷하게 to be honest라는 표현도 '솔직히 말해'라는 의미로 해석하세요.
I like eating delicious food, but to be honest, I hate cooking.
나는 맛있는 음식 먹는 것을 좋아하지만, 솔직히 말해 난 요리하는 것은 싫어한다.

**모범답안**
거시적으로 본다면, 솔직히 광고 대행사들이 만들어내는 광고의 숫자가 큰 역할을 하는 것은 아니라고 생각해요.

**reserve** 예약하다
**guarantee** 보증하다, 보장하다
**commercial** 광고
**play a big roll** 큰 역할을 하다
**industry** 업계, 산업

# follow in one's footsteps

## ~의 뜻을 이어가다, ~를 그대로 따라하다

Pattern 108

follow in one's footsteps를 그대로 직역하면 '~의 발자국을 따르다'입니다. 넓은 의미로 보면 '~의 뜻을 이어 그 일을 하다' 또는 '그대로 따라하다'라는 여러 해석을 할 수 있죠. 이 표현이 나오면 앞뒤 내용을 보고 뜻을 파악하세요.

### Step 1

1. She **followed in her dad's footsteps** to become a police officer.
2. Volunteers **followed in Governor's footsteps** to make changes.
3. We can **follow in our mentors' footsteps** to figure things out.
4. We commonly see many children **following in their parents' footsteps** to decide what they want to be.
5. **Following in someone's footsteps** can be a bumpier journey than you think.

1 그녀는 아버지의 뒤를 이어 경찰이 되었다.
2 자원봉사자들은 변화를 가져오기 위해 주지사의 뜻을 이어갔다.
3 우리는 상황 이해를 위해 우리 멘토들의 뜻을 그대로 따를 수 있다.
4 우리는 많은 아이들이 되고 싶은 것을 결정하는 데 있어 부모의 뜻을 따르는 것을 흔히 본다.
5 누군가의 뜻을 잇는다는 것이 당신이 생각하는 것보다 더 순탄치 않은 여정이 될 수도 있다.

### Step 2

The obesity rate has been increasing consistently for the past several years and it is targeting all age groups. It's easy for children to **follow in their parents' footsteps**, so if their parents eat unhealthy food, they do the same. We as adults need to take matters into our own hands and start forcing people to eat healthier.

비만율이 지난 몇 년 동안 지속적으로 증가하고 있으며 모든 연령대가 그 대상이 되고 있죠. ____________________ 성인으로서 우리가 직접 문제들을 다루면서 강제적으로라도 사람들이 건강에 더 좋은 음식을 먹도록 시작할 필요가 있습니다.

**잠깐만요!**

**follow someone's lead는 '~의 지시에 따르다,' '~가 이끄는 대로 따르다'로 해석하세요.**

He followed her lead and he decided to join the team.
그는 그녀의 지시에 따라 그 팀에 합류하기로 했다.

**모범답안**

아이들은 부모를 그대로 따라하기 쉽죠. 그래서 만약 부모들이 건강에 좋지 않은 음식을 먹는다면, 아이들도 똑같이 그렇게 하게 돼요.

**bumpy** 평탄치 않은
**obesity rate** 비만율
**consistently** 지속적으로, 항상
**target** 대상으로 하다, 겨냥하다
**unhealthy** 건강에 해로운, 유해한
**take matters into one's hands** 자기 일을 스스로 추진하다

# Pattern 109 seem + 형용사

## ~처럼 보이다, ~인 것 같다

누군가의 성격이나 느낌을 말하고 싶은데, 뭔가 확실하지 않을 때 '~같다'라는 말을 많이 쓰죠? 이런 영어 표현이 바로 seem입니다. 〈seem + 형용사〉 패턴이 나오면 '~처럼 보이다,' '~인 것 같다'라고 해석하면 됩니다. 비슷한 표현으로 appear to be가 있으며 마찬가지로 '~인 것처럼 보이다'로 해석하세요.

### Step 1

1. Your scissors **seemed safe** enough to use.
2. They **seemed tired** because of too much work they did.
3. The patient **seems happy** because all the treatments are done.
4. The drying machine **appeared to be** working fine until we saw the sparks in the electric outlet.
5. He **appeared to be** confident until he started shaking when he stood in front of the audience.

1 당신의 가위는 사용하기에 충분히 안전해 보였다.
2 그들이 한 많은 양의 일 때문에 그들은 피곤해 보였다.
3 그 환자는 모든 치료가 끝나서 행복해 보인다.
4 그 건조기는 우리가 전기 콘센트에서 불꽃이 튀는 것을 보기 전까지는 잘 작동하는 것처럼 보였다.
5 그는 관객 앞에 서서 악수를 할 때까지는 자신감 있어 보였다.

### Step 2

In the beginning, companies such as Starbucks **seem well-intentioned**. However, once they go through the fine details, retired veterans are hired as the lowest position and lowest paying employees. These veterans should be given better opportunity.

그러나 일단 그 세부 사항들을 살펴보면, 은퇴한 전문가들이 가장 낮은 직책과 가장 낮은 임금을 받는 직원으로서 고용되죠. 이러한 전문가들은 더 나은 기회가 주어져야 합니다.

**잠깐만요!**

〈seem like + 명사〉 역시 '~처럼 보이다,' '~인 것 같다'는 뜻입니다. 하지만 형태가 약간 다르죠? seem 다음에 명사가 올 때는 보통 seem like와 함께 쓰입니다.

He seems like a doctor.
그는 의사처럼 보인다.

**treatment** 치료
**outlet** 콘센트
**well-intentioned** 순수한 의도를 지닌, 선의의
**go through** ~를 살펴보다[조사하다]
**veteran** 전문가, 베테랑
**hire** 고용하다
**position** 직책, 직위
**employee** 종업원

모범답안

처음에는, 스타벅스 같은 회사들은 순수한 의도를 지닌 것처럼 보이죠.

# as a result of ~

Pattern 110

~의 결과로, ~로 인해

result가 '결과'라는 뜻이며 as는 '~로써'라는 의미가 있으므로 합치면 쉽게 해석이 됩니다. 어떤 결과의 원인을 얘기할 때 as a result of ~ 패턴을 쓰며, 해석은 '~의 결과로,' '~로 인해'라고 하면 됩니다. as a consequence of ~도 비슷한 의미지만 이 표현은 보통 부정적인 결과와 함께 쓰인다는 것도 알아 두세요. 의외로 이런 표현이 나오면 원인과 결과가 헷갈리는 경우가 많은데, '원인'을 나타내는 패턴이라는 것을 꼭 기억하세요.

## Step 1

1. **As a result of** coach's absence, the team lost.
2. **As a result of** the time change, they canceled the practice.
3. **As a result of** the budget cut, the teachers asked for donations.
4. **As a consequence of** financial problems, she started looking for a part time job to make more money.
5. **As a consequence of** losing in the competition, we have to train twice as much to prepare for next tournament.

1 감독의 부재로 인해, 그 팀은 패했다.
2 시간 변경으로 인해, 그들은 연습을 취소했다.
3 예산 삭감의 결과로, 선생님들은 기부금을 요청했다.
4 재정적 문제들로 인해, 그녀는 돈을 더 벌기 위해 아르바이트를 찾기 시작했다.
5 경기에서의 패배로 인해, 우리는 다음 토너먼트를 준비하기 위해 두 배로 훈련을 해야 한다.

## Step 2

Wal-Mart is making a big mistake by canceling customers' online orders. Even though those who placed orders online should have known it was strange to buy things at such low prices, this is not their fault. Now, they may have to buy things again somewhere else **as a result of** the decision Wal-Mart made.

월마트는 고객들의 온라인 주문을 취소함으로써 큰 실수를 하고 있어요. 온라인 주문을 했던 사람들이 그렇게 낮은 가격에 물건을 산다는 것이 이상하다는 것을 알았어야 했지만, 그것이 고객의 탓은 아니죠.

**잠깐만요!**

**because of ~는 원인을 나타내는 가장 일반적인 표현입니다. as a result of ~ 역시 '~ 때문에'라는 뜻으로 둘 다 같은 의미라고 생각하면 됩니다.**

Because of the accident, he couldn't attend the classes.
교통사고로 그는 수업들을 들을 수 없었다.

모범답안

이제, 그들은 월마트가 내린 결정으로 인해 다른 곳에서 다시 구매를 해야 하겠네요.

absence 부재, 결석
donation 기부, 기증
make a mistake 실수하다
cancel 취소하다, 무효화하다

Pattern 111

# make a profit

이익을 내다

보통 '돈을 벌다'는 의미로 earn money 또는 make money를 쓰지만 사업이나 투자를 통해 이윤을 내는 경우 make a profit을 씁니다. 해석은 '이익을 내다'라고 하죠. make 대신 동사 turn이 쓰인 turn a profit도 같은 의미입니다.

## Step 1

1. To **make a profit**, you have to invest first.
2. This company **made a profit** by selling their idea.
3. They **made a profit** by not giving up.
4. If you want to **turn a** huge **profit** from any business, prepare to lose first.
5. I want to **turn a** huge **profit** by creating and selling something that people have not thought of yet.

1 이익을 내기 위해서, 당신은 먼저 투자해야 한다.
2 이 회사는 그들의 아이디어를 팔아서 이익을 냈다.
3 그들은 포기하지 않음으로써 이익을 냈다.
4 만일 당신이 어떠한 사업에서 큰 이익을 내기를 원한다면, 먼저 잃을 준비를 해라.
5 나는 사람들이 지금껏 생각하지 못했던 것을 만들고 판매함으로써 큰 이익을 내고 싶다.

## Step 2

People actually never **made a profit** from some stock companies. And yes, stay away from the stock companies that have not made a good profit in the years that they were in business. You should keep this in mind.

그리고 맞아요, 영업을 한 몇 년 동안 좋은 수익을 내지 못한 증권 회사들을 멀리하세요. 이걸 명심해야 해요.

**잠깐만요!**
**모든 회사가 다 돈을 목적으로 운영되는 건 아니죠. nonprofit은 '비영리적인'이라는 의미로, 돈이 목적이 아닌, 교육, 봉사, 종교 등을 목적으로 운영되는 회사나 기관을 nonprofit organization(비영리 단체)이라고 합니다.**
This hospital can be run by nonprofit organization.
이 병원은 비영리 단체에 의해 운영될 수 있다.

**invest** 투자하다
**stay away from** ~를 가까이 하지 않다, ~에서 떨어져 있다
**be in business** 영업하다
**keep in mind** 명심하다

모범답안
사실 사람들은 일부 증권 회사에서는 실제로 전혀 이익을 내지 못했어요.

# the 최상급 ~ that I have ever p.p.

Pattern 112

## 지금껏 …한 것 중 최고로 ~한

이 표현은 자신의 경험 중에서 최고를 얘기할 때 매우 자주 쓰인답니다. 이러한 구문을 최상급 표현이라고 하는데, 최상급은 보통 형용사 뒤에 -est를 붙이거나 앞에 most를 붙인 형태입니다. 최상급 뒤에 that I have ever p.p.가 붙으면 '지금껏 …해 본 것 중 최고로 ~한'으로 해석됩니다. 패턴으로는 약간 복잡해 보이니 예문으로 확인해 보세요.

### Step 1

1. **The most confident** person **I have ever met** is my professor.
2. Kai is **the smartest** student **I have ever known** in my life.
3. **The kindest** people **I have ever met** always smiled.
4. **The smartest** people **I have ever met** were not necessarily affluent.
5. **The most ambitious** person **I have ever met** did not have extensive schooling.

1 내가 지금껏 만나 본 사람 중 가장 자신감 있는 사람은 우리 교수님이다.
2 카이는 내 인생에서 지금껏 알아 온 사람 중 가장 똑똑한 학생이다.
3 내가 지금껏 만나 본 사람들 중 가장 친절한 사람들은 항상 미소를 띠고 있었다.
4 내가 지금껏 만나 본 사람들 중에 가장 똑똑한 사람들이 꼭 부유한 것은 아니었다.
5 내가 지금껏 만나 본 사람 중에 가장 야망 있는 사람은 폭넓은 학교 교육을 받지 않았다.

### Step 2

I personally know many people from the Philippines and they are **the friendliest and most hardworking** people **that I have ever met.** They work so hard to make ends meet for themselves as well as families back at home.

_______________ 그들은 고국의 가족들뿐만 아니라 스스로가 겨우 먹고 살만큼 벌기 위해서 열심히 일한답니다.

**잠깐만요!**

최상급을 나타내는 또 다른 표현이 있습니다. 〈비교급 + than any other …〉는 '다른 어떤 …보다 더 ~한'라는 의미로, 결국 최고를 말할 때 쓰이는 패턴이니 함께 알아 두세요.

This is far faster than any other car.
이 자동차는 다른 어떤 차보다도 훨씬 더 빠르다.

**모범답안**

나는 개인적으로 필리핀에서 온 많은 사람들을 알고 있고, 그들은 내가 지금껏 만나 본 사람들 중에서 가장 친절하고 열심히 일하는 사람들이에요.

**affluent** 부유한
**extensive** 폭넓은
**friendly** 친절한
**make ends meet** 겨우 먹고 살 만큼 벌다, 입에 풀칠하다

# Pattern 113 take exception to ~

~에 이의를 제기하다

take exception to ~의 패턴은 반대 의견을 제시할 때 쓰이는 표현입니다. take exception이 '이의를 제기하다'라는 의미이므로 뒤에 〈to + 명사〉를 붙여서 무엇에 이의를 제기하는지를 알려 주게 됩니다. 이 표현보다 의미가 조금 더 강한 object to ~는 '~에 반대하다'로 해석합니다.

## Step 1

1. I **took exception to** his argument.
2. **Taking exception to** this result, I want to appeal.
3. She **took exception to** the professor's comment.
4. The entire PTA **objects to** the new system to start kindergarteners early at 8 a.m.
5. The janitors **object to** school's decision to cut their hours and change their schedules to build a new gym.

1 나는 그의 주장에 이의를 제기했다.
2 이 결과에 이의를 제기하면서 나는 항소하고자 한다.
3 그녀는 그 교수의 논평에 이의를 제기했다.
4 전체 학부모회는 오전 8시에 유치원생들을 일찍 시작하도록 하는 새로운 시스템에 반대한다.
5 관리인들은 새로운 체육관을 짓기 위해서 그들의 근무 시간을 줄이고 스케줄을 변경하는 학교의 결정에 반대한다.

## Step 2

**Taking exception to** the comment about fewer stations for fuel cell cars, more and more automobile companies are introducing fuel cell cars. There are some stations located throughout Torrance, Fountain Valley and Irvine and also in California State University, Los Angeles.

토런스, 파운틴 밸리, 그리고 어빈에 걸쳐 몇 개의 충전소가 있고, 또한 로스엔젤레스의 캘리포니아 주립 대학에 내에 위치한 것도 있죠.

모범답안

연료 전지 자동차 충전소가 더 적다는 점에 관한 지적에 대해 이의를 제기하면서, 점점 더 많은 자동차 회사들이 연료 전지 자동차를 내놓고 있어요.

**argument** 주장, 논쟁
**appeal** 항소하다
**comment** 논평, 언급, 지적
**PTA** 학부모 학교운영위원회(=Parent-Teacher Association)
**station** 사업소, 정류장, 역
**fuel cell car** 연료 전지 자동차
**introduce** 내놓다 , 도입하다

Pattern 114

# go out of business

파산하다

go out of ~는 '~에서 나가다'는 뜻입니다. go out of business는 '사업에서 나가다,' 즉 '파산하다'라는 의미죠. 하지만 조금 더 가벼운 의미로 '그 업종을 그만두다,' '문을 닫다' 정도로 해석하는 경우도 있습니다. 이와 비슷한 표현으로는 go bankrupt가 있으며 이 역시 '파산하다'로 해석하세요.

## Step 1

1. At this rate, we'll **go out of business** soon.
2. Many companies **go out of business** within a year.
3. We will not **go out of business** with this great product.
4. This family business has **gone bankrupt** since the new generation took over.
5. Due to the nature of the business, smaller shops tend to **go bankrupt** before the big companies do.

1 이런 식으로 가다가는 우리는 곧 파산할 것이다.
2 많은 회사들이 일년 안에 파산한다.
3 우리는 이렇게 근사한 제품이 있으니 문을 닫을 리 없다.
4 새로운 세대가 인수한 이후 이 가업은 파산했다.
5 사업의 본질상, 큰 회사들이 파산하기 전에 더 작은 가게들이 파산하는 경향이 있다.

## Step 2

Places like Sea World should **go out of business** and free all the animals they possess. Those creatures belong in the nature and we as humans have no right capturing them and forcing them to learn tricks to entertain us.

그 생명체들은 자연에 속해 있으며, 인간으로서 우리는 그들을 포획하고 우리를 즐겁게 할 재주를 배우도록 그들을 강요할 권리가 없어요.

모범답안

씨월드와 같은 장소들은 문을 닫고, 그들이 소유한 모든 동물을 풀어 줘야 해요.

**at this rate** 이런 식으로 가다가는
**take over** 인수하다
**free** 풀어 주다, 석방하다
**possess** 소유하다
**creature** 생명체, 생물
**belong** 속하다
**capture** 포획하다
**entertain** 즐겁게 해 주다

# Pattern 115 be prone to ~

## ~하기 쉽다, ~하는 경향이 있다

be prone to ~의 패턴은 '~하기 쉽다'라는 뜻이며, '~하는 경향이 있다,' '걸핏하면 ~하다'라고도 해석할 수 있습니다. 일반적으로 긍정적인 의미보다는 '괴로운 일이나 나쁜 일을 당하기 쉽다'는 뉘앙스로 많이 쓰입니다. 비슷한 표현으로 be subject to ~가 있으며 '~하기 쉽다'로 해석하세요. to는 전치사라서 뒤에 명사 상당어구가 옵니다.

### Step 1

1. A baby **is prone to** getting sick every winter.
2. I **was prone to** giving up easily.
3. He **was prone to** abusing drugs.
4. The children **are subject to** easily changing their minds because they want instant gratification.
5. The patients **are subject to** emotional outbursts due to the daily medication intake.

1 아기는 매년 겨울 아프기 쉽다.
2 나는 쉽게 포기하는 경향이 있었다.
3 그는 걸핏하면 약물을 남용했다.
4 아이들은 순간적인 만족을 원하기 때문에 금방 마음을 바꾸기 쉽다.
5 매일 약을 복용하기 때문에 환자들은 감정적으로 폭발하기 쉽다.

### Step 2

It's extremely easy to get so much valuable information through the internet these days. Therefore, more students **are prone to** plagiarism. They quickly learn to cut and paste instead of compare and contrast. If they took the time to read through all the sources, they would actually be a better writer.

오늘날 인터넷을 통해 아주 귀중한 정보를 얻는 것은 매우 쉽죠. ____________ 그들은 비교하고 대조하는 대신에 자료를 자르고 붙이는 것을 쉽사리 배우죠. 만일 학생들이 시간을 내서 모든 자료를 다 읽는다면, 글을 더 잘 쓰게 될 것입니다.

모범답안
그래서 더 많은 학생들이 표절을 하기 쉽습니다.

잠깐만요!
이상하게 사고를 자주 당하는 사람이 있죠? 그런 사람들에게는 '사고를 잘 당하는'이라는 의미의 accident-prone 또는 injury-prone이 자주 쓰입니다.
He is accident-prone.
그는 유난히 사고가 많은 사람이다.

abuse 남용하다
gratification 만족
outburst 분출, 폭발
medication 약, 약물
intake 섭취, 복용
extremely 매우, 극히
plagiarism 표절
paste 붙이다
compare 비교하다
contrast 대조하다

# PART 4

## : 재미있는 소설에서 찾은 리딩 패턴 :

많은 사람들이 영어 독해를 위해 선택하는 학습법이 바로 영어 소설 읽기입니다. 소설은 스토리 텔링이기 때문에 다른 글에 비해 쉬울 것이라고 생각하지만, 의외로 복잡한 구조의 문장이나 미사여구가 많아서 난이도가 높은 편입니다. 그래서 번역본을 먼저 읽고 원서를 읽는 것도 좋은 방법입니다. 이번 파트에서는 많은 이들에게 사랑 받는 명작 소설 속 리딩 패턴을 알아봅니다.

# UNIT 15
# 오만과 편견
# (Pride and Prejudice)

〈오만과 편견〉은 영국인이 가장 사랑하는 여류 작가 제인 오스틴의 대표작입니다. 주인공들이 배우자를 찾고 결혼하는 과정 속에서 신분과 계급이 낳은 '오만'과 '편견'을 녹여 낸 소설이죠. 제인 오스틴의 소설 중에서도 가장 사랑 받는 이 소설에서 리딩 패턴을 찾아볼까요?

Pattern 116 **cannot ~ too …** 아무리 …하게 ~해도 지나치지 않다
Pattern 117 **as ~ as any** 무엇과 비교해도 뒤지지 않을 만큼 ~한
Pattern 118 **there is no ~ing** ~는 불가능하다, ~하지 않을 수 없다
Pattern 119 **nothing can be more ~** ~보다 나은 것은 없을 것이다, ~가 가장 중요할 것이다
Pattern 120 **by no means** 결코 ~가 아닌
Pattern 121 **cannot help ~ing** ~하지 않을 수 없다, 어쩔 수 없이 ~하다
Pattern 122 **might as well A as B** B하느니 차라리 A하는 게 낫다
Pattern 123 **it is of no use to ~** ~해도 소용없다
Pattern 124 **who should ~ but A** A가 ~할 적임이다
Pattern 125 **give rise to ~** ~를 불러일으키다[낳다]
Pattern 126 **make a point of ~ing** 꼭 ~하기로 되어 있다, 애써 ~하다
Pattern 127 **no sooner A than B** A하자마자 바로 B하다, A하는 즉시 B하다

# Pattern 116 cannot ~ too …

## 아무리 …하게 ~해도 지나치지 않다

cannot ~ too …는 부정어 not과 '너무'라는 의미의 too, 두 가지가 함께 있어 뜻이 헷갈려 오역하기 쉬운 패턴입니다. 이 표현은 cannot be too …로 자주 쓰이는데 '아무리 …해도 지나치지 않다'라고 해석하세요. be동사 대신 다른 일반동사가 오면 '아무리 …하게 ~해도 지나치지 않다' 내지는 '…하게도 ~하다'라는 의미를 나타냅니다.

### Step 1

1. You **cannot** be **too** picky when finding your first job.
2. I **cannot** be **too** nice when people ask for favors.
3. With all the things you did, I **cannot** thank you **too** much.
4. People **cannot** criticize the singer's bad behavior in public **too** much because he was extremely rude.
5. The archeologist **cannot** emphasize **too** much about the importance of preserving historic sites.

1 첫 직장을 찾을 때는 아무리 까다로워도 지나치지 않다.
2 내가 사람들에게 부탁을 할 때는 아무리 상냥해도 지나친 것이 아니다.
3 당신이 한 모든 것에 대해 나는 너무나 고맙다.
4 그 가수가 지나치게 무례했기 때문에 사람들이 공공연히 그의 나쁜 행동을 비난하는 것은 지나친 것이 아니다.
5 그 고고학자가 유적지 보존의 중요성에 대해서 아무리 강조해도 지나친 것이 아니다.

### Step 2

"Lizzy, I never gave you an account of my wedding, I believe. You were not by, when I told mamma, and the others, all about it. Are not you curious to hear how it was managed?" "No, really," replied Elizabeth; "I think there **cannot** be **too** little said on the subject."

"리지 언니, 내 생각에, 내가 언니한테 내 결혼식 이야기를 한 적이 없는 것 같아. 내가 엄마하고 다른 사람들에게 결혼식에 대해서 이야기할 때, 언니가 옆에 없었으니까. 언니는 결혼식이 어떻게 진행되었는지 궁금하지 않아?" "응, 별로 궁금하지 않아," 엘리자베스가 대답했다. "________________"

**잠깐만요!**
**비슷하게 부정어가 보이긴 하지만 역시 강한 긍정의 의미로 사용되는 표현으로 cannot agree with ~ more가 있으며, '더 이상으로 동의할 수 없다,' 즉 '전적으로 동의하다'로 해석하세요.**
I cannot agree with **you** more.
나는 네 의견에 전적으로 동의한다.

**criticize** 비난하다, 비판하다
**rude** 무례한
**archeologist** 고고학자
**emphasize** 강조하다
**give an account of** ~를 이야기하다, 설명하다
**by** ~ 옆에
**curious** 궁금한, 호기심 많은
**manage** 처리하다, 다루다

모범답안
내 생각에 그 일에 대해서는 별로 들을 말이 없을 것 같은데.

# as ~ as any
## 무엇과 비교해도 뒤지지 않을 만큼 ~한

Pattern 117

as ~ as any는 '무엇과 비교해도 뒤지지 않을 만큼 ~한'이라는 의미입니다. 영어 표현에서 강조를 하기 위해 사용하는 패턴이 여러 가지가 있는데 그 중 하나가 바로 이 as ~ as를 사용하는 것이죠. 항상 뒤에 나온 as 덩어리를 먼저 해석하고 앞에 나온 as는 우리말로는 따로 해석되지 않음에 유의하세요. 비슷한 패턴인 nothing is as A as B는 'B만큼 A한 것은 없다'라는 의미로 최상급의 의미를 강조할 때 자주 나옵니다.

### Step 1

1. His horse was **as** excellent **as any**.
2. Our security inspection was **as** thorough **as any**.
3. This painkiller was **as** powerful and effective **as any**.
4. **Nothing is as** important **as** maintaining our health because without our health we can't do anything.
5. **Nothing** can **be as** crucial **as** keeping our precious relics so that our tradition can pass down.

1 그의 말은 무엇과 비교해도 뒤지지 않을 만큼 뛰어났다.
2 우리의 보안 검사는 무엇과 비교해도 뒤지지 않을 만큼 철저했다.
3 이 진통제는 무엇과 비교해도 뒤지지 않을 만큼 강력하고 효과적이었다.
4 건강 없이는 아무것도 할 수 없기 때문에 우리의 건강을 지키는 것만큼 중요한 것이 없다.
5 우리 전통이 계승될 수 있도록 우리의 귀중한 유물을 지키는 것만큼 중요한 것은 없다.

### Step 2

"What say you to the day? I think everything has passed off uncommonly well, I assure you. The dinner was **as** well dressed **as any** I ever saw. The venison was roasted to a turn and everybody said, they never saw so fat a haunch. The soup was fifty times better than what we had at Lucas's last week."

"얘들아, 오늘 어땠니? 내가 너희들에게 장담하건대, 모든 게 아주 기가 막히게 잘 된 것 같은데 말이다. __________ 사슴고기는 아주 적당하게 잘 구워졌고 모두들 그렇게 살이 많은 뒷다리 살 고기는 본 적이 없다고 말하지 않던? 수프도 지난주에 루카스 댁에서 먹었던 것보다 50배는 더 맛있었어."

**잠깐만요!**

**Nothing is more A than B라는 비교급 패턴 또한 최상급의 의미를 강조하기 위해 사용됩니다. 결국은 'B가 가장 A하다'의 의미랍니다.**

Nothing is more **fascinating** than traveling all over the world.
전세계를 여행하는 것보다 더 환상적인 것은 없다.

**inspection** 검사
**painkiller** 진통제
**crucial** 중요한, 중대한
**relics** 유물, 유적
**pass off** 이루어지다, 행해지다
**uncommonly** 굉장히
**assure** 장담하다, 확언하다
**venison** 사슴고기
**roast** 굽다
**to a turn** 적당하게, 꼭 알맞게
**haunch** (동물의) 뒷다리 살

**모범답안**

내가 지금까지 본 무엇과 비교해도 뒤지지 않을 만큼 잘 차려진 만찬이었어.

# Pattern 118 there is no ~ing

## ~는 불가능하다, ~하지 않을 수 없다

there is no ~ing는 보통 뒤에 있는 ~ing를 먼저 해석하면서 그것이 불가능하다는 의미로 말하는 패턴입니다. 보다 직접적인 표현으로 〈it is impossible to + 동사원형 ~〉이 있으며 '~하는 것은 불가능하다' 내지는 '~하지 않을 수 없다'로 해석하세요.

### Step 1

1. **There is no singing** in a library.
2. **There is no parking** on this street.
3. **There is no denying** the fact that the murderer is ruthless.
4. **It is impossible to provide** the isolated refugees with food and blankets without a helicopter.
5. **It is impossible to persuade** angry people on the street to stop protesting against the government's new policy.

1 도서관에서 노래하는 것은 불가능하다.
2 이 거리에서는 주차가 불가능하다.
3 그 살해범이 무자비하다는 사실을 부인하기란 불가능하다.
4 헬리콥터 없이 고립된 난민에게 음식과 담요를 제공하는 것은 불가능하다.
5 거리의 분노한 사람들에게 정부의 새 정책에 대한 항의를 멈추라고 설득하기란 불가능하다.

### Step 2

With the mention of Derbyshire, there were many ideas connected. **There was no seeing** the word without thinking of Pemberley and its owner. "But surely," said she. "I may enter his county with impunity, and rob it of a few petrified spars without perceiving me."

더비셔를 언급하면서, 연상되는 많은 생각들이 있었다. ______ "하지만 확실히 나는 그의 땅에 무사히 들어갈 수 있을 것 같고, 몰래 석화된 형석 몇 개를 가져올 수 있을 거 같아"라고 그녀(엘리자베스)가 말했다.

**잠깐만요!**

there is nothing은 전혀 다른 뜻으로 쓰여요. 보통 뒤에 to부정사를 붙여 쓰며, '~할 것이 없다'로 해석하세요.

There is nothing to do today.
오늘 할 것은 없다.

ruthless 무자비한
isolated 고립된, 격리된
refugee 난민
connected 연속된, 연관된
surely 확실히
with impunity 무사히, 처벌받지 않고
rob 도둑질하다, 털다
petrified 석화된
spar 형석; 일정한 면을 따라 잘 쪼개지는 광택 나는 광물

**모범답안**

그 단어(더비셔)를 들을 때마다 펨벌리와 그 주인(다아시)을 떠올리지 않을 수 없었다.

# nothing can be more ~

## ~보다 나은 것은 없을 것이다, ~가 가장 중요할 것이다

Pattern 119

nothing can be more ~는 비교급 표현의 형태를 띠고 있지만 최상급의 의미를 나타내는 패턴입니다. 결국 의역하면 '~보다 더 나은 것은 있을 수 없다,' '~가 가장 중요할 것이다'이며, can be의 늬앙스를 살려 '~일 것이다' 정도로 조심스런 느낌을 전달하며 해석하세요. nothing can be as A as B는 'B만큼 A한 것은 없을 것이다'로 같은 뜻이니 알아 두세요.

**Step 1**

1. **Nothing can be more** interesting than writing a book.
2. **Nothing can be more** fun than chatting online.
3. **Nothing can be more** challenging than changing a job.
4. **Nothing can be as** difficult **as** going on an expedition to the North Pole.
5. **Nothing can be as** shocking **as** being left alone in a spacecraft in the outer space.

1 책을 쓰는 것보다 더 흥미로운 것은 없을 것이다.
2 온라인상에서 채팅하는 것보다 더 재미있는 것은 없을 것이다.
3 직업을 바꾸는 것보다 더 어려운 것은 없을 것이다.
4 북극으로 탐험을 가는 것만큼 어려운 것은 없을 것이다.
5 우주에서 우주선에 혼자 남겨지는 것만큼 충격적인 일은 없을 것이다.

**Step 2**

He was quite young, wonderfully handsome, extremely agreeable, and to crown the whole, he meant to be at the next assembly with a large party. **Nothing could be more** delightful! To be fond of dancing was a certain step towards falling love and very lively hopes of Mr. Bingley's heart were entertained.

그(빙리)는 아주 젊고, 잘생긴데다 성격도 쾌활했고, 무엇보다 다음 모임에 많은 친구들과 함께 오겠다고 했다. ________________ 춤을 좋아하는 것은 사랑에 빠지기 위한 필수 단계였고, 빙리 씨의 마음을 사로잡을 기대로 한껏 부풀어올랐다.

잠깐만요!

**be the most ~는 보다 직접적으로 최상급을 표현하는 것이므로 '가장 ~하다'로 해석하면 되지요.**

Maintaining our health **is the most crucial** thing in life.
우리의 건강을 지키는 것이 인생에서 가장 중요한 것이다.

**expedition** 탐험, 탐사
**spacecraft** 우주선
**wonderfully** 아주, 잘
**agreeable** 쾌활한
**to crown the whole** 유쾌한 일이 겹쳐서
**delightful** 정말 기분 좋은, 기쁨을 주는
**be fond of** ~를 좋아하다

모범답안

아무것도 이보다 더 기쁜 일은 없을 것이다! [이보다 더 기쁜 소식이 있을까!]

# Pattern 120 by no means

## 결코 ~가 아닌

mean은 동사로 '의미하다,' means는 명사로 '수단,' '방법'이라는 의미가 있는데, 이런 의미를 by no means에 대입하면 문맥을 절대 파악할 수 없습니다. by no means는 not만으로 부정에 대한 강조가 충분하지 않을 때, 즉 정말 강하게 부정하고 싶을 때 주로 활용되는 표현이에요. 이 패턴을 해석할 때는 '결코 ~가 아닌'이라는 의미로 강한 부정임을 기억하세요.

### Step 1

1. Getting a good score on an exam is **by no means** easy.
2. The global warming is **by no means** a recent phenomenon.
3. Climbing up to Mt. Everest was **by no means** easy.
4. Everybody knows what tsunami is because tsunami is **by no means** a recent meteorological term.
5. Since an earthquake is **by no means** an avoidable catastrophe, people need to prepare for it.

1 시험에서 좋은 성적을 받는 것은 결코 쉽지 않다.
2 지구 온난화는 결코 최근의 현상이 아니다.
3 에베레스트 산을 등정하는 것은 결코 쉽지 않았다.
4 쓰나미는 결코 최근에 생겨난 기상 용어가 아니기 때문에 모든 사람이 쓰나미가 무엇인지 안다.
5 지진은 결코 피할 수 있는 재난이 아니기 때문에 사람들이 그것에 대비할 필요가 있다.

### Step 2

His sisters were very anxious for having an estate of his own, but though he was now established only as a tenant, Miss Bingley was **by no means** unwilling to preside at his table, nor Mrs. Hurst, who had married a man of more fashion than fortune, less disposed to consider his house as her home when it suited her.

그의 누이들은 그(빙리)가 자기 소유의 저택을 갖기를 몹시 바라고 있었지만, 그가 저택을 임대하자, ______________________________, 재산보다 집안을 보고 남편을 선택한 허스트 부인 역시 자신의 형편을 생각해서 빙리의 집에 눌러 살기로 마음먹었다.

**잠깐만요!**
부정어 no 대신 all이 쓰인 by all means는 '무슨 일이 있어도'로 해석하세요.
By all means, I will help you.
무슨 일이 있어도, 나는 너를 도울 것이다.

phenomenon 현상
meteorological 기상의, 기상학적인
avoidable 피할 수 있는
anxious for ~하고 싶은, ~를 열망하는
estate 재산, 토지
established 인정받는, 확실히 자리잡은
tenant 임차인, 세입자
preside 주재하다, 주도하다
dispose ~할 마음이 일어나게 하다
suit 적합하다, 만족할 만하다

**모범답안**
빙리 양은 결코 망설임 없이 그의 식탁을 책임지기로 했으며

# cannot help ~ing

## ~하지 않을 수 없다, 어쩔 수 없이 ~하다

Pattern 121

help의 직접적인 뜻은 '돕다'이지만 cannot help ~ing로 쓰이면 '~하지 않을 수 없다,' '어쩔 수 없이 ~하다'라는 의미가 됩니다. 비슷하게 〈cannot but + 동사원형〉으로 쓰는 패턴 또한 '~하지 않을 수 없다'로 해석하세요.

### Step 1

1. Medical students **cannot help studying** hard.
2. The players **could not help crying** when they lost the game.
3. While I saw the romantic comedy, I **could not help laughing**.
4. I **cannot but think** that the main cause of this failure in my life is based on my megalomania.
5. Many members in the orchestra **cannot but make** a complaint when their conductor treats them with no respect.

1 의대 학생들은 열심히 공부할 수밖에 없다.
2 선수들은 경기에서 졌을 때 울지 않을 수 없었다.
3 그 로맨틱 코미디를 보는 동안 나는 웃지 않을 수 없었다.
4 나는 내 인생에 있어 이번 실패의 주 원인은 내 과대망상 때문이라고 생각하지 않을 수가 없다.
5 오케스트라의 많은 단원들은 그들의 지휘자가 존중하는 마음 없이 그들을 대할 때 불평하지 않을 수가 없다.

### Step 2

"Are you quite sure, Ma'am? — is not there a little mistake?" said Jane. — "I certainly saw Mr. Darcy speaking to her." "Aye — because she asked him at last how he liked Netherfield, he **could not help answering** her, — but she said he seemed very angry at being spoke to."

"어머니, 정말 확실한 거예요? 뭔가 잘못 아신 거 아니에요?"라고 제인이 말했다. — "제가 분명히 다아시 씨가 그녀(롱 부인)에게 얘기하는 걸 봤는데요." "아, 그거 말이냐? — ______, — 그런데, 그녀(롱 부인)가 말을 거니까 그가 볼멘소리를 하더래."

잠깐만요!
〈cannot help but + 동사원형〉 패턴 역시 비슷한 뜻으로 '~하지 않을 수 없다'로 해석하세요.
He cannot help but buy a new smartphone.
그는 신형 스마트폰을 사지 않을 수 없다.

모범답안
그녀(롱 부인)가 네더필드가 마음에 드느냐고 물어봤기 때문에 그(다아시)가 마지못해 그녀(롱 부인)에게 대답하더란다

megalomania 과대망상
conductor 지휘자
certainly 확실히, 틀림없이
speak to ~와 이야기하다
at last 마침내
be angry at ~에 화가 나다

# Pattern 122 might as well A as B

## B하느니 차라리 A하는 게 낫다

might as well A as B의 표현은 as B 부분을 먼저 해석하는 것이 편하답니다. 그래서 먼저 'B하느니 차라리' 또는 'B하는 것보다는'이라고 해석한 뒤 결론은 'A하는 것이 낫다'로 해석하면 된다는 것을 기억하세요. 비슷하게 may as well A as B도 똑같이 해석하면 된답니다. 보통 A에는 동사원형이 오고 B의 자리에는 동명사가 많이 나오니 같이 알아 두세요.

**Step 1**

1. I **might as well** watch TV at home **as** going to a theater.
2. She **might as well** buy her own house **as** paying high rent.
3. He **might as well** tell the truth **as** making up a story.
4. If you get really angry, you **may as well** release your pent-up anger inside you **as** bearing it.
5. You **may as well** ask your professor **as** wasting your time finding related information by yourself in this big library.

1 나는 영화관에 가느니 차라리 집에서 TV를 보겠다.
2 그녀는 높은 집세를 내느니 차라리 집을 구입하는 게 낫다.
3 그는 이야기를 지어내느니 차라리 진실을 말하는 게 낫다.
4 만일 정말로 화가 나면, 당신은 내면에 있는 울분을 참느니 차라리 풀어버리는 것이 낫다.
5 당신은 이 큰 도서관에서 혼자 관련 정보를 찾으려고 시간을 낭비하느니 당신의 교수님께 물어보는 것이 낫다.

**Step 2**

Then shewing her purchases: "Look here, I have bought this bonnet. I do not think it is very pretty, but I thought I **might as well** buy it **as** not. I shall pull it to pieces as soon as I get home, and see if I can make it up any better."

그러고는 구입한 물건들을 보여 주면서, "이것 봐, 내가 이 모자를 샀어. ______________________ 집에 도착하자 마자 그것을 뜯어서 더 예쁘게 고칠 수 있는지 볼 거야."

잠깐만요!
**had better ~ 또한 비슷한 뜻을 나타내는 패턴으로 '~하는 것이 좋을 것이다'라고 해석됩니다.**
You had better keep quiet.
너는 침묵하는 것이 좋을 것이다.

**release** 표출하다, 없애다
**pent-up** 억눌린, 갇힌
**shew** show(보여 주다)의 고어
**purchase** 구입[구매]한 것
**bonnet** 턱 밑에 끈을 묶는 모자
**pull it to pieces** 산산조각 내다

모범답안
이게 별로 예쁘지는 않다고 생각해, 하지만 아무것도 사지 않느니 차라리 그것을 사는 게 낫다고 생각했지.

# it is of no use to ~

## ~해도 소용없다

Pattern 123

it is of no use to ～의 표현에서 use는 '사용,' '소용'의 의미이므로 이 패턴은 '～해 봤자 소용없다'로 해석하면 됩니다. to 다음에는 동사원형이 옵니다. of가 빠진 it is no use ~ing를 봐도 똑같이 해석하세요.

### Step 1

1. **It is of no use to change** your destiny.
2. **It is of no use to get** a letter of acceptance to school this late.
3. **It is of no use to treat** a contagious disease now.
4. **It is no use crying** over spilt milk because we cannot go back to our past and we have another chance to try in our life.
5. **It is no use trying** to find a restaurant where we can enjoy excellent Indian cuisine in this small town.

1 당신의 운명을 바꾸려고 해도 소용없다.
2 이렇게 늦게 학교 입학 허가서를 받아 봐야 소용없다.
3 지금 전염병을 진료해도 소용없다.
4 우리는 과거로 돌아갈 수 없기 때문에 엎질러진 물 앞에서 울어봤자 소용없으며, 인생에서 시도할 기회는 또 있다.
5 이 작은 도시에서 근사한 인도 요리를 즐길 수 있는 식당을 찾으려고 노력해 봤자 소용없다.

### Step 2

"The conduct has been such as neither you nor I, nor anybody, can ever forget. **It is of no use to tell of it.**" replied Elizabeth. It occurred to the girls that their mother was perfectly ignorant of what had happened. They went to the library to ask their father whether he would not wish them to make it known to her.

"그 행동은 언니나 나나, 아니 어느 누구도 절대로 잊어버릴 수 없어. ________ ________" 엘리자베스가 대답했다. 두 자매는 어머니가 이 사실을 전혀 모르고 있다는 걸 깨달았다. 그들은 서재로 가서 아버지에게 이 소식을 어머니에게 알려도 되는지 안 되는지를 물었다.

**잠깐만요!**

비슷한 표현인 it is useless to ～도 '～해도 소용없다'로 해석하세요. 역시 to 다음에는 동사원형이 옵니다.

It is useless to say that health is the most important asset to him.
그에게 건강이 가장 중요한 자산이라고 말해 봐야 소용없다.

모범답안

얘기해 봤자 소용없는 일이긴 하지만.

destiny 운명, 숙명
contagious 전염성의
cuisine 요리
conduct 행동
occur to (생각 등이) 떠오르다
ignorant 무지한
whether ～인지 아닌지
wish 바라다, 원하다

# Pattern 124 who should ~ but A

## A가 ~할 적임이다

who should ~ but A의 구문에서 should에는 '~해야 하다'라는 당위성의 의미가 있으므로 '누가 ~해야 하느냐'라고 해석해야 하며, except(~를 제외하고는)의 의미로 쓰인 but A를 덧붙여 직역하면 'A를 제외하고는 누가 ~해야 하겠는가'라는 의미가 됩니다. 즉 '누가 ~ 해야 하는가 했더니 바로 A가 하면 된다' 또는 'A가 ~할 적임이다'라고 해석하세요.

### Step 1

1. **Who should** be the leader of this group **but** you!
2. **Who should** do this art project **but** the famous artist!
3. **Who should** run this big manufacture company **but** Mr. Brown!
4. **Who should** lead this expedition to the North Pole **but** Paul because he is the most experienced member of all.
5. **Who should** be the CEO of this media conglomerate **but** you because you are highly experienced.

1 바로 당신이 이 그룹의 리더를 할 적임이다!
2 그 유명한 화가가 이 예술 프로젝트를 맡을 적임이다!
3 브라운 씨가 이 큰 제조회사를 운영할 적임자이다!
4 폴은 모든 사람 가운데 가장 경력이 많은 단원이기 때문에 이번 북극 탐험을 이끌 적임자이다.
5 당신은 매우 경험이 많기 때문에 이 언론 기업의 최고 경영자가 될 적임자이다.

### Step 2

"Well," cried her mother, "it is all very right; **who should** do it **but** her own uncle! If he had not had a family of his own, I and my children must have had all his money you know, and it is the first time we have ever had anything from him, except a few presents. Well! I am so happy. In a short time, I shall have a daughter married."

"그래." 엄마가 울면서 말했다. "_______________ 외삼촌에게 가족이 없었다면 너희도 알다시피 나와 내 자식들이 그의 모든 재산을 차지하게 됐을 텐데. 네 외삼촌에게 몇 가지 선물 받은 걸 빼면 뭔가 받은 건 이번이 처음이야. 어쨌든! 난 너무 행복하구나. 머지 않아, 내 딸 하나를 시집 보낼 거잖니."

**잠깐만요!**

you are the only person who should ~라고 직접적으로 풀어서 나오면 '당신이 ~할 유일한 사람이다'라고 해석하세요.

You are the only person who should solve this problem.
당신이 이 문제를 해결할 유일한 사람이다.

**모범답안**

바로 맞았어. 바로 그녀의 삼촌이 그것을 할 사람이로구나!

**manufacture** 제조, 생산
**conglomerate** (거대) 복합기업
**except** ~를 제외하고
**present** 선물

# give rise to ~

~를 불러일으키다[낳다]

Pattern
125

rise가 '상승,' '오름'이라는 의미이므로 give rise to ~의 표현은 직역하면 '~를 올리다'라는 뜻입니다. 따라서 '~를 불러일으키다' 혹은 '~를 낳다'라는 의미로 연결하여 해석할 수 있습니다. to 다음에는 명사가 옵니다.

## Step 1

1. This will **give rise to** another tragedy.
2. The shocking news **gave rise to** serious trouble.
3. Their uncertain whereabouts will **give rise to** a rumor.
4. His trembling voice **gave rise to** suspicion that he might be the one who stole all the money.
5. You should be careful because your equivocal explanation will **give rise to** a huge misunderstanding.

1 이것은 또 다른 비극을 불러일으킬 것이다.
2 그 충격스런 뉴스는 심각한 문제를 낳았다.
3 그들의 불분명한 행방은 소문을 불러일으킬 것이다.
4 그의 떨리는 목소리는 그가 아마도 모든 돈을 훔친 사람일 수도 있겠다는 의심을 낳았다.
5 당신의 애매모호한 설명이 엄청난 오해를 불러일으킬 것이므로 조심해야 한다.

## Step 2

At that ball, while I had the honor of dancing with you, I was first made acquainted, by Sir William Lucas's accidental information, that Bingley's attentions to your sister had **given rise to** a general expectation of their marriage. He spoke of it as a certain event, of which the time alone could be undecided.

그 분은 두 사람의 결혼을 기정사실로 말하면서 결혼 날짜를 잡을 일만 남았다고 하더군요.

잠깐만요!
비슷한 표현으로 bring about ~이 있는데 about 뒤에는 명사가 이어집니다. '~를 초래하다'로 해석하세요.
This change will bring about negative impacts on our environment.
이 변화는 우리 환경에 부정적인 영향을 초래할 것이다.

tragedy 비극
whereabouts 행방, 소재, 위치
equivocal 애매모호한
ball 무도회, 댄스파티
have an honor ~하는 영광을 얻다
acquainted 알게 된
accidental 우연한, 돌발적인
attention 관심, 주의
general 일반적인, 보편적인
expectation 기대, 고대

모범답안
그 무도회에서, 제가 영광스럽게도 당신과 춤을 추고 있는 동안, 우연히 윌리엄 루카스 경에게서 언니 분에 대한 빙리의 관심이 결혼에 대한 기대로까지 발전했다는 것을 처음으로 알게 되었습니다.

# Pattern 126 make a point of ~ing

## 꼭 ~하기로 되어 있다, 애써 ~하다

point는 보통 '(말) 주장,' '요점,' '점' 등의 다양한 의미로 해석될 수 있죠. 그런데 make a point of ~ing의 표현으로 쓰이면 make a point가 한덩어리로 '어떤 규칙으로 만든다'는 느낌을 생성하게 되어, '꼭 ~하기로 되어 있다'라고 해석되는 경우가 많으며, 나아가 '애써 ~하다'의 의미로도 해석될 수 있으니 알아 두세요. '애써서 ~하다'라는 의미의 또 다른 표현으로는 〈try to + 동사원형〉이 있습니다.

### Step 1

1. I **made a point of submitting** all the papers on time.
2. He **made a point of taking** vitamins every day.
3. All the actors **make a point of memorizing** their lines.
4. When the scientist does an experiment, he is always **trying to keep** every record.
5. I was **trying to eat** almonds and nuts every day in order to take in nutrition.

1 나는 애써 모든 리포트를 제때에 제출했다.
2 그는 꼭 매일 비타민을 복용하기로 되어 있었다.
3 모든 배우들은 그들의 대사를 꼭 외우기로 되어 있다.
4 그 과학자는 실험을 할 때, 항상 모두 기록하고자 애쓴다.
5 영양소 섭취를 위해 나는 매일 아몬드와 견과류를 먹으려고 애썼다.

### Step 2

I have the greatest dislike in the world to that sort of thing. — Young women should always be properly guarded and attended, according to their situation in life. When my niece Georgiana went to Ramsgate last summer, I **made a point of having** two men servants go with her.

나는 세상에서 가장 싫어하는 게 그런 일이니까. 젊은 아가씨들은 항상 자신의 지위에 맞게 적절한 보호와 시중을 받아야 하는 법이지.

모범답안

작년 여름에 내 조카딸 조지애나가 램스게이트에 갈 때도 내가 애써 남자 하인 두 명이 그녀를 따라가게 했어.

submit 제출하다
experiment 실험
dislike 싫어함
attend 수행하다, 시중들다
niece 조카딸
servant 하인
go with ~와 동행하다

# no sooner A than B

## A하자마자 바로 B하다, A하는 즉시 B하다

Pattern 127

no sooner A than B는 직역하면 'B보다 더 빠르지 않게 A를 하다'이므로 결국 시간상 간발의 차이로 'A를 하자마자 바로 B를 하다'로 해석이 됩니다. 이 패턴의 no sooner가 문장 맨 앞으로 나가 A 부분의 주어와 동사가 도치되는 문장도 해석은 똑같습니다.

### Step 1

1. The big guy had **no sooner** woken up **than** ate something.
2. They had **no sooner** gone out **than** had a heavy rain.
3. I had **no sooner** left my country **than** became penniless.
4. **No sooner** had the amendment been proposed **than** passed so that people got confused with the drastic change.
5. **No sooner** had the artisan finished his elaborate craftwork **than** people wanted to buy it.

1 그 덩치 큰 남자는 잠에서 깨자마자 바로 뭔가를 먹었다.
2 그들이 외출하자마자 바로 폭우가 쏟아지기 시작했다.
3 조국을 떠나자마자 나는 바로 무일푼이 되었다.
4 그 수정법안은 제출되자마자 바로 통과되었기에 사람들은 갑작스러운 변화에 혼란스러웠다.
5 그 장인이 정교한 수공예품을 끝내자마자 사람들은 그것을 사고 싶어했다.

### Step 2

She was too engaged in pointing out of her husband all the interesting spots in its environs, to think of anything else. Fatigued as she had been by the morning's walk, they had **no sooner** dined **than** she set off again in quest of her former acquaintance and the evening was spent in the satisfactions of an intercourse renewed after many years' discontinuance.

그녀는 남편에게 주변의 관심 있는 곳들을 가리키는 데 너무 열심인 나머지 다른 일을 생각할 겨를이 없었다. 그녀는 아침 산책으로 심신이 지쳐 있으면서도, ________________ 그리고 오랫동안 연락이 끊겨 있던 친구들을 만나 옛정을 나누면서 저녁시간을 보냈다.

잠깐만요!
〈as soon as 주어 + 동사 ~〉 패턴도 '~하자마자'로 해석하세요.
As soon as the celebrity arrived at the airport, his fans screamed.
그 유명인이 공항에 도착하자마자, 그의 팬들은 비명을 질렀다.

**penniless** 무일푼의
**amendment** 수정안, 정정
**artisan** 장인, 기능공
**elaborate** 정교한
**engaged** 바쁜, 열심인
**fatigued** 심신이 지친, 피곤한
**set off** 출발하다
**in quest of** ~를 찾아서
**acquaintance** 지인, 아는 사람
**intercourse** 교제, 교류
**renewed** 새로워진, 새로운
**discontinuance** 단절, 중단

모범답안
그들이 식사를 마치자마자 바로 그녀는 그녀의 예전 지인을 찾아 나섰다

# UNIT 16
# 어린 왕자
# (The Little Prince)

프랑스의 소설인 〈어린 왕자〉는 어린 시절 누구나 한 번쯤은 읽어 본 경험이 있을 것입니다. 상자 속 어린 양, 장미꽃, 뱀, 사막 여우 이야기 등 어린 왕자가 여러 별을 거쳐 지구를 여행하며 일어나는 에피소드들이 동심을 자극하죠. 어른이 되어 읽으면 잊고 있던 삶의 진정한 가치를 깨달으며 새로운 감동으로 다가오는 작품입니다. 이번 유닛에서는 〈어린 왕자〉에서 유용한 리딩 패턴을 찾았습니다.

Pattern 128 **neither A nor B** A도 B도 (어느 쪽도) 아니다
Pattern 129 **much less A than B** B보다 훨씬 덜 A한
Pattern 130 **so A that 주어 + 동사 ~** 너무 A해서 ~하다
Pattern 131 **on account of** ~ 때문에, ~로 인해서
Pattern 132 **all you have to do is ~**
당신이 해야 하는 일이라고는 ~하는 것뿐이다
Pattern 133 **be busy ~ing** ~하느라 바쁘다[분주하다]
Pattern 134 **have no hope of ~** ~할 희망이 없다
Pattern 135 **too A to + 동사원형** 너무 A해서 ~할 수 없다
Pattern 136 **make up one's mind** 결심을 하다
Pattern 137 **nothing but** 오직, 그저 ~일 뿐
Pattern 138 **now that 주어 + 동사 ~** 이제 ~하니까
Pattern 139 **once in a while** 가끔, 이따금

# neither A nor B

Pattern 128

A도 B도 (어느 쪽도) 아니다

neither는 '어느 쪽도 아니다'라는 뜻의 어휘로 뒤에 A nor B가 따라오면 'A도 B도 아니다'라는 전체 부정의 뜻을 나타내는 패턴입니다. 비슷한 의미를 지니는 표현으로 neither 대신 단순히 not을 쓴 not A, nor B가 자주 쓰입니다. 이 표현 역시 'A가 아니다, B도 또한 아니다'라는 의미로, 결국 '둘 다 아니다'라는 뜻이니 알아 두세요.

## Step 1

1. I want to drink **neither** coffee **nor** tea.
2. This website I found is **neither** free **nor** informative.
3. After having a great party, they were **neither** sad **nor** gloomy.
4. Although the prince went through all the difficulties, he could **not** find love, **nor** friendship.
5. Because the chairman had already thought about a possible reaction from the board, he did **not** feel surprised, **nor** shocked.

1 나는 커피도 차도 어느 것도 마시고 싶지 않다.
2 내가 찾은 이 웹사이트는 공짜도 아니고 정보도 많지 않다.
3 근사한 파티를 연 다음, 그들은 슬프지도 우울하지도 않았다.
4 왕자는 그 모든 고초를 겪었음에도 불구하고, 사랑도 우정도 찾을 수 없었다.
5 의장은 이미 이사회가 보일 만한 반응을 생각했었기에, 놀라지도 충격을 받지도 않았다.

## Step 2

Something in my plane's engine had broken, and since I had **neither** a mechanic **nor** passengers in the plane with me, I was preparing to undertake the difficult repair job by myself. For me it was a matter of life or death: I had only enough drinking water for eight days.

내 비행기 엔진의 어딘가 고장이 났고, ________________

________________

내게 있어, 그것은 생사가 걸린 문제였다. 나는 물도 겨우 8일 버틸 양밖에 남아 있지 않았다.

잠깐만요!
either A or B는 '둘 중에 하나'를 의미합니다.
I will choose either love or work.
나는 사랑이나 일 중 하나를 선택할 것이다.

모범답안
비행기 내에 나와 함께 탑승한 정비공도 승객도 없었기 때문에, 나는 혼자서 어려운 수리작업을 하려고 준비 중이었다.

**informative** 유익한, 정보가 있는
**reaction** 반응
**mechanic** 정비공
**undertake** 착수하다, 하다
**by oneself** 혼자
**a matter of life or death** 생사가 걸린 문제

# Pattern 129 much less A than B

## B보다 훨씬 덜 A한

비교급 패턴은 대개 more A than B가 더 자주 쓰이긴 하는데, 소설에는 필요에 따라 반대로 'B보다 훨씬 덜 A한'이라는 의미의 much less A than B도 흔히 나옵니다. 물론 비교급 앞에 much 외에도 far, a lot, still 등의 부사가 붙으면 'B보다 훨씬 덜 A한'이라고 해석하세요.

**Step 1**

1. Canada is **much less** dangerous **than** Iraq.
2. Sick patients have **much less** energy **than** normal people.
3. There are **much less** trendy clothes in this shop **than** yours.
4. Living in a traditional house is **much less** convenient **than** living in an apartment.
5. Reading a novel requires **much less** concentration **than** understanding a poem.

1 캐나다는 이라크보다 훨씬 덜 위험하다.
2 아픈 환자들은 정상인들보다 에너지가 훨씬 더 적다.
3 당신 가게보다 이 가게에 훨씬 더 유행에 못 미치는 옷들이 있다.
4 전통적인 가옥에 사는 것은 아파트에 사는 것보다 훨씬 덜 편리하다.
5 소설을 읽는 것은 시를 이해하는 것보다 집중력을 훨씬 덜 요한다.

**Step 2**

I rubbed my eyes hard. I stared. And I saw an extraordinary little fellow staring back at me very seriously. Here is the best portrait I managed to make of him, later on. But, of course, my drawing is **much less** attractive **than** my model. This is not my fault.

나는 눈을 세게 비볐다. 나는 앞을 응시했다. 그리고 나는 범상치 않은 한 어린 소년이 나를 뚫어져라 쳐다보고 있는 것을 보았다. 훗날, 이것이 내가 그린 그림 중에서 가장 잘 된 그 소년의 초상화이다. ________ 이것은 내 탓은 아니다.

잠깐만요!

more A than B는 'B보다 더 A한'으로 해석하되, 앞에 twice 같은 배수사나 much, by far 등과 같은 다양한 부사가 붙을 수 있습니다.

Keeping a promise is by far more important than making a promise.

약속을 지키는 것이 약속을 하는 것보다 훨씬 더 중요하다.

convenient 편리한
concentration 집중
rub 비비다, 문지르다
extraordinary 범상치 않은, 비범한
fellow 남자 소년
stare back 맞서 응시하다
portrait 초상화, 인물화
attractive 매력적인, 멋진

모범답안

그러나 물론 내 그림이 실물보다 훨씬 덜 매력적이다.

# so A that 주어 + 동사 ~

## 너무 A해서 ~하다

Pattern 130

⟨so A that 주어 + 동사 ~⟩의 패턴은 A를 강조하기 위한 표현이므로, '너무 A해서 결과적으로 ~하게 되다'라고 이해하면 됩니다. 같은 의미를 나타내는 또 다른 패턴으로 so 대신 such를 쓰는 ⟨such (+ a) (+ 형용사) + 명사 + that 주어 + 동사 ~⟩가 있습니다. 이 표현 역시 '너무 …해서 ~하다'라고 해석하면 됩니다.

**Step 1**

1. This song was **so** touching **that** I cried a lot.
2. Writing an essay in English is **so** hard **that** it takes much time.
3. The resort was **so** modern and luxurious **that** I felt great.
4. It was **such** a hilarious movie **that** I laughed a lot while watching it.
5. The movie had **such** descriptive lines **that** I could imagine how much the man and woman wanted each other.

1 이 노래는 너무 감동스러워서 나는 많이 울었다.
2 영어로 에세이를 쓰는 것은 너무 어려워서 많은 시간이 걸린다.
3 그 리조트는 너무나 현대적이고 호화로워서 나는 기분이 좋았다.
4 그것은 너무 유쾌한 영화라서 그것을 보는 동안 나는 많이 웃었다.
5 그 영화는 너무나 생생하게 묘사하는 대사를 담고 있어서 그 남녀가 서로를 얼마나 많이 원했는지 상상할 수 있었다.

**Step 2**

I knew very well that except for the huge planets like Earth, Jupiter, Mars, and Venus, which have been given names, there are hundreds of others that are sometimes **so** small **that** it's very difficult to see them through a telescope.

나는 주어진 이름을 가진 지구, 목성, 화성, 그리고 금성 같은 큰 행성 말고도, ______ 잘 알고 있었다.

모범답안
때로는 너무 작아서 망원경으로도 매우 보기 힘든 다른 별들이 무수히 많다는 것을

hilarious 유쾌한, 즐거운
descriptive 묘사하는, 서술적인
except for ~를 제외하고
planet 행성
Jupiter 목성
Mars 화성
Venus 금성
telescope 망원경

# Pattern 131 on account of

~ 때문에, ~로 인해서

account는 주로 '설명,' '계좌'의 뜻으로 쓰이지만, on account of는 원인이나 이유를 나타내고자 할 때 자주 쓰이는 표현입니다. 즉 이 패턴에서는 account가 '이유,' '원인'이라는 의미를 나타내기 때문에 '~ 때문에'로 해석해야 합니다. 비슷한 의미를 나타내는 표현으로는 because of, due to가 있습니다.

## Step 1

1. The flight returned to Korea **on account of** the bad weather.
2. Many people are in chaos **on account of** the recent flood.
3. Unfortunately, the CEO had to resign **on account of** illness.
4. The laboratory has been shut down for more than decades **because of** terrorists' threat.
5. The novel has been a steady seller **because of** its descriptive and explicit contents.

1 그 비행기는 기상 악화로 인해 한국으로 돌아왔다.
2 많은 사람들이 최근의 홍수로 인해 혼돈 상태에 있다.
3 안타깝게도, CEO는 병으로 인해 사임해야 했다.
4 그 실험실은 테러리스트들의 협박 때문에 수십 년 넘게 폐쇄되어 있었다.
5 그 소설은 서술적이면서 사실적인 내용들 때문에 계속 스테디 셀러가 되었다.

## Step 2

This asteroid has been sighted only once by telescope, in 1909 by a Turkish astronomer, who had then made a formal demonstration of his discovery at an International Astronomical Congress. But no one had believed him **on account of** the way he was plainly dressed. Grown-ups are like that.

이 소행성은 오직 단 한 번, 1909년 터키의 한 천문학자에 의해 망원경으로 관찰되었는데, 당시 그는 국제 천문학회에서 자신이 발견한 별에 대해 공식적인 입장을 내놓았다. ______________ 어른들이란 원래 그런 법이다.

**잠깐만요!**
account가 사용된 또 하나의 패턴으로는 account for가 있습니다. 이 표현은 '~를 설명하다,' '(비율)을 차지하다'라고 해석하면 됩니다.
The Korean market only accounts for 10% of the sales.
한국 시장은 고작 매출의 10퍼센트만 차지하고 있다.

chaos 혼돈, 무질서
resign 사임하다, 퇴직하다
laboratory 연구실, 실험실
explicit 노골적인, 솔직한
asteroid 소행성
astronomer 천문학자
demonstration 입장, 설명
astronomical 천문(학)의
plainly 수수하게, 소박하게

**모범답안**
그러나 그가 입은 수수한 옷차림 때문에 아무도 그를 믿으려 하지 않았다.

# all you have to do is ~

Pattern 132

## 당신이 해야 하는 일이라고는 ~하는 것뿐이다

all you have to do is ~의 패턴은 '당신이 해야 하는 것이라고는 ~하는 것뿐이다'라는 뜻입니다. is 뒤에는 to부정사나 명사 상당어구가 올 수 있습니다. have to 대신 need to를 쓰는 〈all you need to + 동사원형 + is ~〉의 패턴은 '당신이 …할 필요가 있는 것이라고는 ~이다'로 해석하며, 독해 지문에서 자주 접할 수 있으니까 알아 두세요.

### Step 1

1. **All you have to do is** memorize this for your test.
2. **All you have to do is** find out reliable information.
3. **All you have to do is** sell all the stocks you have.
4. **All you need to have is** stronger enthusiasm and passion toward your acting career.
5. **All you need to know is** that everybody has his own prejudice against something he has never experienced.

1 당신이 해야 하는 일이라고는 시험을 위해 이것을 외우는 것이다.
2 당신이 해야 하는 일이라고는 믿을 만한 정보를 찾는 것뿐이다.
3 당신이 해야 하는 일이라고는 당신이 갖고 있는 모든 주식을 파는 것뿐이다.
4 당신에게 필요한 것이라고는 배우 직업에 대한 강한 열의와 열정뿐이다.
5 여러분이 꼭 알아야 할 것은 모든 사람은 자신이 경험해 보지 못한 것에 대하여 자신만의 편견을 가지고 있다는 것이다.

### Step 2

The little prince continued, "Your planet is so small that you can walk around it in three strides. **All you have to do is** walk more slowly, and you'll always be in the sun. When you want to take a rest, just walk… and the day will last as long as you want it to."

어린 왕자는 계속해서 말했다, "너희 행성은 너무 작아서 세 발걸음만 움직이면 한 바퀴를 돌 수 있어. ______________________ 그러니까 쉬고 싶을 때는, 그냥 걸어봐… 그러면 네가 원하는 만큼 해가 길어질 거야."

잠깐만요!
all you have is ~는 '당신이 가진 것이라고는 ~이다'로 해석하세요.
All you have is this house in a small town.
당신이 가진 것이라고는 작은 마을에 있는 이 집뿐이다.

모범답안
네가 해야 하는 일이라고는 좀더 천천히 걷는 것이고, 그러면 너는 항상 햇빛을 받을 수 있어.

**stock** 주식, 증권
**enthusiasm** 열의, 열정
**prejudice** 편견
**stride** 큰 걸음
**take a rest** 쉬다
**last** 지속하다

# Pattern 133 be busy ~ing

## ~하느라 바쁘다[분주하다]

보통 be busy 뒤에는 ~ing 형태가 나와서 be busy ~ing라는 한덩어리 표현으로 자주 쓰이죠. ~ing 부분은 바쁜 이유를 나타내므로 be busy ~ing는 '~하느라 바쁘다'로 해석하세요. 비슷한 표현으로 〈be engaged in[with] + 명사〉가 있는데, 이 패턴은 '~하는 것'에 좀더 강한 초점이 있기 때문에 '~에 매달려 있다' 또는 '~로 바쁘다'라고 해석하면 됩니다.

### Step 1

1. Students in Korea **are busy studying** many subjects.
2. The reporter **is busy searching** for something interesting.
3. The man **is busy publishing** his books on the origin of stars.
4. The prominent professor has **been** fully **engaged in studying** on the human life in the Paleolithic period.
5. The writer **is** fully **engaged in writing** a novel about how ants communicate in a sophisticated way.

1 한국의 학생들은 많은 과목을 공부하느라 바쁘다.
2 그 기자는 흥미로운 것을 찾느라 분주하다.
3 그 남자는 별의 기원에 대한 그의 책을 펴내느라 바쁘다.
4 그 저명한 교수는 구석기 시대 인간의 삶에 대한 연구에 전적으로 매달려 왔다.
5 그 작가는 개미가 어떻게 세련된 방법으로 의사소통을 하는지에 관한 소설을 집필하는 데 전적으로 매달려 있다.

### Step 2

I didn't know. At that moment I **was** very **busy trying** to unscrew a bolt that was jammed in my engine. I was quite worried, for my plane crash was beginning to seem extremely serious, and the lack of drinking water made me fear the worst.

나는 몰랐다. ______________________________ 비행기 고장이 상당히 심각한 것으로 보이기 시작했기 때문에 나는 매우 걱정스러웠고, 식수 부족으로 최악의 상황에 처하게 됐다는 생각에 무척 두려웠다.

**잠깐만요!**
busy가 동사로 쓰이고 뒤의 목적어 자리에 oneself가 들어간 busy oneself with ~의 패턴은 '~하느라 스스로를 바쁘게 하다,' 즉 '~하느라 바쁘다'로 해석하세요.
She **busied herself with** the preparation for her birthday party.
그녀는 자신의 생일 파티 준비를 하느라 바빴다.

**prominent** 유명한, 탁월한
**paleolithic** 구석기의
**sophisticated** 정교한, 세련된
**unscrew** 나사를 풀다
**jam** 움직이지 못하게 되다
**plane crash** 비행기 사고

**모범답안**
나는 그때 엔진을 꽉 죄고 있던 나사를 풀려고 갖은 애를 쓰느라 매우 바빴다.

# have no hope of ~

## ~할 희망이 없다

Pattern 134

have no hope은 '희망이 없다'는 의미로, 뒤에 〈of + 명사〉가 따라오면 '~할 희망이 없다,' 즉 '~할 가망성이 없다'는 의미를 나타냅니다. 비슷한 뜻을 나타내는 구문으로 〈there is no chance of + 명사〉가 있는데, '~할 기회가 없다' 혹은 '~할 가능성이 없다'로 해석하세요.

### Step 1

1. I am sad because I **have no hope of** finding love.
2. The blind usually **have no hope of** gaining their sight back.
3. Because of the battles, France **had no hope of** having peace.
4. Luckily, **there is no chance of** getting contagion unless you get a blood transfusion.
5. **There is no chance of** emitting toxic gases into the atmosphere if you seal the bottle properly.

1 나는 사랑을 찾을 희망이 없기 때문에 슬프다.
2 시각 장애인들은 대개 그들의 시력을 되찾을 가망성이 없다.
3 전투 때문에, 프랑스는 평화가 올 가망이 없었다.
4 다행히도 당신이 수혈을 받지 않는 한 감염될 가능성이 없다.
5 당신이 그 병을 잘 밀봉하면 유독 가스가 공기 중으로 나갈 가능성은 없다.

### Step 2

The second time was eleven years ago, when I was interrupted by a fit of rheumatism. I don't get enough exercise. I haven't time to take strolls. I'm a serious person. The third time… is right now! Where was I? Five-hundred-and-one million…" "Million what?" The businessman realized that he **had no hope of** being left in peace.

"두 번째는 11년 전이었는데, 신경통 때문에 중지되었던 때였다. 나는 충분한 운동을 하지 못한다. 난 산책할 시간이 없다. 난 성실한 사람이다. 세 번째가… 바로 지금이란다! 내가 어디까지 했지? 오억 백만…" "뭐가 5억이라는 거죠?"

잠깐만요!
〈there is no possibility that 주어 + 동사 ~〉 역시 비슷한 의미를 나타내는 구문으로, '~할 가능성이 없다'로 해석하면 됩니다.
There is no possibility that the candidate will win the election.
그 후보가 선거에서 이길 가능성은 없다.

모범답안
그 사업가는 조용히 있기는 틀렸다는 것을 깨달았다. [그 사업가는 조용히 있을 수 있는 가능성은 없다는 것을 깨달았다.]

contagion 감염, 전염
blood transfusion 수혈
emit 방출하다, 내뿜다
interrupt 중지하다, 방해하다
rheumatism 류머티즘
take strolls 산책하다
serious 진지한, 심각한

# Pattern 135 too A to + 동사원형

## 너무 A해서 ~할 수 없다

too에는 '너무'라는 의미가 있어 부정적 의미를 담고 있음을 기억하세요. 그래서 〈too A to + 동사원형〉의 패턴은 '너무 A해서 ~할 수 없다'라고 해석해야 지문에 대한 정확한 이해를 할 수 있습니다. 중간에 〈for + 명사〉가 들어간 〈too A for + 명사 + to + 동사원형〉의 패턴은 〈for + 명사〉가 to부정사의 의미상 주어 역할을 하기 때문에 '너무 A해서 (명사)가 ~할 수 없다'로 해석하면 됩니다.

### Step 1

1. He is **too** short **to be** a model.
2. The movie is **too** violent **to watch**.
3. The girl was **too** shy **to introduce** herself in front of others.
4. The novel is based on a true story which is **too** horrible and shocking for me **to believe**.
5. The complicated molecular formulas in this book are **too** difficult for me **to understand**.

1 그는 키가 너무 작아서 모델이 될 수 없다.
2 그 영화는 너무 폭력적이어서 볼 수가 없다.
3 그 소녀는 너무 부끄러워서 다른 사람들 앞에서 자신을 소개할 수 없었다.
4 그 소설은 너무 끔찍하고 충격적이어서 나로서는 믿기 힘든 실화를 바탕으로 하고 있다.
5 이 책에 나오는 복잡한 분자식이 너무 어려워서 나는 이해할 수가 없다.

### Step 2

If they are properly raked out, volcanoes burn gently and regularly, without eruptions. Volcanic eruptions are like fires in a chimney. Of course, on our Earth we are **too** small **to rake** out our volcanoes. That is why they cause us so much trouble.

화산은 적당히 재를 긁어 주면 폭발하지 않고 서서히 규칙적으로 불타오른다. 화산 폭발은 굴뚝에서 내뿜는 불꽃과 같다. __________ 그래서 화산이 우리에게 그렇게 많은 온갖 문제들을 일으키는 것이다.

**잠깐만요!**

so A that ~의 구문에서 that절의 동사에 부정어가 들어간 〈so A that 주어 + cannot ~〉의 패턴이 〈too A to + 동사원형〉과 같은 의미로 쓰입니다.

I was so busy that I couldn't go to the movies.

나는 너무 바빠서 영화 보러 갈 수가 없었다.

horrible 끔찍한, 무서운
complicated 복잡한
molecular 분자의
formula 공식
properly 적당히, 적절히
rake out ~를 긁어내다, ~를 찾아내다
burn 불타오르다
volcanic eruption 화산 분출
chimney 굴뚝

**모범답안**

물론, 지구에서 우리 인간들은 너무 미미한 보잘것없는 존재여서 화산을 긁어낼 수 없다.

# make up one's mind
결심을 하다

Pattern 136

mind는 '정신,' '마음,' '머리' 등의 다양한 뜻이 있습니다. 이 단어가 make up one's mind라는 표현에 쓰이면 '결심하다'라는 의미가 됩니다. 뒤에 to부정사가 따라와 〈make up one's mind to + 동사원형〉으로 쓰이면 '~할 결심을 하다'로 해석하세요.

## Step 1

1. It will take him some time to **make up his mind**.
2. Can you please help me to **make up my mind**?
3. Because of the similar design, I cannot **make up my mind**.
4. As soon as the war broke out, the president finally **made up his mind to attack** the enemy.
5. Most people in this town have **made up their mind to vote** for the candidate.

1 그가 결심을 하는 데 다소 시간이 걸릴 것이다.
2 내가 결심을 하는 데 네가 날 좀 도와줄 수 있니?
3 비슷한 디자인 때문에 나는 결심을 할 수가 없다.
4 전쟁이 발발하자마자, 대통령은 마침내 적을 공격할 결심을 했다.
5 이 도시의 대부분의 사람들은 그 후보에게 투표할 결심을 했다.

## Step 2

"As for the big animals, I'm not afraid of them. I have my own claws." And she naively showed her four thorns. Then she added, "Don't hang around like this; it's irritating. You **made up your mind** to leave. Now go." She didn't want him to see her crying. She was such a proud flower....

"큰 동물에 대해서 말하자면, 나는 그들이 두렵지 않아. 나도 내 발톱이 있거든." 그러면서 그녀는 순진하게 그녀의 네 개의 가시를 보여 주었다. 그러고 나서 그녀는 덧붙였다, "지금처럼 서성거리지 마. 짜증나거든. ______________ 어서 가." 그녀는 그(어린 왕자)에게 울고 있는 모습을 보이고 싶지 않았다. 그녀는 그렇게 자존심이 강한 그런 꽃이었다….

모범답안

너는 떠날 결심을 했잖아.

잠깐만요!

**make up one's mind 다음에 to부정사 대신 〈whether 주어 + 동사 or not〉이 쓰인 구문 또한 자주 독해 지문에서 접할 수 있습니다. 동사 make가 부정 형태일 때가 많으며, 이때는 '~할지 말지를 결정하지 못하다'로 해석하세요.**

He can't make up his mind whether he should sell his house or not.
그는 그의 집을 팔아야 할지 말지를 결정할 수 없다.

**break out** 발생하다, 발발하다
**candidate** 후보
**claw** 발톱
**naively** 순진하게
**thorn** 가시
**hang around** 서성거리다, 얼쩡거리다
**irritating** 짜증나는, 비위에 거슬리는

# Pattern 137 nothing but

## 오직, 그저 ~일 뿐

but은 '그러나' 이외에, 전치사로서 except의 뜻, 즉 '~를 제외하고'라는 의미도 있습니다. 따라서 nothing but은 직역하면 '~를 제외하고는 없다,' 즉 '오직,' '그저 ~일 뿐,' '~밖에 없다'라고 해석하면 됩니다. merely가 같은 의미를 나타내는 단어로, 해석은 '단순히,' '그저'라고 하면 됩니다.

### Step 1

1. I found **nothing but** plastic bags in this box.
2. After watching the movie, I had **nothing but** a nightmare.
3. Fame brings **nothing but** jealousy and insecurity.
4. The environmentalist was **merely** trying to show the threatening effect of the global warming.
5. As time goes by, people realize that beauty is **merely** in the eye of the beholder.

1 나는 이 상자 안에서 오직 비닐봉지들만 발견했다.
2 그 영화를 보고 나서, 나는 오직 악몽만 꾸었다.
3 명예는 그저 질투와 불안정을 가져올 뿐이다.
4 그 환경 운동가는 단지 지구 온난화의 위협적인 효과를 보여 주려고 애썼다.
5 시간이 지나면서, 사람들은 아름다움이 단순히 보는 사람의 눈에 달렸다는 것을 깨닫는다.

### Step 2

And he used the extinct volcano as a footstool. From a mountain as high as this one, he said to himself. *I'll get a view of the whole planet and all the people on it...* But he saw **nothing but** rocky peaks as sharp as needles. "Hello," he said, just in case. "Hello... hello...hello...," the echo answered.

그리고 그는 사화산을 발판으로 사용했다. 이것만큼 높은 산에서 그는 자신에게 말했다. '이 별과 그 위의 모든 사람들이 한눈에 보일 거야…' ______________ 혹시나 하는 마음에 어린 왕자가 "안녕"이라고 인사했다. "안녕… 안녕… 안녕…." 메아리만 되돌아왔다.

잠깐만요!
solely 역시 merely와 비슷한 뜻을 가진 단어로, '오로지,' '단독으로'로 해석할 수 있어요. 다만 '혼자 힘으로'라는 뉘앙스가 담겨 있을 때가 많습니다.
The man was solely responsible for this.
그 남자는 오로지 이 일에만 책임이 있었다.

**plastic bag** 비닐 봉지
**nightmare** 악몽
**jealousy** 질투심
**insecurity** 불안정
**environmentalist** 환경 운동가, 환경 문제 전문가
**beholder** 보는 사람
**extinct** (화산이) 활동을 멈춘
**footstool** 발 받침, 발판
**get a view of** ~를 보다
**needle** 바늘
**just in case** 만약을 위해서
**echo** 메아리

모범답안
하지만 그는 오직 바늘만큼 뾰족뾰족한 바위투성이 정상 말고는 아무것도 보이지 않았다.

# now that 주어 + 동사 ~

이제 ~하니까

Pattern 138

⟨now that 주어 + 동사 ~⟩는 항상 한덩어리로 부사절 역할을 하며, '이제 ~하니까[~해서]'라고 이유를 나타냅니다. 중심 문장이 앞으로 나오고 ⟨now that 주어 + 동사 ~⟩가 뒤로 가서 세부적인 이유나 배경을 부가적으로 서술하는 경우도 있으니 기억해 두세요.

## Step 1

1. **Now that** the game is over, many people are leaving.
2. **Now that** I understand you, I can fully support you.
3. **Now that** you are over 20, you need to be on your own.
4. Some students can solve the complicated math problem **now that** they have just learned the theory.
5. Many people will remember the day **now that** the monument in this square commemorates the French Revolution.

1 이제 경기가 끝나서, 많은 사람들이 자리를 뜨고 있다.
2 이제 내가 너를 이해하니까 내가 너를 전적으로 지원해 줄 수 있다.
3 너는 이제 20세가 넘었으니까 자립할 필요가 있다.
4 몇몇 학생들은 막 그 이론을 배웠으므로 그 복잡한 수학 문제를 풀 수 있다.
5 이제 이 광장의 기념비가 프랑스 대혁명을 기리므로, 많은 사람들은 그 날을 기억할 것이다.

## Step 2

"That's just the trouble! Year by year the planet is turning faster and faster, and orders haven't changed!" "Which means?" "Which means that **now that** the planet revolves once a minute, I don't have an instant's rest. I light my lamp and turn it out once every minute!"

"그게 바로 문제야! 이 행성은 해마다 점점 더 빠르게 돌고 있고, 순서들은 바뀌지 않았단다!" "그게 무슨 말이죠?" "__________ 나는 1분에 한 번씩 가로등을 켰다 껐다 하거든!"

**잠깐만요!**

**now that you mention it은 '이제 네가 말하니까 말인데'의 의미로, 항상 한 덩어리로 쓰이는 표현이니까 통째로 외워 두세요.**

Now that you mention it, I was very upset at that time.
이제 네가 말하니까 말인데, 나 그때 매우 화났었어.

**모범답안**

이제 행성이 1분에 한 바퀴씩 회전하니까, 나는 잠시도 쉴 수가 없다는 말이지.

**complicated** 복잡한
**theory** 이론
**monument** 기념비
**commemorate** 기념하다
**year by year** 해마다
**revolve** 회전하다, 공전하다
**rest** 휴식
**light** 불을 켜다
**turn out** (전기) 불을 끄다

# Pattern 139 once in a while

## 가끔, 이따금

while은 접속사로 자주 쓰이지만, 명사로서 '잠시,' '동안'이라는 의미도 있습니다. 따라서 once in a while이라는 표현은 '잠시 만에 한 번'이라는 의미이므로, '가끔' 혹은 '이따금' 정도로 해석할 수 있죠. 조금 다른 의미를 가진 rarely, seldom, scarcely 같은 부정 부사는 '극히 드물게' 또는 '거의 ~ 않다'로 해석하면 됩니다.

### Step 1

1. I go to see a musical **once in a while**.
2. The man I loved called me **once in a while**.
3. Honestly, I read an article **once in a while**.
4. He enjoys reading others' blogs, but he **rarely** updates his blog because he does not want to take a picture.
5. Most people in the 15th century could **scarcely** believe the heliocentric theory proposed by Copernicus.

1 나는 가끔 뮤지컬을 보러 간다.
2 내가 사랑한 그 남자는 가끔 나한테 전화했다.
3 솔직히, 나는 가끔 기사를 읽는다.
4 그는 다른 사람의 블로그를 읽는 것은 좋아하지만, 사진 찍고 싶지 않아서 자기 블로그는 거의 업데이트하지 않는다.
5 15세기의 대부분의 사람들은 코페르니쿠스에 의해 제기된 지동설을 거의 믿을 수가 없었다.

### Step 2

Sometimes I tell myself, anyone might be distracted **once in a while**, and that's all it takes! One night he forgot to put her under glass, or else the sheep got out without making any noise, during the night…Then the bells are all changed into tears!

'혹시 어느 날 저녁 어린 왕자가 유리 덮게 씌우는 걸 잊어버렸거나, 그날 밤 양이 소리 없이 사라져버린다면…' 이런 생각을 하면 작은 물방울들은 모두 눈물로 변해버린다!

잠깐만요!
**부정의 뜻을 가진 부사 hardly는 '거의 ~ 않다'라는 의미로 해석하세요.**
He hardly visits his parents.
그는 부모님을 거의 방문하지 않는다.

모범답안
가끔 나는 내 자신에게 이런 말을 하지, '누구나 가끔 방심할 수도 있지, 그러면 끝장인데!'

**heliocentric** 태양을 중심으로 하는
**distracted** 산만한
**make a noise** 소란을 피우다
**change into** ~로 바꾸다

# UNIT 17
# 위대한 개츠비 (The Great Gatsby)

〈위대한 개츠비〉는 제 1차 세계대전 직후의 미국의 사회상과 아메리칸 드림의 허망함을 주제로 한 작품입니다. 부정한 방법으로 백만장자가 된 개츠비와 그가 사랑하는 데이지의 이야기를 통해 부와 성공에 대한 열망과 신분 차이 때문에 좌절된 낭만적 사랑을 보여 주고 있죠.
이 소설의 작가 피츠 제럴드는 〈위대한 개츠비〉야말로 자신이 쓴 가장 위대한 작품이라고 했을 정도라는데요. 이 위대한 작품 속에서 리딩 패턴을 찾아볼까요?

Pattern 140 **that's why 주어 + 동사 ~** 그래서 ~이다
Pattern 141 **keep one's eyes off ~** ~에서 눈을 떼다, ~를 보지 않고 있다
Pattern 142 **find it A to + 동사원형** ~하는 것이 A하다는 것을 알다
Pattern 143 **be on the tip of one's tongue** 말이 입가에서 맴돌다, 생각이 날 듯 말 듯하다
Pattern 144 **as though 주어 + 동사 ~** 마치 ~인 것처럼
Pattern 145 **pull one's leg** ~를 놀리다
Pattern 146 **for 주어 + 동사 ~** ~하기 때문에
Pattern 147 **it was not until A that ~** A가 되어서야 비로소 ~했다
Pattern 148 **either A or B** A이거나 B이거나, 둘 중 하나
Pattern 149 **mind if 주어 + 동사 ~** ~해도 될까요?
Pattern 150 **A is the first ~ who …** A는 맨 처음[최초로] …한 ~이다
Pattern 151 **be on the point of ~ing** 막 ~하려 하다, ~할 뻔한 찰나이다, ~할 지경에 있다

# Pattern 140 that's why 주어 + 동사 ~

## 그래서 ~이다

〈that's why 주어 + 동사 ~〉 패턴은 어떤 일의 상황이나 결과가 발생한 자초지종을 설명할 때 흔히 사용하며, '그래서 ~이다'로 해석하세요. 이유를 강조할 때는 reason을 넣어서 〈the reason why 주어 + 동사 ~ is that 주어 + 동사 …〉의 패턴으로도 쓰이는데, 해석은 '~하는 이유는 …이다'로 하면 됩니다. 구문이 다소 복잡해 보일 수 있는데 아래 예문을 통해 패턴을 익혀 보세요.

### Step 1

1. **That's why** I came to see you tonight.
2. **That's why** people love the artist's works.
3. **That's why** two biologists discovered the structure of DNA.
4. **The reason why** the answer is wrong **is that** a spider is not classified as an insect.
5. **The reason why** we commemorate Hangul Day **is that** this is a unique language used only by Koreans.

1 그래서 내가 오늘밤 너를 만나려고 온 것이다.
2 그래서 사람들이 그 예술가의 작품을 사랑하는 것이다.
3 그래서 두 명의 생물학자가 DNA의 구조를 발견했던 것이다.
4 그 답이 틀린 이유는 거미가 곤충으로 분류되지 않기 때문이다.
5 한글날을 기념하는 이유는 이것이 한국 사람들만 쓰는 고유 언어이기 때문이다.

### Step 2

When, almost immediately, the telephone rang inside and the butler left the porch, Daisy seized the momentary interruption and leaned toward me. "I'll tell you a family secret," she whispered enthusiastically. "It's about the butler's nose. Do you want to hear about the butler's nose?" "**That's why** I came over tonight."

거의 동시에 갑자기 집안에서 전화벨 소리가 울렸고, 집사가 현관에서 사라지자, 데이지는 그 틈을 타 내 쪽으로 몸을 기울였다. "우리 집 비밀을 한 가지 말해 줄게요." 그녀가 신이 나서 속삭였다. "집사의 코에 관한 건데요. 어디 한번 들어 볼래요?" "________________"

잠깐만요!

**why 대신 how가 쓰인 〈that's how 주어 + 동사 ~〉는 방식이나 과정에 초점을 맞춘 패턴으로 '그것이 ~하게 된 경위다'라고 해석하면 됩니다.**

That's how Cindy ended up working as a reporter at a local station.

그것이 신디가 지방 방송국에서 기자로 일하게 된 경위이다.

**biologist** 생물학자
**classify** 분류하다
**insect** 곤충
**porch** 현관
**momentary** 잠깐의, 순간의
**interruption** 중단, 방해
**lean** 기울이다, (몸을) 숙이다
**whisper** 속삭이다
**enthusiastically** 의욕적으로, 열정적으로
**come over** (집에) 들르다

모범답안

그래서 (그 얘기 들으러) 오늘 밤 여기 온 거야.

# keep one's eyes off ~

## ~에서 눈을 떼다, ~를 보지 않고 있다

Pattern 141

off에는 '분리'의 의미가 있기 때문에 지속성을 나타내는 keep과 off가 결합한 표현 keep one's eyes off ~는 '~에서 눈을 뗀 상태를 유지하다,' 즉 '~를 보지 않고 있다'라고 해석합니다. 반대로 off 대신 on이 끝에 붙은 keep one's eyes on은 '유지,' '고수'를 강조한 것이므로 '~를 예의주시하다'라는 의미로 해석하세요.

### Step 1

1. The goalkeeper did not **keep his eyes off** the ball.
2. A good babysitter never **keeps her eyes off** a child.
3. The analysts couldn't **keep their eyes off** the documents.
4. Please **keep your eyes on** my luggage while I go away to exchange my money to dollars.
5. Foreign exchange experts are **keeping their eyes on** the unreasonable upward trend against dollars.

1 골키퍼는 공에서 눈을 떼지 않았다.
2 좋은 베이비시터는 아이에서 절대 눈을 떼지 않는다.
3 분석가들은 서류에서 눈을 뗄 수 없었다.
4 제가 돈을 달러로 교환하러 가는 동안 제 짐 좀 봐 주세요.
5 외환 전문가들은 과도한 달러 상승세를 예의주시하고 있다.

### Step 2

I was going up to New York to see my sisters and spend the night. He had on a dress suit and patent leather shoes, and I couldn't **keep my eyes off** him, but every time he looked at me I had to pretend to be looking at advertisement over his head.

나는 여동생들과 함께 밤을 보낼 작정으로 뉴욕으로 가는 길이었어요. ______________________________, 하지만 저이가 나를 쳐다볼 때마다 나는 저이 머리 위쪽에 있는 광고를 쳐다보는 척했지요.

모범답안

저이는 신사복을 입고 번쩍이는 에나멜 가죽 구두를 신고 있었는데, 차마 눈을 뗄 수가 없더군요

analyst 분석가
unreasonable 과도한, 터무니없는
dress suit 예복
patent leather 에나멜 가죽
pretend ~인 척하다
advertisement 광고

# Pattern 142 find it A to + 동사원형

## ~하는 것이 A하다는 것을 알다

find는 '우연히 발견하다[찾다]'라는 의미 외에 '연구나 생각 끝에 알아내다' 내지는 '~라고 느끼다'라는 뜻도 있습니다. 〈find it A to + 동사원형〉의 패턴에서 A 자리에 의견이나 감정을 나타내는 형용사가 오며, it이 가리키는 세부적 내용이 바로 뒤에 이어지는 진목적어인 to부정사 부분입니다. 따라서 가목적어 it은 해석하지 말고 '~하는 것이 A하다고 여기다[알다, 생각하다]'로 해석하세요.

### Step 1

1. They **find it** difficult **to please** their parents.
2. Most people will **find it** beneficial **to quit** smoking.
3. The eminent scientists **found it** impossible **to time travel**.
4. The audience **finds it** amazing **to walk** on one leg on the rope in the air.
5. Some people **find it** exciting **to challenge** themselves with something dangerous like rock-climbing.

1 그들은 부모님을 기쁘게 해 드리는 것이 어렵다고 느낀다.
2 대부분의 사람들은 금연을 하는 것이 유익하다는 것을 알게 될 것이다.
3 저명한 과학자들은 시간 여행을 하는 것이 불가능하다고 보았다.
4 관객들은 공중에서 외줄 타기하는 것이 놀랍다고 생각한다.
5 어떤 사람들은 암벽등반 같은 위험한 것에 직접 도전해 보는 것이 흥미진진하다고 생각한다.

### Step 2

Welcome or not, I **found it** necessary **to attach** myself to someone before I should begin to address cordial remarks to the passers-by. "Hello!" I roared, advancing toward her. My voice seemed unnaturally loud across the garden.

"안녕하십니까!" 나는 그녀 쪽으로 다가가면서 크게 소리를 질렀다. 내 목소리가 정원을 가로질러 부자연스러울 정도로 크게 들리는 것 같았다.

**잠깐만요!**

**find는 예상치 못한 '어떤 상황에 처하다'는 뜻으로 해석할 수도 있어요.**
I woke up and found myself asleep on the street.
깨어나보니 나는 거리에서 자고 있었다.

**beneficial** 이로운, 유익한
**eminent** 저명한, 탁월한
**attach** (달가워하지 않는 사람에게) 들러붙다
**address** 말을 걸다
**cordial** 다정한
**remark** 말
**passer-by** 행인
**roar** 고함을 치다
**advance** 다가가다
**unnaturally** 이상하게, 부자연스럽게

모범답안

싫든 좋든, 나는 지나가는 사람들에게 다정하게 말을 건네려면 그 전에 미리 누군가와 한패가 될 필요가 있다는 사실을 깨닫고 있었다.

# be on the tip of one's tongue

Pattern 143

## 말이 입가에서 맴돌다, 생각이 날 듯 말 듯하다

tip은 어떤 사물의 뾰족한 '끝 부분'을 가리킵니다. 따라서 be on the tip of one's tongue은 직역하면 '혀 끝에 있다,' 즉 '혀 끝에서 맴돌다'라고 해석됩니다. 따라서 '생각[기억]이 날 듯 말 듯하다' 또는 '막 말하려던 참이다'로 자연스럽게 해석하세요.

### Step 1

1. Your name **is on the tip of my tongue**.
2. It **was on the tip of my tongue** to ask for his phone number.
3. The poetic concept **was on the tip of her tongue** all night.
4. The driver's face rang a bell, but the license plate **was on the tip of my tongue**.
5. The attorney could not finish his final argument because the precise legal term **was on the tip of his tongue**.

1 네 이름이 입에서만 맴돌고 생각이 나지 않는다.
2 막 그의 전화번호를 물어보려던 참이었다.
3 시상이 밤새 그녀의 입에서만 맴돌고 생각이 안 났다.
4 운전사의 얼굴은 기억났지만, 번호판은 내 혀끝에서만 맴돌 뿐이었다.
5 변호사는 정확한 법률 용어가 혀끝에서만 맴돌고 생각나지 않아 최종 변론을 끝낼 수 없었다.

### Step 2

"What time?" "Anytime that suits you best." **It was on the tip of my tongue** to ask his name when Jordan looked around and smiled. "Having a gay time now?" she inquired. I turned again to my new acquaintance. "This is an unusual party for me. I haven't seen the host."

"몇 시에요?" "그쪽이 편한 시간이라면 아무 때나요." ________ "이제는 기분이 좋으신 모양이죠?" 그녀가 물었다. 나는 이렇게 대답하고 방금 만난 남자 쪽으로 얼굴을 돌렸다. "저한테는 익숙하지 않은 파티입니다. 아직 주인도 만나 보지 못했거든요."

**잠깐만요!**

**tip이 들어간 또 다른 관용어구로 the tip of the iceberg가 있는데, '빙산의 일각'이라고 해석하세요.**

You haven't seen anything yet. What you see is only the tip of the iceberg.

네가 본 건 아무것도 아니다. 지금 보이는 건 빙산의 일각에 지나지 않는다.

**poetic** 시적인
**ring a bell** 생각나게 하다
**license plate** (자동차의) 번호판
**attorney** 변호사
**look around** 둘러보다
**gay** 즐거운
**acquaintance** 지인, 아는 사람
**unusual** 흔치 않는, 드문

**모범답안**

막 그의 이름을 물어보려는 순간 조던이 주위를 둘러보며 미소를 지었다. [조던이 주위를 둘러보고 미소 지을 때, 나는 그의 이름을 막 물어보려던 참이었다.]

# Pattern 144 as though 주어 + 동사 ~

## 마치 ~인 것처럼

비유의 의미로 쓰이거나 실제와 반대되는 상황을 가정하여 표현할 때 as though가 사용되며, 뒤에 주어, 동사가 이어집니다. 해석은 '마치 ~인 것처럼'으로 하면 됩니다. as though 대신에 as if도 자주 쓰이는데, 의미는 같습니다.

### Step 1

1. He acts **as though** he became a hero of that novel.
2. A fortuneteller says **as though** she knew everything about me.
3. He lavished money **as though** he had inherited a fortune.
4. Remember this phrase that says "Live a life **as if** it were the last day of your life."
5. The congress is dominated by left-wingers who speak **as if** they could solve the economic difficulties of the people.

1 그는 마치 그가 그 소설의 주인공인 된 것처럼 행동한다.
2 점쟁이는 마치 나에 대해서 모든 것을 알고 있는 것처럼 말한다.
3 그는 마치 재산을 물려받았던 것처럼 돈을 낭비했다.
4 '오늘이 마치 네 생애 마지막 날인 것처럼 살아라'라는 이 구절을 기억하라.
5 국회는 마치 민생고를 해결할 수 있다는 듯이 떠들어대는 좌파들이 차지하고 있다.

### Step 2

His tanned skin was drawn attractively on his face and his short hair looked **as though** it was trimmed every day. I could see nothing sinister about him. I wondered if the fact that he was not drinking helped to set him off from his guests.

나는 그에게서 수상쩍은 그림자는 하나도 찾아볼 수 없었다. 술을 마시지 않고 있다는 사실 말고는 손님들과 다른 점이 별로 없는 것 같았다.

**잠깐만요!**

as 대신에 even이 쓰이는 even though, even if는 양보의 의미가 담겨 있으며, 해석도 '비록 ~ 일지라도'로 완전히 다르게 해야 합니다.

Even though the airplane was delayed one hour, we could get to the meeting just in time.
비록 비행기가 한 시간 연착되었을지라도, 우리는 시간에 맞게 회의에 도착할 수 있었다.

**inherit** 물려받다, 이어받다
**left-winger** 좌파의 사람, 급진파의 사람
**fortuneteller** 점쟁이, 사주쟁이
**lavish** 낭비하다, 아낌없이 주다
**tanned** 그을린, 햇빛에 탄
**attractively** 보기 좋게
**trim** 손질하다, 다듬다
**sinister** 불길한, 해로운
**wonder** 궁금하다
**set off** (흥미를) 유발하다

**모범답안**

햇볕에 그을린 그의 피부는 보기 좋게 팽팽했고, 짧게 깎은 머리카락은 마치 날마다 다듬는 것처럼 보였다.

# pull one's leg

~를 놀리다

Pattern 145

pull one's leg를 직역하면 '~의 다리를 끌어당기다'라는 뜻이죠. 재미있는 이 표현은 다리를 걸어 넘어뜨린 사람을 놀리는 상황을 상상하면 외우기 수월합니다. 즉 pull one's leg의 해석은 '~를 놀리다'로 하면 되며, 일상 생활에서 많이 쓰는 같은 의미의 표현으로는 tease, make fun of가 있는데, 역시 '놀리다,' '조롱하다'로 해석하세요.

## Step 1

1. My brother is always **pulling my leg** now.
2. Don't **pull her leg** about her eccentric behavior.
3. Stop **pulling my leg** because you really make me depressed.
4. You should stop **teasing** the weak because it is serious school violence.
5. The slapstick comedian on the stage **made fun of** many celebrities who have been on news.

1 내 남동생은 요즘 항상 나를 놀린다.
2 그녀의 기이한 행동을 가지고 그녀를 놀리지 마라.
3 너는 정말 나를 우울하게 만들기 때문에 날 놀리는 것을 그만해라.
4 그것은 심각한 학교 폭력이기 때문에 너희는 약자를 괴롭히는 것을 그만두어야 한다.
5 몸개그 전문 코미디언은 뉴스에 나온 많은 유명인들을 무대에서 희화화했다.

## Step 2

"What part of the middle West?" I inquired. "San Francisco." "I see." "My family all died and I came into a good deal of money." His voice was solemn, as if the memory of that sudden extinction of a clan still haunted him. For a moment I suspected that he was **pulling my leg**, but a glance at him convinced me.

"중서부 어디 출신입니까?" 내가 물었다. "샌프란시스코요." "그렇군요." "가족들이 모두 죽는 바람에 거액의 유산을 상속받게 됐지요." 가족의 갑작스런 죽음에 대한 기억이 아직도 마음에서 떠나지 않고 있다는 듯 그의 음성은 자못 숙연했다.

**모범답안**

한순간 나는 그가 나를 놀리고 있는 게 아닌가 하는 의심이 들었지만 한번 힐끗 쳐다보고 나니 그렇지 않다는 확신이 들었다.

**잠깐만요!**

'장난치다'라는 다른 표현으로 kid around with ~, joke around with ~도 자주 사용되니 알아 두세요.

I am not feeling well today. Don't kid around with me.
난 오늘 기분이 좋지 않아. 나에게 장난치지 마라.

**eccentric** 별난, 기이한, 엉뚱한
**slapstick** 엎치락뒤치락하는 희극식의
**come into** ~를 물려받다
**solemn** 엄숙한
**extinction** 죽음, 소멸, 멸종
**haunt** (기억 등이) 끊임없이 떠오르다
**suspect** 의심하다
**glance** 힐끗 봄

# Pattern 146 for 주어 + 동사 ~

## ~하기 때문에

for 뒤에 주어, 동사가 이어지면 접속사로서 '~하기 때문에'라는 이유를 나타냅니다. for는 항상 두 절의 중간에만 위치할 수 있다는 점이 특징입니다. 비슷한 뜻을 나타내는 이유의 접속사 because나 as와 비교해 볼 때 for는 상대적으로 사용 빈도가 낮지만 종종 독해 지문에 나올 수 있으니 기억해 두세요.

### Step 1

1. They must be angry, **for** they closed their lips firmly.
2. I could not start a car, **for** the battery was dead.
3. His plans are fabulous, **for** they are filled with innovating ideas.
4. I had to take a maternity leave, **for** I could not find a good nanny whom I could trust.
5. He was hesitant about accepting the new promoted position, **for** he was planning to immigrate to Singapore.

1 입을 굳게 다물어버렸기 때문에, 그들은 화가 난 것이 틀림없다.
2 배터리가 나갔기 때문에, 나는 차에 시동을 걸지 못했다.
3 그의 계획은 혁신적인 생각들로 가득차 있기 때문에 기막히게 좋다.
4 내가 믿을 수 있는 괜찮은 유모를 찾을 수 없었기 때문에, 나는 출산 휴가를 내야 했다.
5 싱가포르로 이민을 갈 계획을 세우고 있었기 때문에, 그는 새로이 진급하는 자리를 수락하는 데 주저했다.

### Step 2

"What?" I inquired politely. But evidently he was not addressing me, **for** he dropped my hand and covered Gatsby with his expressive nose. "I handed the money to Katspaugh and I said: 'All right, Katspaugh, don't pay him a penny till he shuts his mouth.' He shut it then and there."

"무슨 말씀이신지?" 내가 정중하게 물었다. 그러나 ________ "캐츠포한테 돈을 건네주며 이렇게 말했지. '좋아, 캐츠포, 입을 다물기 전까진 그자에게 땡전 한 푼도 주지 마.'라고 말이야. 그랬더니 그 자리에서 즉시 입을 다물더군."

모범답안

내 손을 놓고 다양한 감정을 표현하는 그의 코로 개츠비를 가리키는 것으로 보아 나에게 건넨 말이 아닌 게 틀림없었다.

잠깐만요!

이유를 나타내는 접속사로 since도 있습니다. since는 '~ 이후에'라는 뜻 외에 '~ 때문에'라는 의미로도 자주 쓰입니다.

Since it rained last Saturday, the dodge ball tournament was called off.
지난 주 토요일에 비가 왔기 때문에, 피구 토너먼트는 취소되었다.

**fabulous** 기막히게 좋은, 굉장한
**maternity leave** 출산 휴가
**hesitant** 주저하는, 망설이는
**immigrate** 이주하다, 이민을 가다[오다]
**address** (누구에게 직접) 말을 걸다[하다]
**hand** 건네주다, 넘겨주다
**shut one's mouth** 입을 다물다
**then and there** 즉시, 앉은자리에서

# it was not until A that ~

Pattern 147

A가 되어서야 비로소 ~했다

it was not until A that ~ 패턴은 직역하면 '~한 것은 A 시점까지는 아니었다'라는 의미이므로 'A 시점이 되어서야 행동의 결과나 상황이 나타나게 되었다'는 의미로 해석하면 됩니다. 즉, 강조 구문 it was … that ~의 구문 안에 not until을 사용한 것으로 이해하면 이 패턴을 파악하기가 수월합니다. that은 접속사이므로 뒤에 주어, 동사가 이어집니다.

## Step 1

1. **It was not until** now **that** I could understand his theory.
2. **It was not until** recently **that** people could decipher a code.
3. **It was not until** midnight **that** he could infiltrate into the area.
4. **It was not until** a rescue helicopter came **that** people were evacuated.
5. **It was not until** the 19th century **that** Korean women were liberated from the social repression.

1 지금이 되어서야 비로소 나는 그의 이론을 이해할 수 있었다.
2 최근이 되어서야 비로소 사람들은 암호를 해독할 수 있었다.
3 한밤중이 되어서야 비로소 그는 그 지역에 침투할 수 있었다.
4 구조 헬리콥터가 와서야 비로소 사람들이 대피했다.
5 19세기가 되서야 비로소 한국 여성들은 사회적 억압에서 해방되었다.

## Step 2

After you had gone home, she came into my room and woke me up, and said: "What Gatsby?" and when I described him — I was half asleep — she said in the strangest voice that it must be the man she used to know. **It wasn't until** then **that** I connected this Gatsby with the officer in her white car.

당신이 집으로 돌아간 뒤 그녀가 내 방에 들어와 나를 깨우더니 이렇게 물어보더군요. "어느 개츠비 말이야?" 그래서 제가 이러저러한 사람이라고 말해 줬지요 — 저는 반쯤 잠들어 있었거든요 — 그러자 그녀는 아주 이상야릇한 목소리로 자기가 알고 있는 사람이 틀림없다고 하는 거예요.

잠깐만요!

⟨not until A + 조동사 + 주어 ~⟩의 패턴은 부정어 not이 문장 맨 앞으로 나갔기 때문에 동사가 주어 앞으로 도치됩니다. 이 패턴도 독해 지문에 자주 나오며, 해석은 똑같이 'A가 되어서야 비로소 ~하다'로 하세요.

Not until then did I thank my parents.
그때가 되어서야 비로소 나는 부모님께 감사드렸다.

모범답안

그제야 비로소 저는 그녀의 하얀 자동차에 타고 있던 장교와 이 개츠비를 연관시키게 됐지요.

**decipher** 해독하다, 판독하다
**infiltrate** 잠입하다, 침투하다
**repression** 탄압, 억제
**describe** 설명하다, 묘사하다
**half asleep** 비몽사몽간에
**connect A with B** A와 B를 관련 짓다

# Pattern 148 either A or B

## A이거나 B이거나, 둘 중 하나

either A or B는 A나 B 동등한 비중으로 다루어지는 양자택일의 상황을 표현할 때 사용됩니다. 따라서 'A이거나 B이거나,' 즉 '둘 중에 하나'로 해석합니다. 제한된 두 개의 선택권 중 하나만 선택이 허용되며 둘을 다 포함할 경우에는 both A and B가 쓰이는데, 해석은 'A와 B 둘 다'로 하면 됩니다.

### Step 1

1. You may speak in **either** English **or** French.
2. The jury thought that **either** you **or** they were telling a lie.
3. They can **either** allow joining a bid **or** restrict joining a bid.
4. **Both** Democrats **and** Republicans finally approved the new budget guidelines.
5. He is my ideal man because he is **both** considerate **and** thoughtful.

1 너는 영어나 프랑스어 둘 중 하나로 말해도 좋다.
2 배심원들은 너희나 그들 중 하나가 거짓말을 하고 있다고 생각했다.
3 그들은 입찰 참여를 허용하거나 아니면 입찰 참여를 제한할 수 있다.
4 민주당원과 공화당원 모두 마침내 새로운 예산 정책을 승인했다.
5 그는 사려깊으면서도 자상하기 때문에 나의 이상형이다.

### Step 2

It transpired after a confused five minutes that the man had heard Gatsby's name around his office in a connection which he **either** wouldn't reveal **or** didn't fully understand. This was his day off and with laudable initiative he had hurried out "to see."

그 날은 쉬는 날인데도 그는 진상을 '알아보려고' 가상하게도 자진하여 이렇게 서둘러 찾아온 것이었다.

**잠깐만요!**
neither A nor B는 'A도 B도 둘 다 아니다'로 해석하세요.
This movie is neither interesting nor exciting.
이 영화는 흥미롭지도 신나지도 않는다.

**모범답안**
5분 동안 혼란스러운 대화가 오고 간 뒤에야 비로소 그 남자는 굳이 밝히고 싶지 않거나 아니면 잘 이해하지 못하는 것과 관련하여 (신문사) 사무실 주위에서 개츠비의 이름을 들었다는 것이 밝혀졌다.

restrict 제한하다, 금지하다
democrat 민주당원
republican 공화당원
considerate 배려하는, 이해심이 있는
thoughtful 친절한, 사려깊은
transpire 알고 보니 ~이다
in a connection ~와 관련해서
reveal 드러내다
laudable 감탄할 만한
initiative 계획

# mind if 주어 + 동사 ~

Pattern 149

~해도 될까요?

원래 mind는 '~싫어하다,' '~를 꺼리다'라는 부정적인 의미가 담겨 있습니다. 영어는 대놓고 직접적으로 묻지 않고 우회적으로 말하는 표현을 선호하는 편이죠. 그래서 부정적인 늬앙스가 담긴 mind를 사용한 〈mind if 주어 + 동사 ~〉의 패턴으로 공손한 질문 형식을 자주 씁니다. 의역하면 '~해도 될까요' 라는 의미로 해석됩니다.

## Step 1

1. Do you **mind if** I smoke here?
2. Do you **mind if** I ask you about your occupation?
3. Would you **mind if** I ask you to show your certificate?
4. Would you **mind if** I tag along with you and see how the construction is going on?
5. Do you **mind if** I ask you about how you could develop this sophisticated theory in this field?

1 제가 여기서 담배를 피워도 될까요?
2 제가 당신 직업에 대해서 여쭤 봐도 될까요?
3 제가 당신의 증명서를 좀 보여달라고 부탁드려도 될까요?
4 제가 당신을 따라가서 공사가 어떻게 진행되고 있는지 봐도 될까요?
5 당신이 어떻게 이 분야에서 이런 수준 높은 이론을 발달시킬 수 있었는지에 대해 여쭤 봐도 될까요?

## Step 2

Tom appeared from his oblivion as we were sitting down to supper together. "Do you **mind if** I eat with some people over here?" he said. "A fellow's getting off some funny stuff." "Go ahead," answered Daisy genially, "and if you want to take down any addresses, here's my little gold pencil." She looked around after a moment and told me.

우리가 저녁을 먹으려고 함께 앉아 있을 때 한동안 망각 속에 잊힌 채 있던 탐이 모습을 드러냈다. "_______________" 그가 물었다. 한 친구가 어떤 재미있는 이야기를 늘어놓고 있거든." "그렇게 해요," 데이지가 상냥하게 대답했다. "주소를 적고 싶으면, 여기 자그마한 내 금제 연필 있어요." 그녀는 잠시 주위를 둘러보더니 내게 말했다.

**잠깐만요!**

mind에 '꺼리다'라는 부정의 의미가 있기 때문에 〈mind if 주어 + 동사 ~〉의 패턴이 쓰인 질문에 대한 응답으로 no가 나오면 허락의 의미로 이해해야 합니다.

A: Do you mind if I smoke?
담배 좀 피워도 될까요?

B: No, go ahead.
네, 피세요. /
Yes. Sorry I do.
아뇨, 죄송하지만 싫은데요.

**모범답안**

여기 있는 사람들과 함께 식사를 해도 괜찮겠지?

**certificate** 증명서, 자격증
**sophisticated** 정교한, 수준 높은
**oblivion** 잊혀짐, 망각, 인사불성
**fellow** 친구
**get off** (농담 등을) 하다
**genially** 친절하게, 상냥하게
**take down** ~를 받아 적다
**look around** 둘러보다

# Pattern 150 A is the first ~ who …

## A는 맨 처음[최초로] …한 ~이다

위인전에 자주 등장할 만한 문구인 the first person은 '최초의 사람,' 즉 '선구자'라는 의미죠. 따라서 A is the first person who … 패턴은 'A는 맨 처음[최초로] …한 사람이다'로 해석하세요. person 대신 사람을 가리키는 다양한 명사가 올 수 있습니다. first 자리에 반대로 last가 쓰인 A is the last person who ~의 패턴은 the last가 '절대 할 것 같지 않은'이라는 의미로 쓰여 'A는 가장 ~할 것 같지 않은 사람이다'라고 해석됩니다.

### Step 1

1. I **was the first person who** discovered the island.
2. She **is the first female writer who** won the Nobel Prize.
3. Who **is the first astronaut who** explored Mars?
4. You had better trust him because John **is the last person who** will deceive you.
5. The man on this list **is the last person who** will commit this crime because he has been such a great guy.

1 내가 맨 처음으로 그 섬을 발견한 사람이었다.
2 그녀가 최초로 노벨상을 받은 여성 작가이다.
3 최초로 화성을 탐험한 우주비행사가 누구인가?
4 존은 결코 너를 속일 사람이 아니기 때문에 그를 믿는 것이 낫다.
5 이 목록에 있는 그 남자는 참으로 멋진 남자였기 때문에 절대 이런 범죄를 저지를 사람이 아니다.

### Step 2

"I've heard of making a garage out of a stable," Tom was saying to Gatsby, "but **I'm the first person who** ever made a stable out of garage." "Who wants to go to town?" demanded Daisy insistently. Gatsby's eyes floated toward her. "Ah," she cried, "You look so cool." Their eyes met and they stared together each other.

"마구간을 차고로 개조한다는 얘기는 나도 들어봤지요." 탐이 개츠비에게 하는 말이었다. "                    "
"누구 시내 나갈 사람 없어요?" 데이지가 끈질기게 보챘다. 개츠비의 시선이 그녀 쪽으로 옮겨갔다. "아," 그녀가 외쳤다, "당신 정말 멋져 보여요." 두 사람의 눈이 서로 마주친 순간 그들은 서로를 응시했다.

Mars 화성
deceive 속이다, 사기치다
garage 차고
stable 마구간
insistently 끈질기게
float 흘러가다
stare 응시하다

모범답안
하지만 차고를 뜯어고쳐 마구간으로 만든 사람은 내가 처음일 겁니다.

# be on the point of ~ing

Pattern **151**

## 막 ~하려 하다, ~할 뻔한 찰나이다, ~할 지경에 있다

'끝,' '가장자리'의 뜻을 갖는 단어 point를 사용한 표현인 be on the point of ~ing는 금방이라도 어떤 상황에 치달을 기세를 묘사하기 때문에 '막 ~하려 하다,' '~할 뻔하다'로 해석하면 됩니다. 그 외에도 point 대신에 verge, brink, edge 같은 단어들이 자주 쓰여 같은 뜻을 나타내므로 외워 두세요.

### Step 1

1. I **was on the point of slipping** on the stairs on a rainy day.
2. The driver **was on the point of changing** the lane.
3. He **was on the point of getting** rid of all evidence.
4. Although the young girl has loved him so much, her marriage **is on the verge of breaking** up.
5. The railroad bridge connecting the island to the mainland **is on the brink of collapsing**.

1 나는 어느 비오는 날 계단에서 막 넘어질 뻔했다.
2 그 운전자는 막 차선을 변경하려던 참이었다.
3 그는 막 모든 증거를 없애려 하던 찰나였다.
4 그 어린 소녀는 그를 많이 사랑했지만 그녀의 결혼 생활은 파경에 이를 지경이다.
5 섬과 본토를 잇는 철교가 붕괴되기 직전이다.

### Step 2

When I took the bag and umbrella from his hands, he began to pull so incessantly at his gray beard that I had difficulty in getting off his coat. **He was on the point of collapsing**, so I took him into the music room and made him sit down. I sent for something to eat, but he wouldn't eat, and the glass of milk spilled from his trembling hand.

내가 그의 손에서 가방과 우선을 받아들자, 그가 쉴새없이 성긴 회색 수염을 쓸어내리는 바람에 나는 그의 외투를 벗기는 데 여간 애를 먹지 않았다. ____________

내가 먹을 것을 갖다 달라고 했지만, 그는 먹으려 하지 않았고, 손이 떨려 그는 우유를 엎지르고 말았다.

get rid of ~를 제거하다
evidence 증거
pull at ~를 잡아당기다
incessantly 쉴새없이, 끊임없이
collapse 쓰러지다, 무너지다
send for something ~를 (갖다 달라고) 청하다
spill 쏟다
trembling 떨리는

모범답안
그는 금방이라도 쓰러질 듯했기 때문에 나는 그를 음악실로 데리고 가서 그를 자리에 앉혔다.

# UNIT 18
## 레미제라블 (Les Misérables)

우리나라에서는 〈장발장〉이라는 제목으로 알려진 빅토르 위고의 〈레미제라블〉은 무려 30차례 영화화 됐을 정도로 흥미로운 플롯을 가지고 있습니다. 빵 한 조각을 훔친 죄로 19년 동안 감방살이를 하다가 새로운 삶을 살지만 끝까지 선과 악 사이에서 갈등하는 장발장의 이야기를 그린 작품입니다. 프랑스 작품이지만 영어 번역본으로 읽으면 영어 실력까지 쌓을 수 있겠죠?

Pattern 152 **so to speak** 그래서 말하자면, 한마디로

Pattern 153 **there is nothing for it but to ~** ~하지 않을 수 없다, ~밖에는 별 도리가 없다

Pattern 154 **may well ~** ~하는 것이 당연하다[무리가 아니다]

Pattern 155 **it goes without saying that ~** ~는 말할 필요조차 없다

Pattern 156 **prefer A to B** B보다 A를 더 좋아하다[선호하다]

Pattern 157 **in token of** ~의 표시[증거]로서

Pattern 158 **as A, so B** A인 것처럼[A하는 대로], B하다

Pattern 159 **provided 주어 + 동사 ~** ~ 인 경우라면

Pattern 160 **come near ~ing** 하마터면 ~할 뻔하다, 가까스로 ~를 면하다

Pattern 161 **apart from ~** ~를 제외하고, ~를 제쳐두고

# Pattern 152 so to speak

## 그래서 말하자면, 한마디로

so to speak은 어떤 현상이나 눈에 보이는 것을 간단하게 결론지으면서 마무리할 때 자주 쓰이는 표현입니다. 이 표현은 '그래서 말하자면' 내지는 '한마디로'라고 해석할 수 있고, 문장의 앞쪽뿐 아니라 중간이나 뒤에도 삽입 가능한 표현이죠.

### Step 1

1. **So to speak**, she is an angel from the heaven.
2. **So to speak**, Macao is a small version of Las Vegas.
3. **So to speak**, he is a real boss who has most powers.
4. Because Henry won the lottery last night, he became a millionaire overnight, **so to speak**.
5. Europe is no longer a symbol of a trend-setter, **so to speak**. Most gadgets have been developed in other countries.

1 한마디로, 그녀는 하늘에서 내려온 천사이다.
2 말하자면, 마카오는 라스베이거스의 축소판이다.
3 말하자면, 그가 대부분의 권력을 가진 진짜 보스이다.
4 헨리는 어젯밤 복권에 당첨되었기 때문에, 말하자면 백만장자가 된 것이다.
5 말하자면, 유럽은 더이상 유행 선도자의 상징이 아니다. 대부분의 소형 기기들이 다른 나라들에서 계속 개발되어 오고 있다.

### Step 2

Since there is always more misery in the depths than compassion in the heights, everything was given, **so to speak**, before it was received. It was like water on parched land. However fast the money flowed in, he never had enough, and then he robbed himself.

__________ 그것은 마치 바싹 마른 땅 위의 물과 같았다. 정말 아무리 빨리 많은 돈을 받아도 그의 수중에는 한푼도 없었다. 그럴 때면 그는 입은 옷까지도 벗어 주었다.

**잠깐만요!**

as it were와 as it was는 언뜻 보면 비슷한 표현 같지만, as it were는 '말하자면'의 의미로 해석되고, as it was의 뜻은 '~ 당시 그대로'로, 서로 완전히 다른 의미의 표현입니다.

Korea is not the same as it was 10 years ago.
한국은 10년 전의 모습 그대로가 아니다.

**lottery** 복권
**millionaire** 백만장자
**trend-setter** 새로운 유행을 정착시키는 사람
**gadget** (작고 유용한) 도구, 장치
**misery** 고통, 빈곤
**in the depths** 밑바닥에
**compassion** 동정, 연민
**parched** 바싹 말라버린
**flow** 흘러들다, 넘쳐나다

모범답안
위로 인정 있는 자보다도 아래로 비참한 자가 언제나 더 많으므로, 말하자면 받기도 전에 다 주어버렸다.

# Pattern 153 there is nothing for it but to ~

## ~하지 않을 수 없다, ~밖에는 별 도리가 없다

선택의 여지가 없는 상황에서 최후로 취할 수 있는 행동을 표현할 때 there is nothing for it but to ~ 패턴이 자주 쓰이며, 해석은 '~하지 않을 수 없다'로 합니다. 비슷한 의미를 나타내는 표현으로 there is no choice but to ~가 있는데, 여기서 but은 '~를 제외하고'라는 부정의 의미가 있어 no와 함께 이중 부정이 되어 남겨진 선택이 하나뿐임을 강조하고 있습니다. 따라서 '~밖에는 별 도리가 없다'로 해석하세요. to 다음에는 동사원형이 따라옵니다.

### Step 1

1. **There was nothing for it but to cry.**
2. **There is nothing for it but to give** up my dream.
3. **There was nothing for it but to do** the same thing again.
4. **There is no choice but to sell** my house to pay for my daughter's medical bill.
5. **There was no choice but to sell** the semiconductor sector, not to be merged during the recession.

1 울 수밖에 없었다.
2 내 꿈을 포기할 수 밖에 없다.
3 똑같은 것을 다시 할 수밖에 없었다.
4 딸의 병원비를 지불하기 위해서 우리 집을 팔지 않을 수 없다.
5 불경기 속에서 합병되지 않고자 반도체 부문을 팔 수밖에 없었다.

### Step 2

"Is that really all, Monsieur le Maire?" said the bishop. "I was not put into this world to preserve my life but to protect souls." **There was nothing for it but to let** him go. The tale of his obstinacy spread through the countryside, causing great alarm.

"저게 정말로 전부인가요, 면장님?" 주교는 말했다. "내가 이 세상에 있는 것은 내 생명을 지키기 위한 것이 아니라, 사람들의 영혼을 지키기 위해서요." ________ 그의 그 고집은 그 고장 사람들의 입에 오르내렸고, 사람들을 몹시 놀라게 했다.

**잠깐만요!**

except가 사용된 ⟨there is nothing for + 사람 + to do except to + 동사원형⟩의 패턴은 '~외에는 할 일이 없다'로 해석하세요.
After retirement, there is nothing for me to do except to read more.
은퇴 이후 나는 책을 더 읽는 것 외엔 할 일이 없다.

semiconductor 반도체
merge 합병하다
recession 불경기, 경기후퇴
bishop 주교
preserve 보호하다, 지키다
tale 이야기, 소설
obstinacy 완고함, 고집
spread 퍼지다
alarm 놀람, 공포

**모범답안**

그가 하는 대로 둘 수밖에 없었다.

# may well ~

## ~하는 것이 당연하다[무리가 아니다]

Pattern 154

조동사 may는 가능, 허가, 추측 등 다양한 의미로 쓰이는데, may well은 가능성의 의미를 좀 더 강조한 표현으로 '~하는 것이 당연하다'로 해석하면 됩니다. may well 뒤에는 동사원형이 따라옵니다.

### Step 1

1. A waiter at a restaurant **may well** feel exhausted.
2. The traitor **may well** be expelled from his country.
3. Readers **may well** fall in love with his new historical novel.
4. Religious pilgrims **may well** visit Israel once in a lifetime in order to be more faithful and pious.
5. He **may well** appeal to the Supreme Court as he insists his innocence.

1 레스토랑의 웨이터는 녹초가 되는 것이 당연하다.
2 반역자가 자신의 고국에서 추방당하는 것은 당연하다.
3 독자들이 그의 새로운 역사 소설에 깊이 빠지는 것은 당연하다.
4 종교 순례자들이 좀더 신앙심이 깊고 경건해지기 위해 일생에 한 번 이스라엘을 방문하는 것은 무리가 아니다.
5 그는 결백을 주장하므로 대법원에 항소하는 것이 무리가 아니다.

### Step 2

The stranger stayed for a moment thoughtfully contemplating this pleasant scene. Only he could have said what he was thinking. He **may well** have reflected that so happy a household might also be hospitable, and that where there was so much gaiety there might also be a little charity.

나그네는 이 기분 좋은 광경 앞에서 잠시 깊은 생각에 잠겨 있었다. 그의 마음속에서는 무슨 생각이 오갔을지는 오직 그만이 그것을 말할 수 있으리라.

**잠깐만요!**

may as well은 '~해도 좋다'는 허가의 의미로, '당연하다'는 의미의 may well과는 엄연히 다른 뜻이니 헷갈리지 마세요.

You may as well proceed now.
이제 진행해도 좋아요.

**모범답안**

아마도 이 즐거운 가정은 자기를 환대해 줄 거라고, 그리고 이렇게도 행복이 넘쳐흐르는 집에서는 아마 조금이라도 동정을 받을 수 있을 거라고 그가 생각한 것은 당연한지도 모른다.

**traitor** 반역자
**pilgrim** 순례자
**faithful** 충실한, 충직한
**pious** 경건한, 독실한
**innocence** 결백, 무죄
**thoughtfully** 깊이 생각에 잠겨
**contemplate** 바라보다, 응시하다
**reflect** 생각하다, 나타내다
**household** 가정
**hospitable** 환대하는, 흔쾌히 받아들이는
**gaiety** 흥겨움, 유쾌함
**charity** 자선, 자비

# Pattern 155 it goes without saying that ~

~는 말할 필요조차 없다

뻔한 내용을 상기시킬 때 혹은 뒷문장의 당위성을 강조할 때 it goes without saying that ~ 패턴이 자주 쓰이며, '~는 말할 필요조차 없다'라고 해석하세요. that 뒤에는 주어, 동사가 따라옵니다. 비슷한 의미의 표현 needless to say는 '말할 것도 없이'라는 뜻의 부사구로서, 주로 문장 맨 앞에 나옵니다.

## Step 1

1. **It goes without saying that** he always thinks of me.
2. **It goes without saying that** I have confidence in the workers.
3. **It goes without saying that** you should cherish his legacy.
4. **Needless to say**, the heliocentric theory was shocking to people who believed the geocentric theory.
5. **Needless to say**, recycling resources is very crucial for the next generation.

1 그가 항상 나를 생각한다는 것은 말할 필요조차 없다.
2 내가 직원들을 신뢰한다는 것은 말할 필요조차 없다.
3 너희가 그의 유산을 소중히 여겨야 한다는 것은 말할 필요조차 없다.
4 두말할 필요 없이, 천동설을 믿는 사람들에게 지동설은 충격적이었다.
5 말할 것도 없이, 자원을 재활용하는 것은 다음 세대를 위해 매우 중요하다.

## Step 2

For my son. The Emperor created me a baron on the field of Waterloo. Since the Restoration has refused me this title, paid for with my blood, my son will adopt it and bear it. **It goes without saying that** he will be worthy of it.

내 아들에게. 황제가 워터루 전장에서 내게 남작의 작위를 수여했다. 왕정복고 시대는 내 피의 대가인 이 작위를 거부했기 때문에, 내 아들은 그것을 취하고, 그것을 감당해야 할 것이다.

legacy 유산
heliocentric theory 지동설
geocentric theory 천동설
emperor 황제
create (작위를) 수여하다
baron 남작
The Restoration 왕정복고 시대
refuse 거부하다, 거절하다
adopt 취하다, 채택하다
bear 감당하다
be worthy of ~할 가치가 있다

모범답안

그가 그것을 취할 가치가 있을 거라는 것은 말할 필요조차 없다.

Pattern 156

# prefer A to B

B보다 A를 더 좋아하다[선호하다]

prefer는 '~를 더 좋아하다'라는 의미이므로, prefer A to B의 표현은 양자택일의 상황에서 둘 중 선호하는 하나를 가리는 비교 구문으로 쓰입니다. 해석할 때는 선호 대상인 A에 초점을 맞춰서 'B보다 A를 더 좋아하다'라고 하면 됩니다.

## Step 1

1. I **prefer** studying with friends **to** studying alone.
2. She **prefers** riding a horse outside **to** working out at the gym.
3. He **prefers** playing outdoor sports **to** playing indoor sports.
4. He **prefers** seating in aisle seats **to** window seats in case of a long distance flight.
5. She **preferred** enjoying rural life **to** having the hustle and bustle of city life as she grew older.

1 나는 혼자 공부하는 것보다 친구들과 함께 공부하는 것을 더 좋아한다.
2 그녀는 체육관에서 운동하는 것보다 야외에서 말 타는 것을 더 좋아한다.
3 그는 실내 스포츠보다 실외 스포츠를 하는 것을 더 좋아한다.
4 그는 장거리 비행의 경우 창가 좌석보다는 통로 쪽 좌석에 앉는 것을 선호한다.
5 나이가 들면서 그녀는 도시의 부산한 생활을 하는 것보다는 전원 생활을 즐기는 것을 더 좋아했다.

## Step 2

He had come to **prefer** books **to** events and poets **to** heroes, and most particularly he **preferred** a book like *Job* **to** an event like Marengo. When spent in meditation, he returned home by the evening night of the boulevards and saw through the branches of the trees.

그는 명상으로 시간을 보낸 후에, 도로에 어둠이 찾아올때쯤 집으로 돌아왔고, 나무의 가지 사이를 바라보았다.

잠깐만요!
둘을 비교하지 않고 단순히 선호하는 것을 나타낼 때는 〈prefer to + 동사원형〉의 형태로 나옵니다. 성향을 드러내거나 소망의 뜻을 나타내는 것으로 '~하고 싶다'로 해석하세요.
I prefer to remain here and wait.
나는 여기 남아서 기다리고 싶다.

모범답안
그는 사건보다는 책을, 영웅보다는 시인을 좋아하게 되었고, 특히 그는 마렝고와 같은 사건보다는 '욥기'와 같은 책을 더 선호했다.

aisle seat 통로 쪽 좌석
hustle and bustle 복잡, 혼잡
poet 시인
meditation 명상
boulevard 도로
branch 나뭇가지

# Pattern 157 in token of

## ~의 표시[증거]로서

화폐 대신 사용하는 토큰은 parking token, bus token 등으로 자주 쓰이지만 in token of에서의 token은 추리 소설에 많이 등장하는 proof나 evidence, 즉 '증거'라고 해석합니다. 즉, 표식이 있는 형태를 지닐 경우 증거의 의미가 강합니다. token이 쓰인 as a token of appreciation이라는 표현은 '감사의 표시로'와 같이 해석하세요.

### Step 1

1. The players had their hair cut **in token of** their strong will.
2. **In token of** victory, a captain gave soldiers days off.
3. I wore an armband **in token of** mourning at the funeral.
4. Right after the graduation ceremony, he sent a bouquet of flowers **as a token of appreciation**.
5. She donated all the profits from her new album to the orphanage **as a token of appreciation**.

1 선수들은 그들의 강한 의지의 표시로 머리를 삭발했다.
2 승리의 표시로, 대령이 병사들에게 휴가를 주었다.
3 조의를 표하여 장례식에서 나는 팔에 완장을 둘렀다.
4 졸업식 직후에, 그는 감사의 표시로 꽃다발을 보냈다.
5 그녀는 감사의 표시로 새 앨범 수익 전부를 그 고아원에 기부했다.

### Step 2

If you will honor me with even the smallest gift, I will at once compose a poem **in token of** my gratitude. This poem, which I will endeavor to make as perfect as possible, will be submitted to you before being inserted at the beginning of the play and spoken on the stage.

이 시는 할 수 있는 한 최대한 완벽하게 만들려고 노력할 것이며, 연극의 도입 부분에 삽입되어 무대에서 대사로 읊어지기 전에 당신에게 보내질 것입니다.

잠깐만요!
by the same token은 '같은 이유로'라는 뜻으로 독해 지문에 자주 등장하는 관용어구입니다.
By the same token, don't use your birthday for the PIN number.
같은 이유로 생일을 비밀번호로 사용하지 마세요.

will 의지
mourn 애도하다
orphanage 고아원
honor 존경하다, 공경하다
compose a poem 시를 짓다
gratitude 감사, 고마움
endeavor 노력하다
submit 제출하다, 보내다

모범답안
만일 당신이 제게 정말 작은 재능이라도 인정해 주신다면, 저는 즉시 저의 감사의 표시로 시를 짓겠어요.

# as A, so B

## A인 것처럼[A하는 대로], B하다

Pattern 158

as는 독해 지문에서 아주 다양한 뜻으로 확장되어 사용되기 때문에 해석할 때 더 어려울 수 있답니다. 따라서 패턴을 기억하는 것이 중요합니다. as A, so B는 'A인 것처럼, B하다'로 해석하되, 보통 B에서는 강조를 위해 주어, 동사가 도치될 수도 있는데 해석은 똑같이 하면 됩니다.

### Step 1

1. **As** a boy sees in the world, **so** expressive he shall be.
2. **As** you care about me, **so** loving will I be for you.
3. **As** the cost of living increases, **so** stressed people will be.
4. **As** more amino acids are broken down in this material, **so** harmful toxic ammonia will be.
5. **As** more murals are found, **so** fortunate are we to have better understanding of how people lived a long time ago.

1 소년은 세상에서 보는 대로 표현할 것이다.
2 당신이 나를 신경써 주는 것처럼 나도 당신에게 애정어린 마음을 가질 것이다.
3 생활비가 증가할수록, 사람들은 스트레스를 받게 될 것이다.
4 더 많은 아미노산이 이 물질에서 분해되는 대로, 유독성의 암모니아가 될 것이다.
5 더 많은 벽화가 발견될수록, 다행히 우리는 옛날에 사람들이 어떻게 살았는지를 더 잘 이해하게 될 것이다.

### Step 2

All things considered, the animal den is preferable to the human den. A cave is better than a city slum. What Marius was peering into was the latter. Marius was poor and his own room was a barren place, but **as** his poverty was high-minded **so** clean was his garret.

모든 것을 고려해 볼 때, 동물의 굴이 인간의 소굴보다 더 낫다. 동굴이 도시의 슬럼가보다 낫다. 마리우스가 자세히 들여다보았던 것은 후자였다.

**expressive** (생각, 감정을) 나타내는
**amino acid** 아미노산
**break down** 분해하다
**toxic** 유독성의
**mural** 벽화
**all things considered** 모든 것을 고려해 볼 때
**den** 굴
**preferable** 더 나은, 선호하는
**peer into** ~를 자세히 들여다보다
**the latter** 후자
**barren** 황량한, 척박한
**poverty** 가난, 빈곤
**high-minded** 고결한, 고매한
**garret** 다락방

모범답안

마리우스는 가난했고, 그의 방은 황량한 곳이었지만, 그의 가난이 고매한 것처럼, 그의 다락방도 깨끗했다.

# Pattern 159 provided 주어 + 동사 ~

## ~ 인 경우라면

조건을 나타내는 가장 일반적인 〈if 주어 + 동사 ~〉 구문과 달리 〈provided 주어 + 동사 ~〉의 패턴은 특정한 조건이 갖춰진 상황에서 성립하는 가정의 의미가 강하기 때문에 '~인 경우라면' 내지는 '~하기만 한다면'으로 해석합니다. provided 뒤에 that이 생략되어 있으므로 〈provided that 주어 + 동사 ~〉로 쓰여도 같은 의미로 해석하면 됩니다.

### Step 1

1. **Provided** you are under 20, you can get a discount.
2. I will return the stuff **provided** the package was damaged.
3. **Provided** baggage exceeds 7kg, he may pay an additional fee.
4. **Provided that** you give me extra 10% discount on the sale item, I will buy it immediately.
5. **Provided that** the iceberg on the South Pole is melting quicker, we should take the global warming more seriously.

1 20세 미만의 경우라면, 할인을 받을 수 있다.
2 포장이 손상된 경우라면 나는 물건을 반송할 것이다.
3 수화물이 7킬로그램을 초과하는 경우라면, 그는 추가 요금을 낼지도 모른다.
4 만일 그 세일 품목에 추가로 10퍼센트 할인을 더 해 준다면 지금 당장 사겠습니다.
5 남극의 빙하가 더 빨리 녹고 있는 것이라면, 지구 온난화를 더 심각히 생각해야 한다.

### Step 2

Nations, like stars, are entitled to eclipse. All is well, **provided** the light returns and the eclipse does not become endless night. Dawn and resurrection are synonymous. The reappearance of the light is the same as the survival of the soul.

별처럼 국가도 퇴색할 수 있다. ______________ 새벽과 부활은 동의어이다. 빛의 재현은 영혼의 부활과도 같다.

잠깐만요!

in case 역시 우리말로는 '~한다면'의 조건으로 해석되나, 주로 사건, 사고의 경우에 자주 쓰입니다.

In case a fire occurs, the alarm will ring automatically.
화재가 나면 경보가 자동으로 울릴 것이다.

exceed 초과하다
melt 녹다
be entitled to ~할 자격이 있다, ~할 권리가 있다
eclipse (월)식, 빛의 퇴색
dawn 새벽, 동틀 무렵
resurrection 부활
synonymous 동의어의
reappearance 재현

모범답안

만일 빛이 되돌아오고, 월식으로 인해 끝없이 밤이 지속되지만 않는다면, 모든 것이 괜찮다.

# come near ~ing

Pattern 160

## 하마터면 ~할 뻔하다, 가까스로 ~를 면하다

'거의'의 뜻을 지닌 near가 사용된 come near ~ing라는 표현은 긴박한 상황일 때 자주 쓰이는 패턴으로, '어떤 상황이 발생하기 직전의 상태까지 갔으나 다행히 모면했다'는 의미가 담겨 있습니다. 즉 '하마터면 ~할 뻔하다'로 해석하세요. 비슷한 의미의 표현인 narrowly escape ~ing도 '가까스로 모면하다'로 해석하세요.

### Step 1

1. I **came near spraining** my ankle on the stairs.
2. The oil ship **came near being** wrecked by the heavy storm.
3. The asteroid **came near crashing** the northern hemisphere.
4. The child **narrowly escaped falling** into a big hole when the earthquake hit the town all of a sudden.
5. He **narrowly escaped being** accused of forging his ex-wife's signature.

1 나는 하마터면 계단에서 발을 접지를 뻔했다.
2 유조선이 거센 폭풍우로 인해 하마터면 난파될 뻔했다.
3 소행성이 하마터면 북반구와 충돌할 뻔했다.
4 그 아이는 갑자기 지진이 마을을 덮쳤을 때 가까스로 큰 구멍에 빠지는 것을 모면했다.
5 그는 전처의 서명을 위조했다는 혐의를 가까스로 모면했다.

### Step 2

It is agonizing to him that Cosette would still be in contact with the man. And thus he **came near reproaching** himself for not having passed his questions, which might have led him to a drastic decision. He had been too magnanimous in a word, too weak.

코제트가 그 남자와 아직도 연락하고 있다면 그에게는 고통스러운 일이다. ______ 그는 한마디로 말해서 너무 너그러웠고, 너무 약했었다.

잠깐만요!
near가 동사로서 단독으로 쓰이면, '가까워지다'라는 approach의 의미로 사용된답니다.
The cruise ship is nearing the shore.
유람선이 해안으로 들어오고 있다.

wreck 파손시키다
asteroid 소행성
northern hemisphere 북반구
all of a sudden 갑자기
forge 위조하다, 만들다
agonizing 고통스러운
in contact with ~와 연락하는
reproach oneself ~를 자책하다
drastic 극단적인
magnanimous 너그러운
in a word 한마디로 말해서

모범답안
그래서 그는 질문을 넘기지 못한 자신을 자책할 뻔했는데, 이런 질문들로, 그는 하마터면 극단적인 결정에 이르렀을지도 모른다.

Pattern 161

# apart from ~

## ~를 제외하고, ~를 제쳐두고

apart from ~은 직역하면 '~를 떨어뜨린 상태로'라는 의미로, 무엇인가에 대해 생각할 때 '한 가지 특정 요소를 제외하는'의 뜻을 나타냅니다. 즉 그 외 다른 요소를 생각한다는 의도가 담겨 있는 표현입니다.

### Step 1

1. **Apart from** that, I think that she is perfect.
2. **Apart from** the first question, she has completed the form.
3. **Apart from** logistical costs, we didn't suffer major loss.
4. **Apart from** the 10% increase of medical care expenses, the union and management came to an agreement.
5. **Apart from** the dispute over Dokdo Island, there remain unresolved matters between Korea and Japan.

1 그것을 제외하고, 나는 그녀가 완벽하다고 생각해.
2 첫 번째 질문을 제외하고, 그녀는 그 서류 작성을 완료했다.
3 물류비를 제외하고 우리는 큰 손해를 입지 않았다.
4 의료비의 10퍼센트 인상을 제외하고, 노사는 협의에 도달했다.
5 독도 분쟁뿐만 아니라, 한국과 일본 사이에는 해결되지 않은 문제가 남아 있다.

### Step 2

**Apart from** their strict underlying religious intention, his every act until that day had been for the purpose of digging a hole in which his real name might be buried. What he had most feared, in his moments of recollection and his wakeful nights, was to hear that name spoken.

자기 자신을 회고할 때나 잠을 이루지 못하는 한밤중에 그가 무엇보다도 두려워했던 것은 그 이름이 언젠가 입 밖에 나오는 것을 듣는 일이었다.

잠깐만요!

besides도 '~ 이외에'의 뜻으로 해석되는데, 제외시키기보다는 포함시켜 추가하는 의미를 나타냅니다.

Besides math, I like science and geology.

수학 이외에도 나는 과학과 지질학을 좋아한다.

모범답안

내재하는 그들의 엄격한 종교적 목적을 떠나서 생각한다면, 그가 이날까지 행해 온 모든 것은 자기 이름이 묻힐 관의 구멍을 파려는 목적 이외에 아무것도 아니었다.

logistical cost 물류 비용
union 노조
unresolved 미해결의
strict 엄격한, 엄한
underlying 내재하는, 잠재적인
purpose 목적
recollection 회고, 회상
wakeful 잠을 못 이루는, 잠 못 드는

# UNIT 19
# 셜록 홈즈 (Sherlock Holmes)

〈셜록 홈즈〉는 120년 넘게 전세계적으로 사랑 받고 있는 영국의 추리소설입니다. 특히 영국에는 셜록 홈즈의 집, 거리, 박물관이 있을 정도로 〈셜록 홈즈〉에 대한 사랑이 대단합니다. 이 책은 어휘의 수준이 높고 문장 구조가 복잡한 편이기 때문에 중고급 수준의 독자들에게 추천하는 책입니다. 먼저 이 책에서 찾은 리딩 패턴을 알고 보는 것이 도움되겠죠?

Pattern 162 **had it not been for ~** ~가 없었더라면
Pattern 163 **when it comes to ~** ~로 말할 것 같으면
Pattern 164 **next to nothing** 없는 것과 다름 없는, 거의 없는
Pattern 165 **would rather A than B** B하느니 차라리 A하겠다
Pattern 166 **what with A and what with B**
한편으로는 A 때문에, 또 한편으로는 B 때문에
Pattern 167 **not so much A as B** A라기보다는 오히려 B인
Pattern 168 **If I were ~, 주어 + would + 동사원형 …** 만일 내가 ~라면, …할 텐데
Pattern 169 **lest 주어 (+ should) + 동사원형 ~** ~하지 않기 위해서
Pattern 170 **cannot but ~** ~하지 않을 수 없다
Pattern 171 **devote A to B** A를 B에 바치다[쏟다, 기울이다]
Pattern 172 **scarcely 조동사 + 주어 ~ before …** ~하자마자 곧바로 …하다
Pattern 173 **remind A of B** A에게 B를 생각나게 하다[연상시키다]

# Pattern 162 had it not been for ~

~가 없었더라면

had it not been for ~는 원래 if it had not been for ~의 구문인데 뜻을 더욱 강조하기 위해 if를 생략하면서 had가 앞으로 도치되어 had it not been for ~의 패턴이 된 것입니다. 과거에 대해 가정을 하는 상황으로 '~가 없었더라면'으로 해석하세요.

## Step 1

1. **Had it not been for** your advice, I couldn't have succeeded.
2. **Had it not been for** your help, I would have failed the exam.
3. **Had it not been for** this, she would have lost her belongings.
4. **If it had not been for** the scholarship, he would have had serious financial difficulties.
5. **If it had not been for** this guideline, I would have wasted my precious time looking for the direction.

1 너의 조언이 없었다면, 난 성공하지 못했을 수 있다.
2 당신의 도움이 없었더라면, 나는 그 시험에 떨어졌을 것이다.
3 이것이 없었다면, 그녀는 소지품을 잃어버렸을 것이다.
4 장학금이 없었더라면, 그는 심각한 재정적 어려움을 겪었을 것이다.
5 이 안내서가 없었더라면, 나는 길을 찾는데 귀중한 시간을 낭비했을 것이다.

## Step 2

There I was struck on the shoulder by Jezail bullet. **Had it not been for** the devotion and courage shown by Murray, my orderly, who threw me across a packhorse, and succeeded in bringing me safely to the British lines, I must have fallen into the hands of the murderous Ghazis.

그 전투에서 나는 어깨에 아프카니스탄 총탄을 맞고 말았다.

**잠깐만요!**

현재에 대한 가정을 할 때는 동사 had been 대신 were를 써서 were it not for ~ 또는 if it were not for ~로 쓰이는데, 해석은 '만약 ~라면'으로 하면 됩니다.

Were it not for my smartphone, I couldn't do anything.
만약 내 스마트폰이 없다면, 나는 아무것도 할 수 없을 것이다.

**belonging** 소지품, 소유물
**precious** 귀중한, 소중한
**jezail** 아프가니스탄식의 장총
**bullet** 총알
**devotion** 헌신
**orderly** (군대의) 잡역병, 당번병
**packhorse** 수레말
**succeed in** ~에 성공하다
**murderous** 사람을 죽일 것 같은
**ghazi** 이슬람교도의 용사

모범답안

(위기 상황 속에서도) 나를 말에 태우고 영국군 진지까지 안전하게 데려다 준 당번병 머레이의 헌신과 용기가 없었다면 나는 잔인한 이슬람 병사의 손에 꼼짝없이 잡히는 신세가 되었을 것이다.

# when it comes to ~

~로 말할 것 같으면

Pattern 163

come이 가진 기본적인 뜻 '오다'와는 별개로 완전히 다른 뜻으로 쓰이는 또 하나의 패턴 when it comes to ~는 '~로 말할 것 같으면'으로 해석합니다. to 다음에는 명사 상당어구가 오기 때문에 to 다음에 동사가 온다면 동명사 형태가 됩니다.

## Step 1

1. **When it comes to love**, trusting somebody is important.
2. **When it comes to the weather** in U.K., it is the worst.
3. **When it comes to money**, it brings us more opportunities.
4. I think plagiarism is a kind of crime **when it comes to publishing** a book.
5. Every country uses different but equivalent measurement systems **when it comes to measuring** things.

1 사랑으로 말할 것 같으면, 누군가를 믿는 것이 중요하다.
2 영국의 날씨로 말할 것 같으면, 최악이다.
3 돈으로 말할 것 같으면, 그것은 우리에게 더 많은 기회를 가져다준다.
4 책을 출판하는 것으로 말할 것 같으면 표절은 일종의 범죄라고 나는 생각한다.
5 사물을 측정하는 것으로 말할 것 같으면, 각 나라마다 다르지만 상응하는 측정 시스템을 사용한다.

## Step 2

"**When it comes to beating** the subjects in the dissecting-rooms with a stick, it is certainly taking rather a bizarre shape." "Beating the subject!" "Yes, to verify how far bruises may be produced after death, I saw him at it with my own eyes."

" ______ " "시체를 때린다고!" "네, 사후에 멍이 얼마나 드는지 확인하기 위해서랍니다. 제 눈으로 직접 그 장면을 똑똑히 목격했습니다."

잠깐만요!
약간 다른 의미로 쓰이는 in terms of ~는 '~의 면에서,' '~에 관하여'로 해석하세요.
In terms of the cost of living, Hong Kong is not my option.
생활비 면에서, 홍콩은 내 옵션이 아니다.

plagiarism 표절(행위)
equivalent 동등한, 상당하는
measurement 측정
subject 해부 시체, 실험 대상
dissecting-room 해부학실
bizarre 특이한, 기이한
rather 상당히
verify 확인하다
bruise 멍, 타박상

모범답안
해부실에서 시체를 막대기로 두들기는 일로 말할 것 같으면, 그것은 정말로 상당히 기괴한 행태이지요.

# Pattern 164 next to nothing

## 없는 것과 다름 없는, 거의 없는

nothing이 '아무 것도 아니다'라는 뜻이므로 '~의 옆에'라는 의미의 next to가 붙은 next to nothing은 '거의 없는,' 즉 '없는 것과 다름없는'으로 해석하면 됩니다. 비슷한 패턴인 almost nothing도 '거의 없는'으로 해석하세요.

**Step 1**

1. They got musical tickets for **next to nothing**.
2. The executive knows **next to nothing** about marketing.
3. I got the secondhand clothes for **next to nothing**.
4. Unfortunately, many victims of this conspiracy could remember **almost nothing**.
5. Lions which are the largest carnivore in Africa can find **almost nothing** to eat in this area.

1 그들은 음악회 표를 거의 공짜로 얻었다.
2 그 경영인은 마케팅에 대해서는 모르는 것과 다름없다.
3 나는 그 헌 의류를 거의 공짜로 얻었다.
4 안타깝게도, 이 음모의 많은 희생자들은 거의 아무것도 기억할 수 없었다.
5 아프리카에서 가장 큰 육식동물인 사자는 이 지역에서 먹을 것을 거의 찾을 수 없다.

**Step 2**

His ignorance was as remarkable as his knowledge. Of contemporary literature, philosophy and politics he appeared to know **next to nothing**. Upon my quoting Thomas Carlyle, he inquired in the naivest way who he might be and what he had done.

그(홈즈)가 무지한 것은 그가 갖고 있는 지식만큼이나 놀라웠다. ________________ 내가 토마스 칼라일에 대해 언급하자마자, 순진한 표정을 지으며 그가 누구이고, 무슨 일을 했는지 내게 물었다.

잠깐만요!
**부사인 hardly, rarely, scarcely, seldom과 같은 어휘도 '거의 ~ 않다'로 해석하세요.**
She can hardly move because of her illness.
그녀는 병 때문에 거의 움직일 수가 없었다.

**secondhand** 중고의, 간접적인
**conspiracy** 음모
**carnivore** 육식동물
**ignorance** 무지, 무식
**remarkable** 놀라운, 놀랄 만한
**contemporary** 당대의, 현대적인
**literature** 문학
**quote** 인용하다
**inquire** 묻다
**naive** 순진무구한, 순진한

모범답안
그는 당대의 문학과 철학, 정치에 관해 아는 것이 거의 없어 보였다.

# would rather A than B

## B하느니 차라리 A하겠다

Pattern 165

두 가지 중에 한 가지를 선택할 때 '오히려,' '차라리'의 뜻인 rather가 쓰일 때가 있습니다. 따라서 would rather A than B는 '딱히 A가 좋은 것은 아니지만 B가 싫어서 B보다는 A를 선호한다'라는 뜻을 강조하는 패턴입니다. 간단히 'B하느니 차라리 A하겠다'로 해석하세요.

### Step 1

1. I **would rather** sleep **than** do nothing.
2. The injured solider **would rather** die **than** give in to threats.
3. I **would rather** live alone **than** marry the ignorant man.
4. She **would rather** have an operation right now **than** take a medicine for her entire life.
5. Some people **would rather** say nothing to others **than** tell the truth because they do not want to cause any trouble.

1 나는 아무것도 안 하느니 차라리 잠을 자겠다.
2 그 부상당한 군인은 위협에 굴복하느니 차라리 죽는 게 낫겠다.
3 나는 그 무식한 남자와 결혼하느니 차라리 혼자 살겠다.
4 그녀는 평생 동안 약을 먹느니 차라리 지금 바로 수술을 받을 것이다.
5 어떤 사람들은 문제를 일으키고 싶지 않기 때문에 진실을 말하느니 차라리 다른 사람들에게 아무 말도 하지 않으려고 한다.

### Step 2

"Would he not consider it as too dangerous?" "Not at all. If my view of the case is correct, and I have every reason to believe that it is, this man **would rather** risk anything **than** lose the ring. According to my notion, he dropped it while stooping over Drebber's body, and did not miss it at the time."

"그가 그건 너무 위험하다고 생각할 것 같지 않아?" "전혀 그렇지 않을 걸세. ______ 내 생각에 따르면, 그는 드레버의 시체 위로 몸을 굽혔을 때 반지를 떨어뜨렸어. 하지만 그때는 그걸 몰랐지."

잠깐만요!

had better ~는 '~하는 게 낫다'로 해석하세요.

You had better leave the country now.

당신은 지금 나라를 떠나는 게 낫다.

모범답안

만약 이 사건에 대한 내 판단이 옳다면, 이 남자는 이 반지를 잃어버리느니 위험을 무릅쓰고라도 뭐라도 할 게 분명하다고 믿을 만한 모든 이유가 내게 있어.

**ignorant** 무식한, 무지한
**operation** 수술
**consider A as B** A를 B로 생각하다, 여기다
**risk** ~의 위험을 무릅쓰다
**notion** 생각, 개념
**stoop** 몸을 굽히다, 구부리다
**miss** 없다는 것을 알다[눈치채다]

# Pattern 166 what with A and what with B

## 한편으로는 A 때문에, 또 한편으로는 B 때문에

what with A and what with B와 같은 패턴은 뜻을 정확하게 익혀 두지 않으면 해석하기 까다롭습니다. '한편으로는 A 때문에, 또 한편으로는 B 때문에'라는 의미로, 쉽게 말해서 'A와 B 같은 이런저런 이유로'를 뜻합니다. 최소한 두 가지 이유를 열거하면서 뒤에 나오는 문장에 대한 이해를 돕는 패턴으로 이해하세요.

### Step 1

1. **What with** rumors **and what with** debts, he killed himself.
2. **What with** love **and what with** friendship, they feel united.
3. **What with** wars **and what with** poverty, I gave up studying.
4. **What with** too much violence **and what with** too much swearing, people under 13 are not allowed to watch this movie.
5. **What with** the high cost of living **and what with** the depression, it is difficult to run a business in Korea.

1 한편으로는 소문 때문에, 또 한편으로는 빚 때문에 그는 자살했다.
2 한편으로는 사랑 때문에, 또 한편으로는 우정 때문에 그들은 하나라고 느낀다.
3 한편으로는 전쟁 때문에, 또 한편으로는 가난 때문에 나는 학업을 포기했다.
4 너무 많은 폭력성과 너무 많은 욕설로 인해 13세 미만의 사람은 이 영화를 볼 수 없다.
5 높은 생활비와 불경기로 인해 한국에서 사업을 하는 것은 어렵다.

### Step 2

"My name is Sawyer — hers is Dennis, which Tom Dennis married her — and as long as he's at sea and no steward in the company more thought of a smart, clean lad, too, but when on shore, **what with** the woman **and what with** liquor shops."

"내 성은 소여이고 – 그녀(샐리)의 성은 데니스라우, 톰 데니스가 그녀와 결혼했거든 – 그리고 그 놈은 바다에 있고, 함께 일하는 간사가 없는 한, 그는 똑똑하고 깔끔한 사내로 생각되지, ________________ ."

**잠깐만요!**

not only because A but also because B의 구문은 두 가지 이유를 명시하므로 'A 때문뿐만 아니라 B 때문에도'로 해석하세요.

I love this country not only because it has great scenery but also because it has historic sites.
나는 이 나라가 멋진 경관을 갖고 있기 때문만이 아니라 유적지도 있기 때문에 좋아한다.

모범답안

그런데 육지에만 나오면, 한편으로는 여자 때문에, 또 한편으로는 술 때문에 말야. [어찌된 일인지 육지에만 나오면, 술에, 여자에.]

**swearing** 욕, 욕설
**run a business** 사업을 하다
**steward** 집사, 재산관리인
**lad** 사내
**on shore** 육지에
**liquor shop** 술집

Pattern 167

# not so much A as B

## A라기보다는 오히려 B인

A에 not이라는 부정어가 걸려 있으므로 not so much A as B는 'A라기보다는 오히려 B인'으로 해석하세요. 다른 말로 하면 'A가 아니라 결국은 B인'으로 말할 수 있습니다. 비슷하게 쓰인 not A so much as B도 똑같이 'A라기보다는 B인'으로 해석하면 됩니다.

### Step 1

1. His book is **not so much** interesting **as** instructive.
2. His brand new car was **not so much** fashionable **as** durable.
3. Some say Buddhism is **not so much** religious **as** philosophical.
4. Las Vegas is **not** just a gambling city **so much as** an exciting city where people can watch musicals and fountain shows.
5. The writer's view is **not** liberal **so much as** conservative about things that happen in this country.

1 그의 책은 흥미롭다기보다는 오히려 유익하다.
2 그의 새 차는 세련되었다기보다는 오히려 튼튼했다.
3 불교는 종교적이라기보다는 철학적이라고 말하는 사람이 있다.
4 라스베이거스는 그저 도박의 도시라기보다는 사람들이 뮤지컬과 분수 쇼를 볼 수 있는 흥미진진한 도시다.
5 그 작가의 관점은 이 나라에서 일어나고 있는 일들에 대해 진보적이기보다는 보수적이다.

### Step 2

"The tremendous exertions which I have gone through during the last day or two have worn me out. **Not so much** bodily exertion, you understand, **as** the strain upon the mind. You will appreciate that Mr. Sherlock Holmes, for we are both brainworkers."

"지난 이틀 동안 어찌나 바빴는지 피곤해 죽을 지경입니다. ____________ 당신은 셜록 홈즈 씨에게 감사해야 할 거예요. 나나 홈즈 씨나 모두 정신노동자니까요."

instructive 유익한, 교육적인
durable 내구력 있는, 튼튼한
philosophical 철학적인
conservative 보수적인
tremendous 엄청난, 대단한
exertion 노력, 분투
go through ~를 겪다, 경험하다
wear out 녹초로 만들다
strain 중압감, 부담
appreciate 고마워하다

모범답안

아시다시피 이 일이란 게 육체적으로 힘들다기보다는 정신적으로 힘들잖아요.

# Pattern 168 If I were ~, 주어 + would + 동사원형 …

## 만일 내가 ~라면, …할 텐데

〈If I were ~, 주어 + would + 동사원형 …〉은 과거 시제 가정법 구문으로 '만일 내가 ~라면, …할 텐데'라는 의미를 나타냅니다. 해석할 때 과거 사실이 아닌 현재 사실에 대한 가정임을 잊지 말도록 하세요. 강조를 위해 if를 생략한 채 were I ~로 나타내는 패턴도 있는데 똑같은 뜻으로 해석하면 됩니다.

### Step 1

1. **If I were** here with you, I **would propose** to you.
2. **If I were** the woman, I **would** not **buy** this cosmetic product.
3. **If I were** a boy, I **would have** fun in a Halloween party.
4. **Were I** a professor in this university, I **would give** an A to every student who submits his paper on time.
5. **Were I** American, I **would** not **be** discriminated against because of its strong international power.

1 만일 내가 여기 당신과 함께 있다면, 나는 당신에게 청혼할 텐데.

2 만일 내가 그 여자라면, 나는 이 화장품을 사지 않을 텐데.

3 만일 내가 소년이라면, 나는 핼로윈 파티에서 재밌게 보낼 텐데.

4 만일 내가 이 대학교의 교수라면, 제 시간에 숙제를 제출하는 모든 학생들에게 A 학점을 줄 텐데.

5 만일 내가 미국인이라면, 강력한 국제적 파워 때문에 차별을 받지 않을 텐데.

### Step 2

"**If I were** to presume to help you, it **would be** robbing you of the credit of the case," remarked my friend. "You are doing so well now that it would be a pity of for anyone to interfere." There was a world of sarcasm in his voice as he spoke.

"                    ,"라고 내 친구(홈즈)는 말했다. 당신들은 지금 훌륭한 임무를 수행하고 있으니, 누군가 참견하는 것이 오히려 실례가 될지도 모릅니다." 그(홈즈)가 말한 대로 그의 말에는 비아냥거리는 기색이 역력했다.

cosmetic product 화장품
submit 제출하다
be discriminated against 차별을 받다
presume 주제 넘게 굴다
interfere 참견하다, 개입하다
a world of 엄청난, 무한한
sarcasm 빈정댐, 비꼼

모범답안

만일 제가 주제 넘게 두 분을 돕겠다고 나선다면 사건에 대한 당신들의 공을 가로채는 것이 되겠죠

# lest 주어 (+ should) + 동사원형 ~

## ~하지 않기 위해서

Pattern 169

〈lest 주어 (+ should) + 동사원형 ~〉의 패턴은 문장에 부정어 not이 보이지 않지만 '~하지 않도록'이라는 뜻의 접속사 lest가 있기 때문에 '~하지 않기 위해서'라는 부정적인 의미로 해석된다는 점을 기억하세요. 뒤에 혹시 should가 생략된 채 〈lest 주어 + 동사원형 ~〉의 형태만 보여도 같은 패턴이므로 역시 같은 의미로 해석하면 됩니다.

**Step 1**

1. Study all night **lest** you **should fail** the entrance exam.
2. They drove too fast **lest** they **should be** late for the interview.
3. He kept the important data in a safe **lest** he **should lose** them.
4. The celebrity tried to find a person who spread a bad rumor on the internet **lest** he **lose** his popularity and good reputation.
5. We should be careful with sleeping pills **lest** we **die** from an overdose of sleeping pills.

1 너는 입학시험에서 떨어지지 않게 밤을 세워 공부해라.
2 그들은 면접에 늦지 않기 위해서 과속 운전을 했다.
3 그는 중요한 자료를 잃어버리지 않기 위해 금고에 보관했다.
4 그 연예인은 그의 인기와 명성을 잃어버리지 않고자 인터넷에 나쁜 소문을 퍼트린 사람을 찾고자 애썼다.
5 우리는 수면제 과다 복용으로 사망하지 않도록 수면제에 주의해야 한다.

**Step 2**

I will tell you all, sir. Do not imagine that my agitation on behalf of my son arises from any fear **lest** he **should have** had a hand in this terrible affair. He is utterly innocent of it. My dread, however, that in your eyes and in the eyes of others he may appear to be compromised.

형사님, 다 말씀 드리겠습니다. ________________ 그 아이에게는 전혀 죄가 없습니다. 그러나, 형사님과 다른 사람들의 얼굴을 보니 그 애가 혹시라도 다칠 수 있다는 생각이 들어 무섭기만 합니다.

**잠깐만요!**

조금 더 직접적인 표현인 〈in order not to + 동사원형〉도 '~하지 않기 위해서'로 해석하세요.

I took a medicine in order not to catch a cold.
나는 감기에 걸리지 않기 위해서 약을 먹었다.

모범답안

제가 이렇게 걱정하는 건 제 아들이 이런 끔찍한 사건에 관여했다고 생각하기 때문이 아니니까 절대 오해는 하지 마십시오.

popularity 인기
reputation 평판, 명성
overdose 과다 복용
sleeping pill 수면제
agitation 불안, 동요
on behalf of ~를 대신[대표]해서
arise 생기다, 발생하다
have a hand in ~에 관여하다
utterly 완전히, 아주
dread 두려움
compromise 위태롭게 하다

# Pattern 170 cannot but ~

## ~하지 않을 수 없다

but은 '그러나'라는 뜻의 접속사 이외에도 전치사로서 except(~를 제외하고는)의 의미도 있다는 것을 기억하세요. 그래서 〈cannot but + 동사원형〉은 '~하는 것을 제외하고는 할 수 없다'라는 뜻이므로, 결국 '~하지 않을 수 없다'로 해석하면 됩니다. help가 사이에 들어간 〈cannot help but + 동사원형〉도 '~하지 않을 수 없다'로 해석하세요.

### Step 1

1. Laborers in the factory **cannot but agree** with the new policy.
2. We **cannot but admire** the bravery of a little Afghanistan girl.
3. The bank burglar **cannot but surrender** himself to the police.
4. The government **cannot help but worry** about the real estate bubble when many people buy houses with loans.
5. The musician **could not help but perform** music on a stage although he was in the worst condition.

1 공장의 노동자들은 새로운 정책에 동의하지 않을 수 없다.
2 우리는 한 어린 아프카니스탄 소녀의 용기에 감탄하지 않을 수 없다.
3 그 은행 강도는 경찰에 투항하지 않을 수 없다.
4 많은 사람들이 대출로 집을 살 때, 정부는 부동산 거품에 대해 걱정하지 않을 수 없다.
5 그 음악가는 비록 최악의 상태였지만 무대에서 연주할 수밖에 없었다.

### Step 2

The prompt and energetic action of the officers of the law shows the great advantage of the presence on such occasions of a single vigorous and masterful mind. We **cannot but think** that it supplies an argument to those who would wish to see our detectives more decentralized and so brought into closer and more effective touch with the cases.

경찰관의 신속하고 열정적인 조치가 있어, 열정과 능력을 겸비한 탁월한 인물이 그런 사건(현장) 부근에 있다는 사실이 얼마나 좋은 것인지를 새삼 깨닫게 되었다.

잠깐만요!
같은 의미의 또다른 표현 cannot help ~ing 또한 '~하지 않을 수 없다'로 해석하세요.
She cannot help watching the movie twice.
그녀는 그 영화를 두 번 보지 않을 수 없다.

모범답안
우리는 그것(이 사건)이 우리의 경찰 수사력을 좀 더 분화시켜 치밀하고 효과적인 수사가 이루어질 수 있게 되기를 바라는 사람들에게 하나의 논거를 제공한 것이라고 생각하지 않을 수 없다.

an officer of the law 경찰관
presence 있음, 존재
vigorous 활기찬, 활발한
masterful 능수능란한
detective 수사관
decentralized 분화된

# devote A to B

Pattern 171

A를 B에 바치다[쏟다, 기울이다]

devote는 '헌신하다'라는 뜻이며, 무엇에 헌신하는지를 나타낼 때는 전치사 to가 뒤에 따라옵니다. 따라서 devote A to B는 'A를 B에 헌신하다[바치다, 쏟다]'로 해석하면 됩니다. 수동태 구문인 〈주어 + be devoted to + 명사〉도 '(주어)가 ~에 헌신하다'로 해석하세요.

## Step 1

1. Mother Teresa **devoted** her whole life **to** helping poor people.
2. I will **devote** the rest of my life **to** the study of medicine.
3. The CEO will **devote** his efforts **to** promoting venture business.
4. The psychologist **was** fully **devoted to** the development of this mental theory for his whole life.
5. My friend, a renowned journalist, has **been devoted to** finding out information about the conspiracy theory for two years.

1 테레사 수녀는 불쌍한 사람을 돕는 데 자신의 인생 전부를 바쳤다.
2 나는 의학 연구에 내 남은 인생을 바칠 것이다.
3 그 최고 경영자는 벤처 기업을 홍보하는 데 그의 노력을 바칠 것이다.
4 그 심리학자는 평생 이 심리 이론을 발전시키는 데 완전히 헌신했다.
5 유명한 기자인 내 친구는 2년 동안 음모설에 관한 정보를 찾는 데 전념하고 있다.

## Step 2

That belonged to Miss Morstan. While there was a chance of recovering it, I was ready to **devote** my life **to** the one object. If I found it, it would probably put her forever beyond my reach. Yet it would be a pretty and selfish love which would be influenced by such a thought as that.

그것은 모스탠 양의 것이었다. ______ 물론 내가 보물을 찾으면, 그녀는 내 손이 닿을 수 없는 저 먼 곳으로 사라져버릴 수도 있었다. 하지만 그 따위 생각의 영향을 받는 하찮고 이기적인 사랑으로 만들고 싶지는 않았다.

모범답안

그것(보물)을 되찾을 가능성이 있는 한, 나는 그 한 가지 목적을 위해 내 인생을 헌신할 각오까지 하고 있었다.

psychologist 심리학자
mental theory 심리 이론
renowned 유명한
conspiracy 음모
belong to ~에 속해 있다
be ready to ~할 것을 마다하지 않다
object 목표, 대상, 관심
selfish 이기적인

# Pattern 172 scarcely 조동사 + 주어 ~ before …

## ~하자마자 곧바로 …하다

scarcely는 부정어로 '거의 ~하지 않다'는 의미이므로 문장 맨 앞에 올 때 도치 문장을 이끌어냅니다. 따라서 구문이 복잡해 보여 직역하려고 해도 쉽지 않으므로, 아예 〈scarcely 조동사 + 주어 ~ before …〉의 구문을 덩어리로 외워서 '~하자마자 곧바로 …하다'라고 해석하는 것이 수월합니다. 〈hardly 조동사 + 주어 ~ when …〉의 구문도 같은 뜻으로 해석하세요. 이때 before나 when은 접속사라서 뒤에 주어, 동사가 이어집니다.

### Step 1

1. **Scarcely** had I fallen asleep **before** the phone rang.
2. **Scarcely** had he lost his card **before** somebody called him.
3. **Scarcely** had I sold the stocks **before** stock markets fluctuated.
4. **Hardly** had the traffic light changed to green **when** the little girl crossed the street.
5. **Hardly** had an angry customer come to the service center **when** a manager kindly escorted him to a booth.

1 내가 잠들자마자 곧바로 전화벨이 울렸다.
2 그가 카드를 분실하자마자 누군가 그에게 전화했다.
3 내가 주식을 팔자마자 곧바로 주식 시장이 등락을 거듭했다.
4 신호등이 초록불로 바뀌자마자 곧바로 그 꼬마 소녀는 길을 건넜다.
5 화난 고객이 수리점에 오자마자 관리자 한 명이 친절하게 그를 부스로 안내했다.

### Step 2

In her impatience she endeavored to pass this obstacle by pushing her horse into what appeared to be a gap. However, **scarcely** had she got fairly into it, **before** the beasts closed in behind her, and she found herself completely embedded in the moving stream of fierce-eyed, long-horned bullocks.

마음이 급해진 그녀(루시)는 빠져나가려고 (소떼 사이로 난) 틈새로 말을 몰아넣었다. 하지만

**잠깐만요!**
〈as soon as 주어 + 동사 ~, 주어 + 동사 …〉의 패턴도 '~하자마자 …하다'로 해석하세요.
As soon as I got the letter, I called him.
나는 편지를 받자마자 그에게 전화했다.

**fluctuate** 수시로 변하다
**impatience** 조급함, 안달
**obstacle** 장애물
**gap** 간격, 격차
**fairly** 꽤
**close in** ~에 다가가다[접근하다]
**embedded** 박혀 있는
**fierce-eyed** 사나운 눈빛의
**bullock** 수송아지

모범답안

그녀(루시)가 정말로 그곳으로 끼어들자마자 곧바로 짐승들이 그녀의 뒤로 다가왔고, 그녀는 자신이 험악한 눈과 긴 뿔을 가진 수송아지들의 무리에 완전히 둘러싸였다는 것을 알았다.

# remind A of B

## A에게 B를 생각나게 하다[연상시키다]

Pattern 173

뭔가가 다른 것과 연결되어 생각이 나게 할 때 remind라는 동사를 씁니다. 따라서 remind A of B는 'A에게 B를 생각나게 하다' 혹은 'A는 B를 연상시키다'로 해석하세요. 〈remind A that 주어 + 동사 ~〉 구문으로도 자주 독해 지문에 나오므로 알아 두세요.

### Step 1

1. This sweet song **reminds** her **of** her first love.
2. This picture **reminds** me **of** my best time in my life.
3. A hexagon **reminds** me **of** a big diamond wedding ring.
4. This monument **reminds** me **that** the Royal Navy had an invincible reputation.
5. The Statue of Liberty **reminds** us **that** America is the land of freedom and opportunity.

1 이 달콤한 노래는 그녀에게 첫사랑을 생각나게 한다.
2 이 사진을 보면 나는 내 생애 가장 좋았던 시기가 생각난다.
3 육각형은 내게 커다란 다이아몬드 결혼반지를 연상시킨다.
4 이 기념비는 나에게 영국 해군이 무적의 명성을 지녔었다는 점을 연상시킨다.
5 자유의 여신상은 우리들에게 미국이 자유와 기회의 땅이라는 것을 연상시킨다.

### Step 2

"It is simple enough as you explain it," I said, smiling. "You **remind** me **of** Edgar Allan Poe's Dupin. I had no idea that such individuals did exist outside of stories." Sherlock Homes rose and lit his pipe. "No doubt you think that you are complimenting me in comparing me to Dupin."

"당신의 설명을 듣고 보니 정말 간단하군." 나는 미소를 지으며 말했다. "____________________ 그런 인물이 소설 밖 세상에 존재할 거라곤 생각도 못했어." 셜록 홈즈는 자리에서 일어나 파이프에 불을 붙였다. "자네는 나를 칭찬할 생각으로 뒤팽과 나를 비교했지만 (그는 나에 비해서 수준이 낮은 탐정에 불과해)."

잠깐만요!
come to one's mind는 '(갑자기) 생각나다'로 해석하세요.
Nothing comes to my mind when I am nervous.
나는 당황하면 아무것도 생각나지 않는다.

**모범답안**
(자네 설명을 듣고 보니) 에드거 앨런 포의 뒤팽이 생각나는군.

**monument** 기념물, 유적
**invincible** 불굴의, 무적의
**reputation** 평판, 명성
**individual** 사람
**compliment** 칭찬하다
**light** 불을 켜다(light-lit-lit / light-lighted-lighted)
**compare** 비교하다

# PART 5

## : 영어 시험에서 찾은 리딩 패턴 :

마지막 관문은 영어 시험입니다. 모든 영어 시험에서 독해 파트는 상당한 비중을 차지합니다. 빠른 시간 내에 지문의 세세한 내용까지 이해하는 것이 관건이기 때문에 신속하고 정확하게 글을 읽는 요령이 필요합니다. 그래서 구문(패턴)으로 글을 읽는 것이 시간을 효율적으로 사용할 수 있는 좋은 방법입니다.

Unit 20 토익 (TOEIC)
Unit 21 토플 (TOEFL)
Unit 22 텝스 (TEPS)

# UNIT 20
# 토익 (TOEIC)

토익 독해 지문은 대체적으로 난이도가 많이 높지 않습니다. 하지만 비즈니스 상황에서 쓰이는 어휘가 많이 나오기 때문에 이를 미리 숙지하는 것이 중요합니다. 패턴 학습과 함께 토익 지문에 자주 나오는 어휘를 익혀 두면 매우 도움이 될 것입니다.

Pattern 174

# A as well as B

## B는 물론 A도

일상 대화는 물론 격식을 갖춘 연설에서도 자주 사용되는 패턴인 A as well as B는 두 번째 as 이하를 먼저 해석하기 때문에 'B는 물론 A도'의 의미로 사용되죠. 거의 같은 어감으로 사용되는 구문으로 not only A but also B가 있으며 'A뿐만 아니라 B도'라는 뜻이에요. 해석상 B에 아주 조금 더 강조를 두긴 하되, 결국 'A와 B 둘 다'라는 뜻입니다.

### Step 1

1. You should take minerals **as well as** vitamins.
2. He could make friends at school **as well as** on the internet.
3. To succeed, you need confidence **as well as** effort.
4. The applications of this tool are **not only** effective **but also** innovative.
5. Despite the harsh circumstance, Mary continued **not only** to study **but also** to make a living for her family.

1 당신은 비타민은 물론 무기질도 섭취해야 합니다.
2 그는 인터넷을 통해서는 물론 학교에서도 친구들을 사귈 수 있었다.
3 성공하기 위해서, 당신은 노력은 물론 자신감도 필요하다.
4 이 도구의 적용은 효과적일 뿐 아니라, 혁신적이기까지 하다.
5 가혹한 환경에도 불구하고, 메리는 학업을 계속했을 뿐 아니라, 가족의 생계도 계속 책임졌다.

### Step 2

Last week, my assigned working days were switched to Monday and Friday, and I was not given any notification of the change. It greatly affected the arrangements I had made for child-care **as well as** other personal commitments.

지난 주, 제게 배정된 근무 요일이 월요일과 금요일로 바뀌었는데, 저는 변경에 대한 어떤 통지도 받지 못했습니다.

**잠깐만요!**

**as well as와 많이 혼동하는 표현 중 as well이 있는데 쓰임이나 뜻이 완전히 다릅니다. as well은 부사로서 '또한, 마찬가지로'의 뜻이죠.**

She is pretty and smart as well.
그녀는 또한 예쁘고 똑똑하기까지 하다.

**mineral** 무기질
**application** 적용, 응용
**innovative** 혁신적인
**assigned** 배정된, 할당된
**switch** 바꾸다, 전환하다
**notification** 통고, 통지, 알림
**arrangement** 계획, 예정
**child-care** 육아의, 보육의
**commitment** 약속, 헌신, 책무

모범답안

이는 다른 개인적인 약속뿐만 아니라 육아를 위해서 제가 미리 잡았던 일정에도 큰 영향을 미쳤습니다.

# be out of stock
## 품절되다, 매진되다

Pattern 175

stock은 '주식'이라는 뜻 이외에 '(물품, 상품) 재고'라는 뜻이 있지요. 여기서 out of는 '~가 떨어진[바닥난]'이라는 뜻으로 be out of stock은 '~의 재고가 바닥나다[떨어지다]'로 해석하세요. be in stock은 반대 의미의 표현으로, '~의 재고를 보유하고 있다[가지고 있다]'라는 뜻으로 해석하면 된답니다.

**Step 1**

1. All of fresh cut trees **were out of stock** by Christmas Day.
2. In spite of high prices, iPads will **be out of stock**.
3. Even though I preordered items, they **were** all **out of stock**.
4. I can confirm that the items you've requested recently **are in stock** now.
5. This website is incredible because every delivery is made within 24 hours if the items **are in stock**.

1 막 벌목된 모든 나무가 크리스마스 날까지 다 팔렸다.
2 고가임에도 불구하고 아이패드는 품절될 것이다.
3 내가 물건을 선주문했음에도 불구하고, 그것들은 품절되었다.
4 현재 귀하가 최근에 요청하신 제품의 재고가 있음을 확인해 드릴 수 있습니다.
5 제품을 보유하고 있는 한 모든 배달은 24시간 내에 되기 때문에 이 웹사이트는 훌륭하다.

**Step 2**

I know we had agreed on an April 12th delivery date, but we **were** temporarily **out of stock** of the model of filing cabinets you requested. I sent you a fax late last week notifying you of the delay, but I am assuring that you never received it.

지난 주 후반에 지연에 대해서 알려 드리는 팩스를 보냈습니다만, 귀하께서 그것을 아예 받지 못하신 것 같습니다.

잠깐만요!
stock은 '주식'이라는 의미로도 자주 사용됩니다.
The stock market has surged recently.
주식 시장이 최근에 폭등하였다.

모범답안
저희가 4월 12일 납품일에 동의한 것을 알고 있습니다만, 귀하께서 요청하신 서류 캐비닛 모델이 일시적으로 재고가 바닥났습니다.

**in spite of** ~에도 불구하고
**request** 요청[요구]하다
**incredible** 놀라운, 믿기 힘든
**agree on** ~에 동의하다
**delivery date** 납품일
**temporarily** 일시적으로, 임시로
**delay** 지연, 지체
**receive** 받다

# Pattern 176 be responsible for ~

~에 대한 책임이 있다

responsible은 '책임이 있는'의 의미이므로, 〈be responsible for + 명사〉로 자주 쓰이는 이 패턴은 '~에 대한 책임이 있다'로 해석하세요. 〈for + 명사〉 대신 〈to + 동사원형〉이 오면 '~할 책임이 있다'는 의미가 됩니다. 그리고 비슷한 의미의 표현으로 take (full) responsibility for ~가 있는데, '(전적으로) ~를 책임지다'로 해석하세요.

## Step 1

1. You should **be responsible for** what you've said.
2. The president **was responsible for** informing the financial crisis.
3. The federal government **is responsible for** protecting citizens.
4. You should leave your valuables in the safe because no one will **take responsibility for** any lost items.
5. The president announced that she would **take full responsibility for** everything that might go wrong.

1 당신은 당신이 말한 것에 대한 책임을 져야 한다.
2 대통령은 재정 위기를 알려 줄 책임이 있었다.
3 연방 정부는 시민을 보호할 책임이 있다.
4 아무도 분실물에 대한 책임을 지지 않으므로, 귀중품은 금고에 두어야 한다.
5 대통령은 잘못되는 모든 일에 대해 자신이 전적으로 책임지겠다고 발표하였다.

## Step 2

We are seeking an accounting officer that will **be responsible for** the preparation, maintenance and review of Moncton's housing construction budgets. This position will involve monthly and annual analyses of proposed housing projects including rental communities and construction contracts.

________________________________ 이 직책은 임대 지역과 건설 계약을 포함한 제안된 주택 프로젝트의 월간 · 연간 회계 분석들을 포함할 것입니다.

잠깐만요!
같은 의미의 표현으로 assume responsibility for가 있습니다.
The traveler assumes full responsibility for the danger in the traveling area.
여행객은 여행 지역의 위험에 대한 전적인 책임을 진다.

모범답안
저희는 몽턴 주택 건설 예산안의 준비작업, 관리, 그리고 검토 업무를 담당하게 될 회계 담당자를 찾고 있습니다.

**crisis** 위기
**valuables** 귀중품
**accounting** 회계
**maintenance** 유지, 관리
**review** 검토, 평가
**housing construction** 주택 건설
**budget** 예산안, 예산
**analysis** 분석 pl. analyses
**proposed** 제안된
**contract** 계약

# by ~ing
## ~함으로써

Pattern **177**

전치사 by는 '~에 의해서,' '~ 옆에,' '~까지' 등과 같이 다양하게 해석될 수 있는 전치사입니다. 하지만 보통 by 뒤에 ~ing가 따라오면 수단이나 방법의 뜻을 나타내어 '~함으로써'로 해석이 된다는 점을 기억하세요.

### Step 1

1. You can figure out your potential **by trying** different things.
2. He was wasting money **by purchasing** online games.
3. **By removing** the wall, we could secure the wide open spaces.
4. **By joining** our charity, you will truly appreciate the meaning of helping others.
5. Most physicians insist that **by resting** our bodies, we can keep ourselves in decent mental condition.

1 여러 가지 일들을 시도해 봄으로써 당신의 잠재력을 파악할 수 있다.
2 그는 온라인 게임을 구입함으로써 돈을 낭비하고 있었다.
3 벽을 제거함으로써, 우리는 넓게 트인 공간을 확보할 수 있었다.
4 우리 자선 활동에 참여함으로써, 당신은 다른 사람들을 돕는 의미를 진정으로 이해하게 될 것이다.
5 대부분의 의사들은, 우리의 몸을 휴식해 줌으로서, 우리가 좋은 정신 상태를 유지할 수 있다고 주장한다.

### Step 2

With soaring gas prices, food distribution has become a challenge for many regions around the world. Gunner suggests that more development of small farming operations might be the only solution to increasing food security for all **by** eventually **lowering** market prices and **cutting** distribution costs.

치솟는 유가 상승과 함께, 전세계 많은 지역에서 식량 유통이 난제가 되고 있습니다.

**잠깐만요!**

**by doing so는 해석을 해 보면 '그렇게 함으로써'가 되는데, 많이 쓰이므로 아예 한덩어리로 외워 두는 게 좋습니다.**

By doing so, you can satisfy your boss.
그렇게 함으로써, 당신은 상사를 만족시킬 수 있다.

모범답안

거너 씨는 결국 시장 가격을 낮추고 유통 비용을 줄임으로써 소규모 영농 기술의 더 많은 발전이 모두를 위한 식량 확보를 늘이는 유일한 해법이 될 수 있다고 제안합니다.

**potential** 잠재력, 가능성
**secure** 확보하다
**appreciate** 이해하다, 인식하다
**decent** 매우 좋은
**soar** 치솟다, 급증하다
**distribution** 유통, 분배
**suggest** 제안하다
**solution** 해법, 해결책
**distribution cost** 유통 비용

# Pattern 178 once 주어 + 동사 ~

## 일단 ~하면

once는 '한 번'이라는 의미로 가장 많이 쓰이죠. 그런데 once가 접속사로 쓰여 뒤에 주어, 동사가 이어지면 '일단 ~하면'이라는 의미로 해석하세요. 단, 두 개의 절을 연결할 때만 이런 뜻을 가지므로 once가 나올 시 뒤에 주어, 동사가 오는지 잘 살펴보세요. 그리고 가끔 문장 중간에 〈once 주어 + 동사 ~〉가 삽입될 때도 있답니다.

### Step 1

1. **Once** the bill is confirmed, it is hard to change.
2. **Once** you open a bottle of wine, it is difficult to keep it fresh.
3. **Once** you sign the contract, it's impossible to withdraw from it.
4. The magma, **once** it reaches the surface, is called lava even without any change in composition and property.
5. The man, **once** he is elected as president, will avoid regionalism, corruption, and party politics.

1 일단 법안이 확정되면, 바꾸기 어렵다.
2 와인 병은 일단 열면, 계속 신선한 상태로 유지하기는 어렵다.
3 일단 계약서에 서명하면, 그것을 철회하는 것은 불가능하다.
4 마그마가 일단 지표면에 이르면, 구성성분과 성질의 변화가 없어도 용암이라고 불리게 된다.
5 일단 대통령으로 선출이 되면, 그 남자는 지역주의, 부정부패, 그리고 정당정치를 피할 것이다.

### Step 2

We will be removing the wallpaper in the elevator lobbies on floors 7 to 13 in Building 1 on August 23. **Once** the wallpaper is removed, then the walls will be repaired and painted. This work is in preparation for the installation of the hallway carpeting.

저희는 8월 23일에 1번 빌딩의 7층에서 13층까지 엘리베이터 로비의 벽지를 제거할 것입니다. ________________ 이 작업은 복도 카펫의 설치를 위해서 준비 중에 있습니다.

잠깐만요!
once가 부사로 쓰일 때는 '한 번'이라는 뜻을 나타냅니다.
I play the violin once a week.
난 일주일에 한 번 바이올린을 연주한다.

**withdraw** 취소하다, 철회하다
**lava** 용암
**composition** 성분, 구성
**property** 성질, 속성
**regionalism** 지역주의
**corruption** 부패, 타락
**remove** 제거하다
**wallpaper** 벽지
**in preparation for** ~의 준비로
**installation** 설치, 설비
**hallway** 복도

모범답안
일단 벽지가 제거되면, 그 다음에 벽이 수리되고 도색될 것입니다.

Pattern 179

# be eligible for ~

## ~에 대한 자격이 있다, ~의 대상이다

eligible 자체에 '자격이 있는,' '적격인'이라는 뜻이 있기 때문에 be eligible for는 '~에 대한 자격이 있다' 또는 '~의 대상이 되다'의 뜻으로 해석이 됩니다. 같은 뜻을 가진 동사로 deserve가 있는데, 〈deserve + 명사〉 혹은 〈deserve to + 동사원형〉으로 쓰입니다. '~를 가질 자격이 되다,' '~할 만한 가치가 있다' 정도로 해석하면 됩니다.

### Step 1

1. Students with all A's **are eligible for** the scholarship.
2. All employees **are eligible for** the additional bonus this year.
3. Only retired people **are eligible for** the financial support.
4. Not everyone on this list **deserves** unprecedented promotion and increased pay.
5. This traditional gate in this area **deserves to be** designated as the No. 1 national treasure.

1 모두 A학점을 받은 학생은 장학금을 받을 자격이 있다.
2 전 직원은 올해에 추가 보너스를 받을 자격이 있다.
3 은퇴한 사람들만이 재정지원을 받을 자격이 된다.
4 이 목록의 모든 사람이 전례 없는 승진과 급료 인상을 받을 자격이 되는 것은 아니다.
5 이 지역의 이 전통적인 문은 국가 보물 1호로 지정될 만하다.

### Step 2

Adult Student Pass holders **are eligible for** discounts on parking in all CBSTP subway station parking lots. Please remember to carry your passes with you at all times as you will be required to show it on boarding as well as upon request by any Public Transit Officer.

__________ 공공 환승 역무원의 요청뿐만 아니라, 여러분은 승차하면 패스를 보여 달라는 요구를 받기 때문에 패스를 항상 소지하는 것을 잊지 마세요.

잠깐만요!
비슷한 표현으로 be qualified as ~가 있습니다. '~로서 자격이 있다'라고 해석하세요.
She is qualified as a doctor.
그녀는 의사로서의 자격이 있다.

unprecedented 공전의, 전례 없는
be designated as ~로 지정되다
holder 소지자, 소유자
discount 할인
parking lot 주차장
at all times 항상, 언제나
board 탑승하다

모범답안
성인용 학생 패스 소지자들은 모든 CBSTP 전철역 주차장의 주차 할인을 받을 자격이 있습니다.

# Pattern 180 provide A with B

## A에게 B를 제공하다

provide는 '공급하다'라는 의미의 동사죠. provide A with B의 패턴에서 A에는 사람, B에는 공급되는 물건이 오므로 'A에게 B를 공급[제공]하다'의 의미로 해석하면 됩니다. 이외에 supply A with B도 같은 의미의 표현이므로 같게 해석하세요.

**Step 1**

1. The airlines will **provide** you **with** food.
2. We always **provide** customers **with** refreshments for free.
3. The government should **provide** us **with** a better education.
4. The goal of this business is to **supply** customers **with** better goods and services.
5. We should wait here until they **supply** us **with** written confirmation.

1 그 항공사는 당신에게 음식을 제공할 것이다.
2 저희는 항상 고객분들께 다과를 무료로 제공합니다.
3 정부는 우리에게 더 나은 교육을 제공해야 한다.
4 이 사업의 목표는 고객들에게 더 좋은 재화와 용역을 공급하는 것이다.
5 우리는 그들이 우리에게 서면 확인서를 제공할 때까지 여기서 기다려야 한다.

**Step 2**

The new building is a modern, high-tech, larger structure with easy access to major highways. It will **provide** Santech Computers **with** additional space for projected expansion of assembly operations as well as a distribution center to better meet the needs of our customers.

새 건물은 주요 고속도로에 접근이 쉬운 현대적인 최첨단의 대형 건축물입니다.

잠깐만요!
비슷한 형태의 furnish A with B는 'A에 B(가구)를 갖추다[비치하다]'의 의미로 해석하세요.
The interior designer furnished my room with antiques.
인테리어 디자이너는 내 방에 골동품을 배치했다.

모범답안
그곳은 고객들의 필요에 잘 부응하기 위해 유통센터로서뿐 아니라 계획된 조립 공정의 확장을 위한 추가 공간을 산테크 컴퓨터에 제공할 것입니다.

**refreshment** 다과, 간식
**confirmation** 확인, 승인
**modern** 현대적인, 현대의
**high-tech** 최첨단의, 첨단 기술의
**access** 접근
**expansion** 확장, 확대
**assembly operation** 조립 공정
**distribution** 유통, 분배
**meet the needs** 요구를 맞추다

# be in charge of ~

## ~를 담당하다, ~를 책임지고 있다

Pattern
181

charge에는 '요금,' '고발' 등의 뜻이 있죠. 그런데 be in charge of처럼 한덩어리로 쓰일 때는 charge가 '책임'의 뜻으로 쓰여 '~를 담당하다,' '~를 책임지다'의 의미가 됩니다. handle에 비슷한 의미가 있는데, 이 단어는 '~를 다루다[처리하다]'로 해석하세요.

**Step 1**

1. Who **is in charge of** these new products?
2. A new employee will **be in charge of** this significant project.
3. The skilled doctor will **be in charge of** rehabilitation programs.
4. All the employees in this department are busy **handling** complaints from customers.
5. In order to **handle** many students' requests, a special committee has been formed.

1 누가 이 신제품을 담당하고 있습니까?
2 신입직원이 이 중요한 프로젝트를 담당하게 될 것이다.
3 숙련된 의사가 재활 프로그램을 담당하게 될 것이다.
4 이 부서의 모든 직원은 고객들로부터의 불만을 처리하느라 바쁘다
5 많은 학생들의 요청을 처리하기 위해서, 특별 위원회가 조직되었다.

**Step 2**

We understand that not everyone will be able to attend this meeting. However, it is compulsory that all supervisors attend both the meeting and all of the demonstrations because they will **be in charge of** training new employees on how to use the new system.

저희는 모든 사람들이 이 회의에 참석할 수 없을 것이라는 것을 이해합니다. 그러나, 모든 관리자들은 회의와 설명회 양쪽 다 참석해야 합니다.

잠깐만요!
manage 역시 '관리하다,' '돌보다,' '해내다' 정도의 의미로 쓰입니다.
My teacher managed it by himself.
나의 선생님께서는 혼자 그것을 관리하셨다.

significant 중요한, 상당한
rehabilitation 재활, 재건
complaint 불만, 불평
attend 참석하다
compulsory 필수의, 의무적인, 강제적인
supervisor 관리자
demonstration 설명회
train 교육[훈련]시키다

모범답안
왜냐하면 그들은 새로운 시스템 사용법에 관한 신규 직원 교육의 책임을 맡게 될 것이기 때문입니다.

# Pattern 182 when 주어 + 동사 ~

## ~할 때

〈when 주어 + 동사 ~〉는 '~할 때'라는 뜻의 부사절로서, 뒤에 중심 내용이 담긴 주절이 나오는 경우가 많습니다. 물론 반대로 주절이 먼저 나온 후 〈when 주어 + 동사 ~〉가 나오는 때도 있죠. 이때 중심 내용이 무엇인지를 파악하면서 해석하는 것이 중요합니다. when 뒤에 -ever가 붙은 whenever가 접속사 자리에 와서 〈whenever 주어 + 동사 ~〉가 되면 '~할 때마다'의 뜻으로 해석하면 됩니다.

### Step 1

1. **When** he first saw you, he fell in love.
2. **When** I am stressed, I often lose my appetites.
3. **When** she was all alone, she liked to write poems.
4. **Whenever** you want to ask for more information, you can call this toll-free number written on the box.
5. The real estate market becomes unstable **whenever** the economy starts to flag.

1 그가 너를 처음 봤을 때, 그는 사랑에 빠졌다.
2 나는 스트레스를 받을 때, 종종 식욕을 잃는다.
3 그녀는 완전히 혼자 있을 때, 시 쓰는 것을 좋아했다.
4 추가 정보를 요청하고 싶을 때마다, 박스 위에 써 있는 이 수신자 부담 요금 전화로 전화하면 된다.
5 경제가 안 좋아지기 시작할 때마다, 부동산 시장은 불안정해진다.

### Step 2

We recommend that you use biodegradable paper bags to line your green bin. You may also place your food scraps in cereal boxes. These methods will help to avoid problems with maggots that occur **when** flies land on food scraps and lay eggs.

여러분께서는 자연분해성 종이 봉투를 사용하여 녹색 쓰레기통 안에 대실 것을 권장합니다. 여러분은 또한 시리얼 상자 안에 음식물 찌꺼기를 담을 수도 있습니다.

모범답안

이러한 방법은 파리가 음식물 찌꺼기 위에 내려앉아 알을 낳아 생기는 구더기 관련 문제를 피하는 데 도움이 될 것입니다.

잠깐만요!

비슷하지만, 조금 다른 의미를 가진 while은 '~하는 동안에'의 뜻으로 해석하세요.

We have a dream while we are asleep.
우리는 잠을 자는 동안 꿈을 꾼다.

**toll-free** (전화) 무료의, 요금 수신자 부담의
**real estate** 부동산
**unstable** 불안정한
**flag** 시들해지다, 떨어지다
**recommend** 권장하다
**biodegradable** 자연분해[생분해]성의
**line** 안을 대다[받치다]
**bin** 쓰레기통
**food scraps** 음식물 찌꺼기
**maggot** 구더기
**land** 내려앉다, 착륙하다
**lay** 알을 낳다

# until 주어 + 동사 ~

## ~할 때까지

Pattern 183

〈until 주어 + 동사 ~〉는 '~할 때까지'의 뜻으로 그때까지 완료되는 것보다는 그때까지 계속되는 상황일 때 주로 쓰인답니다. 반면, until 앞에 not이 붙은 not ~ until …도 자주 쓰이는데, '~해서야 비로소 …하게 되다'의 뜻으로 해석합니다. 즉 〈until 주어 + 동사 ~, 주어 + 동사 …〉의 구문과는 의미 차이가 많이 나므로 잘 기억해 두세요.

### Step 1

1. You have to roast the garlic **until** it turns brown.
2. You need to watch them **until** the ingredients are mixed well.
3. **Until** my break was over, I had not received my transcript.
4. It is **not until** we experience a loss that we fully realize the importance of something.
5. The cause of this patient's sudden heart attack will **not** be known **until** the surgery is performed.

1 마늘이 갈색이 될 때까지, 볶아야 한다.
2 음식재료들이 잘 섞일 때까지, 그것들을 잘 지켜봐야 한다.
3 방학이 끝날 때까지 나는 성적표를 받지 못했다.
4 우리는 상실을 경험하고 나서야 비로소 그것의 중요성을 완전히 깨닫게 된다.
5 이 환자의 갑작스런 심장마비의 원인은 수술이 실시되어야 비로소 알 수 있을 것이다.

### Step 2

It will be extremely hot during cooking. Do not leave infants, children or pets alone near a hot barbeque. Allow the grill to cool before moving. **Until** all charcoal is burned out and is fully extinguished, you do not remove ashes.

그것은 조리하는 동안에 아주 뜨겁게 달궈질 것입니다. 유아, 어린이 또는 애완동물을 뜨거운 바비큐 철판 가까이에 홀로 남겨 두지 마십시오. 옮기기 전에 그릴이 식도록 두십시오. ________________

**잠깐만요!**
until은 바로 뒤에 주어, 동사가 아닌 명사가 나올 때도 많습니다. 이때는 전치사로서 '~까지'로 해석합니다.
Stay here until three o'clock.
여기에 3시까지 계세요.

모범답안
모든 숯불이 타서 완전히 꺼질 때까지, 재를 제거하지 마십시오.

**garlic** 마늘
**ingredient** 재료, 구성요소
**transcript** 성적 증명서
**heart attack** 심장마비
**surgery** 수술
**extremely** 극도로, 매우
**leave** 남겨두다
**infant** 유아, 유치원생
**charcoal** 숯
**extinguish** (불을) 끄다, 없애다
**ash** 재

Pattern 184

# have trouble ~ing

~하는 데 어려움이 있다

have trouble은 말 그대로 '어려움이 있다'라는 뜻이 되며, have trouble ~ing가 되면 '~하는 데 어려움이 있다'로 해석이 된답니다. 같은 의미의 표현으로 have difficulties (in) ~ing가 있으며, 마찬가지로 '~하는 게 어렵다'로 해석하세요.

**Step 1**

1. People with poor eyesight **have trouble reading** signs.
2. Little boys and girls **have trouble adjusting** to school.
3. The patient in an intensive care unit **has trouble breathing**.
4. Investigators **have difficulties in identifying** the possible consequences of this murder case.
5. If you study hard, you should not **have difficulties meeting** requirements for lab assignments.

1 시력이 안 좋은 사람은 간판을 읽는 데 어려움이 있다.

2 어린 남아와 여아들은 학교에 적응하는 데 어려움이 있다.

3 중환자실에 있는 그 환자는 호흡 곤란을 겪고 있다.

4 조사관들은 이 살인 사건으로 인한 가능한 결과를 밝혀내는 데 어려움을 겪고 있다.

5 너는 공부를 열심히 하면, 실험 과제의 필수조건을 충족하는 데 어려움이 없을 것이다.

**Step 2**

Are you **having trouble installing** your new product? The PRO-RX6 website contains the latest user documents and software updates for all of our products. Users in Canada and the United States can contact us through our website.

____________________ PRO-RX6 웹사이트에 최신 사용자 기록과 저희 모든 제품을 위한 소프트웨어 업데이트가 담겨 있습니다. 캐나다와 미국의 사용자는 저희 웹사이트를 통해서 저희에게 연락하실 수 있습니다.

잠깐만요!

have trouble ~ing와 달리 〈have trouble with + 명사〉는 '~와 문제가 있다'로 해석하세요.

I recently have trouble with my colleagues.

나는 최근에 동료들과 문제가 있다.

모범답안

새로운 제품을 설치하는 데 어려움이 있습니까?

intensive care unit 집중치료부, 중환자실
investigator 조사관, 수사관
consequence 결과
assignment 과제, 과업
install 설치하다
latest 최신의, 최근의
user 사용자, 이용자
contact 연락하다

# because 주어 + 동사 ~

## ~이기 때문에

Pattern 185

〈because 주어 + 동사 ~〉는 '~이기 때문에'라는 이유의 의미로 쓰입니다. 이와 같은 구문으로는 〈since 주어 + 동사 ~〉가 있으며 역시 마찬가지로 '~이기 때문에'라는 뜻으로 해석하면 된답니다.

### Step 1

1. **Because** I usually walk to school, I do not need any bus pass.
2. **Because** they knew everything, I could not lie to them.
3. **Because** he spent all his money, he was penniless.
4. **Since** John was fired from his work, the current situation got more complicated.
5. This group is expected to win **since** it is armed with the latest weapons manufactured by WTC.

1 나는 보통 걸어서 등교하기 때문에, 버스 권이 필요없다.
2 그들이 모든 것을 알고 있었기 때문에, 나는 그들에게 거짓말을 할 수 없었다.
3 그는 모든 돈을 써버렸기 때문에, 빈털터리였다.
4 존이 직장에서 해고되었기 때문에, 현재 상황은 더 복잡해졌다.
5 이 단체는 WTC 사에서 생산된 최신 무기로 무장했으므로, 승리할 것으로 예상된다.

### Step 2

This form must be submitted to Molly King in the Human Resources Office no later than three weeks prior to the date the requested leave is to commence. Review your request carefully **because** incomplete forms will not be processed and leave will not be granted.

이 서식은 요청된 휴가가 시작하는 날짜보다 늦어도 3주 전까지 인사부의 몰리 킹에게 제출되어야 합니다.

잠깐만요!
뒤에 명사가 오면 because 대신 because of가 쓰입니다. 마찬가지로 '~하기 때문에'라고 해석하면 됩니다.
All the roads were icy because of the heavy snow last night.
어젯밤의 폭설 때문에 모든 도로가 빙판이 되었다.

penniless 무일푼인
complicated 복잡한
armed with ~로 무장한
submit 제출하다
the Human Resources Office 인사부
no later than 늦어도 ~까지
prior to ~에 앞서
commence 시작하다
review 확인하다, 검토하다
incomplete 불완전한, 미완성의
process 처리하다

모범답안
미완성 서식은 처리되지 않고 휴가가 허락되지 않을 것이기 때문에 본인의 신청을 신중히 다시 한 번 확인하세요.

# Pattern 186 so that 주어 + 동사 ~

## ~하기 위하여, ~할 목적으로

주절 다음에 〈so that 주어 + 동사 ~〉가 오면 목적을 나타내므로 '~하기 위해서'로 해석하세요. 목적을 나타내는 또 다른 패턴으로 〈in order that 주어 + 동사 ~〉가 있으며 역시 '~하기 위하여'로 해석이 됩니다.

**Step 1**

1. We jog every morning **so that** we can be healthy.
2. People did their best **so that** they could finish the competition.
3. The player practices hard **so that** he improves his pitching skill.
4. The body requires adequate nutrition **in order that** it can maintain proper metabolism.
5. The company laid off a few employees **in order that** it could resolve the financial crisis it was facing.

1 우리는 건강해지기 위해서 매일 아침 조깅을 한다.
2 사람들은 경기를 끝내기 위해 최선을 다했다.
3 그 선수는 자신의 투구기술을 향상시키기 위해서 열심히 연습한다.
4 몸은 적절한 신진대사를 유지하기 위해서 충분한 영양분을 필요로 한다.
5 그 회사는 직면하고 있는 재정 위기를 해결하기 위해 직원 몇 명을 해고하였다.

**Step 2**

Evaluations will include a discussion between you and your supervisor to review and clarify the goals and methods of your position **so that** you may achieve better results. You will also receive a written evaluation of your progress in the job.

여러분은 또한 업무 진행상황에 대한 서면 평가를 받을 것입니다.

잠깐만요!
**형태가 비슷해 보이지만 실제로는 다른 〈so ~ that 주어 + 동사 …〉도 잘 익혀두세요. '너무 ~해서 …하다'라는 뜻으로 해석하면 됩니다.**
Tony is so smart that he knows every answer.
토니는 너무나 똑똑해서 모든 답을 안다.

모범답안
여러분이 더 나은 성과를 달성하도록, 담당 직책의 목표와 방법을 확인하고 명확하게 하기 위한 여러분과 담당 관리자 간의 토론이 평가에 포함될 것입니다.

**adequate** 충분한, 적절한
**nutrition** 영양분, 영양소
**metabolism** 신진대사
**lay off** ~를 해고하다
**evaluation** 평가
**supervisor** 관리자, 감독관
**review** 확인[검토]하다
**clarify** 명확하게 하다, 분명히 말하다
**achieve** 달성하다, 성취하다
**progress** 진행상황, 진척

Pattern 187

# not A without B

## B 없이는 A하지 않다, B하면 반드시 A하다

부정어가 두 개일 경우는 이중 부정이 되어 글쓴이의 주장을 한층 강조해 주는 뉘앙스를 효과적으로 전달합니다. not A without B는 'B 없이는 A하지 않다'이므로 결국은 강한 긍정의 의미인 'B해야 A가 되다'라는 뜻이 되는 것이랍니다.

**Step 1**

1. All the good results do **not** come **without** efforts.
2. You can**not** purchase dangerous materials **without** permission.
3. He will **not** be successful **without** his efforts.
4. Most plants will **not** thrive **without** the proper amount of sunshine and moisture.
5. The shipment can**not** be accepted **without** the proof of safety, so there is no use asking for permission without it.

1 모든 좋은 결과는 노력 없이는 오지 않는다.
2 위험 물질은 허가 없이는 구입할 수 없다.
3 그는 노력 없이 성공하지 못할 것이다.
4 대부분의 식물은 적절한 양의 태양빛과 수분이 있어야 잘 자랄 것이다.
5 그 화물은 안전진단증이 있어야 수령될 수 있으므로 안전진단증 없이 허가를 요청해 봐야 소용이 없다.

**Step 2**

Please note that registered conference participants are eligible for discounted room rates at the Regent Hill Hotel. Rooms will **not** be guaranteed **without** a credit card and are allocated on a first come, first served basis. We recommend that you book in advance.

등록된 회의 참가자들은 리젠트 힐 호텔의 객실 요금 할인을 받을 수 있다는 점을 주목해 주세요. ________________ 저희는 여러분께서 미리 예약하실 것을 권해 드립니다.

**잠깐만요!**
without이 들어간 또 다른 표현 do without은 '~없이 지내다'라는 뜻입니다. 자주 쓰이므로 알아 두세요.
I can do without your help.
나는 네 도움 없이 지낼 수 있다.

**permission** 허락, 허가
**thrive** 성장하다, 번성하다
**moisture** 수분, 습기
**registered** 등록된, 등재된
**participant** 참가자
**room rate** 객실 요금
**allocate** 배정하다, 할당하다
**on a first come, first served basis** 선착순으로
**recommend** 권하다, 추천하다
**book** 예약하다

**모범답안**
신용카드가 없으면 객실이 보장되지 않으며 선착순으로 배정됩니다.

# Pattern 188 in case 주어 + 동사 ~

## ~할 경우

in case는 뒤에 〈주어 + 동사〉를 이어 쓰며 '~할 경우에'로 주로 해석이 됩니다. '혹시나 있을지 모르는 만일에 대비해서'라는 뉘앙스가 포함되어 있죠. 비슷한 표현으로는 〈if[provided] that 주어 + 동사 ~〉가 있으며 '~한다면,' '~라고 가정할 때' 정도의 의미로 해석하세요.

**Step 1**

1. **In case** you work overtime, you can get paid more.
2. Korea is ready to fire **in case** its enemy attacks.
3. We bring umbrellas and raincoats **in case** it rains suddenly.
4. Funding for the new projects can be scheduled **provided that** the whole expenses do not exceed the annual budget.
5. **Provided that** they continue to offer us assistance, we can accomplish this task.

1 당신은 야근할 경우 임금을 더 받을 수 있다.
2 적이 공격할 경우에 한국은 발포할 준비가 되어 있다.
3 갑작스럽게 비가 올 경우에 대비해서 우리는 우산과 우비를 가져간다.
4 전체 비용이 연간 예산을 초과하지 않는다는 가정하에, 새 프로젝트에 대한 예산 지원의 일정이 잡힐 수 있다.
5 그들이 우리에게 계속 도움을 제공할 것이라고 가정할 때, 우리는 이 과업을 달성할 수 있다.

**Step 2**

In closing, I would like to notify you that I have given my daughter, Marjorie Mais, full permission to pick up my tickets **in case** the tickets cannot be mailed to me before I leave town. Please call me on my cell phone at 213-677-8142 and let me know if this arrangement is possible.

끝으로, ______________________________

제 휴대전화 213-677-8142로 전화 주셔서, 이런 조정이 가능한지 알려 주세요.

잠깐만요!

in case와 같은 뜻으로 쓰이는 in case of는 뒤에 명사가 따라오며 '~의 경우에,' '~에 대비하여'라고 해석하세요.

In case of rain, you should bring an umbrella with you.
비에 대비해서, 너는 우산을 가지고 와야 한다.

모범답안

제가 떠나기 전에 표가 제게 발송될 수 없을 경우에, 제 딸 마저리 메이스에게 표를 찾도록 모든 권한을 주었다는 것을 귀하께 알려 드리고자 합니다.

overtime 시간 외로
expenses 소요경비, 실비
accomplish 달성하다, 성취하다
notify 알리다, 통지하다
permission 허락, 승낙
arrangement 조정, 배치

# whether 주어 + 동사 ~ or not

~인지 아닌지

Pattern 189

보통 〈whether 주어 + 동사 ~〉 끝에 or not이 있으면 '~인지 아닌지'라는 의미로서, '두 가지 상황 가운데 어느 한쪽인지'라는 뉘앙스가 담겨 있습니다. 〈if 주어 + 동사 ~〉도 '~인지 아닌지'로 쓰일 수 있는데, 다만 뒤에 or not이 붙지 않습니다.

## Step 1

1. I wonder **whether** my professor likes my paper **or not**.
2. **Whether** he did his best **or not** is important.
3. **Whether** an entrepreneur invests his money **or not** is an issue.
4. Nobody is sure about **if** this UV cream can successfully protect us from ultraviolet rays.
5. I cannot tell **if** it is good for my company to move its headquarters to Houston.

1 나는 나의 교수님이 내 리포트를 마음에 들어하시는지 아닌지 궁금하다.
2 그가 최선을 다했는지 아닌지가 중요하다.
3 사업가가 그의 돈을 투자할지 말지가 문제이다.
4 이 UV크림이 성공적으로 우리를 자외선으로부터 보호해 줄 수 있는지에 대해서 아무도 확신하지 못한다.
5 우리 회사가 본부를 휴스턴으로 이전하는 것이 좋은지 아닌지를 나는 알 수가 없다.

## Step 2

As a result, all staff and faculty who were scheduled to be at work yesterday at the Earl Davis Campus should be paid their regular pay for the day, regardless of **whether** they attended work **or not**. If they worked their scheduled shift, they should receive no more than their regular pay.

결과적으로, ____________________

만일 예정된 근무를 한다면, 그들은 단지 정규 급료만 받게 됩니다.

잠깐만요!
**or not이 whether 바로 뒤에 붙어 whether or not처럼 쓰이기도 하는데 해석은 같게 하면 됩니다.**
Whether or not the movie is funny depends on your background knowledge.
그 영화가 재미있는지 아닌지는 당신의 배경지식에 달려 있다.

모범답안
어제 얼 데이비스 캠퍼스에서 근무하기로 예정되어 있던 모든 직원과 교수들은 일을 했든 안 했든 상관없이 그 날에 대해서는 정규 급여를 받게 될 것입니다.

**entrepreneur** 기업가, 흥행주
**ultraviolet ray** 자외선
**headquarters** 본사, 본부
**staff** 직원
**faculty** 교수진
**regardless of** ~와 상관없이
**pay** 급료, 임금

# Pattern 190 keep an eye on ~

## ~를 계속 지켜보다[감시하다]

keep an eye on ~은 직역하자면 '~에 계속 눈을 두다'로, 결국 '~를 계속 지켜보다'라고 해석하면 됩니다. 비슷한 의미의 표현으로 keep an eye out for ~가 있으며 역시 '~를 지켜보다[감시하다, 경계하다]'로 해석하세요.

**Step 1**

1. The nurse has to **keep an eye on** her patient's blood pressure.
2. A policeman is **keeping an eye on** the terrorist suspect.
3. The manager should **keep an eye on** his employees.
4. The government should **keep an eye out for** fish that might be affected by radioactive contamination.
5. While swimming in this area, we have to **keep an eye out for** potential attacks by sharks.

1 그 간호사는 환자의 혈압을 잘 지켜봐야 한다.
2 경찰관이 테러 용의자를 계속 감시하고 있다.
3 그 매니저는 직원들을 감시해야 한다.
4 정부는 방사능 오염의 영향을 받을지 모르는 물고기들을 계속 주시해 보아야 한다.
5 이 지역에서 수영하는 동안 우리는 혹시나 있을 수 있는 상어의 공격을 경계해야 한다.

**Step 2**

In just three easy steps, you can **keep an eye on** the business you have worked so hard to build. Captured video is stored automatically on your hard drive and can be viewed from the internet anywhere in the world.

단지 손쉬운 3단계만으로 ______________________ 캡처된 비디오는 여러분의 하드 드라이브에 자동 저장되고 세계 어디에서나 인터넷을 통해 볼 수 있습니다.

**잠깐만요!**
비슷한 의미의 쉬운 동사로 '지켜보다'의 의미를 가진 watch가 있는데, 그냥 보여서 보는 게 아닌, 의도적으로 지켜본다는 뉘앙스가 있죠.
I will continue to watch you.
나는 당신을 쭉 지켜볼 것이다.

**blood pressure** 혈압
**suspect** 용의자, 혐의자
**radioactive contamination** 방사능 오염
**potential** 잠재적인, 가능한
**build** 구축하다
**store** 저장하다, 보관하다
**automatically** 자동적으로
**view** (세심히 살피며) 보다
**anywhere** 어디에서도, 아무데나

모범답안
여러분이 구축하기 위해 아주 열심히 작업해 오신 사업을 계속 지켜볼 수 있습니다.

# so as to ~

~하기 위해서

Pattern **191**

so의 의미로 가장 많이 쓰이는 '그래서'의 뜻을 적용해서만 이 패턴을 보면, 도저히 문맥을 추론해낼 수 없습니다. 〈so as to + 동사원형〉의 의미는 '~하기 위해서'라는 것을 잘 기억해 두세요. 같은 뜻의 패턴으로 〈in order to + 동사원형〉이 있으며 마찬가지로 '~하기 위해'로 해석하세요.

**Step 1**

1. They got up early **so as to buy** train tickets in advance.
2. We should always have fire extinguishers **so as to prevent** fire.
3. The archaeologists need tools **so as to excavate** ancient ruins.
4. All those concerned must cooperate with each other **in order to reach** an agreement.
5. You are supposed to complete all the required procedures **in order to make** a reimbursement claims successfully.

1 그들은 열차표를 미리 사기 위해 일찍 일어났다.
2 우리는 화재를 예방하기 위해서 항상 소화기를 비치해야 한다.
3 고고학자들은 고대 유적을 발굴하기 위해서 도구들이 필요하다.
4 합의에 도달하기 위해서 관계자 모두가 서로 협력해야 한다.
5 성공적으로 보상비용 청구를 하기 위해서는 모든 필수 절차를 따라야 한다.

**Step 2**

We recognize that working hours may overlap with voting hours. We are also taking into account that it might be more convenient for employees to vote before arriving for work in the morning or to leave work early **so as to vote** on March 16.

저희는 근무 시간이 선거 시간과 겹칠 수도 있다는 것을 알고 있습니다.

**잠깐만요!**

비슷한 뜻으로 보이지만, 〈so + 형용사 + to + 동사원형〉은 '~하게 되어 매우 …하다'라고 해석하세요.

I am so happy to see you.
나는 당신을 만나게 되어 매우 기쁘다.

**in advance** 미리, 사전에
**fire extinguisher** 소화기
**excavate** 발굴하다
**procedure** 절차
**reimbursement** 상환, 배상
**take into account** ~를 고려하다, ~를 참작하다
**convenient** 편리한, 간편한
**employee** 직원
**vote** 투표하다

모범답안

저희는 또한 3월 16일에 직원들이 아침에 출근하기 전에 투표하거나 혹은 투표하기 위해 일찍 퇴근하는 것이 더 편할 수도 있다는 점을 고려하고 있습니다.

# Pattern 192 cut down on ~

## ~를 줄이다[삭감하다]

cut down on은 직역하면 '~의 양을 잘라서 낮추다'가 되므로, 의역하면 '~에 대한 양을 줄이다'라고 해석됩니다. 특히 음식이나 음료 등의 소비량을 줄인다고 할 때도 이 표현이 자주 쓰이죠. 비슷한 뜻을 가진 단어로 reduce가 있습니다.

### Step 1

1. The company has recently **cut down on** the annual budget.
2. The doctor advised that he **cut down on** greasy food.
3. As I have insomnia, I should **cut down on** caffeinated drinks.
4. Because of the recession, our company needs to **reduce** the cost of labor significantly.
5. We should **reduce** the amount of trans fat in our diet in order to avoid obesity.

1 회사는 최근에 일년 예산을 삭감했다.
2 의사는 그가 기름진 음식을 줄여야 한다고 충고했다.
3 나는 불면증이 있기 때문에 카페인 음료의 양을 줄여야 한다.
4 불경기 때문에 우리 회사는 인건비를 현저하게 줄일 할 필요가 있다.
5 우리는 비만을 피하기 위해서 식단에서 트랜스 지방의 양을 줄여야 한다.

### Step 2

Throughout the year, we strive to make your office building comfortable and always operational. But, we also want to help you save money and **cut down on** some of your operational costs. At the end of this month, all of our business customers will be receiving new rates.

일년 내내, 저희는 고객님의 사무실 건물이 편안하고 항상 가동되고 있도록 하기 위해 노력하고 있습니다. 그러나, ______________________________ 이달 말에, 저희 모든 기업 고객은 새 요금을 적용 받으실 것입니다.

잠깐만요!
**decrease도 '~를 줄이다'의 의미로 해석이 되죠.**
I decreased the volume of the radio to concentrate.
나는 집중하기 위해 라디오 볼륨을 줄였다.

모범답안
저희는 또한 고객님이 돈을 절약하고 운영비 일부를 줄이는 데 도움을 드리고자 합니다.

**greasy** 기름진
**insomnia** 불면증
**caffeinated** 카페인이 들어간
**significantly** 상당히, 현저하게
**obesity** 비만
**strive to** ~하려고 노력하다
**operational** 가동할 준비를 갖춘
**operational costs** 업무 비용

시험 지문 읽기

# have no choice but to ~

Pattern 193

## ~하지 않을 수 없다, ~할 수밖에 없다

have no choice but to ~의 패턴에서는 but의 의미를 주목해 볼 필요가 있어요. 여기서 but은 '~를 제외한'의 의미로 쓰였기 때문에 직역하면 '~를 제외하고는 선택권이 없다'는 의미가 되죠. 즉, '~하지 않을 수 없다'라고 해석하면 됩니다. to 다음에는 동사원형이 오며, 같은 뜻으로 쓰이는 표현으로는 cannot help ~ing가 있죠.

### Step 1

1. We missed a bus, so we **had no choice but to walk.**
2. The manager **had no choice but to fire** part-time workers.
3. I **have no choice but to negotiate** with a kidnapper.
4. I **cannot help wondering** why so many people have consented to the revision.
5. People know that consuming a large quantity of alcohol is bad for their health, but they just **cannot help drinking** excessively.

1 우리는 버스를 놓쳐서 걸을 수밖에 없었다.
2 그 경영인은 시간제 근로자들을 해고하지 않을 수 없었다.
3 나는 유괴범과 협상하지 않을 수 없다.
4 나는 왜 그렇게 많은 사람들이 그 개정안에 동의했는지 궁금하지 않을 수 없다.
5 사람들은 많은 양의 알코올 섭취가 건강에 나쁘다는 것을 알고 있지만, 그들은 과도하게 마시지 않을 수가 없다.

### Step 2

Examples of this activity are the food service needed for students who live in residence, the functioning of the central heating plant and the maintenance of security. However, as a result of a disruption in utilities, non-essential staff **had no choice but to take** a day off.

이러한 활동의 예로는 기숙사에 사는 학생을 위해 필요한 식당 서비스, 중앙 난방 장치 작동, 그리고 보안 유지입니다. 그러나, ________________

**잠깐만요!**
**〈cannot help but + 동사원형〉도 '~하지 않을 수 없다,' '~할 수 밖에 없다'로 해석하면 됩니다.**
I cannot help but love him.
나는 그를 사랑하지 않을 수 없다.

**모범답안**
시설 이용 중단의 결과로, 필수 인원을 제외한 직원들은 하루 근무를 쉴 수밖에 없었습니다.

**fire** 해고하다
**kidnapper** 유괴범, 납치범
**consent** 동의하다
**revision** 개정, 수정
**excessively** 지나치게, 심하게
**heating plant** 난방 장치
**as a result of** ~의 결과로
**disruption** 중단
**non-essential** 불필요한
**take a day off** 하루 근무를 쉬다

# UNIT 21
# 토플 (TOEFL)

토플 독해 지문은 난이도가 높기로 유명합니다. 어휘는 물론 내용 자체가 어려워서, 토플 지문에 자주 나오는 배경 지식을 미리 알아 두면 좋습니다. 패턴 학습을 통해 문장을 정확히 이해하여 학술적인 지문의 논리를 잘 따라갈 수 있는 힘을 기르는 것이 중요합니다.

Pattern 194 **동사 ~, and 주어 + 동사 …** ~하라, 그러면 …할 것이다
Pattern 195 **be immune to ~** ~에 면역성이 있다, ~의 영향을 받지 않다
Pattern 196 **such as ~** ~와 같은, 예를 들면 ~ 같은
Pattern 197 **not always** 반드시 ~인 것은 아니다
Pattern 198 **play a crucial role in ~** ~에서 중요한 역할을 하다
Pattern 199 **both A and B** A와 B 둘 다
Pattern 200 **after + 명사** ~를 따라서
Pattern 201 **since 주어 + 동사 ~** ~이기 때문에
Pattern 202 **in order that 주어 + may ~** ~할 목적으로, ~하기 위하여
Pattern 203 **be supported by the fact that 주어 + 동사 ~** ~라는 사실에 의해 뒷받침되다
Pattern 204 **no longer** 더 이상 ~가 아니다
Pattern 205 **whereas 주어 + 동사 ~** ~하는 반면에
Pattern 206 **hardly** 거의 ~ 않다[아니다]
Pattern 207 **to make a long story short** 간단히 말하면
Pattern 208 **come to ~** ~하게 되다
Pattern 209 **take to ~ing** ~가 습관이 되다, ~에 전념하다
Pattern 210 **considering** ~를 고려해 보면
Pattern 211 **have the misfortune to ~** 불행하게도 ~하다
Pattern 212 **be sure to ~** 틀림없이 ~할 것이다
Pattern 213 **cannot choose but ~** ~하지 않을 수 없다

# 동사 ~, and 주어 + 동사 …

## ~하라, 그러면 …할 것이다

Pattern 194

동사로 시작하면 '~해라'라는 명령문으로 해석하고, 뒤에 따라온 〈and 주어 + 동사 …〉 부분은 '그러면 …할 것이다'의 의미로 해석하세요. 하지만 명령문 뒤에 〈or 주어 + 동사 …〉가 있으면, '~해라, 그렇지 않으면 …할 것이다'의 뜻으로 해석해야 합니다.

### Step 1

1. **Study** hard, **and** you will get in to a good university.
2. **Go** work out, **and** you will be in good shape.
3. **Meet** an expert in the field, **and** you can find a lucrative job.
4. **Take** a subway in Seoul, **or** you will not be on time because of a heavy traffic jam.
5. **Stop** complaining too much, **or** everyone in your office won't want to help you.

1 공부를 열심히 해라, 그러면 너는 좋은 대학에 입학할 것이다.
2 가서 운동을 해라, 그러면 몸이 좋아질 것이다.
3 이 분야의 전문가를 만나라, 그러면 돈벌이가 되는 직업을 찾을 수 있다.
4 서울에서는 지하철을 타라, 그렇지 않으면 심각한 교통정체 때문에 제 시간에 도착하지 못할 것이다.
5 지나친 불평은 그만두어라, 그렇지 않으면 사무실의 모든 사람이 당신을 도와주지 않을 것이다.

### Step 2

**Look** at this amazing speed with temperatures exceeding 1,000 degrees Celsius in this website, **and** you can understand that anything standing in the path of the lava flow has zero chance of survival.

이 웹사이트에서 섭씨 1,000도를 초과하는 온도와 함께 이 놀라운 속도를 좀 보라, ____________________

**잠깐만요!**
〈명령문, and 주어 + 동사 ~〉의 패턴과 비슷한 의미를 나타내는 〈if 주어 + 동사 ~, 주어 + 동사 …〉의 패턴이 있어요. '만약 ~하면, …할 것이다'로 해석합니다.
If you keep doing it, you will realize how it works.
만약 그것을 계속하면, 너는 그것이 어떻게 작동하는지 알게 될 것이다.

**expert** 전문가
**lucrative** 수익성이 좋은
**traffic jam** 교통정체, 교통체증
**temperature** 온도
**lava** 용암
**zero chance** 0퍼센트(기회가 없음)
**survival** 생존

모범답안
그러면 용암류의 길목에 있는 어떤 것도 생존 가능성이 전혀 없다는 것을 이해할 수 있다.

Pattern **195**

# be immune to ~

## ~에 면역성이 있다, ~의 영향을 받지 않다

immune은 '면역성의'라는 의미로, 전염병 등에 대해 면역이 되어 있다는 의미일 때도 있지만 be immune to ~는 '~에 면역이 되어 있다'는 의미 외에 확장된 뜻으로 '~의 영향을 받지 않다'로도 해석된다는 점을 기억하세요. 반대로 '~에 동요되다,' '~의 영향을 받다'라는 의미를 나타내는 표현 중에는 be swayed by ~가 있습니다.

**Step 1**

1. Nobody **is immune to** flattery.
2. These bugs **are** highly **immune to** general pesticides.
3. It is shocking that some insects **are immune to** this disease.
4. Since we **are** easily **swayed by** people's appearance, many people get more and more plastic surgery.
5. Anyone who has read his book **was swayed by** his thought and character.

1 그 누구도 아첨에 영향을 받지 않는 사람은 없다.
2 이 벌레들은 일반 살충제에 강하게 면역이 되어 있다.
3 어떤 곤충들은 이 질병에 면역성이 있다는 것이 놀랍다.
4 우리는 쉽게 사람들의 외모에 동요되기 때문에 많은 사람들이 성형수술을 더욱 더 많이 받고 있다.
5 그의 책을 읽은 사람은 누구든 그의 사상과 성격의 영향을 받았다.

**Step 2**

However, the Perito Moreno Glacier **is** predominantly **immune to** the rising Earth temperatures. Scientists believe the glacier's robustness is due to its unique location in Patagonia, South America which has witnessed a change in its traditional weather patterns.

그러나, ______________________________
과학자들은 이 빙하가 건재한 이유가 그곳의 전통적인 날씨 패턴에 변화를 겪어 온 남아메리카 파타고니아의 특유의 위치 때문이라고 믿는다.

**잠깐만요!**
**be affected by** 역시 '~의 영향을 받다'라는 의미로 쓰입니다.
Education industry is not affected by recession.
교육 산업은 불경기의 영향을 받지 않는다.

**flattery** 아첨
**pesticide** 살충제
**plastic surgery** 성형수술
**glacier** 빙하
**predominantly** 대부분, 대개
**robustness** 건장함, 건재함
**witness** 목격하다, 보다

모범답안
페리토 모레노 빙하는 지구 온도 상승에 별 영향을 받지 않는다.

# such as ~

## ~와 같은, 예를 들면 ~ 같은

Pattern **196**

문장 안에 나온 명사에 대해 구체적인 예를 들어야 할 때 자주 쓰이는 such as는 '예를 들면'이라는 의미로 해석합니다. for example 또한 '예를 들면'으로 해석되는 표현이지만 부사라서 독립적으로 사용되기 때문에 바로 뒤에 명사를 수반하는 such as와는 쓰임이 다르므로 예문을 잘 봐 두세요.

### Step 1

1. Get some cardiovascular exercise **such as** jogging and cycling.
2. You need to cut back on sweets **such as** chocolates.
3. Wild animals **such as** coyotes are in danger.
4. **For example,** what would you do when market crashes and sales decrease?
5. **For example,** 20,000 residents in this town suffered from a serious electricity shortage in this summer.

1 조깅이나 싸이클링과 같은 유산소 운동을 해라.
2 초콜릿과 같은 단 음식을 줄여야 한다.
3 코요테와 같은 야생 동물들이 위기에 처해 있다.
4 예를 들어, 시장이 안 좋아져서 판매가 줄어들면 어떻게 하겠는가?
5 예를 들어, 이 마을의 2만 명의 거주민은 이번 여름에 심각한 전력 부족으로 고생했다.

### Step 2

These underground spaces are called caverns. Eventually, these cavern systems may collapse resulting in a sinkhole. While it is possible for sinkholes to form virtually anywhere on Earth, they are commonly associated with areas **such as** the state of Florida in the United States which experience a high amount of rainfall.

이 지하 공간들은 동굴이라고 불린다. 결국, 이런 동굴계가 붕괴되어 돌리네가 형성되는 것이다.

잠깐만요!

**for instance 역시 '예를 들어'라는 의미의 표현입니다.**

For instance, apples contain lots of fiber.

예를 들어, 사과는 많은 섬유질을 포함하고 있다.

**cardiovascular exercise** 유산소 운동
**crash** 폭락하다, 붕괴하다
**shortage** 부족
**underground** 지하의
**cavern** 동굴
**collapse** 붕괴하다, 무너지다
**sinkhole** 돌리네
**rainfall** 강우(량)

모범답안

돌리네는 사실상 지구의 어디에나 형성될 수 있지만, 대개 미국의 플로리다 주 같은 강우량이 많은 지역과 관련 있다.

Pattern 197

# not always

## 반드시 ~인 것은 아니다

부정어가 들어간 부분을 해석할 때는 특히 주의해야 합니다. not always는 부분적으로 부정하여 '반드시 ~인 것은 아니다' 내지는 '항상 ~이지는 않다'의 의미로 해석하도록 하세요. 비슷한 의미의 표현으로 자주 쓰이는 것은 not necessarily가 있으며 '꼭 ~그런 것은 아니다'로 해석하면 된답니다.

**Step 1**

1. Telling the truth is **not always** good.
2. Smartphones are **not always** a symbol of being rich.
3. What you think right is **not always** legally right.
4. Heroes of the past are **not necessarily** heroes of the present because of a different standard.
5. His depiction is **not necessarily** true because he has a tendency to exaggerate.

1 진실을 말하는 것이 항상 좋은 것은 아니다.
2 스마트폰이 반드시 부자의 상징은 아니다.
3 네가 옳다고 생각하는 것이 항상 법적으로 옳은 것은 아니다.
4 다른 기준 때문에 과거의 영웅들이 꼭 현재의 영웅들이 되는 것은 아니다.
5 그는 과장하는 성향이 있기 때문에 그의 묘사가 꼭 맞는 것은 아니다.

**Step 2**

Islands are **not always** totally surrounded by water. Occasionally, they become tethered to the mainland by a narrow stretch of land called a tombolo. Islands with this type of appendage have been dubbed tied islands.

_______________ 가끔 그것은 육계사주라고 하는 좁게 펼쳐진 육지 부분으로 본토에 연결되어 있다. 이런 유형의 부속물이 있는 섬은 육계도란 별명이 붙어 있다.

잠깐만요!
**be동사 뒤에 never, 혹은 일반동사 앞에 never를 쓰면, '결코 ~가 아니다'라는 뜻으로 완전 부정이 돼요.**
It's never simple.
그것은 결코 간단하지 않다.

**depiction** 묘사, 서술
**tendency** 경향
**exaggerate** 과장하다
**surround** 둘러싸다
**occasionally** 가끔
**tether** 매다, 묶다
**mainland** 육지
**tombolo** 육계사주 (육지 가까이에 있는 섬을 육지와 연결하게 된 사주)
**appendage** 부속물
**dub** 별명을 붙이다
**tied island** 육계도

모범답안
섬들이 반드시 완전히 물로 둘러싸이는 것은 아니다.

# play a crucial role in ~

## ~에서 중요한 역할을 하다

Pattern 198

play a role은 '역할을 하다'이며 role 앞에 crucial, important와 같은 '중요한'이라는 뜻의 형용사들이 자주 붙어서 play a crucial role 혹은 play an important role의 패턴으로 자주 쓰인답니다. 그리고 그 뒤에 〈in + 명사〉가 붙어 있으면 '~에서 중요한 역할을 하다'로 해석하세요. 그 외에 비슷한 어감의 act as ~의 표현이 있는데 '~의 역할을 하다'로 해석하세요.

### Step 1

1. Schools **play a crucial role in** a society.
2. The media **plays a crucial role in** forming public opinions.
3. Genes **play a crucial role in** the growth of mammals.
4. It is sad that politicians no longer **act as** a representative of the general public.
5. The newly released pill will **act as** a booster for a longer life expectancy of the youth and the old.

1 학교는 사회에서 중요한 역할을 한다.
2 매체는 여론 형성에 중요한 역할을 한다.
3 유전자들은 포유류의 성장에 중요한 역할을 한다.
4 정치인들이 더 이상 일반대중의 대표자로서의 역할을 하지 않는다는 것은 통탄스럽다.
5 새롭게 출시된 그 알약은 젊은이와 노인들의 기대수명의 연장을 위한 촉진제 역할을 할 것이다.

### Step 2

One of the roles worker bees play is the collection of pollen and nectar from flowers. Worker bees **play a critical role in** the fertilization of flowers since flowers do not have the capability of cross-pollinating themselves.

일벌들이 하는 역할 중의 하나는 꽃에서 꽃가루와 꿀을 수집하는 것이다.

잠깐만요!
play a vital role in ~ 역시 '~에 중요한 역할을 하다'라는 의미를 나타낼 때 자주 나옵니다.
Vitamin E plays a vital role in memory.
비타민 E는 기억력에 중요한 역할을 한다.

모범답안
꽃은 스스로가 타가 수분할 능력이 없기 때문에 꽃의 수정에서 일벌들이 중요한 역할을 한다.

gene 유전자
mammal 포유류
life expectancy 기대 수명
collection 수집
pollen 꽃가루, 화분
nectar (꽃의) 꿀
fertilization 수정
capability 능력
cross-pollinating 타가 수분시키다

# Pattern 199 both A and B

## A와 B 둘 다

both는 both A and B의 패턴으로 아주 자주 쓰이므로, 독해 지문에서 both를 보게 되면 바로 and로 연결된 A와 B의 두 덩어리를 찾아서 'A와 B 모두'라고 해석하면 됩니다. 반면, neither A nor B라는 패턴이 문장에 나오면 both A and B의 정반대인 'A도 B도 아니다'의 뜻으로 해석하세요.

### Step 1

1. Everything has **both** advantages **and** disadvantages.
2. He ended up losing **both** his starting capital **and** his interest.
3. People were killed by **both** an earthquake **and** a tsunami.
4. When they responded to me, they **neither** proved **nor** denied the information I had requested to confirm.
5. His books are **neither** well-received **nor** criticized by readers and critics.

1 모든 것에는 장단점이 있다.
2 그는 결국 초기 자본금과 이자 모두를 잃고 말았다.
3 사람들이 지진과 쓰나미 때문에 사망했다.
4 그들이 나에게 답했을 때, 내가 확인해 달라고 요청했던 정보를 그들은 증명하지도 부정하지도 않았다.
5 그의 책들은 독자들과 비평가들에게 좋은 평판을 받지도 비판을 받지도 않는다.

### Step 2

In its heyday, the Colosseum symbolized the riches, ingenuity, and sophistication of Ancient Roman society and culture. It was also a window into the ever-growing reach of the Roman Empire to **both** the east **and** west.

전성기 때, 콜로세움은 고대 로마 사회와 문화의 풍요로움, 독창성, 그리고 세련미를 상징했다.

잠깐만요!
either A or B는 'A 또는 B'라는 뜻으로 해석하세요.
You have to either go to college or get a job.
너는 대학에 진학하거나 취직을 해야 한다.

**disadvantage** 결점, 불리
**capital** 자본(금)
**critic** 비평가
**heyday** 전성기, 한창때
**symbolize** 상징하다
**ingenuity** 독창성
**sophistication** 교양, 세련
**ever-growing** 계속 늘어나는
**reach** (지배) 영역, 범위

모범답안
콜로세움은 또한 동쪽과 서쪽 양쪽으로 계속 뻗어가는 로마제국을 들여다보는 창이었다.

# after + 명사

## ~를 따라서

Pattern 200

주로 모양이나 디자인, 또는 이름 등을 다른 무엇인가에서 따온 경우 그 출처를 밝힐 때 ⟨after + 명사⟩가 자주 쓰이는데, '~를 따라서'로 해석하세요. 비슷한 의미를 나타내는 표현으로는 copied가 있는데 단어 뜻 그대로 '모방된'이라는 의미입니다.

### Step 1

1. Canadian transit system was modeled **after** America.
2. We decided to name our baby Denzel **after** a renowned actor.
3. This spectacular architecture was modeled **after** the Ki Palace.
4. The first lady's fashion style was **copied** by many celebrities throughout the world.
5. Their tactics and strategies have been **copied** by other military organizations.

1 캐나다의 대중교통 시스템은 미국을 본따 만들어졌다.
2 우리는 우리 아기 이름을 유명한 배우 이름을 따서 덴젤이라고 짓기로 결정했다.
3 이 멋진 건축물은 키 궁전을 모방하여 만들어졌다.
4 그 영부인의 패션 스타일은 전세계 많은 유명인사들에 의해 모방되었다.
5 그들의 전술과 전략은 다른 군사 조직에 의해 모방되어 왔다.

### Step 2

This invention eventually paved the way for efficient electrical energy production. Today, whether it is a monstrous hydroelectric plant or an everyday lawnmower, every single electrical induction motor on Earth is fashioned **after** Tesla's original design.

이 발명은 결국 효율적인 전기 에너지 생산을 위한 길을 닦았다. 오늘날, 그것이 거대한 수력발전소든 혹은 평범한 잔디 깎는 기계든, ________________

**모범답안**
세상의 모든 전기 유도 모터는 테슬라의 최초 설계를 본떠서 만들어진다.

**잠깐만요!**
**imitated**는 '모방된, 흉내낸'의 뜻으로 쓰입니다.
K's painting style has been imitated by hundreds of artists.
케이의 그림 스타일은 많은 화가들에 의해 모방되었다.

**model** ~를 모방하여 만들다
**renowned** 유명한
**spectacular** 멋진, 화려한
**architecture** 건축물
**tactic** 전술, 책략
**pave the way for** (~를 위한) 길을 닦다, ~를 위한 터를 닦아 주다
**efficient** 효율적인
**monstrous** 거대한, 무시무시하게 큰
**hydroelectric plant** 수력발전시설
**lawnmower** 잔디 깎는 기계
**induction** (전기의) 유도

# Pattern 201 since 주어 + 동사 ~

## ~이기 때문에

since는 '~한 이후에'라는 의미로 가장 많이 쓰이는데, 또 때로 〈since 주어 + 동사 ~〉의 패턴은 '~이기 때문에'라는 이유의 의미로 해석되기도 합니다. 문장 전체의 내용을 보고 어떤 결과에 대한 원인이 서술되는 상황이면 이와 같은 뜻으로 해석하면 된답니다. 원인이 간단한 명사로 올 경우에는 due to가 자주 쓰이는데, 마찬가지로 '~로 인해,' '~ 때문에'로 해석하세요.

**Step 1**

1. **Since** we got up late, we were late for science class.
2. **Since** this artwork is fragile, handle it with extra care.
3. **Since** this recipe is very simple, you can follow this easily.
4. The notice was sent to the tenants **due to** non-payment of rent.
5. **Due to** the difference in atmospheric pressure, you might have severe pain in your ears.

1 우리는 늦게 일어났기 때문에, 과학 수업에 늦었다.
2 이 예술품은 깨지기 쉬우므로, 특별히 주의를 기울여 다루어라.
3 이 레시피가 매우 간단하므로, 당신은 이것을 쉽게 따라할 수 있다.
4 집세 미납으로 주거인들에게 공지가 날라왔다.
5 기압 차이 때문에, 귀에 심한 고통을 겪을지 모른다.

**Step 2**

With the advent of sea trade in the 14th century, the Silk Road's role diminished greatly **since** shipping was a much more efficient mode of commerce. Ships could carry larger quantities of goods and were much faster than the old overland method.

14세기에 해상 무역의 출현과 더불어, ____________________ 선박들은 더 많은 양의 제품을 운반할 수 있었고, 오래된 육로 방법보다 훨씬 더 빨랐다.

잠깐만요!
**이유를 말할 때 좋은 결과가 나온 배경에 대해서는 thanks to가 쓰입니다. '~ 덕분에'라고 해석하세요.**
Thanks to your help, I improved my English a lot.
당신의 도움 덕분에, 나는 영어 실력이 많이 향상됐다.

**fragile** 깨지기 쉬운
**tenant** 세입자, 임차인
**atmospheric pressure** 기압
**advent** 출현, 도래
**diminish** 줄어들다, 약해지다
**shipping** 해상 운송, 해운 활동
**efficient** 효율적인, 능률적인
**commerce** 무역, 상업
**overland** 육로의

모범답안
해상 운송이 훨씬 더 효율적인 무역 방법이 되었기 때문에 실크 로드의 역할이 크게 줄어들었다.

# in order that 주어 + may ~

## ~할 목적으로, ~하기 위하여

Pattern 202

〈in order that 주어 + may ~〉의 패턴은 조동사 may를 통해 약간의 가능성과 조심성을 나타내면서 '(주어)가 ~하기 위하여' 정도의 의미를 전달합니다. 비슷한 표현인 〈so that 주어 + 동사 ~〉는 '~하기 위해서'로 해석하세요.

### Step 1

1. You should get in line **in order that** you **may** enter.
2. You should use coupons **in order that** you **may** get discounts.
3. He needs to fill out a form **in order that** he **may** get a refund.
4. Performers are supposed to have a break time **so that** they can be best prepared for the next concert.
5. Noise pollution should not be created in any circumstance **so that** we can enjoy a better quality of life.

1 입장하기 위해서는 줄을 서야 한다.
2 당신은 할인을 받으려면 쿠폰을 써야 한다.
3 그는 환불을 받기 위해 양식을 작성해야 한다.
4 연주자들은 다음 콘서트를 잘 준비하기 위해서 휴식 시간을 가질 것이다.
5 우리가 더 나은 양질의 삶을 향유하기 위해서는 어떤 상황에서도 소음공해가 생겨서는 안 된다.

### Step 2

Warm-blooded or endothermic animals, unlike ectothermic animals such as reptiles or amphibians, have an increased metabolic rate. Higher body processes allow mammals to burn fat **in order that** they **may** create heat and stay warm in frigid environments like the Arctic.

파충류 또는 양서류와 같은 변온동물과 달리, 온혈 또는 온혈성 동물은 대사율이 높다.

**잠깐만요!**
〈in order to + 동사원형〉도 '~하기 위해서'라는 뜻으로 쓰입니다.
She practiced all night in order to win the contest.
그녀는 콘테스트에서 우승하기 위해 밤새 연습했다.

refund 환불
noise pollution 소음공해
warm-blooded 온혈의
endothermic 온혈성의
ectothermic 변온성의
reptile 파충류
amphibian 양서류
metabolic rate 대사율
frigid 몹시 추운
the Arctic 북극

모범답안

더 높은 신체활동은 포유류가 북극과 같은 극한의 환경에서 열을 만들어 체온을 따뜻하게 유지하기 위해 지방을 태우는 것을 가능하게 한다.

# Pattern 203 be supported by the fact that 주어 + 동사 ~ ~라는 사실에 의해 뒷받침되다

support는 '지지하다,' '지원하다'라는 의미가 있어서 수동태 구문 be supported by …에 쓰이면, '…에 의해 지지를 받다,' 즉 '…에 의해 뒷받침이 되다'로 해석할 수 있어요. by 뒤에 〈the fact that 주어 + 동사 ~〉가 이어지면 '~라는 사실에 의해 뒷받침되다[입증되다]'라고 해석하면 된답니다.

## Step 1

1. It **is supported by the fact that** the number has increased.
2. This trend **is supported by the fact that** many have bought it.
3. The hypothesis **is supported by the fact that** many believe it.
4. Experts' prediction about our future economy **is supported by the fact that** many people try to buy more houses.
5. The rumor **is supported by the fact that** there are quite a few people who have witnessed the car accident.

1 그것은 수치가 증가했다는 사실에 의해 뒷받침된다.
2 이 추세는 많은 사람들이 그것을 구매했다는 사실에 의해 뒷받침된다.
3 그 가설은 많은 사람들이 그것을 믿는다는 사실에 의해 입증된다.
4 향후 경제에 대한 전문가들의 예측은 많은 사람들이 집을 더 사려고 한다는 사실에 의해 뒷받침된다.
5 그 소문은 그 자동차 사고를 목격한 사람들이 꽤 있다는 사실에 의해 뒷받침된다.

## Step 2

Experts believe the collisions could have been strong enough to slow or even reverse Venus' rotation completely. The validity of the impact theory **is supported by the fact that** Venus' close neighbor, Earth, experienced similar impacts.

전문가들은 금성의 회전 속도가 늦추어지거나 또는 심지어 완전히 뒤바뀔 만큼 그 충돌이 강력할 수도 있었을 것이라고 생각한다.

모범답안
충돌 이론의 타당성은 금성의 가까운 이웃인 지구가 유사한 충돌을 경험했다는 사실에 의해 뒷받침된다.

**hypothesis** 가설, 추정
**prediction** 예측, 예견
**expert** 전문가
**collision** 충돌, 부딪힘
**reverse** 뒤바꾸다, 역전시키다
**rotation** 회전
**validity** 타당성
**impact** 충돌

# no longer
## 더 이상 ~가 아니다

Pattern 204

no longer는 '기존의 과거 상황과 달라진다'는 의미가 담겨 있으므로 꼭 무엇인가를 바로 부정하는 쪽으로 해석하기보다는 말하는 시점에서 앞으로는 '더 이상 ~가 아니다'라는 의미를 담아 해석하면 됩니다. no 대신 동사에 not을 붙이고 뒤에 any longer를 붙여서 쓰인 문장도 똑같이 '더 이상 ~가 아니다'로 해석하세요.

### Step 1

1. The voucher is **no longer** valid.
2. This job is **no longer** the one that the younger people want.
3. America is **no longer** a safe place from terrorists' attacks.
4. When he insulted me twice, I could **not** contain my rage **any longer**, and I expressed it.
5. Pluto can**not** maintain its status as a planet **any longer** because of many reasons.

1 그 바우처는 더 이상 유효하지 않다.
2 이 직업은 더 이상 젊은이들이 원하는 것이 아니다.
3 미국은 더 이상 테러리스트의 공격으로부터 안전한 장소가 아니다.
4 그가 나를 두 번째로 모욕했을 때, 나는 화를 참지 못하고 드러냈다.
5 많은 이유로 명왕성은 더 이상 행성의 지위를 유지할 수 없다.

### Step 2

From its discovery in 1930 to the early 2000s, Pluto was the ninth planet in our solar system. But in 2005, Pluto was **no longer** considered as a planet due to the further exploration of what is known as the Kuiper belt.

1930년에 명왕성을 발견한 때부터 2000년대 초반까지, 명왕성은 태양계에서 아홉 번째 행성이었다. ________________

잠깐만요!
not any more도 '이젠 ~ 아니다,' '더 이상 ~ 아니다'라는 비슷한 의미로 사용됩니다.
I do not go to church any more.
나는 이제 더 이상 교회에 가지 않는다.

모범답안
그러나 2005년에, 카이퍼대라고 알려진 것의 추가 탐사로 인해 명왕성은 더 이상 행성으로 간주되지 않았다.

valid 유효한
insult 모욕하다
discovery 발견
Pluto 명왕성
planet 행성
solar system 태양계
exploration 탐사
Kuiper belt 카이퍼대

# Pattern 205 whereas 주어 + 동사 ~

## ~하는 반면에

〈whereas 주어 + 동사 ~〉는 대조나 양보를 나타내어 '~하는 반면에,' '~인데도'라는 의미로 해석됩니다. 따라서 두 가지를 비교하여 묘사하는 상황으로 이해하면서 해석하세요. 〈while 주어 + 동사 ~〉 역시 '~하는 반면에'라는 뜻으로 해석하기도 하죠. 또한 while은 '~하는 동안에'라는 의미로도 자주 쓰입니다.

### Step 1

1. **Whereas** Jane likes coffee, her husband likes tea.
2. **Whereas** Jim speaks perfect Korean, I can't speak a word.
3. **Whereas** dogs are gentle, coyotes are fierce and rough.
4. Some countries have spent a lot of money promoting the book **while** other countries have banned it completely.
5. I am usually emotional when having an argument **while** my friend stays calm and expresses her opinion clearly.

1 제인은 커피를 좋아하는 반면에, 그녀의 남편은 차를 좋아한다.

2 짐은 완벽한 한국어를 구사하는 반면, 나는 한 마디도 할 줄 모른다.

3 개들은 온순한 반면, 코요테는 사납고 난폭하다.

4 어떤 나라들은 그 책을 전면 금지시켜 온 반면, 몇몇 나라들은 그 책을 홍보하는 데 많은 돈을 썼다.

5 내 친구는 침착을 유지하며 자기 의견을 명확히 표현하는 반면, 나는 토론할 때 보통 감정적이다.

### Step 2

Neanderthals shared a common ancestor with homo sapiens, but they are not in our direct lineage. **Whereas** the Neanderthals used simple tools and fire, their intellectual capacity was limited. That is, they used more muscle than brains.

네안데르탈인들은 호모 사피엔스와 공통의 조상을 공유했지만, 그들은 우리의 직계 혈통이 아니다. ______ 즉, 그들은 두뇌보다는 근육을 더 많이 사용했다.

**잠깐만요!**

**on the other hand는 독립된 연결어로서 '반면에,' '다른 한편으로는'이라고 해석합니다.**

I am a good singer. On the other hand, my brother isn't.

나는 노래를 잘 한다. 반면에, 내 남동생은 그렇지 못하다.

**fierce** 사나운, 거친
**ban** 금지하다
**Neanderthal** 네안데르탈인
**ancestor** 조상
**lineage** 혈통
**intellectual capacity** 지적 능력

모범답안

네안데르탈인들이 간단한 도구와 불을 사용하는 반면에, 그들의 지적 능력은 제한되어 있었다.

# hardly Pattern 206

## 거의 ~ 않다[아니다]

영어 문장에서 100퍼센트 부정을 할 때는 never를 쓰지만 보통 좀 더 순화된 표현을 쓰고자 할 때는 hardly와 같은 '거의 ~ 않다,' '거의 ~ 아니다'라는 의미의 표현이 자주 쓰입니다. 이 외에 rarely, seldom 등이 나와도 똑같이 '거의 ~ 아니다'로 해석하세요.

### Step 1

1. My teacher is so strict that she **hardly** smiles.
2. The temperature near the equator **hardly** changes.
3. This system is **hardly** productive because of the high cost.
4. Chronic appendicitis **rarely** accompanies symptoms that affect our daily lives.
5. From this book, most of these writing styles are obsolete, and you can **rarely** see people ever using them.

1 우리 선생님은 너무나 엄격하셔서 거의 웃지 않으신다.
2 적도 부근의 온도는 거의 변하지 않는다.
3 이 시스템은 높은 비용으로 인해서 거의 생산성이 없다.
4 만성 맹장염은 일상에 영향을 미치는 증상을 거의 수반하지 않는다.
5 이 책에서 대부분의 이런 글쓰기 스타일은 구식이라서, 사람들이 그것을 사용하는 것을 거의 볼 수 없다.

### Step 2

According to research, whale songs evolve over time, and the whales **hardly** repeat song patterns. When a whale's song is heard, it is reminiscent of a human being's singing in its eloquence and variation.

연구에 따르면, ______________________________ 고래의 노래는 들었을 때, 풍부한 표현력과 변주가 있는 인간의 노래를 연상시킨다.

**잠깐만요!**
scarcely도 '거의 ~ 아니다'라는 뜻으로 해석하세요.
I can scarcely believe my eyes.
나는 내 눈을 거의 믿을 수가 없다.

**equator** 적도
**chronic appendicitis** 만성맹장염
**symptom** 증상, 증세
**obsolete** 구식의, 한물간
**evolve** 진화하다, 발달하다
**repeat** 되풀이하다, 따라하다
**reminiscent** 연상시키는
**eloquence** 표현력, 설득력
**variation** 변주, 변주곡

**모범답안**
고래 노래는 시간이 흐르면서 진화하고, 그래서 고래들은 노래 패턴을 거의 되풀이하지 않는다.

# Pattern 207 to make a long story short

## 간단히 말하면

to make a long story short의 패턴은 단어 하나하나를 직역한 그대로 '긴 이야기를 짧게 만들자면'의 뜻으로 이해하면 쉬워요. 따라서 독해 지문에 to make a long story short이 나오면 '간단히 말하자면,' '한마디로 말해서'라고 해석하세요. 주로 문장 앞에 쓰여 결론을 정리해 주는 것으로 이해하면 됩니다. to sum up 역시 비슷한 의미의 표현으로 '~를 요약해서 말하자면'으로 해석하면 된답니다.

### Step 1

1. **To make a long story short,** they lived happily ever after.
2. **To make a long story short,** everything worked out well.
3. **To make a long story short,** his ex-wife did not pay him back.
4. **To sum up,** the movie can give a negative effect on children because of too much violence.
5. **To sum up,** solar system is now made up of eight different planets instead of nine.

1 간단히 말하자면, 그들은 그후 평생 행복하게 살았다.
2 간단히 말하자면, 모든 일이 잘 풀렸다.
3 간단히 말하자면, 그의 전 부인은 그에게 돈을 갚지 않았다.
4 요약해 보면, 지나친 폭력성으로 인해 그 영화는 아이들에게 부정적인 영향을 끼칠 수 있다.
5 요약해 보면, 태양계는 이제 9개가 아니라 8개의 다른 행성으로 구성되어 있다.

### Step 2

**To make a long story short,** echolocation is a vital ability to night-dwellers such as the microbat. High-pitched sound waves are emitted from its mouth and nose out into the environment. These vibrations bounce off of any objects encountered and echo back to the microbat.

______________________________________ 음이 아주 높은 음파가 초소형박쥐의 입과 코에서 주위환경 속으로 방출된다. 이러한 진동은 어떤 물체에 부딪히든 반사되어 나와 초소형박쥐에게로 되돌아온다.

**잠깐만요!**
**in brief라는 표현 역시 '간략하게 말해서,' '요약하자면'이라고 해석하세요.**
In brief, the Halloween party was a disaster.
간략하게 말해서, 핼러윈 파티는 최악이었다.

be made up of ~로 구성되다
echolocation 음파탐지
high-pitched 음이 아주 높은
emit 방출하다
vibration 진동, 떨림
bounce off 튕겨나오다
object 물체
encounter 부딪히다
echo back 되돌아오다

**모범답안**
간단히 말하면, 음파탐지는 초소형박쥐와 같은 야행성 동물들에게 필수불가결한 능력이다.

# come to ~
~하게 되다

Pattern 208

come은 '오다,' go는 '가다'는 뜻으로 아주 기본적인 동사죠? 구체적인 뉘앙스 차이를 보면, come은 목표 쪽으로 가까워지는 것을 의미하며 go는 목표 쪽에서 멀어지는 것을 의미하죠. 여기에서 확장하여 보면 〈come to + 동사원형〉 패턴은 '~하게 되다'로 해석됩니다. 〈come to + 명사〉 패턴 또한 '~에 이르다'라는 뜻으로 해석하세요.

## Step 1

1. Finally, she **came to understand** her ex-boyfriend.
2. I **came to look** at the issue from different perspectives.
3. At last, my professor **came to accept** results from this lab.
4. This building construction in Baghdad, which has been a great burden to me, finally **came to an end**.
5. I was sure that the two parties in the congress could finally **come to an agreement**.

1 마침내, 그녀는 그녀의 옛 남자친구를 이해하게 되었다
2 나는 다른 관점으로 그 문제를 보게 되었다.
3 마침내 나의 교수님은 이 실험실의 결과를 받아들이게 되었다.
4 내게 큰 부담이 되어 온 바그다드의 이 건축공사가 마침내 끝나기에 이르렀다.
5 나는 국회의 두 당이 결국 합의에 이를 수 있을 것이라고 확신했다.

## Step 2

In the case of a massive oil spill, the petroleum **comes to mask** a baby bird's scent. Thus, many mothers cannot distinguish their own offspring from others resulting in abandonment and starvation of young birds.

따라서, 많은 어미들은 다른 새끼들과 자신의 새끼를 구별하지 못하고 결국 어린 새들은 유기와 굶주림에 이른다.

**잠깐만요!**
〈come to + 명사〉 패턴에서 명사 자리에 숫자가 오면 '총계가 ~가 되다'라고 해석하세요.
The total amount came to 10 billion dollars.
총액이 100억 달러가 되었다.

**모범답안**
심각한 기름 유출의 경우에, 석유는 새끼 새의 체취를 가리게 된다.

**perspective** 관점, 시각
**burden** 짐, 부담
**oil spill** 기름 유출
**petroleum** 석유
**mask** (냄새 등을) 가리다, 감추다
**scent** 체취, 냄새
**distinguish A from B** A와 B를 구별하다
**offspring** 새끼, 자식
**abandonment** 유기, 버림
**starvation** 굶주림, 기아

# Pattern 209 take to ~ing

## ~가 습관이 되다, ~에 전념하다

take는 '잡다,' '취하다'라는 기본 의미가 있는데, take to ~ing의 패턴으로 쓰이면 '~가 습관이 되다,' '~에 전념하다,' '~를 좋아하게 되다'라는 뜻으로 다양하게 해석될 수 있다는 점에 유의하세요. 결국은 모두 비슷한 뉘앙스를 일맥상통하게 지니고 있다고 이해하면 해석할 때 수월합니다.

### Step 1

1. I have **taken to going** to bed very late recently.
2. He has **taken to having** an online chat with strangers.
3. The professor has **taken to sipping** water before a class starts.
4. The biology professor has **taken to playing** chess games with his students after his class.
5. Unfortunately, her husband has **taken to using** violence when they have an argument.

1 나는 요즘 아주 늦게 잠자리에 드는 게 습관이 되었다.
2 그는 모르는 사람과 온라인 채팅을 하는 것에 몰두했다.
3 그 교수는 수업이 시작하기 전에 물을 홀짝거리는 게 습관이 되었다.
4 그 생물학 교수는 수업 끝나고 학생들과 체스 게임을 하는 것이 습관이 되었다.
5 안타깝게도, 그들이 말다툼할 때, 그녀의 남편은 폭력을 사용하는 것이 습관이 되었다.

### Step 2

When building their houses, men in the tribe **took to copying** a more sophisticated system from other tribes. That's why they could make sure that their houses would remain firmly anchored into the mountain and not simply wash away.

________________________________________ 그래서 그들은 자신들의 집이 산에 단단한 기반을 두고 쉽게 씻겨 내려가지 않도록 확실히 할 수 있었다.

잠깐만요!

**take to 뒤에 명사가 바로 오면 '~를 좋아하게 되다'라는 뜻으로 해석하세요.**

He took to golf as if he had been playing it in his life.
그는 마치 그의 인생에 쭉 골프를 쳐온 것처럼 골프를 좋아하게 되었다.

모범답안

그 부족의 남자들은 그들의 집을 지을 때, 다른 부족으로부터 좀더 정교한 시스템을 본따오는 것에 전념했다.

**biology** 생물학
**tribe** 부족
**sophisticated** 정교한, 복잡한
**anchor** ~에 단단히 기반을 두다
**wash away** 유실하다

# considering
## ~를 고려해 보면

Pattern 210

considering은 '~를 고려해 보면'이라는 뜻으로 무엇인가를 평가하면서 고려하는 요소를 밝힐 때 자주 사용되죠. 그래서 '~에 비해서'로 해석될 때도 있습니다. 또한 taking all things into account라는 패턴이 있는데, take ~ into account가 '~를 고려하다'라는 의미이므로 '모든 것을 고려해 볼 때'로 해석하세요.

### Step 1

1. The broker made a lot of money **considering** his time spent.
2. You are relatively slim **considering** how much you eat.
3. This is an absolutely great investment **considering** its return.
4. **Taking all things into account,** the board should take an important decision to revise the current system.
5. **Taking all things into account,** the newly released tax plan is the best option.

1 그 브로커는 들인 시간에 비해서 많은 돈을 벌었다.
2 먹는 양을 고려해 볼 때 당신은 비교적 날씬하다.
3 수익을 고려해 볼 때 이것은 정말 굉장한 투자이다.
4 모든 것을 고려해 볼 때, 이사회는 현 시스템을 수정하기 위한 중요한 결정을 내려야 한다.
5 모든 것을 고려해 볼 때, 이번에 새로 공개된 세제 안은 최고의 선택이다.

### Step 2

One of the areas worst affected by deforestation is the rainforest. **Considering** the fact that it covers only around five percent of the world, it is amazing that over eighty percent of all species make it their home. With the loss of rainforest, the tragic extinction of many animal species has already begun.

삼림파괴로 인해 최악의 영향을 받는 지역 중의 한 곳이 열대우림이다. ________________ 열대우림의 손실로, 이미 많은 동물 종의 비극적 멸종이 시작되었다.

**모범답안**

열대우림은 겨우 지구의 5퍼센트 정도를 차지한다는 사실을 고려해 볼 때, 모든 종의 80퍼센트 이상이 이곳을 자신의 사식지로 삼는다는 것은 놀랍다.

**잠깐만요!**

**seeing that ~의 패턴도 '~를 고려하여'라고 해석하세요.**

Seeing that he is a freshman, he has done a good job.
그가 신입생이라는 것을 고려해 보면, 그는 일을 잘 해냈다.

**relatively** 비교적, 상대적으로
**return** 이익, 수익
**deforestation** 삼림파괴, 벌채
**rainforest** 열대우림
**cover** 차지하다, 포함시키다
**species** 종
**extinction** 멸종

# Pattern 211 have the misfortune to ~

## 불행하게도 ~하다

misfortune은 '불운'이라는 뜻이므로, 〈have the misfortune to + 동사원형〉의 패턴은 '불행히도 ~하게 되다'라는 의미로 해석할 수 있어요. 비슷하면서도 좀더 과장된 의미의 〈be disastrous to + 동사원형〉이 있는데, '~해서 매우 불행하다[처참하다]'라는 비슷한 뜻으로 해석하세요.

### Step 1

1. Jerry **had the misfortune to be** bankrupt.
2. Tony **had the misfortune to be** turned down for the position.
3. The country **had the misfortune to be** ruled by non-patriots.
4. Ancient people believed that it **was disastrous to deny** the existence of god.
5. It can **be disastrous** for the orphans **to see** those kids of their age feel happy with their family.

1 제리는 불행히도 파산했다.
2 토니는 불행하게도 그 자리에 대해 거절 당했다.
3 그 나라는 불행하게도 애국자가 아닌 이들의 통치를 받았다.
4 고대 사람들은 신의 존재를 부정하는 것은 매우 불행하다고 믿었다.
5 또래 아이들이 가족과 행복하게 있는 것을 보는 것은 고아들로서는 매우 비참할 수 있다.

### Step 2

The most blatant result is poisoning or suffocation when animals ingest the oil. However, this **has the misfortune** not to be the only consequence. For example, the oil compromises birds' feathers, so often affected birds will freeze to death or drown due to oil penetration.

너무나도 명백한 결과는 동물들이 기름을 삼킬 때 생기는 중독이나 질식이다. 그러나, ____________________ 예를 들어, 기름은 새의 깃털들의 기능을 약화시킨다. 그래서 영향을 받은 새들은 얼어 죽게 되거나, 기름 침투로 인해 익사할 것이다.

**잠깐만요!**
비슷한 의미의 표현 be unlucky to도 '불행하게도 ~하다'라고 해석하세요. to 다음에는 동사원형이 옵니다.
I was unlucky to fail the math test.
나는 불행히도 수학 시험에 낙제했다.

**모범답안**
불행히도 이것만이 유일한 결과가 아니다(또 다른 결과가 있다).

**bankrupt** 파산한
**turn down** ~를 거절하다
**existence** 존재, 실재
**blatant** 뻔한, 노골적인
**poisoning** 중독, 음독
**suffocation** 질식
**ingest** 삼키다, 먹다
**consequence** 결과
**compromise** 위태롭게 하다, 약화시키다
**feather** 깃털
**penetration** 침투

# be sure to ~

## 틀림없이 ~할 것이다

Pattern 212

sure에 '확실한'의 의미가 있으므로 〈be sure to + 동사원형〉의 패턴은 '확실히 ~하다' 내지는 '틀림없이 ~하다'의 뜻으로 해석하세요. be 대신 동사 자리에 make가 쓰이면 make sure는 '확신하다,' '확인하다'라는 의미로, 뒤에 that절을 수반하여 자주 〈make sure that 주어 + 동사 ~〉로 나옵니다. '~를 확실히 하다,' '~를 확인하다'라는 뜻으로 해석하세요.

### Step 1

1. Please **be sure to give** my regards to your family.
2. **Be sure to seal** the bag, otherwise the odor will be emitted.
3. Solar system **is sure to be** demolished due sometime later.
4. By calling the office, you can **make sure that** your application is submitted on time.
5. The police **made sure that** the suspect does not forge his passport again to flee overseas.

1 네 가족에게 내 안부를 꼭 전해다오.
2 봉지를 꼭 밀봉해라. 그렇지 않으면 악취가 날 것이다.
3 태양계는 나중에 언젠가는 틀림없이 파괴될 것이다.
4 사무실에 전화하여, 네 지원서가 제때에 제출되는지를 너는 확인할 수 있다.
5 경찰은 그 용의자가 해외로 도피하기 위해 다시 그의 여권을 위조하지 못하도록 했다.

### Step 2

This refers to the variety of animal and plant species in a given environment such as the Amazon. Experts agree that biodiversity supports the proliferation of all types of life. A lack of variance **is sure to doom** the entire life spectrum within a habitat affected by deforestation.

이것은 아마존과 같은 특정 환경에 있는 다양한 동물과 식물 종을 지칭한다. 전문가들은 생물의 다양성이 모든 유형의 생물체의 확산을 지속시킨다는 것에 동의한다. ____________________

**잠깐만요!**

**without a doubt은 관용어구로 '의심할 여지 없이,' '틀림없이'라는 뜻을 나타냅니다.**

Jejudo is without a doubt the most beautiful island in Korea.
제주도는 의심할 여지 없이 한국에서 가장 아름다운 섬이다.

**모범답안**

다양성의 결핍은 틀림없이 삼림파괴에 의해 영향을 받은 서식지 내의 모든 생물체 범위에 불행한 운명을 가져오게 될 것이다.

**regards** 안부
**seal** 밀봉하다
**odor** 악취, 냄새
**demolish** 파괴하다, 철거하다
**forge** 위조하다
**environment** 환경
**biodiversity** 생물의 다양성
**proliferation** 확산
**doom** 불행한 운명을 맞게 하다
**habitat** 서식지
**deforestation** 삼림파괴, 삼림벌채

# Pattern 213 cannot choose but ~

## ~하지 않을 수 없다

cannot choose but ~의 표현에서 but은 only의 의미가 있어요. 바로 only의 의미만으로는 긴박함과 힘든 상황의 뉘앙스를 전달하기가 어려우니까 〈cannot choose but + 동사원형〉의 패턴으로 확장하여 '~하는 것 외에는 선택할 수가 없다.' 의역하면 '~하지 않을 수 없다'라는 의미를 나타냅니다. 비슷한 의미의 표현인 cannot help ~ing 또한 '~하지 않을 수 없다'로 해석하세요.

### Step 1

1. The writer **cannot choose but meet** the deadline of articles.
2. Employees **cannot choose but say** yes to their boss.
3. Audiences **cannot choose but give** a standing ovation.
4. The successful businessman **could not help donating** a fortune because he felt great sympathy for the orphans.
5. The war correspondent **could not help taking** a picture even when there were too many casualties.

1 그 작가는 기사 마감일을 맞추지 않을 수가 없다.
2 직원들은 사장에게 '네'라고 말하지 않을 수가 없다.
3 관객들은 기립박수를 치지 않을 수가 없다.
4 성공한 그 기업가는 고아들에게 동정심을 크게 느껴 큰돈을 기부하지 않을 수 없었다.
5 너무 많은 사상자가 있었을 때에도 그 종군기자는 사진을 찍지 않을 수가 없었다.

### Step 2

Ectotherms use some behavioral patterns to keep their body temperature fairly constant. For example, when alligators or snakes get cold, they **cannot choose but nap** in the sun to warm up. And, if a cold-blooded animal feels too hot, they will seek relief in the shade of a tree.

변온동물은 체온을 상당히 일정하게 유지하는 행동 패턴을 이용한다. 예를 들어, ______________________
그래서, 만일 변온동물은 너무 덥다고 느끼면, 나무 그늘로 피하려 할 것이다.

**잠깐만요!**
〈have no choice but to + 동사원형〉 역시 '~하지 않을 수가 없다'라는 뜻으로 해석하세요.
I have no choice but to quit my part-time job.
나는 아르바이트를 그만두지 않을 수가 없다.

standing ovation 기립박수
war correspondent 종군기자
casualty 사상자, 피해자
ectotherm 변온동물
behavioral 행동의
constant 일정한, 변함없이
alligator 악어
nap 낮잠을 자다, 잠깐 자다
cold-blooded 변온의, 냉혈의

모범답안
악어나 뱀은 추워지면, 몸을 따뜻하게 하기 위해 양지에서 낮잠을 자지 않을 수 없다.

# UNIT 22
# 텝스 (TEPS)

텝스 독해 지문은 토플보다는 쉽지만, 그래도 어느 정도 난이도가 높습니다. 다른 시험과 마찬가지로 어휘와 패턴을 함께 공부해야 합니다. 문장의 숨은 뜻을 파악하고 전체 지문에 대한 이해도를 높이기 위해 정독하면서 공부하는 습관을 기르세요.

Pattern 214 **one ~, the other …** 하나는 ~, 나머지 하나는 …
Pattern 215 **in that 주어 + 동사 ~** ~라는 점에서
Pattern 216 **due to the fact that 주어 + 동사 ~** ~라는 사실 때문에
Pattern 217 **have nothing to do except to ~**
~하는 것 이외에는 할 것이 없다, ~할 수밖에 없다
Pattern 218 **주어 + 동사 ~ only to …** ~했으나 결국 …하다
Pattern 219 **as 주어 + 동사 ~** ~하면서
Pattern 220 **to make matters worse** 설상가상으로
Pattern 221 **in favor of ~** ~를 선호하여, ~를 찬성하여[지지하여]
Pattern 222 **come about** 일어나다, 발생하다
Pattern 223 **배수사 + as A as B** B보다 몇 배 더 A한
Pattern 224 **such A as B** B와 같은 그런 A
Pattern 225 **more A than B** B보다 더 A한
Pattern 226 **before long** 곧, 머지않아
Pattern 227 **unlike + 명사** ~와는 달리
Pattern 228 **rarely, if ever, ~** 설사 ~한다 할지라도 극히 드물게
Pattern 229 **while 주어 + 동사 ~** ~하는 동안
Pattern 230 **~ not simply because 주어 + 동사 …**
~한 것은 단지 … 때문은 아니다
Pattern 231 **not to speak of ~** ~는 말할 것도 없이
Pattern 232 **enough to + 동사원형** ~할 만큼 충분히
Pattern 233 **take the trouble to ~** 수고를 아끼지 않고 ~하다, 수고스럽게 ~하다

# Pattern 214 one ~, the other …

## 하나는 ~, 나머지 하나는 …

두 가지만 있을 때 그 중 하나를 일컬을 때는 one을 쓰고, 나머지 하나는 정해진 것이기 때문에 정관사 the를 써서 the other라고 합니다. 따라서 독해 지문에서 one ~, the other …의 패턴을 보면, '하나는 ~, 나머지 하나는 …'이라고 해석하세요. 만약 여러 개가 있는데 한정된 것이 없을 때는 one ~, another …로 쓰죠. '하나는 ~, 또 다른 하나는 …'으로 해석하세요.

### Step 1

1. **One** was found in a lake, and **the other** was found in a forest.
2. This game is over when **one** or **the other** loses all money.
3. It is not easy to tell **one** of the identical twins from **the other**.
4. **One** factor to think about is how much you devote yourself to this work. **Another** factor to consider is how much you love it.
5. **One** important thing is to recuperate from his food poisoning. **Another** important thing is to stop smoking.

1 하나는 호수에서 발견되었고, 나머지 하나는 숲에서 발견되었다.
2 이 게임은 한쪽 또는 상대방이 돈을 모두 잃을 때 끝난다.
3 일란성 쌍둥이의 한 명을 다른 한 명과 구별하는 것은 쉽지 않다.
4 생각할 한 가지 요인은 당신 스스로 얼마나 그 일에 헌신하느냐이다. 고려할 또 한 가지 요인은 당신이 얼마나 그것을 사랑하느냐 하는 것이다.
5 한 가지 중요한 것은 식중독에서 회복하는 것이다. 또 다른 중요한 것은 담배를 끊는 것이다.

### Step 2

There are two standard forms of earthquake measurement today. **One** is the Richter Scale developed by the American seismologist Charles Richter in 1935. **The other** is the Mercalli Scale developed in the late 19th and early 20th century by the Italian volcanologist Guiseppe Mercalli.

오늘날 두 개의 지진측정 표준 형식이 있다. 하나는 1935년 미국의 지진학자 찰스 리히터에 의해 개발된 리히터 척도이다.

**잠깐만요!**
만약 한정된 세 가지가 있을 때에는 독해 지문에 one ~, another …, the other-의 순서로 나오는데, '하나는 ~, 다른 하나는 …, 나머지는[마지막은] -'처럼 해석하세요.
There are three reasons why I love her. One is her beauty. Another is her warm heart. The other is her smile.
내가 그녀를 사랑하는 세 가지 이유가 있다. 하나는 그녀의 미모이다. 다른 하나는 그녀의 따뜻한 마음이다. 마지막은 그녀의 미소이다.

**recuperate** 회복하다, 재기하다
**food poisoning** 식중독
**earthquake** 지진
**measurement** 측정, 측량
**develop** 개발하다
**seismologist** 지진학자
**volcanologist** 화산학자

모범답안
나머지 하나는 이탈리아의 화산학자 주세페 메르칼리에 의해 19세기 말과 20세기 초에 개발된 메르칼리 진도 계급이다.

# in that 주어 + 동사 ~

## ~라는 점에서

Pattern 215

〈in that 주어 + 동사 ~〉의 패턴은 항상 중심 문장인 주절이 먼저 나오고 그 뒤에 부사절로 나오는데, '~라는 점에서'로 해석하세요. '~하기 때문에'라는 의미의 〈because 주어 + 동사 ~〉가 이 패턴과 비슷한 의미를 나타낼 때 쓰이는데, 독해 지문에서 훨씬 자주 쓰이죠.

### Step 1

1. She looked gorgeous **in that** she was always confident.
2. We have to pay much more taxes **in that** we are immigrants.
3. He will be healthier soon **in that** his priority is his health.
4. It is great to eat pears every day **because** they help digest food better.
5. We should not eat too many nuts at one time **because** they might trigger off an allergic reaction.

1 그녀는 항상 자신감이 차 있다는 점에서 근사해 보였다.
2 이민자라는 점에서 우리는 훨씬 더 많은 세금을 내야 한다.
3 그의 우선순위가 건강이라는 점에서 그는 곧 더 건강해질 것이다.
4 배가 음식 소화를 더 잘 돕기 때문에 매일 배를 먹는 것이 좋다.
5 많은 견과류들이 알레르기 반응을 촉발할 수 있기 때문에 우리는 한번에 너무 많은 견과류를 먹으면 안 된다.

### Step 2

Scorpions are unique **in that** they can only eat liquid food. Therefore, digestion must take place externally in the pre-oral cavity near the mouth. Food is shredded by another set of razor-sharp pincers which extend from the oral cavity.

____________________ 그러므로, 소화는 바깥의 입 가까이에 입 앞에 있는 구멍에서 이루어져야 한다. 먹이는 구강에서 뻗어 있는 또 다른 한 쌍의 매우 날카로운 집게발로 갈가리 찢긴다.

**잠깐만요!**

since가 '이유'를 나타내는 접속사로 쓰이기도 하므로 〈since 주어 + 동사 ~〉 또한 '~이기 때문에'로 해석할 수 있습니다.

Since you are my ideal type, I want to ask you out.

당신이 제 이상형이기 때문에, 저는 당신에게 데이트를 청하고 싶어요.

**immigrant** 이민자
**trigger off** ~를 일으키다
**allergic** 알레르기의
**scorpion** 전갈
**liquid food** 유동식
**digestion** 소화
**externally** 외부에서, 외부적으로
**pre-oral** 입 앞에 있는
**cavity** 구멍, 빈 부분
**shred** 갈가리 찢다
**pincer** 집게발
**oral cavity** 구강

**모범답안**

전갈은 오직 유동식만 먹을 수 있다는 점에서 독특하다.

# Pattern 216 due to the fact that 주어 + 동사 ~

## ~라는 사실 때문에

fact는 '사실'이라는 뜻으로 사실의 내용이 무엇인지 구체적으로 밝히고자 할 때는 뒤에 〈that 주어 + 동사 ~〉가 동격의 절로 오게 됩니다. 그래서 〈due to the fact that 주어 + 동사 ~〉를 해석할 때는 〈the fact that 주어 + 동사 ~〉를 먼저 '~라는 사실'로 해석하고 due to를 '때문에'로 해석하여 뒤에 붙이세요. 〈because of the fact that 주어 + 동사 ~〉도 똑같이 '~라는 사실 때문에'로 해석하세요.

### Step 1

1. I know what *han* means **due to the fact that** I am Korean.
2. She was silent **due to the fact that** she couldn't speak English.
3. The patient's case is urgent **due to the fact that** vaccines are useless.
4. **Because of the fact that** tomatoes have powerful antioxidants, they protect us from getting diseases.
5. After the earthquake, people felt devastated **because of the fact that** they lost all their possessions.

1 나는 한국인이라는 사실 때문에 '한'이 무엇을 뜻하는지를 안다.
2 그녀는 영어를 말할 수 없다는 사실 때문에 침묵했다.
3 백신이 소용없다는 사실 때문에 환자의 상황이 긴박하다.
4 토마토가 강력한 항산화제라는 사실 때문에 그것은 우리가 병에 걸리는 것을 막아준다.
5 지진 후, 사람들은 모든 재산을 잃었다는 사실 때문에 처참하게 느껴졌다.

### Step 2

Bird migration is commonplace **due to the fact that** warmer climates yield more food sources. Most bird species could probably stand the frigid climate but not the lack of food. The feathers of birds can provide them with ample warmth, yet without a food source, survival would become an uphill battle.

_____________________ 대부분의 새는 아마도 혹한 기후는 참을 수 있겠지만 먹이 부족은 참을 수 없을 것이다. 새들의 깃털은 새에게 충분한 온기를 제공할 수 있지만, 먹이 공급원이 없으면, 생존은 힘겨운 투쟁이 될 것이다.

**모범답안**

기후가 더 온화하면 더 많은 먹이 공급원이 생긴다는 사실 때문에 새의 이동은 아주 흔하다.

**잠깐만요!**

fact 자리에 conclusion이 온 〈the conclusion that 주어 + 동사 ~〉도 자주 보이는 패턴인데, '~라는 결론'으로 해석하세요.

We finally draw the conclusion that No. 2 is the best option.
우리는 마침내 2번이 최고의 선택이라는 결론을 내렸다.

antioxidant 산화방지제
devastated 망연자실한, 황폐한
possessions 소유물, 재산
bird migration 새의 이동
commonplace 아주 흔한
yield 생산[산출]하다, 내다
stand 견디다, 참다
frigid 몹시 추운
feather 깃털, 털
ample 충분한, 풍만한
warmth 온기, 따뜻함
uphill battle 힘겨운 투쟁

# have nothing to do except to ~

## ~하는 것 이외에는 할 것이 없다, ~할 수밖에 없다

Pattern 217

have nothing to do는 '할 것이 없다'라는 의미이므로 뒤에 〈except to + 동사원형〉이 따라와 '~하는 것 이외에는'이라는 의미가 더해지면 결국 '~할 수밖에 없다'라고 해석되죠. 〈have no choice but to + 동사원형〉의 패턴도 '~할 수 밖에 없다'로 해석하세요.

### Step 1

1. The boy **has nothing to do except to wait** for his mom.
2. The patient **has nothing to do except to hope** for the best.
3. I **had nothing to do except to wait** for another call.
4. Mr. Lee **had no choice but to admit** what he did to labor unions at the court hearing.
5. Because of the President's apology, many human rights organizations **had no choice but to forgive** what happened.

1 그 꼬마는 엄마를 기다리는 것 외에는 할 것이 없다.
2 그 환자는 최선의 결과가 나오기를 희망하는 것 외에는 할 것이 없다.
3 나는 또 다른 전화를 기다리는 수밖에 없었다.
4 이 씨는 그 법정 심리에서 그가 노동 조합에 한 일을 인정할 수밖에 없었다.
5 대통령의 사과 때문에, 많은 인권 단체들은 발생한 일을 용서할 수밖에 없었다.

### Step 2

The lack of water in the atmosphere and in the soil **has nothing to do except to slow** a plant's ability to photosynthesize. Thus, the extermination of green plant life could have catastrophic effects upon every living thing.

________ 따라서, 녹색 식물의 멸종은 모든 생물체에 비극적인 영향을 미칠 수 있다.

잠깐만요!

be the only thing I can do라는 표현은 '내가 할 수 있는 유일한 것이다'로 해석하세요.

Finding out more evidence is the only thing I can do now.
더 많은 증거를 찾아내는 것이 현재 내가 할 수 있는 유일한 것이다.

labor union 노동 조합
court hearing 법정 심리[심문]
apology 사과
lack 부족, 결핍
atmosphere 대기
photosynthesize 광합성을 하다
extermination 멸종, 몰살, 절멸
catastrophic 비극적인, 파멸의

모범답안

대기와 토양의 물 부족은 광합성을 하는 식물의 능력을 둔화시킬 수밖에 없다.

# Pattern 218 주어 + 동사 ~ only to …

## ~했으나 결국 …하다

〈주어 + 동사 ~ only to …〉 패턴은 순서대로 해석하면 되는데, only에는 '오로지,' '다만'의 의미가 있어 다른 모든 것은 부정하고 오직 그것만 한다는 의미를 담고 있어요. 그래서 '~했으나 결국 …밖에 못했다,' 즉 '~했으나 결국 …하다'로 해석하면 됩니다. to 다음에는 동사원형이 옵니다.

**Step 1**

1. I tried my best **only to fail** in my exam.
2. The satellite reached Jupiter **only to get** out of its orbit.
3. The helicopter tried to land **only to crash** abruptly.
4. The director of Cultural Art Museum made a great effort to keep the Korean tradition **only to see** it end.
5. We were trying to find the best solution to this project **only to see** it scrapped.

1 나는 최선을 다해 봤으나 결국 시험에서 떨어졌다.
2 위성이 목성에 닿았지만 결국은 궤도를 이탈했다.
3 헬리콥터는 착륙하려고 했으나 결국 갑자기 추락했다.
4 문화예술 박물관 관장은 한국 전통을 지키기 위해 큰 노력을 했으나 그것은 없어지고 말았다.
5 우리는 이 프로젝트에 대한 최선의 해결책을 찾으려고 애썼으나 결국 그 프로젝트는 폐기되었다.

**Step 2**

Scientists believe objects in the Kuiper belt are remnants of the original Big Bang which spawned the galaxy. Like these objects, Pluto populates the Kuiper belt. Yet, when Pluto was first discovered, it could not be compared to other objects because scientists observed **only to see** them.

과학자들은 카이퍼대에 있는 물체들이 은하계를 낳은 최초 빅뱅의 잔여물들이라고 생각한다. 이러한 물체들과 마찬가지로, 명왕성도 카이퍼대에 있다. 그러나, ______________________________

모범답안

명왕성이 처음으로 발견되었을 때, 그것은 다른 물체들과 비교될 수 없었다. 왜냐하면 과학자들이 그것을 관찰했으나 결국 제대로 볼 수 없었기[보이는 것만 봤기] 때문이다.

satellite 위성, 인공위성
orbit 궤도
crash 추락하다, 충돌하다
scrap 폐지하다, 철회하다
object 물체
Kuiper belt 카이퍼대 (태양계를 둘러싼 폭 1,440억 km의 먼지 얼음층)
remnant 잔여물, 찌꺼기
spawn (어떤 결과, 상황을) 낳다
galaxy 은하
Pluto 명왕성
populate (어떤 지역에) 있다, 살다
observe 관찰하다

# as 주어 + 동사 ~

~하면서

Pattern 219

〈as 주어 + 동사 ~〉는 '~하기 때문에'라는 '이유'의 뜻 이외에, '~하면서,' '~할 때'와 같이 시간과 관련된 의미로도 해석됩니다. 가장 무난한 해석을 이끌어 내는 부사절 접속사로 이해하면 됩니다.

## Step 1

1. As time goes by, people get wiser.
2. As he got older, he admired his father more and more.
3. As modern civilization flourishes, air gets polluted.
4. As Abu Dhabi becomes a more appealing city to visit, its property values go up rapidly.
5. As Christmas approaches, people on the streets are more excited with glittering lights.

1 시간이 흐르면서, 사람들은 점점 더 현명해진다.
2 그는 점점 더 나이가 들면서, 그의 아버지를 더 존경했다.
3 현대 문명이 번성하면서, 공기가 오염되어 간다.
4 아부다비가 방문하기에 더욱 매력적인 도시가 되어가면서, 그곳의 부동산 가격이 빠르게 올랐다.
5 크리스마스가 다가오면서 거리를 다니는 사람들은 반짝이는 전구들로 더 신이 난다.

## Step 2

As more technology developed, scientists found out how our eyes work. The pupil is the small black circle or "opening" in the middle of our eyes. It is surrounded by the iris which gives the eye its color. When light begins to enter the eye, the pupil and iris work together to regulate the amount of light allowed inside.

동공은 눈의 가운데에 있는 검은 색 작은 원, 즉 '시작 부분'이다. 그것은 눈에 색을 부여하는 홍채로 둘러싸여 있다. 빛이 눈으로 들어오기 시작할 때 동공과 홍채는 함께 기능하여 내부로 허용되는 빛의 양을 조절한다.

잠깐만요!

**전치사로 사용되는 〈as + 명사〉 패턴은 '~로서'로 해석해야 하므로 의미 변화가 생기니 주의하세요.**

As your best friend, can I give a piece of advice?

너의 가장 친한 친구로서, 내가 충고 하나 해도 될까?

모범답안

기술이 더욱 발달하기 시작하면서, 과학자들은 우리의 눈이 어떻게 기능을 하는지에 대해 알아냈다.

**civilization** 문명
**flourish** 번영하다, 번창하다
**property** 부동산
**work** 작동하다, 기능하다
**pupil** 동공, 눈동자
**iris** (안구의) 홍채
**regulate** 조절하다
**allowed** 허용된

# Pattern 220 to make matters worse

## 설상가상으로

상황이 악화될 때 쓰이는 to make matters worse는 '설상가상으로,' '엎친 데 덮친 격으로'라고 해석하면 됩니다. 비슷하게는 to add insult to injury라는 표현이 있으며, 직역하면 '다친 것에 모욕까지 더한다'는 의미이므로 (이미 안 좋은 판에) 한 술 더 떠서 일이 꼬이는 상황이 되므로 역시 '설상가상으로'라고 해석하세요.

### Step 1

1. **To make matters worse,** he lost his expensive notebook.
2. **To make matters worse,** the girl has claustrophobia.
3. **To make matters worse,** antibiotics were insufficient.
4. **To add insult to injury,** because of the heavy rain last night, the small town was seriously damaged by the flood.
5. **To add insult to injury,** there was another terror attack right after an earthquake devastated the city.

1 설상가상으로 그는 비싼 노트북을 잃어버렸다.
2 설상가상으로, 그 소녀는 폐쇄공포증이 있다.
3 설상가상으로, 항생제가 부족했다.
4 설상가상으로, 지난 밤의 폭우 때문에 그 작은 마을은 홍수로 심한 피해를 입었다.
5 설상가상으로, 지진이 그 도시를 완전히 유린하자마자 또 다른 테러 공격이 있었다.

### Step 2

Rising temperatures after the Ice Age brought a host of issues for the mammoth. **To make matters worse,** the mammoth could not find any place to live as the number of human predators increased.

빙하기 이후 상승하는 기온은 매머드에 관한 수많은 문제를 일으켰다.

**모범답안**

설상가상으로, 인간 포식자들의 수가 더 증가하면서 매머드는 살 곳을 찾을 수가 없었다.

**잠깐만요!**

matters 대신 things가 쓰인 to make things worse의 표현을 보더라도 '엎친 데 덮친 격으로,' 혹은 '설상가상으로'로 해석하세요.

To make things worse, he got a bad cold.

설상가상으로, 그는 심한 감기에 걸렸다.

claustrophobia 폐쇄공포증
antibiotics 항생제
insufficient 불충분한
devastate 황폐시키다, 유린하다
temperature 기온
the Ice Age 빙하기
a host of 다수의
predator 포식자

Pattern 221

# in favor of ~

## ~를 선호하여, ~를 찬성하여[지지하여]

favor는 보통 '애호,' '호의,' '찬성' 정도로 해석되기 때문에 in favor of ~는 한덩어리로 '~를 선호하여,' 내지는 '~를 찬성하여[지지하여]'라는 의미를 가지게 됩니다. 비슷한 패턴인 in support of ~ 또한 '~를 지지하여'로 해석하세요.

**Step 1**

1. The immigrants are **in favor of** the new law.
2. Most students were **in favor of** a new school policy.
3. The citizen on the street came **in favor of** the ruling party.
4. Despite many criticisms, the founder of this organization will be **in support of** this proposal.
5. Those sports celebrities were **in support of** one of the leading candidates for the presidency.

1 이민자들은 새로운 법안을 지지한다.
2 대부분의 학생들은 새로운 교칙에 찬성했다.
3 거리의 그 시민은 집권당을 지지했다.
4 많은 비난에도 불구하고, 이 단체의 설립자는 이 제안을 지지할 것이다.
5 그 스포츠 유명인사들은 대통령직의 유력 입후보자 중 한 명을 지지했다.

**Step 2**

Even cubism experienced its own evolution during the production peak between 1908 and 1912. For the first five years, analytic cubism dominated the art scene. Artists avoided the use of vivid colors **in favor of** more monochromatic colors such as brown or gray.

1908년에서 1912년 사이 작품 생산의 절정기에, 큐비즘도 자체 진화를 경험했다. 처음 5년 동안은 분석적 큐비즘이 예술계를 지배했다.

**잠깐만요!**
**a bias in favor of ~의 표현은 '~에 대한 우호적인 편견'으로 해석하세요.**
Japanese people have a bias in favor of Korea.
일본 사람들은 한국에 대해 우호적인 편견을 갖고 있다.

criticism 비난, 비평
founder 설립자, 창설자
candidate 후보자, 지원자
cubism 큐비즘, 입체파
peak 절정
analytic 분석적인
dominate 지배하다
vivid 선명한, 강렬한
monochromatic 단색의

모범답안
화가들은 갈색이나 회색과 같은 좀더 단색을 선호하여 선명한 색상의 사용을 피했다.

Pattern
222
# come about
## 일어나다, 발생하다

come은 '오다'라는 기본적인 뜻이 있어 come about 같은 표현을 봤을 때 이 표현 고유의 의미를 모르고 있으면 문맥을 파악하기 어려울 수 있죠. come about은 한덩어리로 '어떤 일이 일어나다'로 해석합니다. 비슷한 표현으로 take place가 있으며 '(사건, 축제 등이) 일어나다'로 해석하면 됩니다.

### Step 1

1. She knows how the happening **came about**.
2. Shooting incidents **come about** every month.
3. A big fight between the two will **come about** sooner or later.
4. The detective found it suspicious that a big festival **took place** when the victim disappeared.
5. Another meeting will **take place** tonight to make better plans because this is a lucrative business.

1 그녀는 그 일이 어떻게 일어났는지 알고 있다.
2 매달 총격 사건이 일어난다.
3 그 둘 사이에 큰 싸움이 조만간 일어날 것이다.
4 형사는 그 희생자가 사라졌을 때 큰 축제가 열렸다는 것을 미심쩍게 여겼다.
5 이것은 돈이 되는 사업이기 때문에 더 나은 계획을 세우기 위해 오늘밤 한 번 더 회의가 열릴 것이다.

### Step 2

The practice of laissez-faire **came about** in the 18th century in Europe with one of its greatest proponents the economist Adam Smith. The simplest explanation of the concept is zero or minimal government intervention in regards to trade and commerce.

________________________________________ 이 개념의 가장 간단명료한 설명은 통상 무역에 관한 무 또는 최소한의 정부 개입이다.

**잠깐만요!**
비슷해 보이지만 전혀 다른 뜻인 bring about은 '~를 야기하다,' '~를 초래하다'로 해석하세요.
This change will bring about another problem.
이 변화는 또 다른 문제를 야기할 것이다.

**모범답안**
자유방임의 실천은 그것을 제안한 가장 위대한 사람 중 한 명인 경제학자 애덤 스미스와 함께 18세기 유럽에서 일어났다.

**suspicious** 수상한, 미심쩍은
**lucrative** 수지 맞는, 돈벌이가 되는
**practice** 실천, 실행
**laissez-faire** 자유방임주의
**proponent** 지지자, 제안자
**intervention** 개입
**trade and commerce** 통상 무역

# 배수사 + as A as B

## B보다 몇 배 더 A한

Pattern 223

동등 비교 표현인 as A as B 앞에 twice, three times와 같은 배수사가 있으면 'B보다 몇 배 더 A한'이라는 의미로 해석하세요. 하지만 대부분은 정확한 수치가 아니므로 〈almost + 배수사 + as A as B〉로도 자주 쓰이는데 'B보다 거의 몇 배 더 A한'으로 해석하면 됩니다.

### Step 1

1. My salary is **twice as** high **as** yours.
2. Living in the UK is **twice as** expensive **as** living in Korea.
3. Doing this job is **ten times as** demanding **as** I expected.
4. The landfills in Canada are **almost three times as** big **as** the ones in Korea.
5. If you are fluent in English, your salary will be **almost twice as** high **as** others.

1 내 월급은 네 것보다 두 배 더 높다.
2 영국에 사는 것은 한국에 사는 것보다 두 배 더 돈이 많이 든다.
3 이 일을 하는 것은 내가 기대했던 것보다 열 배가 어렵다.
4 캐나다의 쓰레기 매립지는 한국의 매립지보다 거의 세 배나 크다.
5 영어에 유창하면, 급료가 다른 사람의 급료보다 거의 두 배 높을 것이다.

### Step 2

Astronomers estimate Ganymede absorbed **twice as** many comet strikes **as** Callisto. Jupiter's gravity affects Ganymede more than it does Callisto because Ganymede is in a closer orbit to the planet. Furthermore, intense heat on Ganymede liquefied the ice and rock on its surface.

가니메데가 행성 쪽으로 더 가까운 궤도에 있기 때문에 목성의 중력은 칼리스토보다 가니메데에 더 많은 영향을 미친다. 게다가, 가니메데 위의 뜨거운 열은 표면 위의 얼음과 바위를 액화시켰다.

expensive 돈이 많이 드는
demanding (일이) 힘든
astronomer 천문학자
estimate 추정[추산]하다
absorb 흡수하다
comet 혜성
gravity 중력
orbit 궤도
planet 행성
liquefy 액화시키다
surface 표면

**모범답안**

천문학자들은 가니메데가 칼리스토보다 두 배 더 많은 혜성 충돌을 흡수한 것으로 추정한다.

# Pattern 224 such A as B

## B와 같은 그런 A

such A as B의 패턴에서 A 자리에는 명사가 와서 '그런 A'라고 해석되며, 좀 더 구체적으로 예를 들어 주는 부분이 바로 as B죠. 그래서 such A as B는 'B와 같은 그런 A'로 해석하세요. A such as B로도 쓰일 수 있는데, 해석은 'B와 같은 A'로 하면 됩니다.

### Step 1

1. She loves **such** food **as** hamburgers.
2. We used to have a date in **such** places **as** TGIF.
3. It is not easy to pronounce **such** consonants **as** F and V.
4. There are so many things to do in New York **such as** Niagara Falls day trip and Big Apple helicopter tour.
5. Super food is a term used to describe nutritious food **such as** tomatoes, potatoes, and broccoli.

1 그녀는 햄버거 같은 그런 음식을 무척 좋아한다.
2 우리는 TGIF 같은 그런 장소에서 데이트하곤 했다.
3 F와 V 같은 그런 자음들을 발음하는 것은 쉽지 않다.
4 뉴욕에는 일일 나이아가라 폭포 관광과 뉴욕 시 헬리콥터 관광처럼 할 것이 많이 있다.
5 슈퍼 푸드는 토마토, 감자, 그리고 브로콜리 같은 영양가가 높은 식품을 설명하는 데 사용되는 용어이다.

### Step 2

The main function of root systems is to anchor trees to the soil. With a solid root foundation, trees are protected from **such** natural elements **as** wind and rain which can cause the displacement of trees. Most trees will perish from this kind of displacement.

근계의 주요 기능은 토양에 나무를 고정시키는 것이다. ______________ 대부분의 나무들은 이러한 위치 이탈이 있으면 죽을 것이다.

**잠깐만요!**
for instance나 for example은 독립된 연결어로서 구체적인 예를 들 때 사용되는 표현으로, '예를 들어'로 해석하면 된답니다.
I think you are smart. For example, you learned how to read Korean at the age of 3.
나는 네가 똑똑하다고 생각해. 예를 들어, 너는 세 살에 한글 읽는 방법을 터득했단다.

consonant 자음
Big Apple 미국 뉴욕 시의 별칭
nutritious 영양분이 풍부한
function 기능
anchor 고정시키다
foundation 토대, 기초
protect 보호하다, 지키다
perish 죽다
displacement 이동, 전위

**모범답안**
단단한 뿌리를 토대로, 나무를 원래 위치에서 떨어져 나가게 할 수도 있는 바람과 비와 같은 그러한 자연적 요소로부터 나무는 보호받는다.

# more A than B

## B보다 더 A한

Pattern 225

less(더 적은)의 반대 개념이 more로 두 개를 비교하여 한쪽이 더 많거나 우위에 있을 때 more A than B의 표현이 나옵니다. 이 표현은 해석하면 'B보다 더 A한'이 되죠. 더한 정도를 강조하는 부사 much가 more 앞에 붙어 much more A than B로 나오면 'B보다 훨씬 더 A한'으로 해석하세요. 비교급을 강조하는 부사로 much 외에 far, a lot, still 등도 자주 쓰입니다.

### Step 1

1. My book has **more** information **than** yours.
2. Pneumonia is **more** dangerous **than** flu.
3. This extra bed was **more** comfortable **than** that couch.
4. Playing this musical instrument requires **far more** energy and concentration **than** playing the piano.
5. Stay away from the fattening food that contains **much more** carbohydrate **than** others.

1 내 책은 당신 책보다 더 많은 정보가 있다.
2 폐렴이 유행성 감기보다 더 위험하다.
3 이 간이 침대는 저 소파보다 더 편했다.
4 이 악기를 연주하는 것은 피아노를 연주하는 것보다 훨씬 더 많은 에너지와 집중력을 요한다.
5 무엇보다도 탄수화물을 훨씬 더 많이 포함하고 있는 살찌게 하는 음식을 멀리 하라.

### Step 2

After the French Revolution in the late 18th century, heels were removed from standard ballet shoes making ballet shoes flat and **more** flexible **than** before, and long ribbons were attached to support the ankle.

18세기 후반 프랑스 혁명 이후, ________________________________________________, 그리고 발목을 지탱하기 위해 긴 끈이 부착되었다.

**잠깐만요!**
**반대 개념인 less가 이용된 다른 표현으로 no less than ~이 있습니다. 엄청난 양을 강조하는 표현이므로 '자그마치 ~만큼'으로 해석하세요.**
The man has eaten no less than 10 hamburgers.
그 남자는 햄버거를 자그마치 10개나 먹었다.

**pneumonia** 폐렴
**concentration** 집중
**fattening** 살을 찌게 하는
**carbohydrate** 탄수화물
**French Revolution** 프랑스 혁명
**heel** (신발의) 굽
**remove** 제거하다, 없애다
**standard** 일반적인, 널리 쓰이는
**flexible** 신축성이 좋은
**ribbon** (매듭용) 끈, 띠
**attach** 붙이다

모범답안
일반 발레화에서 굽이 제거되어 발레화를 평평하고 예전보다 더 신축성이 좋게 만들었다

# Pattern 226 before long

곧, 머지않아

before long은 말 그대로 '오래 지나기 전에'이므로 결국은 '곧,' '머지않아'의 의미를 나타냅니다. soon after도 비슷한 의미를 나타내는 표현이므로 마찬가지로 '곧'으로 해석하세요.

## Step 1

1. **Before long,** the truth will be revealed.
2. **Before long**, the magnificent wedding ceremony will end.
3. **Before long**, the welcoming crowd will take the main street.
4. The author published his second novel, and it became the bestseller **soon after**.
5. **Soon after**, some astronauts in the spacecraft will get sick because of the deteriorating condition.

1 머지않아, 진실이 드러나게 될 것이다
2 곧, 성대한 결혼식이 끝날 것이다.
3 조만간, 환영인파가 대로로 몰릴 것이다.
4 그 작가는 그의 두 번째 소설을 출판했고, 곧 그것은 베스트셀러가 되었다.
5 조만간, 그 우주선에 있는 몇몇 우주비행사들은 여건 악화로 인해 병들게 될 것이다.

## Step 2

After tedious excavation and testing, experts determined that it was a male hunter from about 3300 BC judging from his clothing, tools, and weaponry. **Before long**, he gained international fame and became known as Otzi or the Iceman.

지루한 발굴과 조사 후에, 전문가들은 옷, 도구, 무기로 판단하건대, 그것은 대략 기원전 3300년의 남자 사냥꾼이었다는 것을 알아냈다. ______

**잠깐만요!**
단어 순서가 거꾸로 된 표현인 long before 뒤에 〈주어 + 동사 ~〉가 이어지면 '~하기 오래 전에'라는 의미로 해석해야 합니다.
Long before the winter came, ants had already stored much food.
겨울이 오기 오래 전에, 개미들은 이미 많은 음식을 저장해 놓았다.

**모범답안**
곧, 그는 세계적으로 유명해졌고, 오치 또는 아이스맨으로 알려졌다.

**magnificent** 성대한, 웅장한
**astronaut** 우주비행사
**deteriorate** 악화되다
**tedious** 지루한, 따분한, 싫증나는
**excavation** 발굴
**determine** 알아내다, 밝히다
**hunter** 사냥꾼
**weaponry** 무기류
**gain** 얻다
**fame** 명성

# unlike + 명사

## ~와는 달리

Pattern 227

like가 전치사로 쓰일 때는 '~처럼,' '~와 같이'라는 의미로 해석되죠. 그런데 like 앞에 un-이 붙은 unlike는 반대 의미가 되어 '~와는 달리'라는 뜻이 됩니다. 이 단어 역시 전치사이기 때문에 뒤에 명사가 따라옵니다.

### Step 1

1. **Unlike** the West, the East is much colder.
2. **Unlike** English, Korean has many vowels.
3. **Unlike** the rumor, the actor in the scandal was innocent.
4. **Like** Prince Charming in a fairy tale story, the man I met on a train was my ideal type.
5. **Like** all the islands that are spread out in the Maldives, the leader wanted to make many artificial islands.

1 서부와 달리 동부가 훨씬 더 춥다.
2 영어와 달리, 한국어는 많은 모음이 있다.
3 소문과 달리 그 스캔들의 배우는 결백했다.
4 동화 속 이야기에 나오는 백마 탄 왕자님처럼 기차에서 만난 그 남자는 나의 이상형이었다.
5 몰디브에 흩어져 있는 모든 섬들처럼, 그 지도자는 많은 인공 섬들을 만들고 싶어 했다.

### Step 2

During hibernation, **unlike** sleep, an animal's body undergoes numerous physiological changes. These changes are all in an effort to conserve energy. The physiological changes in hibernating animals are much more drastic than those during regular sleep.

이러한 변화는 모두 에너지를 아끼려는 노력이다. 동면 동물의 생리적 변화는 규칙적인 수면을 하는 동물의 생리적 변화보다 훨씬 더 급격하다.

**innocent** 순수한, 결백한
**vowel** 모음
**Prince Charming** 이상적인 신랑감, 매혹의 왕자
**artificial** 인공적인
**hibernation** 동면
**undergo** 겪다, 받다
**numerous** 많은
**physiological** 생리적인, 생리학상의
**conserve** 아끼다, 아껴 쓰다
**drastic** 급격한, 극단적인
**regular** 규칙적인, 정기적인

모범답안

수면과 달리, 동면 중에 있는 동물의 몸은 생리적 변화를 많이 겪는다.

Pattern 228

# rarely, if ever, ~

## 설사 ~한다 할지라도 극히 드물게

rarely는 '좀처럼 ~ 않다'라는 의미의 부정어입니다. if ever는 '여태껏,' '~ 한다 할지라도'라는 의미로서 rarely와 함께 한 문장 안에 쓰여 rarely, if ever, ~의 패턴으로 나오면 '설사 ~한다 할지라도 극히 드물게'로 해석하세요. 부정어 rarely가 문장 맨 앞에서 시작될 때는 〈Rarely, if ever, 조동사 + 주어 ~〉처럼 도치가 일어나지만 의미는 똑같습니다.

**Step 1**

1. My math teacher is **rarely, if ever,** wrong.
2. The musician **rarely, if ever,** forgets the lyrics he wrote.
3. Many celebrities **rarely, if ever,** reveal their address to others.
4. **Rarely, if ever,** did the windmills in the Netherlands break down for no reason.
5. **Rarely, if ever,** have people been killed by an electric shock while they do some experiments.

1 우리 수학 선생님은 설사 틀리더라도 극히 드물게 틀린다.
2 그 음악가는 설사 그렇더라도 극히 드물게 자신이 쓴 가사를 까먹는다.
3 많은 유명인사들은 설사 공개할지라도 다른 사람에게 극히 드물게 그들의 주소를 공개한다.
4 네덜란드에 있는 풍차는 설사 이유 없이 고장이 나더라도 극히 드물게 고장 났다.
5 실험을 하는 동안에 사람들이 전기 충격으로 사망하는 일은 설사 있다 하더라도 극히 드물었다.

**Step 2**

Before World War I, Belgium served as a key buffer state between the allied countries of England and France and their main rival Germany. But, the neutrality of a buffer state **rarely, if ever,** grants it complete immunity from war.

1차 세계 대전 전에, 벨기에는 영국과 프랑스의 동맹국가들과 그들의 주요 적대국인 독일 사이에서 핵심적인 완충국으로서 역할을 했다. 그러나, ____________

잠깐만요!
rarely 대신 seldom이 if ever와 같이 쓰여도 똑같은 뜻으로 '있다 해도 극히 드물게 ~하다'로 해석하세요.
The famous singer seldom, if ever, goes shopping in his country.
그 유명한 가수는 한다 해도 극히 드물게 자기 나라에서 쇼핑한다.

lyrics 가사
windmill 풍차
break down 고장 나다
experiment 실험
serve as ~의 역할을 하다
buffer state 완충국
allied 동맹한, 연합한
grant 인정하다, 허락하다
immunity 면제

모범답안
완충국의 중립은 설사 그렇다 하더라도 전쟁으로부터 완벽한 면제를 받았다고 보기는 거의 힘들다.

# while 주어 + 동사 ~

## ~하는 동안

Pattern 229

〈while 주어 + 동사 ~〉는 '~하는 반면에'라는 뜻도 있지만 동시 상황을 묘사하는 '~하는 동안'이라고도 해석될 수 있죠. 주어가 주절의 주어와 같은 경우 while ~ing/p.p. ~로도 사용될 수 있으며 똑같이 '~하는 동안'으로 해석하면 됩니다.

### Step 1

1. **While** she was out, her husband took care of the baby.
2. **While** I was having a job interview, I was very nervous.
3. **While** he was on guard, hand grenades exploded suddenly.
4. **While** surrounded by many foreigners, I could not think of any appropriate word in English.
5. **While** traveling all over the world, I could broaden my horizons by being exposed to many different cultures.

1 그녀가 없는 동안, 그녀의 남편이 아기를 돌보았다.
2 나는 취업 인터뷰를 하는 동안, 매우 긴장했다.
3 그가 보초를 서는 동안에, 수류탄이 갑자기 터졌다.
4 많은 외국인에 둘러싸여 있는 동안, 나는 영어로 적절한 단어를 하나도 생각해낼 수가 없었다.
5 전 세계를 여행하는 동안 많은 다른 문화에 노출됨으로써 나는 견문을 넓힐 수 있었다.

### Step 2

Darwin had hoped that the finches would provide the evidence that would validate his evolution process. **While** the birds lived in a dry land, only those which were most suitable to the environment survived.

다윈은 핀치새들이 그의 진화 과정을 확인하게 할 증거를 제공하기를 바랐다.

**잠깐만요!**

**while이 명사로 사용되기도 합니다. for a while은 '잠시 동안'으로 해석하세요.**

A butterfly sat on the sunflower for a while.

나비가 잠시 동안 해바라기 꽃에 앉았다.

**grenade** 수류탄
**explode** 폭발하다
**broaden one's horizons** 시야를 넓히다
**finch** 핀치새
**evidence** 증거, 근거, 증명
**validate** 확인하다, 입증하다
**evolution** 진화
**suitable** 적합한
**environment** 환경

모범답안

그 새들이 건조한 땅에서 사는 동안, 오직 그 환경에 가장 적합한 새들만이 살아남았다.

# Pattern 230 ~ not simply because 주어 + 동사 …

## ~한 것은 단지 … 때문은 아니다

simply가 문장에 있고 없고에 따라 늬앙스 차이가 있습니다. because 뒤에 나온 원인이 유일한 이유가 아니고 아마 다른 이유도 있을 것이라는 의미가 들어 있기 때문에 〈~ not simply because 주어 + 동사 …〉는 '~한 것은 단순히 … 때문이라고만은 할 수 없다'라는 의미가 됩니다. 또는 '~한 것은 단지 … 때문은 아니다'라고 해석하세요. 〈~ not merely because 주어 + 동사 …〉도 똑같은 의미의 패턴입니다.

**Step 1**

1. She left her country **not simply because** she hated it.
2. I was successful **not simply because** I had a sense of humor.
3. He got pancreatic cancer **not simply because** he overworked.
4. The Neanderthals used simple tools and fire **not merely because** there were no other things to do with.
5. Pluto could no longer enjoy the unique status as a legitimate planet **not merely because** it was small.

1 그녀가 자기 나라를 떠난 것이 나라가 싫었기 때문이라고만 할 수는 없다.
2 내가 성공한 것이 단순히 유머감각이 있기 때문만은 아니었다.
3 그가 췌장암에 걸린 것은 단지 과로했기 때문만은 아니었다.
4 네안데르탈인들은 간단한 도구와 불을 사용하던 이유가 단순히 가지고 할 수 있는 다른 것이 없었기 때문만은 아니었다.
5 명왕성이 더 이상 기준에 맞는 행성으로서의 특정 지위를 누릴 수 없는 것은 단순히 작기 때문만은 아니었다.

**Step 2**

Most notably, humpback whales are known to communicate with what has been dubbed the "whale song." However, this reliance on sounds is **not simply because** they are good at making sounds. They have to communicate this way because water restricts the use of their other senses.

무엇보다도 특히, 혹등고래는 '고래 노래'라는 별칭의 노래로 의사소통을 하는 것으로 알려져 있다. 그러나, ________________ 물이 고래들의 다른 감각의 이용을 제한하기 때문에 그들은 이 방법으로 의사소통을 해야만 한다.

**잠깐만요!**

**not A but B의 패턴이 'A가 아니라 B로'라고 해석이 되듯이 자주 사용되는 simply not because A but because B 패턴도 'A 때문만이 아니라 B 때문에'로 해석하세요.**

This book is a bestseller simply not because it is fun but because it gives an insight with a sense of humor.
이 책이 베스트셀러인 것은 그것이 단지 재미있기 때문만이 아니라 유머 감각과 더불어 통찰력이 있기 때문이다.

**모범답안**
소리에 대한 이런 의존이 그들이 소리를 잘 내기 때문만은 아니다.

**pancreatic cancer** 췌장암
**legitimate** 적당한, 타당한
**humpback whale** 혹등고래
**dub** 별명을 붙이다
**reliance** 의존, 의지
**restrict** 방해하다, 제한하다

# not to speak of ~

~는 말할 것도 없이

Pattern 231

not to speak of ~는 문장에서 두 가지 요소를 포함하여 서술할 때 자주 등장하는 패턴입니다. 보통 문장의 끝에 들어가는 이 표현은 '~는 말할 것도 없이'로 해석하세요. not to mention도 같은 의미로 자주 쓰이니 꼭 알아 두세요.

## Step 1

1. It is difficult to study chemistry, **not to speak of** physics.
2. This assignment needs time, **not to speak of** efforts.
3. The company collaborated with France, **not to speak of** Russia.
4. We have to find good solutions to many environmental issues, **not to mention** a worrisome effect of global warming.
5. Students find it hard to understand how photosynthesis happens, **not to mention** osmotic pressure.

1 물리학은 말할 것도 없이, 화학을 공부하는 것도 어렵다.

2 이 과제는 노력은 말할 것도 없이 시간도 필요하다.

3 그 회사는 러시아는 말할 것도 없이 프랑스와도 협력했다.

4 우리는 지구 온난화의 우려스러운 영향은 말할 것도 없이 많은 환경 문제에 대한 해결책을 찾아야만 한다.

5 학생들은 삼투압은 말할 것도 없이 광합성이 일어나는 과정에 대한 이해도 어렵다는 것을 안다.

## Step 2

A second function of tree roots is storage. Many species of trees, **not to speak of** deciduous trees, undergo a kind of hibernation period during cold winter seasons. In the dormant period, nutrients, minerals, and even water are not as plentiful as during the warmer spring and summer seasons.

나무 뿌리의 두 번째 기능은 저장이다. ________________ 동면 기간에는, 영양분, 미네랄, 심지어 물조차 따뜻한 봄과 여름 계절만큼 풍부하지 않다.

chemistry 화학
physics 물리학
collaborate 협력하다
photosynthesis 광합성
osmotic pressure 삼투압
function 기능
storage 저장, 저장고
deciduous tree 낙엽수
undergo 겪다, 받다
a kind of 일종의
hibernation 동면
dormant 휴면기의, 활동을 중단한
nutrient 영양소
plentiful 풍부한

모범답안

낙엽수는 말할 것도 없이 많은 종의 나무들은 추운 겨울 기간 동안 일종의 동면 기간을 보낸다.

# Pattern 232 enough to + 동사원형

## ~할 만큼 충분히

enough는 '충분히'라는 의미로, 형용사나 부사가 enough 앞에 위치하고 뒤에 to부정사가 따라와서 〈형용사/부사 + enough to + 동사원형〉의 형태로 쓰입니다. '~할 만큼 충분히'라는 의미로 해석되니 잘 알아 두세요.

### Step 1

1. I was lucky **enough to win** the lottery.
2. This fragrance is aromatic **enough to attract** you.
3. This white wine is mature **enough to drink**.
4. The TV series *The Office* is hilarious **enough to watch** twice because it describes what happens in a workplace vividly.
5. This movie is great **enough to be** nominated for an Oscar because it shows a realistic portrayal of our life vividly.

1 나는 복권에 당첨될 만큼 충분히 운이 좋았다.
2 이 향수는 너를 유혹할 수 있을 정도로 향기롭다.
3 이 화이트 와인은 마실 수 있을 정도로 충분히 숙성되어 있다.
4 텔레비전 시리즈 '오피스'는 직장에서 일어나는 일을 생생히 묘사하기 때문에 두 번 볼 만큼 아주 재미있다.
5 이 영화는 우리 삶을 사실적으로 생생히 묘사하므로 오스카 상 후보에 오를 만큼 대단하다.

### Step 2

A white dwarf has spent all the hydrogen available for nuclear reaction in its core, and its mass is not strong **enough to attract** any more. Still, a white dwarf glows like the embers of a campfire, and its total cool-down can take over one hundred billion years.

그래도, 백색 왜성은 타다 남은 모닥불 불씨처럼 타오르며, 완전히 식는 데는 천 억 년 이상이 걸릴 수도 있다.

모범답안

백색 왜성은 핵에서 핵반응을 위해 이용할 수 있는 모든 수소를 소비하고 나면, 그것의 질량은 더 이상 뭔가를 끌어당길 만큼 충분히 강하지 않다.

**잠깐만요!**

**be old enough to ~는 '~할 수 있는 나이가 되다'로 매우 자주 쓰이는 표현이니 알아 두세요. 그리고 to 다음에는 동사원형이 오는 거 이제 알죠?**

You are old enough to travel alone.
너는 이제 혼자 여행을 할 수 있는 나이가 되었다.

**fragrance** 향수
**aromatic** 향이 좋은
**hilarious** 아주 재미있는
**nominate** 지명하다, 추천하다
**hydrogen** 수소
**available** 이용할 수 있는
**nuclear reaction** 핵반응
**mass** 질량
**glow** 타오르다, 달아오르다
**ember** 타다 남은 불씨

# take the trouble to ~

Pattern 233

## 수고를 아끼지 않고 ~하다, 수고스럽게 ~하다

trouble은 흔히 '문제,' '곤란'이라는 의미로 쓰이지만, '수고'라는 의미도 있어 take the trouble이라고 하면 '수고하다'라는 뜻이 됩니다. 이 표현 뒤에 to부정사가 붙어서 〈take the trouble to + 동사원형〉으로 나오면 '~하느라 수고하다,' 즉 '수고를 아끼지 않고 ~하다'라는 의미로 해석합니다. 〈give oneself trouble about + (동)명사〉가 이와 비슷한 의미를 나타내는 패턴으로 '~에 수고하다'라는 뜻이니 알아 두세요.

### Step 1

1. My friend **took the trouble to come** to Korea for my wedding.
2. Many volunteers will **take the trouble to rescue** people.
3. My parents **took the trouble to fly** all the way from Canada.
4. Because your painting is already great, you do not have to **give yourself trouble about drawing** more in detail.
5. In order to convince others, the scientist **gave himself trouble about demonstrating** his machine twice.

1 내 친구가 내 결혼식을 위해 일부러 한국에 와 주었다.
2 많은 자원봉사자들이 수고를 아끼지 않고 사람들을 구조할 것이다.
3 우리 부모님은 수고스럽게도 캐나다에서 그 먼 길을 비행기로 오셨다.
4 이미 당신의 그림은 훌륭하므로, 수고스럽게 더 세밀하게 그릴 필요가 없다.
5 다른 사람들을 설득하기 위해서, 그 과학자는 그의 기계를 다루는 방법을 두 번 보여 주는 수고를 했다.

### Step 2

Astronomers **take the trouble to explain** this anomaly of two major theories. Some scientists think Venus' awkward spin resulted from what is called tidal effect. In Venus' case, tidal effect means the planet's dense atmosphere gets squeezed towards the Sun.

어떤 과학자들은 금성의 어색한 회전이 조석효과라고 하는 것에서 기인했다고 생각한다. 금성의 경우, 조석효과는 이 행성의 밀도 있는 대기가 태양 쪽으로 압축되는 것을 의미한다.

잠깐만요!
**trouble에 부정적인 의미도 있으며, give ~ trouble은 '~를 애먹이다'라는 의미로 해석합니다.**
My poor eyesight has given me trouble.
좋지 않은 시력 때문에 나는 애먹었다.

**rescue** 구조하다
**astronomer** 천문학자
**anomaly** 변칙, 이례
**Venus** 금성
**awkward** 어색한, 다루기 곤란한
**tidal effect** 조석효과
**dense** 두꺼운, 짙은, 밀도가 높은
**squeeze** 밀어넣다, 비집고 들어가다

모범답안
천문학자들은 두 가지 주요 이론들의 이 변칙을 수고를 아끼지 않고 설명하고 있다.

233개 패턴으로 빠르고 정확하게 읽는다!
영어 리딩
핵심패턴
이선욱 지음
233
훈련용 소책자
길벗
이지:톡

233개 패턴으로 빠르고 정확하게 읽는다!

# 영어 리딩 핵심패턴 233

이선욱 지음

# DAY 01

영문을 읽고 우리말로 해석해 보세요. 눈으로만 읽는 것보다는 직접 손으로 써 보며 독해하는 것이 패턴을 기억하는 데 훨씬 도움됩니다. 정답은 본 책에서 확인하세요.

## Pattern 001 truth be told

사실을 말하자면

1 Truth be told, he never graduated from this school. ▶

2 Truth be told, the restaurant has the worst food quality. ▶

3 Truth be told, the bestselling novel is not impressive at all. ▶

4 Truth be told, the movie shows too much violence and explicit scenes to the viewers. ▶

5 Without the canopy of trees in the rainforest, truth be told, it is difficult for animals to protect themselves from predators. ▶

## Pattern 002 the minute (that) 주어 + 동사 ~

~하자마자

1 The minute that I heard the news, I flew to Hawaii. ▶

2 The minute you tell me the truth, I will give this to you. ▶

3 The man yelled at me the minute I picked the flower. ▶

4 A free meal coupon was sent to me the moment I clicked the banner on the screen. ▶

5 Many planets in the solar system will disappear the moment that our Sun dies. ▶

## Pattern 003 stumble into ~

우연히 ~하게 되다

1 I stumbled into this situation while traveling in India. ▶

2 Women stumble into depression after giving a birth. ▶

3 The man stumbled into acting while he was looking for a job. ▶

4 The vice president stumbled into counseling after he retired from his job. ▶

5 The publicist stumbled into the fashion design business because of her passion for clothes. ▶

# DAY 02

영문을 읽고 우리말로 해석해 보세요. 눈으로만 읽는 것보다는 직접 손으로 써 보며 독해하는 것이 패턴을 기억하는 데 훨씬 도움됩니다. 정답은 본 책에서 확인하세요.

## Pattern 004 none of ~

~ 중 아무것[아무]도 아니다

1 None of my friends called me on my birthday. ▶

2 Sadly, I have visited none of the countries on the list. ▶

3 None of the interviewees got a good mark in the interview. ▶

4 Because of the financial difficulties, none of the departments in university were supported financially. ▶

5 Because the market was volatile, investing was none of the options. ▶

## Pattern 005 If 주어 + had p.p. ~, 주어 + would have p.p. …

~했더라면, …했을 텐데

1 If you had seen this movie, you would have cried a lot. ▶

2 If he had learned how to swim, he would have lived. ▶

3 If my English teacher had had a sense of humor, I would have liked English more. ▶

4 If the Harvard Negotiating Project had not been successful, it would be still in process of researching. ▶

5 If I had known when and where to invest my money, I would be rich like Warren Buffet. ▶

## Pattern 006 as A as B

B만큼 A한

1 Hong Kong is as exciting as Korea. ▶

2 Staying in Las Vegas will be as fun as staying in Hawaii. ▶

3 Being successful in life is as difficult as I thought. ▶

4 Effective complaining in workplace is not as easy as you say. ▶

5 Talking about your previous achievement to get an additional bonus is not as difficult as you think. ▶

# DAY 03

영문을 읽고 우리말로 해석해 보세요. 눈으로만 읽는 것보다는 직접 손으로 써 보며 독해하는 것이 패턴을 기억하는 데 훨씬 도움됩니다. 정답은 본 책에서 확인하세요.

## Pattern 007 as if 주어 + 동사 ~

마치 ~인 것처럼

1 The man looks excited as if he were going to win the award. ▶

2 The actor acted well as if he saw a real ghost. ▶

3 The song sounds very gloomy as if somebody had just died. ▶

4 The sky looks red as if the universe had exploded a few minutes ago. ▶

5 The data shown was fantastic as if the business idea were actually feasible within present market conditions. ▶

## Pattern 008 be about to ~

막 ~하려고 하다

1 She is about to reveal the truth to people. ▶

2 The artist is about to sell his work of art in the exhibition. ▶

3 The house was about to collapse because of the flood. ▶

4 The archeologist was about to decode the inscription in the Rosetta Stone when the press came. ▶

5 Sadly, all the birds in the area were about to die because of the spilt oil. ▶

## Pattern 009 the best way I know

내가 아는 가장 좋은 방법

1 Looking up a dictionary is the best way I know. ▶

2 Giving a speech to his students was the best way he knew. ▶

3 Buying a good musical instrument is the best way I know. ▶

4 The best way I can think of is to let him know how I found the fossil. ▶

5 The best way I can think of is to make it possible for a man to achieve his dream. ▶

# DAY 04

영문을 읽고 우리말로 해석해 보세요. 눈으로만 읽는 것보다는 직접 손으로 써 보며 독해하는 것이 패턴을 기억하는 데 훨씬 도움됩니다. 정답은 본 책에서 확인하세요.

## Pattern 010 as ~ as possible

가능한 ~하게

1 You need to pay for the credit card bill as soon as possible. ▶

2 She tries to keep her past memories as precious as possible. ▶

3 The student tried to calculate the equation as fast as possible. ▶

4 The interviewees should give the answer as accurately as they can. ▶

5 We should get an online access to information as fast as we can. ▶

## Pattern 011 this is the first time I've ~

이것이 내가 ~한 처음이다

1 This is the first time I've ever spoken in English. ▶

2 This is the first time I've eaten at a fancy restaurant. ▶

3 This is the first time he's ever discovered dinosaur fossils. ▶

4 This is the first time the vice president has ever accepted my proposal. ▶

5 This is the first time the famous archeologist showed his own way to find the dinosaur fossils. ▶

## Pattern 012 on one's own terms

자기 생각대로, 자기 방식대로

1 He took the job on his own terms. ▶

2 My teacher took my gesture on her own terms. ▶

3 Our president will proceed with the project on his own terms. ▶

4 The fact that you take foreigners' response in your own way may lead to misunderstanding. ▶

5 People should not judge things only in their own way because effective communication is a top priority. ▶

# DAY 05

영문을 읽고 우리말로 해석해 보세요. 눈으로만 읽는 것보다는 직접 손으로 써 보며 독해하는 것이 패턴을 기억하는 데 훨씬 도움됩니다. 정답은 본 책에서 확인하세요.

## Pattern 013 every time 주어 + 동사 ~

~할 때마다

1 Every time she is late, she has to pay money. ▶

2 Every time I received a good grade, my mom was happy. ▶

3 Every time a war broke out, many artworks were destroyed. ▶

4 Whenever a UFO is observed by people, scientists say it is just an illusion. ▶

5 Whenever the man-made disaster happens, the government cannot find a solution quickly. ▶

## Pattern 014 unless 주어 + 동사 ~

~하지 않는 한, ~가 아닌 한

1 Unless you show me your ID card, you cannot get inside. ▶

2 Unless you read Russian, it is hard to travel alone in Russia. ▶

3 Unless you have any witness in a case, he can hardly trust you. ▶

4 Life is a colorless, shapeless, and confusing fog unless we keep our eyes open. ▶

5 People could not carry large quantities of goods unless they used a ship. ▶

## Pattern 015 the 비교급 ~, the 비교급 …

~하면 할수록 더 …하다

1 The more, the better. ▶

2 The higher your position, the higher your salary. ▶

3 The more shocking news I hear, the more I remember. ▶

4 The better you speak English, the more job opportunities you will have. ▶

5 The bigger hurricanes arrive, the more devastating results we will get. ▶

# DAY 06

영문을 읽고 우리말로 해석해 보세요. 눈으로만 읽는 것보다는 직접 손으로 써 보며 독해하는 것이 패턴을 기억하는 데 훨씬 도움됩니다. 정답은 본 책에서 확인하세요.

## Pattern 016 a year after 주어 + 동사 ~

~한 지 일년 만에

1 A year after I came to Korea, I started to eat kimchi. ▶

2 A year after he moved to Canada, he called me to say hello. ▶

3 I found this photo a year after I developed it. ▶

4 One minute after the earthquake happened in this area, the volcano started to erupt actively. ▶

5 Two hundred years after the sun finishes its life, all the planets in the solar system will disappear. ▶

## Pattern 017 come up with ~

~라는 생각[방법]이 떠오르다

1 The scientist came up with this new idea. ▶

2 He will come up with a great solution sooner or later. ▶

3 She came up with a brilliant idea for attracting audiences. ▶

4 The designer came up with this splendid idea to add pink ribbons all over the skirt. ▶

5 The representative of this Korean lender has to come up with the money not to follow in the footsteps of European lenders. ▶

## Pattern 018 be supposed to ~

~하기로 되어 있다, ~해야 하다

1 A travel agent was supposed to give a call to me. ▶

2 They are supposed to hold an art exhibition. ▶

3 People are supposed to take care of the handicapped. ▶

4 Doctors are not supposed to drink alcohol before they perform an emergency operation. ▶

5 The financial manager is not supposed to sell any of my stocks unless a bullish market continues. ▶

# DAY 07

영문을 읽고 우리말로 해석해 보세요. 눈으로만 읽는 것보다는 직접 손으로 써 보며 독해하는 것이 패턴을 기억하는 데 훨씬 도움됩니다. 정답은 본 책에서 확인하세요.

## Pattern 019 as soon as 주어 + 동사 ~

~하자마자

1 As soon as I picked up the phone, I heard the good news. ▶

2 Audiences stood up as soon as he started to play the piano. ▶

3 As soon as the spaceship was launched, people took a picture. ▶

4 No sooner had I finished my weekly report than the representative of my company called me. ▶

5 No sooner had the newly proposed rule come into effect in Korea than foreigners started to buy stocks. ▶

## Pattern 020 spend + 시간 + ~ing

~하는 데 시간을 쓰다[보내다]

1 I will spend much time studying English. ▶

2 He has spent his entire life teaching how to make *hanji*. ▶

3 The professor spent his time calculating math equations. ▶

4 The doctor has spent his whole life curing patients with a pancreatic cancer. ▶

5 The artisan spent a lot of time training his apprentices at home in order to pass down a good tradition. ▶

## Pattern 021 accept the appointment as ~

~로서의 직책[임명]을 수락하다

1 I accepted the appointment as mayor of Gotham City. ▶

2 He accepted the appointment as Chairman of the U.S Navy. ▶

3 She finally accepted the appointment as diplomat of Iran. ▶

4 Designer Jacque will refuse the appointment of Kelly as top manager in his department. ▶

5 Most members in the board refused the appointment of Charles as the next chairman in the following fiscal year. ▶

# DAY 08

영문을 읽고 우리말로 해석해 보세요. 눈으로만 읽는 것보다는 직접 손으로 써 보며 독해하는 것이 패턴을 기억하는 데 훨씬 도움됩니다. 정답은 본 책에서 확인하세요.

## Pattern 022 look forward to ~

~를 고대하다

1 My sister looked forward to Halloween. ▶

2 He looks forward to hearing from her as soon as possible. ▶

3 The defendant looked forward to meeting his family. ▶

4 The geologist was very looking forward to going on an expedition to the limestone cave. ▶

5 Many tourists are greatly looking forward to seeing the moai of Rapa Nui in the remote island of the southern Pacific Ocean. ▶

## Pattern 023 get things done

일을 처리하다[완수하다]

1 Can you get things done by this week? ▶

2 In our mission, it is important to get things done safely. ▶

3 I think that leadership is a capability to get things done. ▶

4 The archeologist found it hard to get his work done when he had to dig a perfectly preserved Neolithic corpse in the ice. ▶

5 The scriptwriter got her work done quickly once she decided to describe the subtle emotion of people in her fiction. ▶

## Pattern 024 keep A from B

A가 B하는 것을 막다[방지하다]

1 The police lines keep me from crossing the street. ▶

2 The sudden noise kept my baby from sleeping last night. ▶

3 This special substance will keep engine oil from freezing. ▶

4 The bill will prevent online sellers from copying others' design illegally without paying anything. ▶

5 Most members in the parliament wanted to prohibit China from exporting products to U.K. ▶

# DAY 09

영문을 읽고 우리말로 해석해 보세요. 눈으로만 읽는 것보다는 직접 손으로 써 보며 독해하는 것이 패턴을 기억하는 데 훨씬 도움됩니다. 정답은 본 책에서 확인하세요.

## Pattern 025 be determined to ~
~할 각오[결심]이다

1 I am determined to keep the promise with her. ▶

2 I was firmly determined to achieve my goal at all costs. ▶

3 Contenders are determined to finish the mission on time. ▶

4 Great figures in history were always determined to spend their whole life developing their skills to get the masterpiece. ▶

5 Mozart was determined to write his best piece at the age of 21 by engaging in deliberate practice. ▶

## Pattern 026 be in the position to ~
~할 위치에 있다

1 She is not in a position to handle this work. ▶

2 The biologist in the lab is in a position to hand out samples. ▶

3 Senators were not in the position to withdraw a bill. ▶

4 The president is in the strong position to have an authority to stop the war. ▶

5 The manager in the home office is in the good position to choose construction supplies such as lumber and pipes. ▶

## Pattern 027 be eager to ~
~하기를 갈망하다, 매우 ~하고 싶다

1 I am eager to meet and talk to the monk. ▶

2 Gorillas in the zoo were eager to escape from the cage. ▶

3 Managers are eager to improve their customer service quality. ▶

4 The chairman of the fashion company was eager for a fresh blood to bring the lively atmosphere into his company. ▶

5 The governor of this state will be eager for obtaining more votes in the next election from residents. ▶

# DAY 10

영문을 읽고 우리말로 해석해 보세요. 눈으로만 읽는 것보다는 직접 손으로 써 보며 독해하는 것이 패턴을 기억하는 데 훨씬 도움됩니다. 정답은 본 책에서 확인하세요.

## Pattern 028 be far from ~

~와는 거리가 멀다, ~할 사람이 아니다

1 I am far from being a specialist in science. ▶

2 His song is far from being impressive and lyrical. ▶

3 Most parents are far from being angry about children's failure. ▶

4 The man in the picture is the last person who committed such terrible terrors against civilians. ▶

5 I am sure that the professor is the last person who is ignorant about how Korean vowels and consonants sound. ▶

## Pattern 029 no matter what ~

무엇이 ~일지라도

1 No matter what you wear, you look gorgeous. ▶

2 No matter what she does, she doesn't attract our attention. ▶

3 No matter what you propose to him, he will reject your offer. ▶

4 No matter who runs this entertainment business, making a profit this year will be extremely difficult. ▶

5 There will be nothing in this area no matter how hard people try to find dinosaur fossils. ▶

## Pattern 030 be convinced that 주어 + 동사 ~

~를 확신하다

1 I am convinced that we can surely do it. ▶

2 Billy is convinced that the accused is innocent. ▶

3 She was not completely convinced that the movie was violent. ▶

4 I am confident to say that the modern technology will bring a negative effect on our ecosystem. ▶

5 He is confident to say that the gross national product in Korea will fluctuate according to the world market economy. ▶

# DAY 11

영문을 읽고 우리말로 해석해 보세요. 눈으로만 읽는 것보다는 직접 손으로 써 보며 독해하는 것이 패턴을 기억하는 데 훨씬 도움됩니다. 정답은 본 책에서 확인하세요.

## Pattern 031 make it possible for … to ~

…가 ~하는 것을 가능하게 하다

1 What should I do to make it possible for me to get a loan? ▶

2 These rhythms made it possible for her to dance naturally. ▶

3 Technology made it possible for the old to prolong their life. ▶

4 In fact, SNS such as Facebook and Twitter has helped people to socialize online more efficiently. ▶

5 This newly developed therapy will help psychiatrists find the main cause of this mental illness. ▶

## Pattern 032 not A but B

A가 아니라 B

1 What she wanted was not more time but more money. ▶

2 My major is not genetic engineering but biology. ▶

3 Fuel efficiency of this car is not good but overestimated. ▶

4 The most significant factor is how much time you can devote yourself to this job, not how hard you can work. ▶

5 Our environment has been damaged so much because of humans, not by the natural disasters. ▶

## Pattern 033 have no other choice than to ~

~하는 것 외에는 선택의 여지가 없다

1 I have no other choice than to study all day long. ▶

2 Soldiers had no other choice than to leave their fort. ▶

3 She had no other choice than to accept inordinate demands. ▶

4 In order to save the earth, there is no choice but to cut down on the amount of carbon dioxide that is emitted. ▶

5 There is no choice but to invest money to build a reliable system of toxic waste disposal. ▶

# DAY 12

영문을 읽고 우리말로 해석해 보세요. 눈으로만 읽는 것보다는 직접 손으로 써 보며 독해하는 것이 패턴을 기억하는 데 훨씬 도움됩니다. 정답은 본 책에서 확인하세요.

## Pattern 034 be of importance

중요하다

1 It is of importance to do an exercise regularly. ▶

2 It was of great importance to find an appropriate example. ▶

3 This complicated experiment proved to be of importance. ▶

4 The fact that most cathedrals in Spain were built in the medieval age is of significance. ▶

5 The fact that North Korea has been deeply involved with this matter is of no significance. ▶

## Pattern 035 not only A but also B

A뿐만 아니라 B도

1 His sisters were not only beautiful but also witty. ▶

2 This parrot can not only say hello but also sing a song. ▶

3 The policy is vital not only to the environment but also to us. ▶

4 If you register this course, you can learn more about ecosystem as well as the evolution theory. ▶

5 In order to develop a city, governments should invest money on building infrastructure as well as housing. ▶

## Pattern 036 admire the fact that 주어 + 동사 ~

~라는 사실에 감탄하다

1 I admired the fact that she donated money for the poor. ▶

2 We admire the fact that he sacrificed everything for us. ▶

3 I particularly admire the fact that they renounce the privilege. ▶

4 People often ignore the fact that every organism requires a certain amount of affection, attention, and devotion. ▶

5 We should not ignore the fact that living things always need a symbiotic relationship with others. ▶

# DAY 13

영문을 읽고 우리말로 해석해 보세요. 눈으로만 읽는 것보다는 직접 손으로 써 보며 독해하는 것이 패턴을 기억하는 데 훨씬 도움됩니다. 정답은 본 책에서 확인하세요.

## Pattern 037 each time 주어 + 동사 ~

~할 때마다

1 Each time she drives, she gets a ticket for speeding. ▶

2 Each time he hits homeruns, the opponent wins the game. ▶

3 Each time I tell the story, it gets more and more exaggerated. ▶

4 The artist got a great inspiration every time he visited a website where he could explore the virtual universe. ▶

5 Scuba divers could take a picture of strange-looking sea organisms every time they went down to the sea. ▶

## Pattern 038 replace A with B

A를 B로 대체하다[바꾸다]

1 He is replacing an old battery with a new one. ▶

2 I think that people will replace paper books with e-books. ▶

3 We need a wise leader who can replace despair with hopes. ▶

4 Many gadgets will be replaced by small buttons on a phone thanks to the rapid development of technology. ▶

5 The old policy should be replaced by a new, innovative policy in order to have a more promising future. ▶

## Pattern 039 so long as 주어 + 동사 ~

~하는 한

1 So long as we are alive, they can't marry each other. ▶

2 So long as the game is exciting, it will intrigue the gamers. ▶

3 You must pay high-interests so long as you borrow money. ▶

4 As long as this machine changes solar energy into reliable energy, we can sell it in an international market. ▶

5 People will support him as long as he shows his strong will to preserve our nature in his own way. ▶

# DAY 14

영문을 읽고 우리말로 해석해 보세요. 눈으로만 읽는 것보다는 직접 손으로 써 보며 독해하는 것이 패턴을 기억하는 데 훨씬 도움됩니다. 정답은 본 책에서 확인하세요.

## Pattern 040 the same A as B

B와 같은 A

1 There is the same book as yours in this library. ▶

2 Sean wanted to get off the same bus stop as her. ▶

3 That temple is on the same latitude as Machu Picchu. ▶

4 Manipulating people is not the same as controlling them because manipulation needs more sophisticated skills. ▶

5 Acquiring many languages is almost the same as mastering how to fix different types of cars at a body shop. ▶

## Pattern 041 not A until B

B하고 나서야 비로소 A하다

1 I did not see that equation until I solved the math problem. ▶

2 Bread is not complete until dough is plump in the oven. ▶

3 The grand cathedral will not complete until the strike ends. ▶

4 Not until the Neolithic age did humans start to use tools in order to make their life better. ▶

5 Not until the 19th century did scientists start to use optical instrument systems for spaceships. ▶

## Pattern 042 be up to ~

~에 달려 있다

1 It is up to us to keep the world peace. ▶

2 It is up to him to protect endangered animals. ▶

3 It is up to a cook to cut down on the amount of sugar. ▶

4 Whether you make a fortune or not in your life is up to you because everybody has only one chance. ▶

5 Whether he can get a degree from a prestigious university is up to him because he needs good grades. ▶

# DAY 15

영문을 읽고 우리말로 해석해 보세요. 눈으로만 읽는 것보다는 직접 손으로 써 보며 독해하는 것이 패턴을 기억하는 데 훨씬 도움됩니다. 정답은 본 책에서 확인하세요.

## Pattern 043 the words I spoke today

내가 오늘 말한 것은

1 The words I spoke today will be easier to understand. ▶

2 Please remember and act the words I spoke today to you. ▶

3 Do you feel the words I spoke today are complicated? ▶

4 What I told you today is that we should not ignore the fact that humans live together with animals in the ecosystem. ▶

5 What I told you today is about how much money the federal government should spend to have a control. ▶

## Pattern 044 let + 목적어 + 동사원형

~가 …하게 하다

1 Let me know if he is ready or not. ▶

2 It is crucial to let people know the king's health condition. ▶

3 Please let him know that I need him in this chaotic situation. ▶

4 I won't let my child stay alone when he needs support financially, mentally, and physically. ▶

5 She won't let me reveal this truth because this will bring a negative effect on the sales of this product. ▶

## Pattern 045 admit that 주어 + 동사 ~

(잘못한 행동에 대해 스스로) 인정하다

1 They have to admit that our students are very brilliant. ▶

2 The man admitted that he was defeated intentionally. ▶

3 We admitted that internet disturbs students' studies. ▶

4 The politician admitted he should have made the decision more deliberately and objectively. ▶

5 The official admitted the government was unprepared for the disasters. ▶

# DAY 16

영문을 읽고 우리말로 해석해 보세요. 눈으로만 읽는 것보다는 직접 손으로 써 보며 독해하는 것이 패턴을 기억하는 데 훨씬 도움됩니다. 정답은 본 책에서 확인하세요.

## Pattern 046 happen to ~

공교롭게 ~가 일어나다, 우연히 ~가 일어나다

1 On my way home, I happened to see my teacher. ▶

2 If you happen to meet her, don't tell her about the accident. ▶

3 The music director happened to hear her song on the radio. ▶

4 She came across a situation where she felt something creepy while watching the horror film. ▶

5 I came across a person who believed that self-confidence was an important factor of success. ▶

## Pattern 047 know better than to ~

~하지 말아야 한다는 것쯤은 알다

1 You should know better than to tell a lie. ▶

2 I know better than to copy the whole sentence from it. ▶

3 They should know better than to discriminate against people. ▶

4 You ought to know better than to depend on his opinion completely. ▶

5 She should know better than to get involved with such a sensitive issue. ▶

## Pattern 048 have good reason to ~

~하는 것이 당연하다

1 I have good reason to be very upset at the lazy boy. ▶

2 Children have good reason to regard pets as good friends. ▶

3 Students have good reason to feel nervous on the test day. ▶

4 She had a good reason to appreciate her teacher who wrote a glowing letter of recommendation. ▶

5 The administration has a good reason to refuse to make an alliance with the country. ▶

# DAY 17

영문을 읽고 우리말로 해석해 보세요. 눈으로만 읽는 것보다는 직접 손으로 써 보며 독해하는 것이 패턴을 기억하는 데 훨씬 도움됩니다. 정답은 본 책에서 확인하세요.

## Pattern 049 be used to ~ing

~에 익숙하다

1 They are used to getting up early in the morning. ▶

2 Most people are used to working 5 days a week. ▶

3 They will be used to solving problems without calculators. ▶

4 People were so accustomed to hearing about global warming that they did not feel its seriousness. ▶

5 People are accustomed to seeing the same figures from the bibles in the mediaeval pictures. ▶

## Pattern 050 with a view to ~ing

~하기 위해, ~할 목적으로

1 She went to America with a view to studying English. ▶

2 The lands were purchased with a view to building houses. ▶

3 He made the regulation with a view to reducing tardiness. ▶

4 They set the strict regulations for the purpose of establishing a stronger basement. ▶

5 The city council held the workshop for the purpose of promoting the city's historical sites. ▶

## Pattern 051 even though 주어 + 동사 ~

비록 ~이지만, ~에도 불구하고

1 Even though he looks humble, he is very rich. ▶

2 He can do anything he wants even though he is deaf. ▶

3 Even though I was injured, I tried to rescue the people. ▶

4 Fortunately, she was totally fine although the car overturned. ▶

5 His mother denied the medical treatment although her condition was very serious. ▶

# DAY 18

영문을 읽고 우리말로 해석해 보세요. 눈으로만 읽는 것보다는 직접 손으로 써 보며 독해하는 것이 패턴을 기억하는 데 훨씬 도움됩니다. 정답은 본 책에서 확인하세요.

## Pattern 052 it is reported that 주어 + 동사 ~

~라고 보도되다, ~라고 전해지다

1 It is reported that their deficit amounts to one million dollars. ▶

2 It is reported that the actor committed suicide. ▶

3 It is reported that garlic is used as preventative for cancer. ▶

4 It is said that North Korea is interested in inviting an American basketball player in culture exchange. ▶

5 It is said that since the discovery of oil in 1965, the country has had the ongoing conflict. ▶

## Pattern 053 suppose 주어 + 동사 ~

만약 ~라면

1 Suppose it rains, what happens to the concert? ▶

2 Suppose you were in my place, which one would you choose? ▶

3 Suppose he lost his job, he would be very disappointed. ▶

4 Supposing that my country were attacked by enemies, what would I do? ▶

5 Supposing that they are under the same standard in terms of age and gender, women under 20 have the lowest chance. ▶

## Pattern 054 contribute to ~

~에 기여하다, ~에 공헌하다, ~의 원인이 되다

1 This has contributed to my success. ▶

2 A large number of people have contributed to this work. ▶

3 I am happy that I can contribute to your success in this field. ▶

4 The fact that many famous artists have contributed to this project is meaningful. ▶

5 Some studies reveal that taking too much medicine will likely to contribute to early menopause. ▶

# DAY 19

영문을 읽고 우리말로 해석해 보세요. 눈으로만 읽는 것보다는 직접 손으로 써 보며 독해하는 것이 패턴을 기억하는 데 훨씬 도움됩니다. 정답은 본 책에서 확인하세요.

## Pattern 055 given that 주어 + 동사 ~

~임을 고려하면, ~를 감안하면

1 Given that he speaks no Korean, he did not grow up here. ▶

2 Given that the man has such a luxurious car, he must be rich. ▶

3 Given that he is new to this job, he is pretty good at it. ▶

4 We should listen to him given that he has a special gift to predict our future. ▶

5 The president will not be re-elected next year given that many people objected to the war. ▶

## Pattern 056 have + (사람 · 사물) + 동사원형

~를 …하게 시키다[만들다]

1 My mother had me clean my room. ▶

2 I had my assistant check my e-mail instead of me. ▶

3 This sophisticated system will have you record every detail. ▶

4 The renowned analyst got me to invest in pharmaceutical stocks to have a higher rate of return. ▶

5 This simulation program released yesterday will get people to have deeper knowledge about a human body. ▶

## Pattern 057 as far as ~ be concerned

~에 관한 한

1 As far as weather is concerned, you don't have to worry. ▶

2 As far as I am concerned, this plan will work for me. ▶

3 As far as he is concerned, he can think he is a romantic guy. ▶

4 As far as playing chess games is concerned, the man in the second booth is the best in the world. ▶

5 As far as learning English is concerned, people need to increase the amount of time exposed to English. ▶

# DAY 20

영문을 읽고 우리말로 해석해 보세요. 눈으로만 읽는 것보다는 직접 손으로 써 보며 독해하는 것이 패턴을 기억하는 데 훨씬 도움됩니다. 정답은 본 책에서 확인하세요.

## Pattern 058 most of the + 명사

~ 중 대부분

1 Most of the people in the class did not know the answer. ▶

2 Most of the students in the lab were surprised at the news. ▶

3 Most of the residents in this town will move to a different city. ▶

4 Most of my friends graduated from prestigious universities and they are very successful now. ▶

5 I know that most of our views can be prejudiced when we have a narrow viewpoint in our life. ▶

## Pattern 059 according to ~

~에 따르면

1 According to *Forbes* magazine, she earned over 20 million dollars. ▶

2 According to analysts, Canada is headed for a recession. ▶

3 According to the report, coffee market is not profitable any more. ▶

4 According to a financial spreadsheet, the company will be suffering heavily within the next couple of years. ▶

5 According to some research, more students have taken private tutoring to improve their SAT score. ▶

## Pattern 060 claim that 주어 + 동사 ~

~를 (사실이라고) 주장하다

1 She continued to claim that she was innocent. ▶

2 Some people claimed that the movie shouldn't be released. ▶

3 The man claimed that he was never involved in the case. ▶

4 The principal at the local elementary school asserted that all kindergarteners start classes at 8 a.m. next semester. ▶

5 Police officers asserted that the victims in the hit and run accident should have been transferred to a local hospital. ▶

# DAY 21

영문을 읽고 우리말로 해석해 보세요. 눈으로만 읽는 것보다는 직접 손으로 써 보며 독해하는 것이 패턴을 기억하는 데 훨씬 도움됩니다. 정답은 본 책에서 확인하세요.

## Pattern 061 a fraction of ~

~의 일부

1 He has done only a fraction of his work. ▶

2 A fraction of the system was destroyed by the virus. ▶

3 Only a fraction of total internet users make malicious posting. ▶

4 Out of thousands of applicants only a part of them received a response from the human resource department. ▶

5 According to the final count, a part of office supplies were missing from their warehouse. ▶

## Pattern 062 any + 명사

어떤 ~도

1 Any students in the class can solve the problems. ▶

2 Any electronics cannot be allowed in the room. ▶

3 Any kind of donations are welcome at our facility. ▶

4 Some people say that the government's reliance on lie detection tools can be dangerous. ▶

5 Some scientists say that the fossil found in this area is from the Neolithic period. ▶

## Pattern 063 coincidentally

공교롭게도, (우연히) 일치하여, 하필이면

1 Coincidentally, he ran into her twice this month. ▶

2 Coincidentally, the melodies of two songs are very similar. ▶

3 Most of the wars in the history took place coincidentally. ▶

4 The nurse accidentally gave the wrong chart to the Oncology Department. ▶

5 According to the report, around 5 percent of the students were accidentally eliminated despite their high scores. ▶

# DAY 22

영문을 읽고 우리말로 해석해 보세요. 눈으로만 읽는 것보다는 직접 손으로 써 보며 독해하는 것이 패턴을 기억하는 데 훨씬 도움됩니다. 정답은 본 책에서 확인하세요.

## Pattern 064 affect + 명사

~에 영향을 주다

1 Economic problems in the US affect the global economy. ▶

2 The first ladies are affecting the fashion in the world. ▶

3 Yellow dust affects many countries in Asia every year. ▶

4 Teachers' first impression has a great influence on how the students will behave in the class. ▶

5 Mothers have a tremendous influence on their child during the first three years. ▶

## Pattern 065 be likely to ~

~하기 쉽다, ~할 것 같다, ~할 가능성이 있다

1 The antique tables are likely to be sold at the auction. ▶

2 Because of the weather, we would be likely to delay field trips. ▶

3 Environmentalists would be likely to oppose using fossil fuel. ▶

4 People probably will be faced with water shortages in the near future. ▶

5 The management probably will pass on hiring more employees this year due to budget cut. ▶

## Pattern 066 before 주어 + 동사 ~

~하기 전에

1 Before it is too late, we should protect our environment. ▶

2 You should make sure everything is ready before you leave. ▶

3 My mother reads a book every day before I go to bed. ▶

4 Right before we make the final decision, we should go through all the details. ▶

5 We need to make a trip to the grocery store right before the big storm hits this weekend. ▶

# DAY 23

영문을 읽고 우리말로 해석해 보세요. 눈으로만 읽는 것보다는 직접 손으로 써 보며 독해하는 것이 패턴을 기억하는 데 훨씬 도움됩니다. 정답은 본 책에서 확인하세요.

## Pattern 067 those who ~

~하는 사람들

1 Those who graduated from the university have some benefits. ▶

2 Those who attended the workshop were very inspired. ▶

3 Those who hate cooking often go out to eat at a restaurant. ▶

4 Those who are interested in pursuing a career in fashion should attend as many fashion shows as possible. ▶

5 Those who are invited to a wedding ceremony should be dressed appropriately. ▶

## Pattern 068 without so much as ~ing

~조차 없이, ~조차 하지 않고

1 She took the gift without so much as saying thank you. ▶

2 He left without so much as giving any apology. ▶

3 She was rescued without so much as having any scratch. ▶

4 The wolf child found in the wild cannot so much as communicate with humans because he grew up with wolves. ▶

5 It is unfortunate that the boy's biological father cannot so much as give a goodbye hug to him. ▶

## Pattern 069 so far as ~

~에 관한 한, ~하는 한, ~에 있어서

1 It is such a tragic story so far as we are concerned. ▶

2 So far as I know, there is no such an event in the history. ▶

3 So far as I understand, he did not have any different opinions. ▶

4 As far as the young pianist is concerned, the judges have only positive comments. ▶

5 As far as the street signs are concerned, the volunteers can post them before the marathon starts. ▶

# DAY 24

영문을 읽고 우리말로 해석해 보세요. 눈으로만 읽는 것보다는 직접 손으로 써 보며 독해하는 것이 패턴을 기억하는 데 훨씬 도움됩니다. 정답은 본 책에서 확인하세요.

## Pattern 070 were it not for ~

만약 ~가 없다면

1 Were it not for trees, what would happen? ▶

2 Were it not for his help, we could not finish it on time. ▶

3 It could not work well, were it not for his efforts. ▶

4 If it were not for my sisters to watch the kids, we could not make it to the parent teacher conference. ▶

5 If it were not for his annual visit to the primary doctor, the lump could be unnoticed. ▶

## Pattern 071 although 주어 + 동사 ~

~임에도 불구하고, 비록 ~지만

1 Although she is very beautiful, she lacks self-confidence. ▶

2 He never feels satisfied although he was successful in his work. ▶

3 Although the plant was tiny, I was amazed by its fragrance. ▶

4 Though the weather was muggy, the tourists' positive attitude made the trip much better. ▶

5 My grandmother did not answer any of the calls though the phone was ringing off the hook. ▶

## Pattern 072 there is[are] ~

~가 있다

1 There is something special about her. ▶

2 There is nothing to be afraid of doing the work. ▶

3 There are some new faces in the marketing department. ▶

4 There remained an awkward silence during a blind date that my mother set me up. ▶

5 There remains a positive upbeat energy after a loud cheer from a crowd of fans. ▶

# DAY 25

영문을 읽고 우리말로 해석해 보세요. 눈으로만 읽는 것보다는 직접 손으로 써 보며 독해하는 것이 패턴을 기억하는 데 훨씬 도움됩니다. 정답은 본 책에서 확인하세요.

## Pattern 073 few[little] ~

~가 거의 없는

1 Very few spiders are poisonous. ▶

2 He is so mean that he has few friends. ▶

3 Few people knew much about his work while he was alive. ▶

4 When little time is left, people get easily anxious about whether they can win or lose. ▶

5 You need little money to start an online business because you do not have to pay rent. ▶

## Pattern 074 feel free to ~

편하게[부담없이] ~하다

1 Please feel free to drink this coffee. ▶

2 Should you have any problems, feel free to call this number. ▶

3 Feel free to enjoy an exhibit and ask questions if you have any. ▶

4 Please feel comfortable to interrupt the speaker if you have any similar stories to share. ▶

5 You should feel comfortable to explore this area because it is interesting and very safe. ▶

## Pattern 075 come in different forms

~가 다양한 형태로 존재하다

1 Korean traditional songs come in different forms. ▶

2 The problems of the system come in many different forms. ▶

3 The workshop comes in different forms and timescales. ▶

4 Kimchi comes in various forms, depending on its ingredients and areas. ▶

5 The security cameras come in various forms enabling you to easily install anywhere in the house. ▶

# DAY 26

영문을 읽고 우리말로 해석해 보세요. 눈으로만 읽는 것보다는 직접 손으로 써 보며 독해하는 것이 패턴을 기억하는 데 훨씬 도움됩니다. 정답은 본 책에서 확인하세요.

## Pattern 076 figure out

~를 알아내다[이해하다]

1 Let's figure out the best way now. ▶

2 Scientists have tried to figure out how DNA works. ▶

3 Nobody could figure out how the terrorist hid the bomb. ▶

4 I had to do much research in order to figure out how much this project would cost. ▶

5 Tom was too impulsive because he decided to go to the Maldives without figuring out how much the trip would cost. ▶

## Pattern 077 allowing A to + 동사원형

A를 ~하게 하면서

1 SNS is great allowing us to get to know each other. ▶

2 The machine is efficient allowing people to see their scores. ▶

3 This is helpful allowing us to choose the right answer quickly. ▶

4 Internet makes our lives more comfortable, allowing us to send e-mails from a desk. ▶

5 The librarian extended lead time, allowing students to keep borrowed books longer. ▶

## Pattern 078 assuming that 주어 + 동사 ~

~라고 추정할 때, ~로 추정하며

1 Assuming that the dinner is ready, you can set the table. ▶

2 Assuming that the bus arrives at 8, you should get ready. ▶

3 Assuming that it rains later, you can bring an umbrella. ▶

4 Assuming that the property is sold by the end of today, we can start loan process within the next couple of days. ▶

5 Assuming that this expedition will take more than 10 days, we should save our food. ▶

# DAY 27

영문을 읽고 우리말로 해석해 보세요. 눈으로만 읽는 것보다는 직접 손으로 써 보며 독해하는 것이 패턴을 기억하는 데 훨씬 도움됩니다. 정답은 본 책에서 확인하세요.

## Pattern 079 be based on ~

~를 바탕으로

1 Surprisingly, the book was based on a true story. ▶

2 Some movies are based on novels that were bestsellers. ▶

3 This ballet you saw tonight was based on Tchaikovsky's works. ▶

4 Based on my experiences, I can tell you that men generally are happy with their looks. ▶

5 Most children's behavior can change based on their surroundings. ▶

## Pattern 080 be full of ~

~로 가득하다

1 The classrooms are full of students who are eager to learn. ▶

2 The main stadium is full of children and their parents. ▶

3 The story is full of amazing adventures and exploration. ▶

4 When I came back to school after a long vacation, I was filled with excitement to learn again. ▶

5 At the band's first concert, they all wished that the concert hall was filled with audience. ▶

## Pattern 081 make + 사람 + feel + 형용사

~를 …하게 느끼게 만들다

1 Crying loudly makes you feel better when you are angry. ▶

2 Watching comedy makes you feel happy when you are sad. ▶

3 A bowl of chicken soup makes you feel much better. ▶

4 After many sleepless nights of researching, handing in final report will make you feel liberated. ▶

5 Making a conscious effort to eat healthy makes you not only feel good about yourself, but also live a long life. ▶

# DAY 28

영문을 읽고 우리말로 해석해 보세요. 눈으로만 읽는 것보다는 직접 손으로 써 보며 독해하는 것이 패턴을 기억하는 데 훨씬 도움됩니다. 정답은 본 책에서 확인하세요.

## Pattern 082 quite a few

상당히 많은, 상당수의, 다수의

1 I have quite a few years of experience in the publishing field. ▶

2 There are quite a few vegetarian options on the menu. ▶

3 Quite a few houses were burned in a serious conflagration. ▶

4 But not a few people will be happy to see the band perform in that stadium. ▶

5 There are not a few generals who dedicated their lives to protect our nation. ▶

## Pattern 083 be under fire

비난을 받다

1 The president was under fire at home and abroad. ▶

2 Security guards are under fire for letting children out. ▶

3 The manufacturer overseas is under fire for damaged goods. ▶

4 School officials are blamed for distributing expired snacks during the event. ▶

5 An event planner was blamed for missing tables and chairs at the charity function. ▶

## Pattern 084 rise tremendously[dramatically, sharply]

엄청나게[상당히, 급격히] 상승하다

1 The house prices have risen tremendously in Seoul. ▶

2 Respiratory ailments rose dramatically last winter. ▶

3 The number of participating students rose tremendously. ▶

4 Wireless internet usage increases dramatically in the shopping mall area. ▶

5 People expect gas prices to increase sharply when there is a huge global change. ▶

# DAY 29

영문을 읽고 우리말로 해석해 보세요. 눈으로만 읽는 것보다는 직접 손으로 써 보며 독해하는 것이 패턴을 기억하는 데 훨씬 도움됩니다. 정답은 본 책에서 확인하세요.

## Pattern 085 keep (oneself) in shape

건강을 유지하다

1 Keep yourself in shape and you will feel happier. ▶

2 I eat more vegetables than meat to keep myself in good shape. ▶

3 He walks to his office to keep himself in shape. ▶

4 I want to stay in shape and eat healthier, but it is hard to find the time to work out when you have young children. ▶

5 The boxer must stay in shape constantly to maintain his physical strength. ▶

## Pattern 086 allegedly

전해진 바에 의하면

1 Allegedly, some passengers were injured by the accident. ▶

2 Allegedly, some private tutors charged a lot of money. ▶

3 The movie star allegedly borrowed over $20,000 for gambling. ▶

4 Unfortunately, the famous actress is alleged to be responsible for the missing vintage watch at the flea market. ▶

5 The janitor is alleged to have stolen some players' belongings while cleaning out the locker room. ▶

## Pattern 087 to give an example

예를 들면

1 To give an example, broccoli is a natural anti-cancer medicine. ▶

2 To give an example, walking is a way to lose your weight. ▶

3 To give an example, eating breakfast is good for your health. ▶

4 For example, highlighted statements listed above can be used as source for the report. ▶

5 For example, all the paperback books displayed in this shelf are available to check out. ▶

# DAY 30

영문을 읽고 우리말로 해석해 보세요. 눈으로만 읽는 것보다는 직접 손으로 써 보며 독해하는 것이 패턴을 기억하는 데 훨씬 도움됩니다. 정답은 본 책에서 확인하세요.

## Pattern 088 p.p.(분사구문) ~, 주어 + 동사

~된 (주어)

1 Written in English, the book sells in Korea very well. ▶

2 Exhausted by the work, Jennifer went to bed early. ▶

3 Wounded in his legs, the soldier could not walk. ▶

4 Confused by the professor's lecture, she went to the teacher's assistant to ask additional questions. ▶

5 Tempted to buy the limited edition SUV, he took out more money from his savings account. ▶

## Pattern 089 end up ~ing

결국에는 ~하게 되다

1 We were afraid we would end up missing the train. ▶

2 Those small efforts end up succeeding in his business. ▶

3 If you are not careful, you may end up getting hurt. ▶

4 If you procrastinate writing your final paper, you will wind up missing deadline. ▶

5 Even though he studied music, he wound up working in marketing. ▶

## Pattern 090 What a + 형용사 + 명사 (+ 주어 + 동사)!

얼마나 ~한가!

1 It only weighs about 300 grams. What a small dog it is! ▶

2 She was so happy with the letters. What a great idea! ▶

3 He can figure out all the problems. What a smart boy he is! ▶

4 We will have everyone participate in the charity event all year long. How amazing! ▶

5 Hopefully, the scientists will be able to reinvent dinosaurs using DNA samples. How wonderful! ▶

# DAY 31

영문을 읽고 우리말로 해석해 보세요. 눈으로만 읽는 것보다는 직접 손으로 써 보며 독해하는 것이 패턴을 기억하는 데 훨씬 도움됩니다. 정답은 본 책에서 확인하세요.

## Pattern 091 one of the + 복수명사

여러 명[여러 개] 중 하나

1 Dogs are one of the smartest animals. ▶

2 Justin Bieber is one of the most famous musicians. ▶

3 He is one of the most famous and respected directors. ▶

4 This restaurant has one of the best foie gras in the city which is prepared solely by the master chef. ▶

5 One of the memorable experiences I had was traveling to Spain with my grandmother before she passed away. ▶

## Pattern 092 touch people's lives

사람들의 삶에 영향을 주다

1 She has touched ordinary people's lives through her books. ▶

2 He always tries to make music that touches people's lives. ▶

3 We should know that we are capable of touching other people's lives. ▶

4 There are many stories that touch people's lives with their heroic actions. ▶

5 Many great figures in history have touched people's lives by showing their devotion to one specific field. ▶

## Pattern 093 be considered to ~

~로 간주되다[여겨지다]

1 Roses are considered to be the most popular flowers. ▶

2 He could be considered to be the untrustworthy character. ▶

3 She is considered to be one of the most successful people. ▶

4 Those features are regarded to be useless in the system since they have no significant function. ▶

5 Those fences are regarded to be taken down by end of next year to expand the play area. ▶

# DAY 32

영문을 읽고 우리말로 해석해 보세요. 눈으로만 읽는 것보다는 직접 손으로 써 보며 독해하는 것이 패턴을 기억하는 데 훨씬 도움됩니다. 정답은 본 책에서 확인하세요.

## Pattern 094 however

그러나

1 He is young. However, he can take part in the seminar. ▶

2 However, there are still some mistakes in his report. ▶

3 Interestingly, however, the movie failed at the box office. ▶

4 The flight to Las Vegas was only an hour long. However, the long time wasted to get our luggage was unacceptable. ▶

5 The mechanics at local shops had much better skills. However, it took 4 weeks to complete the job. ▶

## Pattern 095 acclaim[acclaimed]

칭찬하다, 칭송하다[칭찬을 받은, 칭송 받은]

1 He is an acclaimed scientist. ▶

2 She was an acclaimed pianist in Asia. ▶

3 They were acclaimed to be the top neurosurgeons. ▶

4 She was acclaimed to be the first actress to do all stunts herself in the movie. ▶

5 People acclaimed that he was the first child to have performed in this hall. ▶

## Pattern 096 one of a kind

유일한, 독특한

1 My boss is one of a kind. ▶

2 We want to be that one of a kind person to another. ▶

3 She can make one of a kind soup to soothe brutal cold. ▶

4 I want to be one of a kind song writer and touch people's lives. ▶

5 He is one of a kind to have dedicated his life to take care of his dying sister. ▶

# DAY 33

영문을 읽고 우리말로 해석해 보세요. 눈으로만 읽는 것보다는 직접 손으로 써 보며 독해하는 것이 패턴을 기억하는 데 훨씬 도움됩니다. 정답은 본 책에서 확인하세요.

## Pattern 097 fit the bill

모든 조건을 만족시키다, 꼭 들어맞다

1 They were looking for a bilingual, which I fit the bill. ▶

2 She fits the bill perfectly as a flight attendant. ▶

3 The intern fits the bill to complete the job. ▶

4 He fills the bill very well as a person who will be responsible for various tasks in the IT Department. ▶

5 If we can find a way to increase our sales, we can fill the bill to make the best retail shop of the year. ▶

## Pattern 098 it is no surprise that 주어 + 동사 ~

~하는 것은 놀라운 일이 아니다

1 It is no surprise that the smart boy passed the exam. ▶

2 It is no surprise that the mean boss declined the offer. ▶

3 It is no surprise that my friend contacted his professor. ▶

4 It came as no surprise to me that the babysitter quit because the kids were so hard to manage. ▶

5 It came as no surprise to me that she did not want to go to school because she was being bullied. ▶

## Pattern 099 be serious about ~

~에 대해 심각하게 생각하다[고민하다]

1 If he is serious about quitting, let him. ▶

2 Are you serious about changing the plan? ▶

3 We are serious about making some changes in this project. ▶

4 If they are serious about taking the lead on global warming, start educating people. ▶

5 I was serious about going abroad to further my education until I got sick. ▶

# DAY 34

영문을 읽고 우리말로 해석해 보세요. 눈으로만 읽는 것보다는 직접 손으로 써 보며 독해하는 것이 패턴을 기억하는 데 훨씬 도움됩니다. 정답은 본 책에서 확인하세요.

## Pattern 100 be willing to ~

기꺼이 ~하다, 흔쾌히 ~하다

1 She was willing to take the bus. ▶

2 Some people are willing to volunteer in a cold weather. ▶

3 Not many people are willing to donate their money. ▶

4 He was pleased to find out that his grandchildren saved money to buy him a new walking cane. ▶

5 We were so pleased to be part of the cancer foundation for the children. ▶

## Pattern 101 A or B

A 또는 B

1 Please fill out application here or do it online. ▶

2 He can work out at the gym or run around the park. ▶

3 You can carve a pumpkin at school or buy a plastic pumpkin. ▶

4 They can make dinner at home or eat out at a local restaurant. ▶

5 She can take the exams in the fall or reconsider taking it the following year in the spring. ▶

## Pattern 102 whatever 주어 + 동사 ~

~하는 것이 무엇이든 간에

1 Whatever it is, don't eat it. ▶

2 Whatever it costs, it is not worth buying. ▶

3 Whatever the time is, you need to wake up now. ▶

4 No matter what it is, you have to drink water in order to keep your body hydrated. ▶

5 No matter what happens, please come to the theater by five o'clock to watch him perform. ▶

# DAY 35

영문을 읽고 우리말로 해석해 보세요. 눈으로만 읽는 것보다는 직접 손으로 써 보며 독해하는 것이 패턴을 기억하는 데 훨씬 도움됩니다. 정답은 본 책에서 확인하세요.

## Pattern 103 alike

뚝같이, 비슷하게

1 My sister and I are alike in so many ways. ▶

2 The father and son are alike when it comes to eating. ▶

3 My sister and I eat and talk alike. ▶

4 Identical twin boys who turned three this month look alike so that people cannot distinguish them. ▶

5 Those people who have a warm heart took care of orphans and treat them alike. ▶

## Pattern 104 help + 목적어 + (to) 동사원형

~가 …하도록 도와주다

1 I can help you finish the homework. ▶

2 He helps me clean the front and back yard. ▶

3 The native speaker will help you understand this line. ▶

4 The police encourage drivers to install infant car seats after carefully reading all instructions. ▶

5 The teacher encourages students to finish the final research paper before they start next project. ▶

## Pattern 105 embark on ~

~를 출범하다[시작하다, 착수하다]

1 She will embark on a brand new chapter in her life. ▶

2 He will embark on a project he has never done before. ▶

3 I plan to embark on a spiritual journey to India. ▶

4 The young women are set out to create and promote this meaningful organization to save homeless children. ▶

5 We are set out to do something special in this department to help save the earth. ▶

# DAY 36

영문을 읽고 우리말로 해석해 보세요. 눈으로만 읽는 것보다는 직접 손으로 써 보며 독해하는 것이 패턴을 기억하는 데 훨씬 도움됩니다. 정답은 본 책에서 확인하세요.

## Pattern 106 go with ~

~와 어울리다, ~와 조화되다

1 A brand new car goes with the job. ▶

2 White wine usually goes with white fish or white meat. ▶

3 The patterns of the wallpaper can go with decoration. ▶

4 This white jacket goes well with the overall feel of this black see-through dress. ▶

5 The herbs used in this sauce go well with the meat in this entrée. ▶

## Pattern 107 truthfully

진실을 말하자면, 진심으로

1 He can truthfully say that he loved her. ▶

2 Do you think he spoke truthfully? ▶

3 She truthfully wrote down her feelings about her peers. ▶

4 To be truthful, it is difficult to reserve all five rooms during our peak season. ▶

5 To be truthful, we cannot guarantee that those prices will be fixed for the next month. ▶

## Pattern 108 follow in one's footsteps

~의 뜻을 이어가다, ~를 그대로 따라하다

1 She followed in her dad's footsteps to become a police officer. ▶

2 Volunteers followed in Governor's footsteps to make changes. ▶

3 We can follow in our mentors' footsteps to figure things out. ▶

4 We commonly see many children following in their parents' footsteps to decide what they want to be. ▶

5 Following in someone's footsteps can be a bumpier journey than you think. ▶

# DAY 37

영문을 읽고 우리말로 해석해 보세요. 눈으로만 읽는 것보다는 직접 손으로 써 보며 독해하는 것이 패턴을 기억하는 데 훨씬 도움됩니다. 정답은 본 책에서 확인하세요.

## Pattern 109 seem + 형용사

~처럼 보이다, ~인 것 같다

1 Your scissors seemed safe enough to use. ▶

2 They seemed tired because of too much work they did. ▶

3 The patient seems happy because all the treatments are done. ▶

4 The drying machine appeared to be working fine until we saw the sparks in the electric outlet. ▶

5 He appeared to be confident until he started shaking when he stood in front of the audience. ▶

## Pattern 110 as a result of ~

~의 결과로, ~로 인해

1 As a result of coach's absence, the team lost. ▶

2 As a result of the time change, they canceled the practice. ▶

3 As a result of the budget cut, the teachers asked for donations. ▶

4 As a consequence of financial problems, she started looking for a part time job to make more money. ▶

5 As a consequence of losing in the competition, we have to train twice as much to prepare for next tournament. ▶

## Pattern 111 make a profit

이익을 내다

1 To make a profit, you have to invest first. ▶

2 This company made a profit by selling their idea. ▶

3 They made a profit by not giving up. ▶

4 If you want to turn a huge profit from any business, prepare to lose first. ▶

5 I want to turn a huge profit by creating and selling something that people have not thought of yet. ▶

# DAY 38

영문을 읽고 우리말로 해석해 보세요. 눈으로만 읽는 것보다는 직접 손으로 써 보며 독해하는 것이 패턴을 기억하는 데 훨씬 도움됩니다. 정답은 본 책에서 확인하세요.

## Pattern 112 the 최상급 ~ that I have ever p.p.

지금껏 …한 것 중 최고로 ~한

1 The most confident person I have ever met is my professor. ▶

2 Kai is the smartest student I have ever known in my life. ▶

3 The kindest people I have ever met always smiled. ▶

4 The smartest people I have ever met were not necessarily affluent. ▶

5 The most ambitious person I have ever met did not have extensive schooling. ▶

## Pattern 113 take exception to ~

~에 이의를 제기하다

1 I took exception to his argument. ▶

2 Taking exception to this result, I want to appeal. ▶

3 She took exception to the professor's comment. ▶

4 The entire PTA objects to the new system to start kindergarteners early at 8 a.m. ▶

5 The janitors object to school's decision to cut their hours and change their schedules to build a new gym. ▶

## Pattern 114 go out of business

파산하다

1 At this rate, we'll go out of business soon. ▶

2 Many companies go out of business within a year. ▶

3 We will not go out of business with this great product. ▶

4 This family business has gone bankrupt since the new generation took over. ▶

5 Due to the nature of the business, smaller shops tend to go bankrupt before the big companies do. ▶

# DAY 39

영문을 읽고 우리말로 해석해 보세요. 눈으로만 읽는 것보다는 직접 손으로 써 보며 독해하는 것이 패턴을 기억하는 데 훨씬 도움됩니다. 정답은 본 책에서 확인하세요.

## Pattern 115 be prone to ~

~하기 쉽다, ~하는 경향이 있다

1 A baby is prone to getting sick every winter. ▶

2 I was prone to giving up easily. ▶

3 He was prone to abusing drugs. ▶

4 The children are subject to easily changing their minds because they want instant gratification. ▶

5 The patients are subject to emotional outbursts due to the daily medication intake. ▶

## Pattern 116 cannot ~ too …

아무리 …하게 ~해도 지나치지 않다

1 You cannot be too picky when finding your first job. ▶

2 I cannot be too nice when people ask for favors. ▶

3 With all the things you did, I cannot thank you too much. ▶

4 People cannot criticize the singer's bad behavior in public too much because he was extremely rude. ▶

5 The archeologist cannot emphasize too much about the importance of preserving historic sites. ▶

## Pattern 117 as ~ as any

무엇과 비교해도 뒤지지 않을 만큼 ~한

1 His horse was as excellent as any. ▶

2 Our security inspection was as thorough as any. ▶

3 This painkiller was as powerful and effective as any. ▶

4 Nothing is as important as maintaining our health because without our health we can't do anything. ▶

5 Nothing can be as crucial as keeping our precious relics so that our tradition can pass down. ▶

# DAY 40

영문을 읽고 우리말로 해석해 보세요. 눈으로만 읽는 것보다는 직접 손으로 써 보며 독해하는 것이 패턴을 기억하는 데 훨씬 도움됩니다. 정답은 본 책에서 확인하세요.

## Pattern 118 there is no ~ing

~는 불가능하다, ~하지 않을 수 없다

1 There is no singing in a library. ▶

2 There is no parking on this street. ▶

3 There is no denying the fact that the murderer is ruthless. ▶

4 It is impossible to provide the isolated refugees with food and blankets without a helicopter. ▶

5 It is impossible to persuade angry people on the street to stop protesting against the government's new policy. ▶

## Pattern 119 nothing can be more ~

~보다 나은 것은 없을 것이다, ~가 가장 중요할 것이다

1 Nothing can be more interesting than writing a book. ▶

2 Nothing can be more fun than chatting online. ▶

3 Nothing can be more challenging than changing a job. ▶

4 Nothing can be as difficult as going on an expedition to the North Pole. ▶

5 Nothing can be as shocking as being left alone in a spacecraft in the outer space. ▶

## Pattern 120 by no means

결코 ~가 아닌

1 Getting a good score on an exam is by no means easy. ▶

2 The global warming is by no means a recent phenomenon. ▶

3 Climbing up to Mt. Everest was by no means easy. ▶

4 Everybody knows what tsunami is because tsunami is by no means a recent meteorological term. ▶

5 Since an earthquake is by no means an avoidable catastrophe, people need to prepare for it. ▶

# DAY 41

영문을 읽고 우리말로 해석해 보세요. 눈으로만 읽는 것보다는 직접 손으로 써 보며 독해하는 것이 패턴을 기억하는 데 훨씬 도움됩니다. 정답은 본 책에서 확인하세요.

## Pattern 121 cannot help ~ing

~하지 않을 수 없다, 어쩔 수 없이 ~하다

1 Medical students cannot help studying hard. ▶

2 The players could not help crying when they lost the game. ▶

3 While I saw the romantic comedy, I could not help laughing. ▶

4 I cannot but think that the main cause of this failure in my life is based on my megalomania. ▶

5 Many members in the orchestra cannot but make a complaint when their conductor treats them with no respect. ▶

## Pattern 122 might as well A as B

B하느니 차라리 A하는 게 낫다

1 I might as well watch TV at home as going to a theater. ▶

2 She might as well buy her own house as paying high rent. ▶

3 He might as well tell the truth as making up a story. ▶

4 If you get really angry, you may as well release your pent-up anger inside you as bearing it. ▶

5 You may as well ask your professor as wasting your time finding related information by yourself in this big library. ▶

## Pattern 123 it is of no use to ~

~해도 소용없다

1 It is of no use to change your destiny. ▶

2 It is of no use to get a letter of acceptance to school this late. ▶

3 It is of no use to treat a contagious disease now. ▶

4 It is no use crying over spilt milk because we cannot go back to our past and we have another chance to try in our life. ▶

5 It is no use trying to find a restaurant where we can enjoy excellent Indian cuisine in this small town. ▶

# DAY 42

영문을 읽고 우리말로 해석해 보세요. 눈으로만 읽는 것보다는 직접 손으로 써 보며 독해하는 것이 패턴을 기억하는 데 훨씬 도움됩니다. 정답은 본 책에서 확인하세요.

## Pattern 124 who should ~ but A

A가 ~할 적임이다

1 Who should be the leader of this group but you! ▶

2 Who should do this art project but the famous artist! ▶

3 Who should run this big manufacture company but Mr. Brown! ▶

4 Who should lead this expedition to the North Pole but Paul because he is the most experienced member of all. ▶

5 Who should be the CEO of this media conglomerate but you because you are highly experienced. ▶

## Pattern 125 give rise to ~

~를 불러일으키다[낳다]

1 This will give rise to another tragedy. ▶

2 The shocking news gave rise to serious trouble. ▶

3 Their uncertain whereabouts will give rise to a rumor. ▶

4 His trembling voice gave rise to suspicion that he might be the one who stole all the money. ▶

5 You should be careful because your equivocal explanation will give rise to a huge misunderstanding. ▶

## Pattern 126 make a point of ~ing

꼭 ~하기로 되어 있다, 애써 ~하다

1 I made a point of submitting all the papers on time. ▶

2 He made a point of taking vitamins every day. ▶

3 All the actors make a point of memorizing their lines. ▶

4 When the scientist does an experiment, he is always trying to keep every record. ▶

5 I was trying to eat almonds and nuts every day in order to take in nutrition. ▶

# DAY 43

영문을 읽고 우리말로 해석해 보세요. 눈으로만 읽는 것보다는 직접 손으로 써 보며 독해하는 것이 패턴을 기억하는 데 훨씬 도움됩니다. 정답은 본 책에서 확인하세요.

## Pattern 127 no sooner A than B

A하자마자 바로 B하다, A하는 즉시 B하다

1 The big guy had no sooner woken up than ate something. ▶

2 They had no sooner gone out than had a heavy rain. ▶

3 I had no sooner left my country than became penniless. ▶

4 No sooner had the amendment been proposed than passed so that people got confused with the drastic change. ▶

5 No sooner had the artisan finished his elaborate craftwork than people wanted to buy it. ▶

## Pattern 128 neither A nor B

A도 B도 (어느 쪽도) 아니다

1 I want to drink neither coffee nor tea. ▶

2 This website I found is neither free nor informative. ▶

3 After having a great party, they were neither sad nor gloomy. ▶

4 Although the prince went through all the difficulties, he could not find love, nor friendship. ▶

5 Because the chairman had already thought about a possible reaction from the board, he did not feel surprised, nor shocked. ▶

## Pattern 129 much less A than B

B보다 훨씬 덜 A한

1 Canada is much less dangerous than Iraq. ▶

2 Sick patients have much less energy than normal people. ▶

3 There are much less trendy clothes in this shop than yours. ▶

4 Living in a traditional house is much less convenient than living in an apartment. ▶

5 Reading a novel requires much less concentration than understanding a poem. ▶

# DAY 44

영문을 읽고 우리말로 해석해 보세요. 눈으로만 읽는 것보다는 직접 손으로 써 보며 독해하는 것이 패턴을 기억하는 데 훨씬 도움됩니다. 정답은 본 책에서 확인하세요.

## Pattern 130 so A that 주어 + 동사 ~

너무 A해서 ~하다

1 This song was so touching that I cried a lot. ▶

2 Writing an essay in English is so hard that it takes much time. ▶

3 The resort was so modern and luxurious that I felt great. ▶

4 It was such a hilarious movie that I laughed a lot while watching it. ▶

5 The movie had such descriptive lines that I could imagine how much the man and woman wanted each other. ▶

## Pattern 131 on account of

~ 때문에, ~로 인해서

1 The flight returned to Korea on account of the bad weather. ▶

2 Many people are in chaos on account of the recent flood. ▶

3 Unfortunately, the CEO had to resign on account of illness. ▶

4 The laboratory has been shut down for more than decades because of terrorists' threat. ▶

5 The novel has been a steady seller because of its descriptive and explicit contents. ▶

## Pattern 132 all you have to do is ~

당신이 해야 하는 일이라고는 ~하는 것뿐이다

1 All you have to do is memorize this for your test. ▶

2 All you have to do is find out reliable information. ▶

3 All you have to do is sell all the stocks you have. ▶

4 All you need to have is stronger enthusiasm and passion toward your acting career. ▶

5 All you need to know is that everybody has his own prejudice against something he has never experienced. ▶

# DAY 45

영문을 읽고 우리말로 해석해 보세요. 눈으로만 읽는 것보다는 직접 손으로 써 보며 독해하는 것이 패턴을 기억하는 데 훨씬 도움됩니다. 정답은 본 책에서 확인하세요.

## Pattern 133 be busy ~ing

~하느라 바쁘다[분주하다]

1 Students in Korea are busy studying many subjects. ▶

2 The reporter is busy searching for something interesting. ▶

3 The man is busy publishing his books on the origin of stars. ▶

4 The prominent professor has been fully engaged in studying on the human life in the Paleolithic period. ▶

5 The writer is fully engaged in writing a novel about how ants communicate in a sophisticated way. ▶

## Pattern 134 have no hope of ~

~할 희망이 없다

1 I am sad because I have no hope of finding love. ▶

2 The blind usually have no hope of gaining their sight back. ▶

3 Because of the battles, France had no hope of having peace. ▶

4 Luckily, there is no chance of getting contagion unless you get a blood transfusion. ▶

5 There is no chance of emitting toxic gases into the atmosphere if you seal the bottle properly. ▶

## Pattern 135 too A to + 동사원형

너무 A해서 ~할 수 없다

1 He is too short to be a model. ▶

2 The movie is too violent to watch. ▶

3 The girl was too shy to introduce herself in front of others. ▶

4 The novel is based on a true story which is too horrible and shocking for me to believe. ▶

5 The complicated molecular formulas in this book are too difficult for me to understand. ▶

# DAY 46

영문을 읽고 우리말로 해석해 보세요. 눈으로만 읽는 것보다는 직접 손으로 써 보며 독해하는 것이 패턴을 기억하는 데 훨씬 도움됩니다. 정답은 본 책에서 확인하세요.

## Pattern 136 make up one's mind

결심을 하다

1 It will take him some time to make up his mind. ▶

2 Can you please help me to make up my mind? ▶

3 Because of the similar design, I cannot make up my mind. ▶

4 As soon as the war broke out, the president finally made up his mind to attack the enemy. ▶

5 Most people in this town have made up their mind to vote for the candidate. ▶

## Pattern 137 nothing but

오직, 그저 ~일 뿐

1 I found nothing but plastic bags in this box. ▶

2 After watching the movie, I had nothing but a nightmare. ▶

3 Fame brings nothing but jealousy and insecurity. ▶

4 The environmentalist was merely trying to show the threatening effect of the global warming. ▶

5 As time goes by, people realize that beauty is merely in the eye of the beholder. ▶

## Pattern 138 now that 주어 + 동사 ~

이제 ~하니까

1 Now that the game is over, many people are leaving. ▶

2 Now that I understand you, I can fully support you. ▶

3 Now that you are over 20, you need to be on your own. ▶

4 Some students can solve the complicated math problem now that they have just learned the theory. ▶

5 Many people will remember the day now that the monument in this square commemorates the French Revolution. ▶

# DAY 47

영문을 읽고 우리말로 해석해 보세요. 눈으로만 읽는 것보다는 직접 손으로 써 보며 독해하는 것이 패턴을 기억하는 데 훨씬 도움됩니다. 정답은 본 책에서 확인하세요.

## Pattern 139 once in a while

가끔, 이따금

1 I go to see a musical once in a while. ▶

2 The man I loved called me once in a while. ▶

3 Honestly, I read an article once in a while. ▶

4 He enjoys reading others' blogs, but he rarely updates his blog because he does not want to take a picture. ▶

5 Most people in the 15th century could scarcely believe the heliocentric theory proposed by Copernicus. ▶

## Pattern 140 that's why 주어 + 동사 ~

그래서 ~이다

1 That's why I came to see you tonight. ▶

2 That's why people love the artist's works. ▶

3 That's why two biologists discovered the structure of DNA. ▶

4 The reason why the answer is wrong is that a spider is not classified as an insect. ▶

5 The reason why we commemorate Hangul Day is that this is a unique language used only by Koreans. ▶

## Pattern 141 keep one's eyes off ~

~에서 눈을 떼다, ~를 보지 않고 있다

1 The goalkeeper did not keep his eyes off the ball. ▶

2 A good babysitter never keeps her eyes off a child. ▶

3 The analysts couldn't keep their eyes off the documents. ▶

4 Please keep your eyes on my luggage while I go away to exchange my money to dollars. ▶

5 Foreign exchange experts are keeping their eyes on the unreasonable upward trend against dollars. ▶

# DAY 48

영문을 읽고 우리말로 해석해 보세요. 눈으로만 읽는 것보다는 직접 손으로 써 보며 독해하는 것이 패턴을 기억하는 데 훨씬 도움됩니다. 정답은 본 책에서 확인하세요.

## Pattern 142 find it A to + 동사원형

~하는 것이 A하다는 것을 알다

1 They find it difficult to please their parents. ▶

2 Most people will find it beneficial to quit smoking. ▶

3 The eminent scientists found it impossible to time travel. ▶

4 The audience finds it amazing to walk on one leg on the rope in the air. ▶

5 Some people find it exciting to challenge themselves with something dangerous like rock-climbing. ▶

## Pattern 143 be on the tip of one's tongue

말이 입가에서 맴돌다, 생각이 날 듯 말 듯하다

1 Your name is on the tip of my tongue. ▶

2 It was on the tip of my tongue to ask for his phone number. ▶

3 The poetic concept was on the tip of her tongue all night. ▶

4 The driver's face rang a bell, but the license plate was on the tip of my tongue. ▶

5 The attorney could not finish his final argument because the precise legal term was on the tip of his tongue. ▶

## Pattern 144 as though 주어 + 동사 ~

마치 ~인 것처럼

1 He acts as though he became a hero of that novel. ▶

2 A fortuneteller says as though she knew everything about me. ▶

3 He lavished money as though he had inherited a fortune. ▶

4 Remember this phrase that says "Live a life as if it were the last day of your life." ▶

5 The congress is dominated by left-wingers who speak as if they could solve the economic difficulties of the people. ▶

# DAY 49

영문을 읽고 우리말로 해석해 보세요. 눈으로만 읽는 것보다는 직접 손으로 써 보며 독해하는 것이 패턴을 기억하는 데 훨씬 도움됩니다. 정답은 본 책에서 확인하세요.

## Pattern 145 pull one's leg

~를 놀리다

1 My brother is always pulling my leg now. ▶

2 Don't pull her leg about her eccentric behavior. ▶

3 Stop pulling my leg because you really make me depressed. ▶

4 You should stop teasing the weak because it is serious school violence. ▶

5 The slapstick comedian on the stage made fun of many celebrities who have been on news. ▶

## Pattern 146 for 주어 + 동사 ~

~하기 때문에

1 They must be angry, for they closed their lips firmly. ▶

2 I could not start a car, for the battery was dead. ▶

3 His plans are fabulous, for they are filled with innovating ideas. ▶

4 I had to take a maternity leave, for I could not find a good nanny whom I could trust. ▶

5 He was hesitant about accepting the new promoted position, for he was planning to immigrate to Singapore. ▶

## Pattern 147 it was not until A that ~

A가 되어서야 비로소 ~했다

1 It was not until now that I could understand his theory. ▶

2 It was not until recently that people could decipher a code. ▶

3 It was not until midnight that he could infiltrate into the area. ▶

4 It was not until a rescue helicopter came that people were evacuated. ▶

5 It was not until the 19th century that Korean women were liberated from the social repression. ▶

# DAY 50

영문을 읽고 우리말로 해석해 보세요. 눈으로만 읽는 것보다는 직접 손으로 써 보며 독해하는 것이 패턴을 기억하는 데 훨씬 도움됩니다. 정답은 본 책에서 확인하세요.

## Pattern 148 either A or B

A이거나 B이거나, 둘 중 하나

1 You may speak in either English or French. ▶

2 The jury thought that either you or they were telling a lie. ▶

3 They can either allow joining a bid or restrict joining a bid. ▶

4 Both Democrats and Republicans finally approved the new budget guidelines. ▶

5 He is my ideal man because he is both considerate and thoughtful. ▶

## Pattern 149 mind if 주어 + 동사 ~

~해도 될까요?

1 Do you mind if I smoke here? ▶

2 Do you mind if I ask you about your occupation? ▶

3 Would you mind if I ask you to show your certificate? ▶

4 Would you mind if I tag along with you and see how the construction is going on? ▶

5 Do you mind if I ask you about how you could develop this sophisticated theory in this field? ▶

## Pattern 150 A is the first ~ who …

A는 맨 처음[최초로] …한 ~이다

1 I was the first person who discovered the island. ▶

2 She is the first female writer who won the Nobel Prize. ▶

3 Who is the first astronaut who explored Mars? ▶

4 You had better trust him because John is the last person who will deceive you. ▶

5 The man on this list is the last person who will commit this crime because he has been such a great guy. ▶

# DAY 51

영문을 읽고 우리말로 해석해 보세요. 눈으로만 읽는 것보다는 직접 손으로 써 보며 독해하는 것이 패턴을 기억하는 데 훨씬 도움됩니다. 정답은 본 책에서 확인하세요.

## Pattern 151 be on the point of ~ing

막 ~하려 하다, ~할 뻔한 찰나이다, ~할 지경에 있다

1 I was on the point of slipping on the stairs on a rainy day. ▶

2 The driver was on the point of changing the lane. ▶

3 He was on the point of getting rid of all evidence. ▶

4 Although the young girl has loved him so much, her marriage is on the verge of breaking up. ▶

5 The railroad bridge connecting the island to the mainland is on the brink of collapsing. ▶

## Pattern 152 so to speak

그래서 말하자면, 한마디로

1 So to speak, she is an angel from the heaven. ▶

2 So to speak, Macao is a small version of Las Vegas. ▶

3 So to speak, he is a real boss who has most powers. ▶

4 Because Henry won the lottery last night, he became a millionaire overnight, so to speak. ▶

5 Europe is no longer a symbol of a trend-setter, so to speak. Most gadgets have been developed in other countries. ▶

## Pattern 153 there is nothing for it but to ~

~하지 않을 수 없다, ~밖에는 별 도리가 없다

1 There was nothing for it but to cry. ▶

2 There is nothing for it but to give up my dream. ▶

3 There was nothing for it but to do the same thing again. ▶

4 There is no choice but to sell my house to pay for my daughter's medical bill. ▶

5 There was no choice but to sell the semiconductor sector, not to be merged during the recession. ▶

# DAY 52

영문을 읽고 우리말로 해석해 보세요. 눈으로만 읽는 것보다는 직접 손으로 써 보며 독해하는 것이 패턴을 기억하는 데 훨씬 도움됩니다. 정답은 본 책에서 확인하세요.

## Pattern 154 may well ~

~하는 것이 당연하다[무리가 아니다]

1 A waiter at a restaurant may well feel exhausted. ▶

2 The traitor may well be expelled from his country. ▶

3 Readers may well fall in love with his new historical novel. ▶

4 Religious pilgrims may well visit Israel once in a lifetime in order to be more faithful and pious. ▶

5 He may well appeal to the Supreme Court as he insists his innocence. ▶

## Pattern 155 it goes without saying that ~

~는 말할 필요조차 없다

1 It goes without saying that he always thinks of me. ▶

2 It goes without saying that I have confidence in the workers. ▶

3 It goes without saying that you should cherish his legacy. ▶

4 Needless to say, the heliocentric theory was shocking to people who believed the geocentric theory. ▶

5 Needless to say, recycling resources is very crucial for the next generation. ▶

## Pattern 156 prefer A to B

B보다 A를 더 좋아하다[선호하다]

1 I prefer studying with friends to studying alone. ▶

2 She prefers riding a horse outside to working out at the gym. ▶

3 He prefers playing outdoor sports to playing indoor sports. ▶

4 He prefers seating in aisle seats to window seats in case of a long distance flight. ▶

5 She preferred enjoying rural life to having the hustle and bustle of city life as she grew older. ▶

# DAY 53

영문을 읽고 우리말로 해석해 보세요. 눈으로만 읽는 것보다는 직접 손으로 써 보며 독해하는 것이 패턴을 기억하는 데 훨씬 도움됩니다. 정답은 본 책에서 확인하세요.

## Pattern 157 in token of

~의 표시[증거]로서

1 The players had their hair cut in token of their strong will. ▶

2 In token of victory, a captain gave soldiers days off. ▶

3 I wore an armband in token of mourning at the funeral. ▶

4 Right after the graduation ceremony, he sent a bouquet of flowers as a token of appreciation. ▶

5 She donated all the profits from her new album to the orphanage as a token of appreciation. ▶

## Pattern 158 as A, so B

A인 것처럼[A하는 대로], B하다

1 As a boy sees in the world, so expressive he shall be. ▶

2 As you care about me, so loving will I be for you. ▶

3 As the cost of living increases, so stressed people will be. ▶

4 As more amino acids are broken down in this material, so harmful toxic ammonia will be. ▶

5 As more murals are found, so fortunate are we to have better understanding of how people lived a long time ago. ▶

## Pattern 159 provided 주어 + 동사 ~

~인 경우라면

1 Provided you are under 20, you can get a discount. ▶

2 I will return the stuff provided the package was damaged. ▶

3 Provided baggage exceeds 7kg, he may pay an additional fee. ▶

4 Provided that you give me extra 10% discount on the sale item, I will buy it immediately. ▶

5 Provided that the iceberg on the South Pole is melting quicker, we should take the global warming more seriously. ▶

# DAY 54

영문을 읽고 우리말로 해석해 보세요. 눈으로만 읽는 것보다는 직접 손으로 써 보며 독해하는 것이 패턴을 기억하는 데 훨씬 도움됩니다. 정답은 본 책에서 확인하세요.

## Pattern 160 come near ~ing

하마터면 ~할 뻔하다, 가까스로 ~를 면하다

1 I came near spraining my ankle on the stairs. ▶

2 The oil ship came near being wrecked by the heavy storm. ▶

3 The asteroid came near crashing the northern hemisphere. ▶

4 The child narrowly escaped falling into a big hole when the earthquake hit the town all of a sudden. ▶

5 He narrowly escaped being accused of forging his ex-wife's signature. ▶

## Pattern 161 apart from ~

~를 제외하고, ~를 제쳐두고

1 Apart from that, I think that she is perfect. ▶

2 Apart from the first question, she has completed the form. ▶

3 Apart from logistical costs, we didn't suffer major loss. ▶

4 Apart from the 10% increase of medical care expenses, the union and management came to an agreement. ▶

5 Apart from the dispute over Dokdo Island, there remain unresolved matters between Korea and Japan. ▶

## Pattern 162 had it not been for ~

~가 없었더라면

1 Had it not been for your advice, I couldn't have succeeded. ▶

2 Had it not been for your help, I would have failed the exam. ▶

3 Had it not been for this, she would have lost her belongings. ▶

4 If it had not been for the scholarship, he would have had serious financial difficulties. ▶

5 If it had not been for this guideline, I would have wasted my precious time looking for the direction. ▶

# DAY 55

영문을 읽고 우리말로 해석해 보세요. 눈으로만 읽는 것보다는 직접 손으로 써 보며 독해하는 것이 패턴을 기억하는 데 훨씬 도움됩니다. 정답은 본 책에서 확인하세요.

## Pattern 163 when it comes to ~

~로 말할 것 같으면

1 When it comes to love, trusting somebody is important. ▶

2 When it comes to the weather in U.K., it is the worst. ▶

3 When it comes to money, it brings us more opportunities. ▶

4 I think plagiarism is a kind of crime when it comes to publishing a book. ▶

5 Every country uses different but equivalent measurement systems when it comes to measuring things. ▶

## Pattern 164 next to nothing

없는 것과 다름 없는, 거의 없는

1 They got musical tickets for next to nothing. ▶

2 The executive knows next to nothing about marketing. ▶

3 I got the secondhand clothes for next to nothing. ▶

4 Unfortunately, many victims of this conspiracy could remember almost nothing. ▶

5 Lions which are the largest carnivore in Africa can find almost nothing to eat in this area. ▶

## Pattern 165 would rather A than B

B하느니 차라리 A하겠다

1 I would rather sleep than do nothing. ▶

2 The injured solider would rather die than give in to threats. ▶

3 I would rather live alone than marry the ignorant man. ▶

4 She would rather have an operation right now than take a medicine for her entire life. ▶

5 Some people would rather say nothing to others than tell the truth because they do not want to cause any trouble. ▶

# DAY 56

영문을 읽고 우리말로 해석해 보세요. 눈으로만 읽는 것보다는 직접 손으로 써 보며 독해하는 것이 패턴을 기억하는 데 훨씬 도움됩니다. 정답은 본 책에서 확인하세요.

## Pattern 166 what with A and what with B

한편으로는 A 때문에, 또 한편으로는 B 때문에

1 What with rumors and what with debts, he killed himself. ▶

2 What with love and what with friendship, they feel united. ▶

3 What with wars and what with poverty, I gave up studying. ▶

4 What with too much violence and what with too much swearing, people under 13 are not allowed to watch this movie. ▶

5 What with the high cost of living and what with the depression, it is difficult to run a business in Korea. ▶

## Pattern 167 not so much A as B

A라기보다는 오히려 B인

1 His book is not so much interesting as instructive. ▶

2 His brand new car was not so much fashionable as durable. ▶

3 Some say Buddhism is not so much religious as philosophical. ▶

4 Las Vegas is not just a gambling city so much as an exciting city where people can watch musicals and fountain shows. ▶

5 The writer's view is not liberal so much as conservative about things that happen in this country. ▶

## Pattern 168 If I were ~, 주어 + would + 동사원형 …

만일 내가 ~라면, …할 텐데

1 If I were here with you, I would propose to you. ▶

2 If I were the woman, I would not buy this cosmetic product. ▶

3 If I were a boy, I would have fun in a Halloween party. ▶

4 Were I a professor in this university, I would give an A to every student who submits his paper on time. ▶

5 Were I American, I would not be discriminated against because of its strong international power. ▶

# DAY 57

영문을 읽고 우리말로 해석해 보세요. 눈으로만 읽는 것보다는 직접 손으로 써 보며 독해하는 것이 패턴을 기억하는 데 훨씬 도움됩니다. 정답은 본 책에서 확인하세요.

## Pattern 169 lest 주어 (+ should) + 동사원형 ~

~하지 않기 위해서

1 Study all night lest you should fail the entrance exam. ▶

2 They drove too fast lest they should be late for the interview. ▶

3 He kept the important data in a safe lest he should lose them. ▶

4 The celebrity tried to find a person who spread a bad rumor on the internet lest he lose his popularity and good reputation. ▶

5 We should be careful with sleeping pills lest we die from an overdose of sleeping pills. ▶

## Pattern 170 cannot but ~

~하지 않을 수 없다

1 Laborers in the factory cannot but agree with the new policy. ▶

2 We cannot but admire the bravery of a little Afghanistan girl. ▶

3 The bank burglar cannot but surrender himself to the police. ▶

4 The government cannot help but worry about the real estate bubble when many people buy houses with loans. ▶

5 The musician could not help but perform music on a stage although he was in the worst condition. ▶

## Pattern 171 devote A to B

A를 B에 바치다[쏟다, 기울이다]

1 Mother Teresa devoted her whole life to helping poor people. ▶

2 I will devote the rest of my life to the study of medicine. ▶

3 The CEO will devote his efforts to promoting venture business. ▶

4 The psychologist was fully devoted to the development of this mental theory for his whole life. ▶

5 My friend, a renowned journalist, has been devoted to finding out information about the conspiracy theory for two years. ▶

# DAY 58

영문을 읽고 우리말로 해석해 보세요. 눈으로만 읽는 것보다는 직접 손으로 써 보며 독해하는 것이 패턴을 기억하는 데 훨씬 도움됩니다. 정답은 본 책에서 확인하세요.

## Pattern 172 scarcely 조동사 + 주어 ~ before …

~하자마자 곧바로 …하다

1 Scarcely had I fallen asleep before the phone rang. ▶

2 Scarcely had he lost his card before somebody called him. ▶

3 Scarcely had I sold the stocks before stock markets fluctuated. ▶

4 Hardly had the traffic light changed to green when the little girl crossed the street. ▶

5 Hardly had an angry customer come to the service center when a manager kindly escorted him to a booth. ▶

## Pattern 173 remind A of B

A에게 B를 생각나게 하다[연상시키다]

1 This sweet song reminds her of her first love. ▶

2 This picture reminds me of my best time in my life. ▶

3 A hexagon reminds me of a big diamond wedding ring. ▶

4 This monument reminds me that the Royal Navy had an invincible reputation. ▶

5 The Statue of Liberty reminds us that America is the land of freedom and opportunity. ▶

## Pattern 174 A as well as B

B는 물론 A도

1 You should take minerals as well as vitamins. ▶

2 He could make friends at school as well as on the internet. ▶

3 To succeed, you need confidence as well as effort. ▶

4 The applications of this tool are not only effective but also innovative. ▶

5 Despite the harsh circumstance, Mary continued not only to study but also to make a living for her family. ▶

# DAY 59

영문을 읽고 우리말로 해석해 보세요. 눈으로만 읽는 것보다는 직접 손으로 써 보며 독해하는 것이 패턴을 기억하는 데 훨씬 도움됩니다. 정답은 본 책에서 확인하세요.

## Pattern 175 be out of stock

품절되다, 매진되다

1 All of fresh cut trees were out of stock by Christmas Day. ▶

2 In spite of high prices, iPads will be out of stock. ▶

3 Even though I preordered items, they were all out of stock. ▶

4 I can confirm that the items you've requested recently are in stock now. ▶

5 This website is incredible because every delivery is made within 24 hours if the items are in stock. ▶

## Pattern 176 be responsible for ~

~에 대한 책임이 있다

1 You should be responsible for what you've said. ▶

2 The president was responsible for informing the financial crisis. ▶

3 The federal government is responsible for protecting citizens. ▶

4 You should leave your valuables in the safe because no one will take responsibility for any lost items. ▶

5 The president announced that she would take full responsibility for everything that might go wrong. ▶

## Pattern 177 by ~ing

~함으로써

1 You can figure out your potential by trying different things. ▶

2 He was wasting money by purchasing online games. ▶

3 By removing the wall, we could secure the wide open spaces. ▶

4 By joining our charity, you will truly appreciate the meaning of helping others. ▶

5 Most physicians insist that by resting our bodies, we can keep ourselves in decent mental condition. ▶

# DAY 60

영문을 읽고 우리말로 해석해 보세요. 눈으로만 읽는 것보다는 직접 손으로 써 보며 독해하는 것이 패턴을 기억하는 데 훨씬 도움됩니다. 정답은 본 책에서 확인하세요.

## Pattern 178 once 주어 + 동사 ~

일단 ~하면

1 Once the bill is confirmed, it is hard to change. ▶

2 Once you open a bottle of wine, it is difficult to keep it fresh. ▶

3 Once you sign the contract, it's impossible to withdraw from it. ▶

4 The magma, once it reaches the surface, is called lava even without any change in composition and property. ▶

5 The man, once he is elected as president, will avoid regionalism, corruption, and party politics. ▶

## Pattern 179 be eligible for ~

~에 대한 자격이 있다, ~의 대상이다

1 Students with all A's are eligible for the scholarship. ▶

2 All employees are eligible for the additional bonus this year. ▶

3 Only retired people are eligible for the financial support. ▶

4 Not everyone on this list deserves unprecedented promotion and increased pay. ▶

5 This traditional gate in this area deserves to be designated as the No. 1 national treasure. ▶

## Pattern 180 provide A with B

A에게 B를 제공하다

1 The airlines will provide you with food. ▶

2 We always provide customers with refreshments for free. ▶

3 The government should provide us with a better education. ▶

4 The goal of this business is to supply customers with better goods and services. ▶

5 We should wait here until they supply us with written confirmation. ▶

# DAY 61

영문을 읽고 우리말로 해석해 보세요. 눈으로만 읽는 것보다는 직접 손으로 써 보며 독해하는 것이 패턴을 기억하는 데 훨씬 도움됩니다. 정답은 본 책에서 확인하세요.

## Pattern 181 be in charge of ~

~를 담당하다, ~를 책임지고 있다

1 Who is in charge of these new products? ▶

2 A new employee will be in charge of this significant project. ▶

3 The skilled doctor will be in charge of rehabilitation programs. ▶

4 All the employees in this department are busy handling complaints from customers. ▶

5 In order to handle many students' requests, a special committee has been formed. ▶

## Pattern 182 when 주어 + 동사 ~

~할 때

1 When he first saw you, he fell in love. ▶

2 When I am stressed, I often lose my appetites. ▶

3 When she was all alone, she liked to write poems. ▶

4 Whenever you want to ask for more information, you can call this toll-free number written on the box. ▶

5 The real estate market becomes unstable whenever the economy starts to flag. ▶

## Pattern 183 until 주어 + 동사 ~

~할 때까지

1 You have to roast the garlic until it turns brown. ▶

2 You need to watch them until the ingredients are mixed well. ▶

3 Until my break was over, I had not received my transcript. ▶

4 It is not until we experience a loss that we fully realize the importance of something. ▶

5 The cause of this patient's sudden heart attack will not be known until the surgery is performed. ▶

# DAY 62

영문을 읽고 우리말로 해석해 보세요. 눈으로만 읽는 것보다는 직접 손으로 써 보며 독해하는 것이 패턴을 기억하는 데 훨씬 도움됩니다. 정답은 본 책에서 확인하세요.

## Pattern 184 have trouble ~ing

~하는 데 어려움이 있다

1 People with poor eyesight have trouble reading signs. ▶

2 Little boys and girls have trouble adjusting to school. ▶

3 The patient in an intensive care unit has trouble breathing. ▶

4 Investigators have difficulties in identifying the possible consequences of this murder case. ▶

5 If you study hard, you should not have difficulties meeting requirements for lab assignments. ▶

## Pattern 185 because 주어 + 동사 ~

~이기 때문에

1 Because I usually walk to school, I do not need any bus pass. ▶

2 Because they knew everything, I could not lie to them. ▶

3 Because he spent all his money, he was penniless. ▶

4 Since John was fired from his work, the current situation got more complicated. ▶

5 This group is expected to win since it is armed with the latest weapons manufactured by WTC. ▶

## Pattern 186 so that 주어 + 동사 ~

~하기 위하여, ~할 목적으로

1 We jog every morning so that we can be healthy. ▶

2 People did their best so that they could finish the competition. ▶

3 The player practices hard so that he improves his pitching skill. ▶

4 The body requires adequate nutrition in order that it can maintain proper metabolism. ▶

5 The company laid off a few employees in order that it could resolve the financial crisis it was facing. ▶

# DAY 63

영문을 읽고 우리말로 해석해 보세요. 눈으로만 읽는 것보다는 직접 손으로 써 보며 독해하는 것이 패턴을 기억하는 데 훨씬 도움됩니다. 정답은 본 책에서 확인하세요.

## Pattern 187 not A without B

B 없이는 A하지 않다, B하면 반드시 A하다

1 All the good results do not come without efforts. ▶

2 You cannot purchase dangerous materials without permission. ▶

3 He will not be successful without his efforts. ▶

4 Most plants will not thrive without the proper amount of sunshine and moisture. ▶

5 The shipment cannot be accepted without the proof of safety, so there is no use asking for permission without it. ▶

## Pattern 188 in case 주어 + 동사 ~

~할 경우

1 In case you work overtime, you can get paid more. ▶

2 Korea is ready to fire in case its enemy attacks. ▶

3 We bring umbrellas and raincoats in case it rains suddenly. ▶

4 Funding for the new projects can be scheduled provided that the whole expenses do not exceed the annual budget. ▶

5 Provided that they continue to offer us assistance, we can accomplish this task. ▶

## Pattern 189 whether 주어 + 동사 ~ or not

~인지 아닌지

1 I wonder whether my professor likes my paper or not. ▶

2 Whether he did his best or not is important. ▶

3 Whether an entrepreneur invests his money or not is an issue. ▶

4 Nobody is sure about if this UV cream can successfully protect us from ultraviolet rays. ▶

5 I cannot tell if it is good for my company to move its headquarters to Houston. ▶

# DAY 64

영문을 읽고 우리말로 해석해 보세요. 눈으로만 읽는 것보다는 직접 손으로 써 보며 독해하는 것이 패턴을 기억하는 데 훨씬 도움됩니다. 정답은 본 책에서 확인하세요.

## Pattern 190 keep an eye on ~

~를 계속 지켜보다[감시하다]

1 The nurse has to keep an eye on her patient's blood pressure. ▶

2 A policeman is keeping an eye on the terrorist suspect. ▶

3 The manager should keep an eye on his employees. ▶

4 The government should keep an eye out for fish that might be affected by radioactive contamination. ▶

5 While swimming in this area, we have to keep an eye out for potential attacks by sharks. ▶

## Pattern 191 so as to ~

~하기 위해서

1 They got up early so as to buy train tickets in advance. ▶

2 We should always have fire extinguishers so as to prevent fire. ▶

3 The archaeologists need tools so as to excavate ancient ruins. ▶

4 All those concerned must cooperate with each other in order to reach an agreement. ▶

5 You are supposed to complete all the required procedures in order to make a reimbursement claims successfully. ▶

## Pattern 192 cut down on ~

~를 줄이다[삭감하다]

1 The company has recently cut down on the annual budget. ▶

2 The doctor advised that he cut down on greasy food. ▶

3 As I have insomnia, I should cut down on caffeinated drinks. ▶

4 Because of the recession, our company needs to reduce the cost of labor significantly. ▶

5 We should reduce the amount of trans fat in our diet in order to avoid obesity. ▶

# DAY 65

영문을 읽고 우리말로 해석해 보세요. 눈으로만 읽는 것보다는 직접 손으로 써 보며 독해하는 것이 패턴을 기억하는 데 훨씬 도움됩니다. 정답은 본 책에서 확인하세요.

## Pattern 193 have no choice but to ~

~하지 않을 수 없다, ~할 수밖에 없다

1 We missed a bus, so we had no choice but to walk. ▶

2 The manager had no choice but to fire part-time workers. ▶

3 I have no choice but to negotiate with a kidnapper. ▶

4 I cannot help wondering why so many people have consented to the revision. ▶

5 People know that consuming a large quantity of alcohol is bad for their health, but they just cannot help drinking excessively. ▶

## Pattern 194 동사 ~, and 주어 + 동사 …

~하라, 그러면 …할 것이다

1 Study hard, and you will get in to a good university. ▶

2 Go work out, and you will be in good shape. ▶

3 Meet an expert in the field, and you can find a lucrative job. ▶

4 Take a subway in Seoul, or you will not be on time because of a heavy traffic jam. ▶

5 Stop complaining too much, or everyone in your office won't want to help you. ▶

## Pattern 195 be immune to ~

~에 면역성이 있다, ~의 영향을 받지 않다

1 Nobody is immune to flattery. ▶

2 These bugs are highly immune to general pesticides. ▶

3 It is shocking that some insects are immune to this disease. ▶

4 Since we are easily swayed by people's appearance, many people get more and more plastic surgery. ▶

5 Anyone who has read his book was swayed by his thought and character. ▶

# DAY 66

영문을 읽고 우리말로 해석해 보세요. 눈으로만 읽는 것보다는 직접 손으로 써 보며 독해하는 것이 패턴을 기억하는 데 훨씬 도움됩니다. 정답은 본 책에서 확인하세요.

## Pattern 196 such as ~

~와 같은, 예를 들면 ~ 같은

1 Get some cardiovascular exercise such as jogging and cycling. ▶

2 You need to cut back on sweets such as chocolates. ▶

3 Wild animals such as coyotes are in danger. ▶

4 For example, what would you do when market crashes and sales decrease? ▶

5 For example, 20,000 residents in this town suffered from a serious electricity shortage in this summer. ▶

## Pattern 197 not always

반드시 ~인 것은 아니다

1 Telling the truth is not always good. ▶

2 Smartphones are not always a symbol of being rich. ▶

3 What you think right is not always legally right. ▶

4 Heroes of the past are not necessarily heroes of the present because of a different standard. ▶

5 His depiction is not necessarily true because he has a tendency to exaggerate. ▶

## Pattern 198 play a crucial role in ~

~에서 중요한 역할을 하다

1 Schools play a crucial role in a society. ▶

2 The media plays a crucial role in forming public opinions. ▶

3 Genes play a crucial role in the growth of mammals. ▶

4 It is sad that politicians no longer act as a representative of the general public. ▶

5 The newly released pill will act as a booster for a longer life expectancy of the youth and the old. ▶

# DAY 67

영문을 읽고 우리말로 해석해 보세요. 눈으로만 읽는 것보다는 직접 손으로 써 보며 독해하는 것이 패턴을 기억하는 데 훨씬 도움됩니다. 정답은 본 책에서 확인하세요.

## Pattern 199 both A and B

A와 B 둘 다

1 Everything has both advantages and disadvantages. ▶

2 He ended up losing both his starting capital and his interest. ▶

3 People were killed by both an earthquake and a tsunami. ▶

4 When they responded to me, they neither proved nor denied the information I had requested to confirm. ▶

5 His books are neither well-received nor criticized by readers and critics. ▶

## Pattern 200 after + 명사

~를 따라서

1 Canadian transit system was modeled after America. ▶

2 We decided to name our baby Denzel after a renowned actor. ▶

3 This spectacular architecture was modeled after the Ki Palace. ▶

4 The first lady's fashion style was copied by many celebrities throughout the world. ▶

5 Their tactics and strategies have been copied by other military organizations. ▶

## Pattern 201 since 주어 + 동사 ~

~이기 때문에

1 Since we got up late, we were late for science class. ▶

2 Since this artwork is fragile, handle it with extra care. ▶

3 Since this recipe is very simple, you can follow this easily. ▶

4 The notice was sent to the tenants due to non-payment of rent. ▶

5 Due to the difference in atmospheric pressure, you might have severe pain in your ears. ▶

# DAY 68

영문을 읽고 우리말로 해석해 보세요. 눈으로만 읽는 것보다는 직접 손으로 써 보며 독해하는 것이 패턴을 기억하는 데 훨씬 도움됩니다. 정답은 본 책에서 확인하세요.

## Pattern 202 in order that 주어 + may ~

~할 목적으로, ~하기 위하여

1. You should get in line in order that you may enter. ▶
2. You should use coupons in order that you may get discounts. ▶
3. He needs to fill out a form in order that he may get a refund. ▶
4. Performers are supposed to have a break time so that they can be best prepared for the next concert. ▶
5. Noise pollution should not be created in any circumstance so that we can enjoy a better quality of life. ▶

## Pattern 203 be supported by the fact that 주어 + 동사 ~

~라는 사실에 의해 뒷받침되다

1. It is supported by the fact that the number has increased. ▶
2. This trend is supported by the fact that many have bought it. ▶
3. The hypothesis is supported by the fact that many believe it. ▶
4. Experts' prediction about our future economy is supported by the fact that many people try to buy more houses. ▶
5. The rumor is supported by the fact that there are quite a few people who have witnessed the car accident. ▶

## Pattern 204 no longer

더 이상 ~가 아니다

1. The voucher is no longer valid. ▶
2. This job is no longer the one that the younger people want. ▶
3. America is no longer a safe place from terrorists' attacks. ▶
4. When he insulted me twice, I could not contain my rage any longer, and I expressed it. ▶
5. Pluto cannot maintain its status as a planet any longer because of many reasons. ▶

# DAY 69

영문을 읽고 우리말로 해석해 보세요. 눈으로만 읽는 것보다는 직접 손으로 써 보며 독해하는 것이 패턴을 기억하는 데 훨씬 도움됩니다. 정답은 본 책에서 확인하세요.

## Pattern 205 whereas 주어 + 동사 ~

~하는 반면에

1 Whereas Jane likes coffee, her husband likes tea. ▶

2 Whereas Jim speaks perfect Korean, I can't speak a word. ▶

3 Whereas dogs are gentle, coyotes are fierce and rough. ▶

4 Some countries have spent a lot of money promoting the book while other countries have banned it completely. ▶

5 I am usually emotional when having an argument while my friend stays calm and expresses her opinion clearly. ▶

## Pattern 206 hardly

거의 ~ 않다[아니다]

1 My teacher is so strict that she hardly smiles. ▶

2 The temperature near the equator hardly changes. ▶

3 This system is hardly productive because of the high cost. ▶

4 Chronic appendicitis rarely accompanies symptoms that affect our daily lives. ▶

5 From this book, most of these writing styles are obsolete, and you can rarely see people ever using them. ▶

## Pattern 207 to make a long story short

간단히 말하면

1 To make a long story short, they lived happily ever after. ▶

2 To make a long story short, everything worked out well. ▶

3 To make a long story short, his ex-wife did not pay him back. ▶

4 To sum up, the movie can give a negative effect on children because of too much violence. ▶

5 To sum up, solar system is now made up of eight different planets instead of nine. ▶

# DAY 70

영문을 읽고 우리말로 해석해 보세요. 눈으로만 읽는 것보다는 직접 손으로 써 보며 독해하는 것이 패턴을 기억하는 데 훨씬 도움됩니다. 정답은 본 책에서 확인하세요.

## Pattern 208 come to ~

~하게 되다

1 Finally, she came to understand her ex-boyfriend. ▶

2 I came to look at the issue from different perspectives. ▶

3 At last, my professor came to accept results from this lab. ▶

4 This building construction in Baghdad, which has been a great burden to me, finally came to an end. ▶

5 I was sure that the two parties in the congress could finally come to an agreement. ▶

## Pattern 209 take to ~ing

~가 습관이 되다, ~에 전념하다

1 I have taken to going to bed very late recently. ▶

2 He has taken to having an online chat with strangers. ▶

3 The professor has taken to sipping water before a class starts. ▶

4 The biology professor has taken to playing chess games with his students after his class. ▶

5 Unfortunately, her husband has taken to using violence when they have an argument. ▶

## Pattern 210 considering

~를 고려해 보면

1 The broker made a lot of money considering his time spent. ▶

2 You are relatively slim considering how much you eat. ▶

3 This is an absolutely great investment considering its return. ▶

4 Taking all things into account, the board should take an important decision to revise the current system. ▶

5 Taking all things into account, the newly released tax plan is the best option. ▶

# DAY 71

영문을 읽고 우리말로 해석해 보세요. 눈으로만 읽는 것보다는 직접 손으로 써 보며 독해하는 것이 패턴을 기억하는 데 훨씬 도움됩니다. 정답은 본 책에서 확인하세요.

## Pattern 211 have the misfortune to ~

불행하게도 ~하다

1 Jerry had the misfortune to be bankrupt. ▶

2 Tony had the misfortune to be turned down for the position. ▶

3 The country had the misfortune to be ruled by non-patriots. ▶

4 Ancient people believed that it was disastrous to deny the existence of god. ▶

5 It can be disastrous for the orphans to see those kids of their age feel happy with their family. ▶

## Pattern 212 be sure to ~

틀림없이 ~할 것이다

1 Please be sure to give my regards to your family. ▶

2 Be sure to seal the bag, otherwise the odor will be emitted. ▶

3 Solar system is sure to be demolished due sometime later. ▶

4 By calling the office, you can make sure that your application is submitted on time. ▶

5 The police made sure that the suspect does not forge his passport again to flee overseas. ▶

## Pattern 213 cannot choose but ~

~하지 않을 수 없다

1 The writer cannot choose but meet the deadline of articles. ▶

2 Employees cannot choose but say yes to their boss. ▶

3 Audiences cannot choose but give a standing ovation. ▶

4 The successful businessman could not help donating a fortune because he felt great sympathy for the orphans. ▶

5 The war correspondent could not help taking a picture even when there were too many casualties. ▶

# DAY 72

영문을 읽고 우리말로 해석해 보세요. 눈으로만 읽는 것보다는 직접 손으로 써 보며 독해하는 것이 패턴을 기억하는 데 훨씬 도움됩니다. 정답은 본 책에서 확인하세요.

## Pattern 214 one ~, the other ···

하나는 ~, 나머지 하나는 ···

1 One was found in a lake, and the other was found in a forest. ▶

2 This game is over when one or the other loses all money. ▶

3 It is not easy to tell one of the identical twins from the other. ▶

4 One factor to think about is how much you devote yourself to this work. Another factor to consider is how much you love it. ▶

5 One important thing is to recuperate from his food poisoning. Another important thing is to stop smoking. ▶

## Pattern 215 in that 주어 + 동사 ~

~라는 점에서

1 She looked gorgeous in that she was always confident. ▶

2 We have to pay much more taxes in that we are immigrants. ▶

3 He will be healthier soon in that his priority is his health. ▶

4 It is great to eat pears every day because they help digest food better. ▶

5 We should not eat too many nuts at one time because they might trigger off an allergic reaction. ▶

## Pattern 216 due to the fact that 주어 + 동사 ~

~라는 사실 때문에

1 I know what *han* means due to the fact that I am Korean. ▶

2 She was silent due to the fact that she couldn't speak English. ▶

3 The patient's case is urgent due to the fact that vaccines are useless. ▶

4 Because of the fact that tomatoes have powerful antioxidants, they protect us from getting diseases. ▶

5 After the earthquake, people felt devastated because of the fact that they lost all their possessions. ▶

# DAY 73

영문을 읽고 우리말로 해석해 보세요. 눈으로만 읽는 것보다는 직접 손으로 써 보며 독해하는 것이 패턴을 기억하는 데 훨씬 도움됩니다. 정답은 본 책에서 확인하세요.

## Pattern 217 have nothing to do except to ~

~하는 것 이외에는 할 것이 없다, ~할 수밖에 없다

1 The boy has nothing to do except to wait for his mom. ▶

2 The patient has nothing to do except to hope for the best. ▶

3 I had nothing to do except to wait for another call. ▶

4 Mr. Lee had no choice but to admit what he did to labor unions at the court hearing. ▶

5 Because of the President's apology, many human rights organizations had no choice but to forgive what happened. ▶

## Pattern 218 주어 + 동사 ~ only to …

~했으나 결국 …하다

1 I tried my best only to fail in my exam. ▶

2 The satellite reached Jupiter only to get out of its orbit. ▶

3 The helicopter tried to land only to crash abruptly. ▶

4 The director of Cultural Art Museum made a great effort to keep the Korean tradition only to see it end. ▶

5 We were trying to find the best solution to this project only to see it scrapped. ▶

## Pattern 219 as 주어 + 동사 ~

~하면서

1 As time goes by, people get wiser. ▶

2 As he got older, he admired his father more and more. ▶

3 As modern civilization flourishes, air gets polluted. ▶

4 As Abu Dhabi becomes a more appealing city to visit, its property values go up rapidly. ▶

5 As Christmas approaches, people on the streets are more excited with glittering lights. ▶

# DAY 74

영문을 읽고 우리말로 해석해 보세요. 눈으로만 읽는 것보다는 직접 손으로 써 보며 독해하는 것이 패턴을 기억하는 데 훨씬 도움됩니다. 정답은 본 책에서 확인하세요.

## Pattern 220 to make matters worse

설상가상으로

1 To make matters worse, he lost his expensive notebook. ▶

2 To make matters worse, the girl has claustrophobia. ▶

3 To make matters worse, antibiotics were insufficient. ▶

4 To add insult to injury, because of the heavy rain last night, the small town was seriously damaged by the flood. ▶

5 To add insult to injury, there was another terror attack right after an earthquake devastated the city. ▶

## Pattern 221 in favor of ~

~를 선호하여, ~를 찬성하여[지지하여]

1 The immigrants are in favor of the new law. ▶

2 Most students were in favor of a new school policy. ▶

3 The citizen on the street came in favor of the ruling party. ▶

4 Despite many criticisms, the founder of this organization will be in support of this proposal. ▶

5 Those sports celebrities were in support of one of the leading candidates for the presidency. ▶

## Pattern 222 come about

일어나다, 발생하다

1 She knows how the happening came about. ▶

2 Shooting incidents come about every month. ▶

3 A big fight between the two will come about sooner or later. ▶

4 The detective found it suspicious that a big festival took place when the victim disappeared. ▶

5 Another meeting will take place tonight to make better plans because this is a lucrative business. ▶

# DAY 75

영문을 읽고 우리말로 해석해 보세요. 눈으로만 읽는 것보다는 직접 손으로 써 보며 독해하는 것이 패턴을 기억하는 데 훨씬 도움됩니다. 정답은 본 책에서 확인하세요.

## Pattern 223 배수사 + as A as B

B보다 몇 배 더 A한

1 My salary is twice as high as yours. ▶

2 Living in the UK is twice as expensive as living in Korea. ▶

3 Doing this job is ten times as demanding as I expected. ▶

4 The landfills in Canada are almost three times as big as the ones in Korea. ▶

5 If you are fluent in English, your salary will be almost twice as high as others. ▶

## Pattern 224 such A as B

B와 같은 그런 A

1 She loves such food as hamburgers. ▶

2 We used to have a date in such places as TGIF. ▶

3 It is not easy to pronounce such consonants as F and V. ▶

4 There are so many things to do in New York such as Niagara Falls day trip and Big Apple helicopter tour. ▶

5 Super food is a term used to describe nutritious food such as tomatoes, potatoes, and broccoli. ▶

## Pattern 225 more A than B

B보다 더 A한

1 My book has more information than yours. ▶

2 Pneumonia is more dangerous than flu. ▶

3 This extra bed was more comfortable than that couch. ▶

4 Playing this musical instrument requires far more energy and concentration than playing the piano. ▶

5 Stay away from the fattening food that contains much more carbohydrate than others. ▶

# DAY 76

영문을 읽고 우리말로 해석해 보세요. 눈으로만 읽는 것보다는 직접 손으로 써 보며 독해하는 것이 패턴을 기억하는 데 훨씬 도움됩니다. 정답은 본 책에서 확인하세요.

## Pattern 226 before long

곧, 머지않아

1 Before long, the truth will be revealed. ▶

2 Before long, the magnificent wedding ceremony will end. ▶

3 Before long, the welcoming crowd will take the main street. ▶

4 The author published his second novel, and it became the best seller soon after. ▶

5 Soon after, some astronauts in the spacecraft will get sick because of the deteriorating condition. ▶

## Pattern 227 unlike + 명사

~와는 달리

1 Unlike the West, the East is much colder. ▶

2 Unlike English, Korean has many vowels. ▶

3 Unlike the rumor, the actor in the scandal was innocent. ▶

4 Like Prince Charming in a fairy tale story, the man I met on a train was my ideal type. ▶

5 Like all the islands that are spread out in the Maldives, the leader wanted to make many artificial islands. ▶

## Pattern 228 rarely, if ever, ~

설사 ~한다 할지라도 극히 드물게

1 My math teacher is rarely, if ever, wrong. ▶

2 The musician rarely, if ever, forgets the lyrics he wrote. ▶

3 Many celebrities rarely, if ever, reveal their address to others. ▶

4 Rarely, if ever, did the windmills in the Netherlands break down for no reason. ▶

5 Rarely, if ever, have people been killed by an electric shock while they do some experiments. ▶

# DAY 77

영문을 읽고 우리말로 해석해 보세요. 눈으로만 읽는 것보다는 직접 손으로 써 보며 독해하는 것이 패턴을 기억하는 데 훨씬 도움됩니다. 정답은 본 책에서 확인하세요.

## Pattern 229 while 주어 + 동사 ~

~하는 동안

1 While she was out, her husband took care of the baby. ▶

2 While I was having a job interview, I was very nervous. ▶

3 While he was on guard, hand grenades exploded suddenly. ▶

4 While surrounded by many foreigners, I could not think of any appropriate word in English. ▶

5 While traveling all over the world, I could broaden my horizons by being exposed to many different cultures. ▶

## Pattern 230 ~ not simply because 주어 + 동사 …

~한 것은 단지 … 때문은 아니다

1 She left her country not simply because she hated it. ▶

2 I was successful not simply because I had a sense of humor. ▶

3 He got pancreatic cancer not simply because he overworked. ▶

4 The Neanderthals used simple tools and fire not merely because there were no other things to do with. ▶

5 Pluto could no longer enjoy the unique status as a legitimate planet not merely because it was small. ▶

## Pattern 231 not to speak of ~

~는 말할 것도 없이

1 It is difficult to study chemistry, not to speak of physics. ▶

2 This assignment needs time, not to speak of efforts. ▶

3 The company collaborated with France, not to speak of Russia. ▶

4 We have to find good solutions to many environmental issues, not to mention a worrisome effect of global warming. ▶

5 Students find it hard to understand how photosynthesis happens, not to mention osmotic pressure. ▶

# DAY 78

영문을 읽고 우리말로 해석해 보세요. 눈으로만 읽는 것보다는 직접 손으로 써 보며 독해하는 것이 패턴을 기억하는 데 훨씬 도움됩니다. 정답은 본 책에서 확인하세요.

## Pattern 232 enough to + 동사원형

~할 만큼 충분히

1 I was lucky enough to win the lottery. ▶

2 This fragrance is aromatic enough to attract you. ▶

3 This white wine is mature enough to drink. ▶

4 The TV series *The Office* is hilarious enough to watch twice because it describes what happens in a workplace vividly. ▶

5 This movie is great enough to be nominated for an Oscar because it shows a realistic portrayal of our life vividly. ▶

## Pattern 233 take the trouble to ~

수고를 아끼지 않고 ~하다, 수고스럽게 ~하다

1 My friend took the trouble to come to Korea for my wedding. ▶

2 Many volunteers will take the trouble to rescue people. ▶

3 My parents took the trouble to fly all the way from Canada. ▶

4 Because your painting is already great, you do not have to give yourself trouble about drawing more in detail. ▶

5 In order to convince others, the scientist gave himself trouble about demonstrating his machine twice. ▶

자르는 선

들고 다니면서 공부하세요.

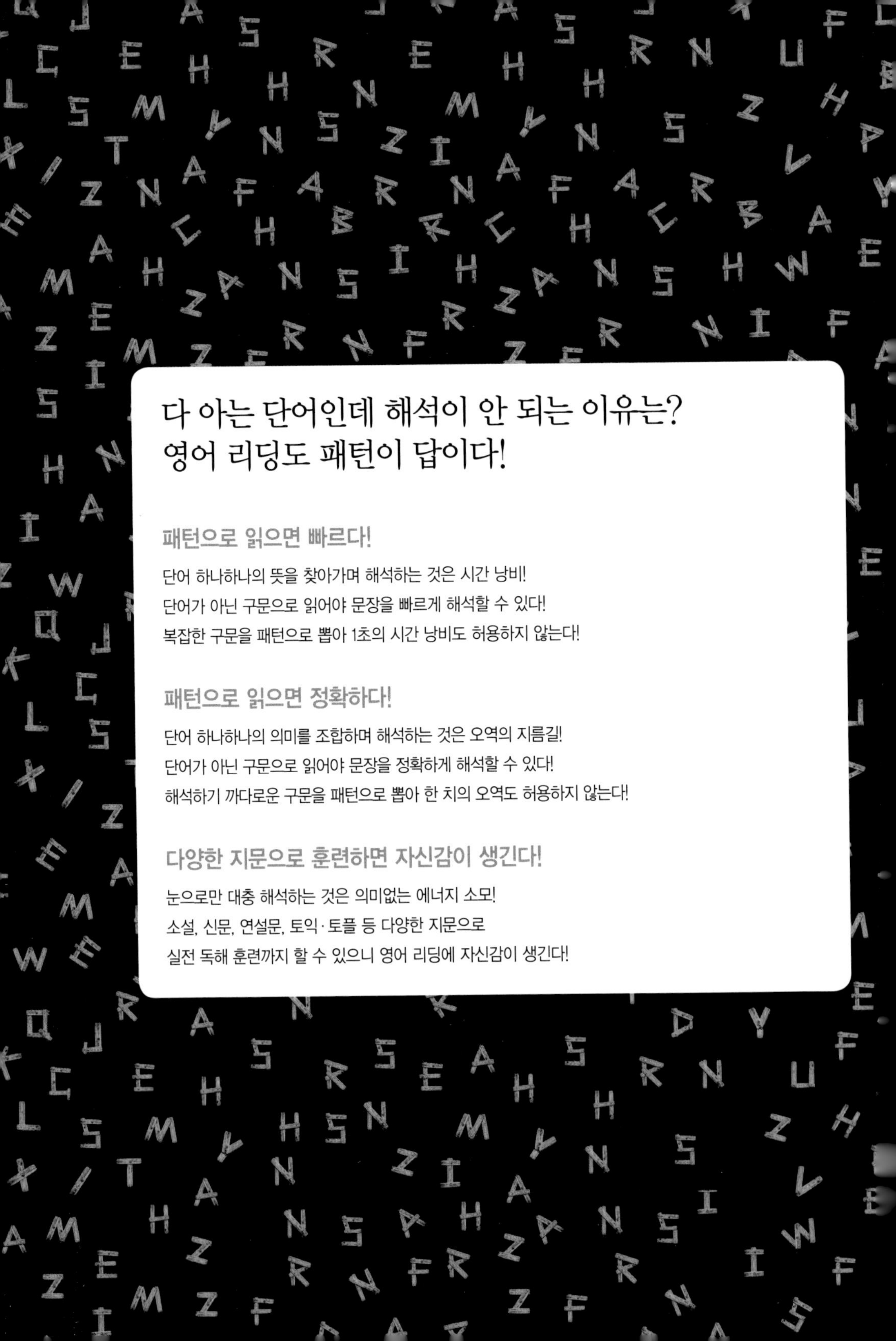

# 다 아는 단어인데 해석이 안 되는 이유는? 영어 리딩도 패턴이 답이다!

## 패턴으로 읽으면 빠르다!

단어 하나하나의 뜻을 찾아가며 해석하는 것은 시간 낭비!
단어가 아닌 구문으로 읽어야 문장을 빠르게 해석할 수 있다!
복잡한 구문을 패턴으로 뽑아 1초의 시간 낭비도 허용하지 않는다!

## 패턴으로 읽으면 정확하다!

단어 하나하나의 의미를 조합하며 해석하는 것은 오역의 지름길!
단어가 아닌 구문으로 읽어야 문장을 정확하게 해석할 수 있다!
해석하기 까다로운 구문을 패턴으로 뽑아 한 치의 오역도 허용하지 않는다!

## 다양한 지문으로 훈련하면 자신감이 생긴다!

눈으로만 대충 해석하는 것은 의미없는 에너지 소모!
소설, 신문, 연설문, 토익·토플 등 다양한 지문으로
실전 독해 훈련까지 할 수 있으니 영어 리딩에 자신감이 생긴다!